국제통상질서의 대전환과
한국의 생존전략은?

# 경제안보와 통상리스크

## ECONOMIC SECURITY AND BUSINESS RISKS

최석영 · 이태호

박영사

# 프롤로그 ●───────────────────────

2024년 11월 치러진 미국 대통령 선거에서 미국우선주의 기치를 내건 도널드 트럼프 공화당 후보가 제47대 대통령으로 재선되고 상·하 양원을 공화당이 장악하면서 미·중 관계는 물론, 경제안보와 공급망 안정성을 둘러싼 국제정세가 요동치고 있다. 경제와 안보가 융합된 개념인 경제안보가 국가안보의 핵심요소로 부상한 것이다. 그러나 이러한 국제경제지형의 변혁은 새로운 현상이 아니며, 이미 트럼프 1기 행정부에서 시작된 변화의 연장선상에 있다. 세계무역기구(WTO) 체제 하의 다자통상규범보다는 미국 국내법을 토대로 일방적이고 보호주의적 통상정책을 추진한 트럼프 1기 행정부에 이어 바이든 행정부에서도 전임 정부의 보호무역주의 기조를 그대로 유지하였다. 이러한 이유로 2024년 미 대선에서 누가 대통령이 되든 이미 거대한 시대사적 전환기에 접어든 국제경제지형의 변혁이 멈추지 않을 것으로 전망되었던 것이다. 미·중 간 전략적 경쟁, 디지털 대전환, 기후변화 대처를 위한 그린전환(green shift), 코로나 팬데믹(COVID-19)이라는 블랙스완(black swan), 러시아의 우크라이나 침공 등 지정학의 귀환으로 규정되는 복합대전환(complex great transformation) 시대가 도래한 것이다.

트럼프 1기 행정부에 이어 바이든 행정부가 들어서면서 미·중 간 전략적 경쟁은 단순한 무역갈등을 넘어 기술패권 전쟁으로 치닫고, 자유민주적 시장경제체제와 국가자본주의의 충돌로 격화되었다. 갈등의 단면에는 불공정 거래, 보조금, 관세, 무역수지 문제를 비롯하여 기술보호와 투자규제 및 공급망 안정성 확보 등 경제 산업 이슈에 국한되지 않고 중국 신장위구르의 인권과 강제노동 문제 등 정치적으로 민감한 이슈도 내재되어 있다. 자국우선주의가 확대되고 공급사슬의 분절화가 심화되면서 상호의존의 무기화(weaponization of interdependence)가 일반화되고 있다. 지정학의 귀환으로 2차 세계대전이래 형성된 규범에 입각한 다자주의 질서는 쇠퇴하고 힘에 의한 질서의 재편이 진행되고 있다. 미국적 이상주의 기반 하에 추진되어 온 전후 미국 외교정책 기조로부터 완전히 다른 궤도로 접어든 트럼프 1기 행정부에 이어 일방주의와 미국우선주의를 더욱 강화한 트럼프 2기 행정부는 힘에 기반한 양자압박을 노골적으로 시행하고 있어 우리가 알고 있는 기존 국제질서가 새로운 질서로 빠르게 재편되는 모습을 목도하게 될 것이다.

제4차 산업혁명과 함께 급속히 전개되는 디지털 대전환은 경제·사회 시스템의 전면적인 대수술을 예고하고 있다. 기후변화 대처를 위한 그린전환은 탈탄소경제를 지향하면서 신재생에너지 사용을 촉진하고 폐플라스틱 처리를 통한 순환경제개념을 발전시키고 있다. 2년 이상 세계를 강타했던 코로나 팬데믹은 1930년대 대공황 이후 최악의 경기침체를 유발했고 선진국과 개도국 간 발전 격차를 벌리고 국가별 보호주의 확산과 글로벌 공급망 교란을 극대화했다. 마지막으로 러시아의 도발적 위하(威嚇)에 유럽을 비롯한 서방국들이 위협을 느끼고 단결함으로써 자유민주주의적 시장경제체제와 국가자본주의 또는 전체주의와의 체제경쟁과 가치대립이 심화되고 있다.

이런 복합 대전환은 불가역적인 시대사적 변화다. 각국은 자국우선주의를 심화하면서 반도체, 배터리, 바이오, 통신 등 국내 산업과 핵심기술의 보호 및 개발을 위해 대대적인 산업보조금 지급은 물론, 외국인투자 규제와 수출통제 강화를 실행하고 환경 및 인권을 이유로 차별적인 조치를 경쟁적으로 확대해 나가고 있다. 이 중용도 사용 품목이 확대되면서 수출통제 대상의 범위도 첨단 기술이나 품목에 국한되지 않고 글로벌 공급사슬에서 우위를 점할 수 있는 어떠한 품목도 포함될 수 있는 상황이 되었다. 결과적으로 공급망의 파편화 및 분절화 현상이 일상화되게 되었다.

전후 경제성장을 견인하고 글로벌 분업체제를 형성하면서 세계경제발전에 기여한 다자통상체제는 새로운 규범 수립과 분쟁해결 기능을 상실한 지 오래다. 1995년 1월 세계무역기구(WTO) 설립으로 무역의 포괄적 자유화가 제도화됨으로써 공급망의 글로벌화를 촉진시켰고, 2001년 중국의 WTO 가입, 도하 개발 어젠다(DDA) 협상 출범 및 자유무역협정(FTA) 네트워크의 확산으로 자유무역질서의 확대가 정점을 찍었다. 중국은 이런 자유무역질서의 수혜를 받으면서 세계 최대의 투자유치국이 됐고 세계의 공장으로 자리매김했다. 중국은 한편으로는 국내산업에 대한 강력한 보호조치를 취하고 정부가 개입하는 비시장경제체제를 고수하면서 선진국이 장악했던 글로벌 공급망에 막대한 영향력을 행사하게 됐다. 악화되는 미·중 간 갈등과 자국우선주의 확산은 다자주의의 몰락을 촉진시키고 있는 것이다.

한편, 자유무역체제와는 별개로 자발적 다자간 협의체의 형태로 전략물자, 서비스 및 기술에 대한 통제체제도 발전해 왔다. 국제수출통제제제 하에서 각국은 자율적 판단에 따라 자국의 법령으로 통제 품목 및 지역을 정하고, 위반자에 대해서는 자체적으로 결정한 처벌조치를 시행하며 관련 정보를 교류한다. 9.11 테러 이후 국제사회에서 비확산에 대한 경각심이 제고되고, 2004년에 안보리결의 1540호가 채택되면서 비확산·수출통제체제에 강제성이 강화되는 전기를 마련하였다. 수출통제체제는 국내법령의 역외적용(extraterritorial application)을 정당화하기 때문에 다자간 무역규범의 본질을 훼손할 우려가 많음에도 불구하고 미·중 전략적 경쟁이 격화되고 다자간 무역체제가 마비되면서 수출통제체제가 자의적·경쟁적으로 강화되고 있는 추세다.

국가는 전략목표 달성을 위해 일반적으로 강온(强溫) 양면 전략을 구사한다. 최근에는 통상적인 외교 행위를 넘어서지만 군사행동까지는 미치지 못하는 일종의 '회색지대' 또는 '하이브리드 행위'로 불리는 강압적 조치(coercive measures)를 취하는 사례가 늘고 있다. 세계화로 인해 심화된 상호의존은 여건에 따라 비대칭성을 가지게 된다. 이런 비대칭적 상호의존을 악용하여 대상국가를 위협하는 소위 상호의존의 무기화가 심화되고 있는 것이다. 과거 우리나라의 사드(THAAD) 배치 또는 미국에 동조하는 호주 외교정책에 대한 중국의 보복조치, 한·일 관계의 갈등에서 파생된 일본의 대 한국 수출통제 등은 정치적 목적을 달성하기 위한 경제적 강압 조치의 전형으로 꼽을 수 있다. 더욱이 몇 년 전 우리가 직접 겪었던 요소수 사태 및 자동차용 와이어링 하니스(wiring harness) 대란에서 보듯 첨단 기술이나 품목이 아니라 할지라도 심화된 상호의존 관계 때문에 경제적 압박을 가하거나 위협을 받는 경우도 비일비재하다.

국제통상 질서의 대전환은 국가와 기업에게 도전과 동시에 새로운 기회를 주고 있다. 구태의연한 정책과 조치를 과감히 탈피하고 급변하는 외부환경과 근본적인 패러다임의 변화에 기민하게 대처해야 한다. 선제적인 대응 체계를 구축하고 능동적으로 대응하지 못하면 그대로 도태될 수 있지만 기민하게 대응하면 국가든 기업이든 새롭게 도약할 수 있는 기반을 마련할 수 있다.

먼저 국가는 자국의 국가안보와 헌법적 가치를 수호하기 위한 총체적인 전략으로 경제안보 정책을 수립·시행해야 한다. 미국과 중국은 물론, 일본과 EU도 경제안보가 국가안보라는 대명제 하에 국가안보전략을 전면 재검토하고 혁신적인 정책, 입법 및 조직개편과 예산지원을 강화해 나가고 있다. 서방 주요국은 공통적으로 인권, 민주주의, 법치, 善政(good governance)과 같은 가치와 지속가능한 발전목표(SDGs)와 파리기후협정 등 국제규범을 경제안보의 기반으로 강조하고 있다. 물론 트럼프 2기 행정부는 가치보다는 국익우선이라는 원칙에 더 충실할 것이다. 한편, 중국은 서방 주도의 기술패권경쟁에서 밀리면 끝장이라는 절박감으로 보다 공세적인 경제안보정책 강화에 국력을 집중하고 있다. 경제안보의 대상 영역은 첨단 기술과 공급사슬에만 국한된 것이 아니라 식량, 에너지, 항공, 해운, 무역, 투자, 환경, 금융 및 사이버 분야 등을 포괄한다. 또한 역내의 신뢰할 수 있는 국가들과 양자 및 소다자 협력을 통한 네트워크 구축을 목표로 하고 있다. 지정학의 귀환으로 특징지어지는 대전환시대는 결국 힘에 기반을 두면서 이질적인 정치·경제체제 간 벌이는 무한 경쟁인 것이다.

이러한 상황은 기업들에게는 절체절명의 도전을 제공한다. 그만큼 대응도 어렵다. 미·중 갈등 등 정치적 역학관계의 변화는 물론, 디지털과 인공지능(AI) 등 기술혁신으로 변화되는 공급사슬의 안정성과 회복성을 담보해야 하기 때문이다. 사후 대응은 비용과 후과(後果)가 너무 크기 때문에 선제적 대응에 역량을 집중하는 것이 효과적이다. 우선, 위험을 분산하고 다변화하면서 공급사슬의 모든 단계를 면밀히 파악하고 분석할 수 있는 능력을 갖추어야 한다. 실제로 이런 능력을 갖추기 위해서는 기업 CEO의 국제정세에 대한 안목과 결단이 긴요하다. 사내에 적절한 인력을 배치하고 조직을 강화하는 것은 물론, 전문적인 지식과 경험을 가진 외부 기관과의 협업도 요구되는 이유다. 경제제재와 수출통제를 회피하기 위한 기업내 컴플라이언스 체제를 재정비하고 잠재적인 법률 리스크를 선제적으로 차단해야 한다. 국제무역규범이 약화되고 개별국가의 국내법 규정이 무역질서에 직접 영향을 미치기 때문에 기업과 정부의 긴밀한 협력체제 구축도 긴요하다.

이 책은 시대사적인 변화의 소용돌이 속에서 국제통상규범이 후퇴하고 자국우선주의 기조 하에 강대국을 중심으로 국내법에 기반한 무역·투자 질서를 재편해 가는 추세를 '경제안보'라는 포괄적인 개념 하에 종합적으로 조망하고자 한다. 정부와 기업은 공급망, 제재, 수출통제, 무역 및 투자규제, 환경·사회·거버넌스 경영(ESG) 규제 및 디지털 규범 등 새로운 통상환경에 다각적인 대응을 하지 않으면 존망의 위기에 직면할 수 있으리만치 상황이 엄중하다. 그럼에도 리스크의 특성과 영향에 관해 포괄적이고 명쾌하게 설명하는 자료가 드물다는 현실이 이 책을 집필하게 된 동기다. 학문적인 연구와 자료수집을 하기에는 턱없이 부족한 지식과 시간이었지만, 가용한 국내외 자료를 포괄적으로 검토하고 분석하였다. 아무쪼록 이 분야에 종사하거나 관심이 있는 공무원, 기업인 또는 학생들에게 좋은 길잡이가 됐으면 하는 바람이다.

이 책은 대부분 트럼프 1기 행정부와 바이든 행정부 시기에 미국, 중국 및 EU의 경제안보 조치와 이에 부수되는 리스크를 집중 기술했다. 자국우선주의 하에 광범위한 경제안보 조치가 강화되면서 정부와 기업이 당면할 리스크와 이에 대한 대응은 트럼프 2기 행정부하에서도 크게 다르지 않을 것이다. 추후 수정·증보가 불가피하겠지만 독자들의 편의를 위해 제13장에서 트럼프 2기 행정부의 통상관련 공약과 집권 초기에 발표한 정책과 조치를 별도로 정리하였다.

외교통상부 시절 WTO에서의 다자협상과 미국, EU 등과의 양자 FTA 협상에 관여하면서 보조를 맞추었던 공동 저자의 경험이 집필에 큰 도움이 되었다. 처음부터 집필 구상을 평가하고 물심양면으로 지원해 주신 김상곤 법무법인(유) 광장 대표를 비롯하여 선후배, 동료들에게 감사드린다. 이 책이 나오기까지 꼼꼼하게 챙기고 조언을 아끼지 않은 박영사의 노현 상무와 장유나 차장께 심심한 사의를 표한다.

2025년 3월 소공동에서
공동저자
최석영, 이태호

# 차례 ●━━━━━━━━━━━━━━━━━━━━━━━━━━━━━━

제
1
부

복합대전환과
경제안보

## 제 1 장

# 미·중 패권전쟁과 경제안보

## 1  통상 패러다임의 변화

### 1.1 미·중 패권경쟁

　중국이 부상하면서 미·중간 각축은 잠재돼 있었으나 본격적 패권전쟁으로 비화된 계기는 2008년 글로벌 금융위기로 보는 시각이 우세하다. 이 금융위기는 유일 패권국이었던 미국의 위상을 추락시켰고, 중국은 굴기를 주창하며 달러 기축통화에 기반한 미국의 패권에 도전하기 시작했다. 중국은 2001년 세계무역기구(WTO)에 가입한 이후 자유무역질서에 무임승차하여 세계의 공장으로 약진하면서도 국가자본주의에 기반한 신중상주의를 지향하고 국제인권규범과 노동권에는 인색한 태도를 보였다. 또한 중국몽(中國夢) 실현을 위해 기술굴기, 강한 정부 개입을 통합 경제발전과 막대한 보조금 지급을 통한 산업보호를 추진해 왔다.

　미국은 국제규범을 악용하는 중국의 불공정 무역정책으로 인해 제조업 기반의 공동화(空洞化) 및 국제경쟁력 약화로 국가안보의 위협을 느끼게 되자 중국을 전략적 경쟁자로 인식하고 중국의 위협에 대응하기 위해 포괄적인 정책전환을 추진했다. 전후 70여 년간 미국의 주도로 지탱해온 신자유주의적 국제규범보다는 양자주의 또는 일방주의로 선회하고 경쟁적 보호주의 및 자국우선 산업정책으로 전환한 것이다.

　미국의 대중국 견제정책은 오바마 행정부로 거슬러 올라간다. 오바마 대통령은

2008년 경제위기 극복 추진과 동시에 환태평양파트너십협정(TPP, Trans-Pacific Partnership Agreement) 등을 통해 아태지역의 경제협력을 강화하면서 '아시아로의 회귀(Pivot to Asia)'로 지칭되는 아태지역 중시를 표방했다. 동시에 국가자본주의 체제를 강화하는 중국과 거리를 두기 시작했다. 이런 기조는 트럼프 1기 행정부가 들어서면서 급격하게 대중국 견제 강화로 발전했다. 트럼프 대통령은 취임직후 TPP가 중국에 이익을 준다는 이유로 전격 탈퇴하고 국가안보전략보고서(2017)[1]와 대중국전략보고서에 이어 2019년에는 중국을 위협세력(revisionist power)으로 규정한 인태전략보고서[2]를 발표했다.

또한 트럼프 1기는 중국의 영향력 확대에 대응하기 위해 QUAD+(미국, 일본, 호주, 인도 등 협력체), AUKUS(미국, 영국, 호주 협력체), 경제번영네트워크(EPN: Economic prosperity network) 등 다양한 소다자협력체 구상을 밝히고 실행했다. 바이든 행정부도 2022년 2월 인태전략[3]을 발표하고 10월에는 국가안보전략[4]을 발표하면서 중국과 러시아와의 전략적 경쟁을 명시했다. 2022 인태전략은 (i) 자율성, 법치, 언론자유, 개방성, 국제법에 의한 지배, (ii) 한국, 호주, 일본, 필리핀, 태국 등과 동맹 강화, 4자 안보협의체(QUAD)와의 파트너십 구축, (iii) 인도·태평양경제프레임워크(IPEF, Indo-Pacific Economic Framework) 체결, 아시아태평양경제협력체(APEC, Asia-Pacific Economic Cooperation), G-7 등과 협력, (iv) 동맹국과 군사협력, 대만의 안보강화, 북한 비핵화, 인권대응, (v) 환경위기, 팬데믹, 국제기구 협력 등 5대 목표를 밝혔다. 트럼프 2기 행정부는 출범 전부터 미국우선주의라는 대원칙하에 대중국 초강경정책, 고관세정책, 외국인투자자에 대한 혜택축소 등을 내세웠고 동맹국과 우방국에 대해서는 비개입적 또는 거래적 관점에서의 접근을 예고했

---

1 White House (2017), National Security Strategy of the United States of America, December 2017, https://trumpwhitehouse.archives.gov/wp-content/uploads/2017/12/NSS-Final-12-18-2017-0905.pdf

2 U.S. Department of Defense (2019), Indo-Pacific Strategy Report, June 1, 2019 https://media.defense.gov/2019/Jul/01/2002152311/-1/-1/1/DEPARTMENT-OF-DEFENSE-INDO-PACIFIC-STRATEGY-REPORT-2019.pdf

3 White House (2022), Indo-Pacific Strategy of the United States, February 2022.

4 White House (2022), National Security Strategy, October 2022.

다. 2025년 1월 20일 취임 후 발령된 일련의 행정명령은 신속하게 이런 공약을 실행에 옮기고 있다. 특히 취임 첫날 서명된 '미국우선통상정책(America First Trade Policy)' 각서는 동맹국과 우방국에 대한 호의적 고려 없이 오직 미국 시각에서 본 국익우선, 공정무역, 균형무역을 추진하겠다는 의지를 보이고 있다.

미 의회는 민주·공화 양당 모두 대중국 강경입장을 견지하면서 다양한 입법을 추진하고, 행정부도 일련의 행정명령을 발동해 왔다. 1962년 무역확장법 제232조에 따른 철강, 알루미늄 및 자동차에 대한 조사와 철강, 알루미늄에 대한 관세부과, 1974/88 무역법 제301조에 따른 대중국 지식재산권 조사 및 관세 부과, 1977년 국제긴급경제권한법(IEEPA, International Emergency Economic Powers Act), 개별제재법, 홍콩인권법(Hong Kong Human Rights and Democracy Act), 2018년 외국인투자위험심사현대화법(FIRRMA, Foreign Investment Risk Review Modernization Act), 2018년 수출통제개혁법(ECRA, Export Control Reform Act), 2022년 위구르강제노동방지법(UFLPA, Uyghur Forced Labor Prevention Act), 2022년 인플레이션감축법 (IRA, Inflation Reduction Act), 2022년 반도체과학법(CHIPS and Science Act) 및 인프라투자·일자리법(IIJA, Infrastructure Investment and Jobs Act) 등 입법과 이와 관련된 행정명령들이 대표적인 사례다.

한편, 2013년 집권한 시진핑 국가주석은 중국 공산당 주도의 중국몽을 국정목표로 내세우고 사회주의 계획경제 또는 국가자본주의 체제에 기반을 둔 개발모델을 견지하면서 '중국제조 2025', '일대일로(一帶一路)' 및 제15차 5개년 계획을 추진해 왔다. 또한 미국의 대중국 견제에 대항하여 쌍순환 경제(dual circulation economy)를 통해 국내외의 점진적 개혁 추진과 아울러 미국의 대중국 조치에 상응하는 일련의 입법을 도입했다. 2020년 외국인투자심사강화법, 수출통제법 개정, 2021년 반외국법, 2023 반간첩법 등을 도입하면서 경제안보를 강화해 왔고 일대일로 활동을 보건, 디지털 및 우주공간으로 확장하고 역내포괄적경제동반자협정 (RCEP, Regional Comprehensive Economic Partnership) 타결과 아세안(ASEAN)과의 관계 강화에 진력하면서 영향력을 확장해 왔다. 중국의 '중국제조 2025'와 미국의 외국인투자위원회(CFIUS, Committee on Foreign Investment in the United States) 대상 섹터를 비교한 표를 보면 정보통신기술, 항공·우주, 바이오, 전기·전자, 신소재,

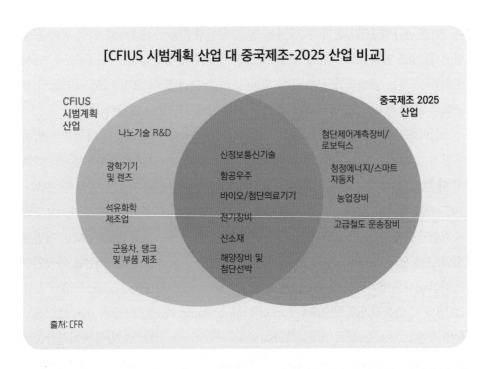

[CFIUS 시범계획 산업 대 중국제조-2025 산업 비교]

CFIUS
시범계획
산업

나노기술 R&D

광학기기
및 렌즈

석유화학
제조업

군용차, 탱크
및 부품 제조

신정보통신기술

항공우주

바이오/첨단의료기기

전기장비

신소재

해양장비 및
첨단선박

중국제조 2025
산업

첨단제어계측장비/
로보틱스

청정에너지/스마트
자동차

농업장비

고급철도 운송장비

출처: CFR

해양·선박 등 분야의 첨단 기술에 대한 양국의 전략적 경쟁이 얼마나 치열하게 전개되는지를 보여준다.

또한 중국은 미국과 미국의 우방국에 대해 경제적 강압조치를 반복적으로 취해 왔다. 대체로 정치외교적 목적 달성을 위한 군사적 행동보다는 조용하고 비공식적인 경제적 압박을 선택함으로써 미국의 동맹국과 우방국을 위협하고 피해를 끼치는 것이다. 미·중 간 전략적 경쟁이 격화되면서 중국의 경제적 강압조치가 다방면에서 확산되고 있음에도 이런 조치를 규제할 수 있는 WTO 체제가 작동하지 않고 피해를 받는 중소국가가 개별적으로 대응할 수단이 마땅치 않다는 점을 주목해야 한다.

## 1.2 국제통상 패러다임의 변화

전후 미국 주도로 국제통상질서를 지탱해 왔던 1947년 관세와 무역에 관한 일반협정(GATT) 체제와 1994년 WTO 체제가 전대미문의 위기를 겪고 있다. 중국은 자유무역질서의 수혜를 받으면서 세계 최대의 투자유치국이 됐고 세계의 공장으로 자리매김했다. 반면 국내산업에 대한 강력한 보호조치, 외국인투자기업에 대한 압박과 비시장경제체제를 고수하면서 선진국이 장악했던 글로벌 공급망에 막대한 영향력을 행사하게 됐다. 나아가 이를 기반으로 자국의 정치적 이익을 침해한다는 이유로 경제적 강압조치를 상습적으로 취해 오고 있다. 이에 미국은 무역, 투자, 수출통제, 제재 등 다양한 대중국 강경책을 동원하면서 양국의 갈등은 구조적 대립으로 심화되었고 이러한 미·중 갈등과 자국우선주의 확산은 다자주의의 몰락을 촉진시키고 있는 것이다. 다자간 통상체제는 2000년대 들어 확산된 지역주의 또는 FTA 네트워크로 일부 보완되기도 했으나 2000년대 중반 이후 도하개발어젠다(DDA) 협상이 답보를 거듭하고 분쟁해결기구의 기능이 상실되었다. 다자간 통상체제가 글로벌 공공재(public goods)로서의 역할을 제대로 하지 못하면서 각국은 자국 산업육성과 우려국가에 대한 수출통제, 투자규제 및 기술통제를 강화했다. 자유무역질서가 쇠락하면서 일방주의와 보호주의가 확산된 것이다.

미·중 간 대립이 격화되어 자국우선주의가 확산되면서 미국과 중국은 물론, EU, 일본 등 경제 강국을 비롯한 세계 각국은 보호주의적 산업정책을 도입했다. 자국 산업에 대해 막대한 보조금을 지급하고 관세장벽을 높임으로써 외국기업의 시장접근을 제한했다. 또한 기술유출방지를 위해 외국인투자는 물론, 자국기업의 해외투자에도 제동을 걸고 환경, 인권 및 노동권을 이유로 무역 및 투자규제를 시행하게 됐다. 이런 일련의 조치들은 다자규범에 기속되지 않고 일방적 또는 양자적 차원에서 취해졌다. 급속히 발전하는 산업혁명과 기술혁신으로 디지털 경제가 발전하고 디지털 무역이 확대되면서 새로운 국제규범을 마련해야 한다는 필요성이 증가함에도 불구하고 이를 포괄적으로 규제하는 다자간 규범 작성은 더딘 편이다.

한편, 자유무역체제와는 별개로 다양한 경제제재 조치가 시행돼 왔고 다자간 자발적 협의체의 형태로 전략물자, 장비 및 기술에 대한 통제체제도 발전해 왔다. 유엔을 통한 다자간 경제제재와 함께 개별국가가 취하는 제재레짐(regime)이 발전돼 왔다. 미국의 경우 자국민 또는 자국 영토에 있는 인(人, 자연인 및 법인)과 자산에 대해 제재하는 1차 제재와 자국의 관할권 외부에 있는 인과 자산에 대해서까지 제재를 하는 2차 제재를 법제화하면서 강력한 제재레짐을 구축해 왔다. 그러나 국내 법령을 역외에 적용하는 2차 제재는 주권침해 또는 국제법 위반이라는 논란의 대상이 돼 왔다.

수출통제의 경우, 다자수출통제체제 하에서 각국이 자율적 판단에 따라 자국의 법령으로 통제 품목 및 지역을 정하고, 위반자에 대해서는 자체적으로 결정한 처벌조치를 시행하며 관련 정보를 교류한다. 9.11 테러 이후 국제사회에서 비확산에 대한 경각심이 제고되고 2004년에 안보리결의 1540호가 채택되면서 상황허가(catch-all 조항)가 도입되는 등 비확산·수출통제체제에 강제성이 강화되는 전기를 마련하였다. 수출통제체제는 국내법령의 역외적용(extraterritorial application)을 정당화하기 때문에 다자간 무역규범의 본질을 훼손할 우려가 많음에도 불구하고 미·중 전략적 경쟁이 격화되고 다자간 무역체제가 마비되면서 수출통제체제가 자의적·경쟁적으로 강화되고 있는 추세다.

## 1.3 공급망 교란과 안보 리스크

자유무역질서의 확산에 따라 자원의 효율적 배분을 위해 아웃소싱과 글로벌 분업에 기반한 공급망이 확산되었다. 팬데믹 기간 중 코로나 치료제 및 의료기기의 원활한 공급에 차질을 경험한 국제사회는 보건안보도 국가안보의 핵심이라는 점에 공감하면서 안정적 공급망 확보에 우선순위를 두게 되었다. 공급망은 디자인, 원자재 확보, 가공, 생산, 유통, 소비 및 최종 처리되는 일련의 프로세스로서 이 중 한 군데라도 애로(choke point)가 생기면 전후방 공급망에 연쇄 효과를 미치게 된다.

공급망에 영향을 미치는 요인은 상업적 또는 경제적 요인뿐만 아니라 국제정치적 요인 등 다양하다. 미·중 간 전략적 경쟁과 우크라이나-러시아 전쟁 등 지정학적 리스크, 자국우선주의를 비롯하여 경제적 강압조치, 제재 및 수출통제, 투자심사, 탄소중립 및 에너지 전환목표 달성을 위한 환경규제, 노동 및 인권 규범, 기술발달, 팬데믹들도 글로벌 공급망의 분절화를 촉진해 왔다. 디지털화는 노동을 대체하는 새로운 생산요소로서 높은 부가가치를 창출하는 신산업의 기반이 됨으로써 글로벌 공급망에도 영향을 미친다. 디지털화로 산업경쟁력을 향상시키기 위해서는 디지털 기술과 함께 방대한 데이터의 활용이 절대적이다. 디지털기반 경제의 확대와 함께 발전되는 디지털 통상규범 또한 글로벌 공급망 재편에 기여하고 궁극적으로 경제안보의 중요한 요소로 발전하였다.

기후변화에 대응하기 위해 국제사회는 1992년 기후변화협약, 1997 교토의

정서, 2016년 파리기후협정을 채택했다. 특히 파리기후협정은 지구 대기권의 기온상승을 산업화 이전보다 최대 섭씨 1.5도로 제한하는 목표를 설정하고 2050년까지 탄소중립(Net zero) 달성을 합의했다. 기후변화 대응을 위해 전세계 국가가 모두 동참하는 것이 필수적이나, 탄소 배출의 역사적 책임을 둘러싸고 선진국과 개도국 간 구조적 갈등이 표출돼 왔다. 기후변화 방지를 위해 탄소배출을 억제하고 탄소중립을 실현하기 위해서는 화석연료를 기반으로 한 제조업과 에너지 믹스의 대전환이 필요하다. 즉 탄소국경조정제도(CBAM, Carbon Border Adjustment Mechanism), 인플레이션감축법(IRA), 핵심원자재법(CRMA, Critical Raw Materials Act) 등과 같이 미국, EU 등을 중심으로 강력한 입법이 도입되고 환경·사회·지배구조 경영(ESG) 요구가 강화됨으로써 글로벌 공급망도 빠르게 재편될 것이다.

미·중 갈등으로 인한 탈 동조화, 공급망 교란 또는 분절화에 따라 그간 아웃소싱 등 경제적 효율성을 우선시했던 기업들은 이제 비용효율보다는 공급망의 안정성을 추구하게 됐다. 이런 위험요소를 사전에 예방하고 사후 피해를 경감하기 위해 정부와 기업은 리쇼어링(reshoring)과 가치사슬의 지역화를 추진하고, 공급망 불안요인이 있는 국가와의 무역비중을 축소하거나 신뢰할 수 있는 국가와의 공급망을 재구축하는 공급망 다변화 노력이 전개되었다.

## 2 경제안보의 발전과 특징

### 2.1 경제안보란

'경제안보(economic security)'는 경제·사회학에서는 소득 불안정, 실업 및 부동산 하락 등으로 인한 경제적 불안정성을 예방하고 대응하는 개념이다. 그러나, 정치외교 분야에서 경제안보는 국가안보에 영향을 미치는 경제활동의 기반보호, 경쟁력 강화, 위험관리 및 경제적인 강압조치에 대응하는 전략을 총칭하는 개념이다. 2023년 히로시마 G-7 정상선언은 '경제안보'를 "공급망 복원력, 경제적 강압 대항 및 첨단 기술 유출방지를 포괄하는 일련의 정책목표"라고 정의했다. 우리나라의 '경제안보를 위한 공급망 안정화 지원 기본법'(공급망안정화법)은 '경제안보'

를 "국내외에서 발생하였거나 발생할 가능성이 있는 경제·통상·정치·외교적 상황 변화나 자연재해 등에도 불구하고 국내의 생산, 소비, 유통 등 국가 및 국민의 전반적인 경제활동에 필수적인 품목, 서비스, 기술 등이 원활히 유입되고, 부적절하게 해외로 유출되지 아니하도록 함으로써 국가의 안전보장이 유지되고 국가 및 국민의 경제활동에 지장이 초래되지 아니하는 상태"라 규정한다. 경제정책수단(economic statecraft)은 국가안보의 중요한 요소로 발전되어 왔으나 전통적으로 국가안보는 군사적 수단을 통해 적으로부터 국가의 주권을 지키는 협의의 개념에 집중했다. 그러나, 다자질서가 붕괴되고 자국우선주의가 강화되면서 경제안보는 국가안보의 핵심요소로 자리매김한 것이다.

경제안보에 대한 필요성이 고조된 배경에는 미·중 전략적 경쟁이 격화되고 국가자본주의에 의해 시장경제체제가 도전을 받고 첨단 기술의 발전으로 군사기술과 산업기술의 경제가 모호해지고 환경위기, 디지털 발전 및 팬데믹 위기와 세계화로 인해 상호의존이 심화되면서 글로벌 공급망이 복잡화된 것에 기인한다. 경제안보 정책은 과거에는 외국의 무기수출 또는 무기생산을 위한 투자 등 자국의 국가안보를 위협하는 무역·투자 문제를 다루는 방어적 측면이 강했다. 그러나 최근 경제안보는 국가안보에 직간접적인 영향을 미치는 공세적·포괄적 개념으로 확장되고 진화되어 왔다.

전통적으로 국가안보를 위한 정책 수단으로 외교, 국내정치, 군사력, 정보력, 과학·기술, 천연자원 및 경제력 등이 거론됐다. 볼드윈(David Baldwin)은 국가안보를 확보하기 위한 수단으로 선전, 외교, 군사력 및 경제력 등 4개로 압축하고 경제 수단으로 무역, 재정, 투자, 경제제재, 사이버안보, 경제원조, 에너지 등 7개 수단을 언급했다.[5] 루마니아 출신의 전략전문가인 루트왁(Edward Luttwak)[6]은 냉전 이후 군사력보다는 지경학(geo-economics)이 국가 간 경쟁의 핵심요소로 등장했다고 주장한다. 구소련의 대미국 및 유럽에 대한 군사적 위협이 사라진 뒤 군사충돌보다는 경제력 경쟁이 치열해지고 국제규범과 국제기구 인프라 확대를 통한 공존체

---

5  David Baldwin (2020), Economic statecraft, Princeton University Press, 2020.

6  Edward Luttwak (1990), From Geopolitics to Geo-Economics: Logic of Conflict, Grammar of Commerce, Center for the National Interest No. 20(Summer 1990), pp. 17-23.

제로 전환하게 됐다는 것이다. 스파이크만(Nicholas Spykman)[7]은 경제안보정책을 공급망 안정성, 중요 데이터 및 인프라 보호를 위한 방어적 정책과 핵심기술의 유출방지, 무역·투자 규제, 수출통제 및 초격차 유지를 위한 산업지원정책 등 공격적 정책으로 대별하기도 한다.

경제문제가 안보에 직간접적으로 영향을 미치는 것을 '경제의 안보외부성 (security externality)'이라 한다. 경제가 안보에 영향을 미치는 채널을 도식적으로 검토한 자료를 소개한다.[8] 경제 정책 또는 조치는 경제적 채널과 군사적 채널을 통해 영향을 미친다. 경제적 채널은 무역, 투자, 원조, 제재 등 경제 수단으로 국가의 행동 변화를 강요 또는 유도하거나, 경제 그 자체를 목적으로 국가경제를 강하게 또는 취약하게 할 수 있다. 한편, 경제적 수단은 군사적 채널을 통해 군사적 능력을 강화시키거나 취약하게 만들 수도 있다. 즉 경제의 안보외부성이 강한 경우, 경제적 수단을

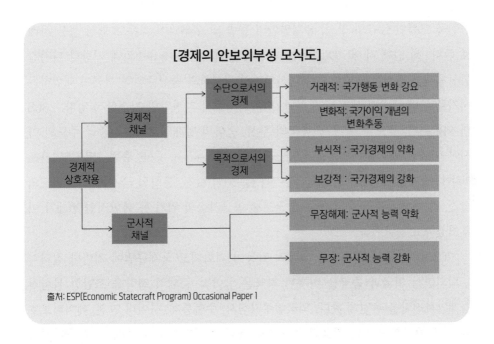

[경제의 안보외부성 모식도]

출처: ESP(Economic Statecraft Program) Occasional Paper 1

---

7   Nicholas Spykman (2007), America's Strategy in World Politics: The United States and the Balance of Power, Transaction Publishers.
8   William J. Norris, Typology of Security Externalities Memo, Occasional Paper No.1, Economic Statecraft Program.

통해 상대국의 행동을 변경시키기 용이해지며, 안보외부성에 취약할 경우 상대국의 경제적 수단을 통해 국가안보에 부정적 영향을 많이 받을 수 있는 것이다.

시장, 무역, 투자 및 자원 등을 다루는 지경학(geoeconomics)과 외교안보, 군사 및 정보를 다루는 지정학(geopolitics)은 공히 외교정책과 전략적 경쟁을 추구하는 중요한 수단이다. 자본, 데이터, 상품, 서비스의 이동은 국가의 행동패턴을 변화시키고 이러한 경제적 파워를 전략적으로 사용하는 경우 국가안보에 직간접적인 영향을 미치기 때문이다. 루트왁(Edward N. Luttwak)은 과거 지경학의 역사적 사례를 4개 세대로 대별하여 살피고 있다. 첫 세대(1930년대, 40년대 및 50년대)는 2차 대전 이전 독일이 무역진흥과 규제를 수단으로 정치·외교적 영향력을 확장하고, 미국이 마샬플랜(Marshall Plan)과 브레튼우즈 체제(Bretton Woods System)의 창설·운영을 통해 위상을 높이고 EU가 경제통합을 통해 국제적 영향력을 확대한 것을 사례로 든다. 두 번째 세대(1970년대 및 80년대)는 오일쇼크, 브레튼우즈 체제의 위기, 선진국 그룹인 G-7의 창설, 유럽연합의 출범 및 우루과이 라운드 협상 등을 사례로 든다. 세 번째 세대(1990년대)는 냉전이 종식되어 신자유주의에 기반한 다자간 통상체제와 경제적 지역주의가 확산되면서 지경학과 중상주의적 접근이 대립하는 시기로 본다. 4번째 세대는 새천년 이후 시대로서 지경학의 지정학적 영향, 2008년 외환위기, 유로존 위기, 신흥국의 부상, 중국의 일대일로 확대, 중국 주도의 아시아인프라투자은행(AIIB, Asian Infrastructure Investment Bank) 출범, BRICS(브라질, 러시아, 인도, 중국, 남아공)의 출범, G-7과 G-20의 발전, 통화의 국제화, 국부펀드의 발전, 러시아·우크라이나 전쟁 및 글로벌 공급사슬의 위기 등 복합적인 전개가 이루어졌다고 진단했다.

2010년대 들어 미·중 간 전략적 갈등이 격화되고 국제규범에 기반한 질서가 후퇴되면서 미국과 중국을 비롯한 각국은 방어적·공세적 전략을 조합한 복합적 경제안보전략을 추진해 왔다. 외국인투자심사, 수출통제, 사이버 안전, 데이터보호와 같은 방어적 조치와 아울러 경제제재, 경제적 강압조치 등 공세적 조치를 강화해 온 것이다. 또한 자국 기업에 대한 대규모 보조금, 산업보호주의 정책 및 경제적 이익을 추구하기 위해 외교정책을 전략적으로 활용하고 제3국에 대한 경제적 압박조치도 활용해 왔다.

## 2.2 경제안보의 정책수단

경제안보를 위한 정책수단(statecraft)은 수출통제와 제재레짐을 비롯하여 무역, 투자, 정부조달, 공급사슬, 보조금을 포함한 산업 및 디지털 분야 정책는 물론, 대외경협 정책과 경제적 강압조치 등을 포괄한다. 이런 정책수단은 무역과 금융 분야에 집중되어 있고, 구체적으로는 자금지원, 경제협력, 특혜관세 등 긍정적수단을 비롯하여 수출통제, 수입규제, 불매운동, 여행제한, 관세인상, 최혜국(MFN, most favored nation) 지위 철회, 블랙리스트 등재, 수출입 쿼터 설정, 수출입 면허취소, 자산동결, 원조중단, 징벌적 관세부과 및 동 관련 위협 등을 들 수 있다.

먼저 국가안보 목적으로 발전된 수출통제 레짐과 경제제재는 전후 국가안보를 위한 무기류 및 무기로 활용될 수 있는 이중용도 품목(dual-use items)의 수출통제 레짐과 비확산 레짐은 다양한 정치 사건과 연계, 발전되어 왔다. 재래식 무기의 거래 규제는 1949년 다자간수출통제조정위원회(COCOM, Coordinating Committee for Multilateral Export Control) 설립으로 개시되어 1996년 바세나르 협약

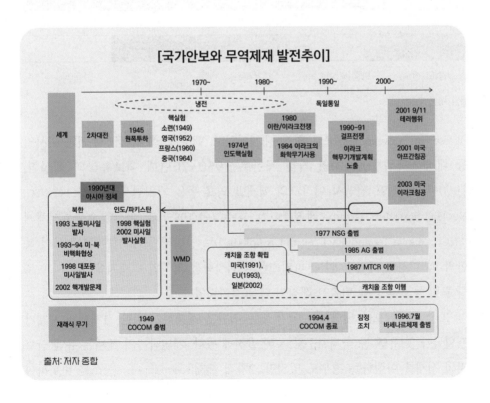

[국가안보와 무역제재 발전추이]

출처: 저자 종합

# [주요국의 경제안보 대응비교]

| | 중국 | 미국 | EU | 영국 | 일본 | 호주 | 한국 |
|---|---|---|---|---|---|---|---|
| 국내투자 | 강 | 강 | 보통 | 보통 | 보통 | 보통 | 보통 |
| 해외투자 | 보통 | 논의중 | 보통 | 없음 | 약 | 보통 | 약 |
| 수출통제 | 보통 | 강 | 강 | 강 | 강 | 강 | 강 |
| 정부조달제한 | 강 | 강 | 보통 | 보통 | 보통 | 보통 | 보통 |
| 제재 | 보통 | 강 | 강 | 강 | 보통 | 보통 | 약 |
| 반강압적정책 | 강 | 논의중 | 보통 | 보통 | 보통 | 보통 | 보통 |
| 공급사슬정책 | 보통 | 보통 | 보통 | 보통 | 강 | 보통 | 강 |
| 데이터보호/사이버안보 | 강 | 보통 | 보통 | 보통 | 보통 | 보통 | 보통 |
| 제도화 | 보통 | 강 | 보통 | 약 | 강 | 보통 | 보통 |
| 산업전략 | 강 | 보통 | 강 | 약 | 강 | 약 | 강 |

| 강(Strong) | 보통(Moderate) | 약(Weak) | 논의중(Under discussion) | 없음(None) |
|---|---|---|---|---|

출처 : MERICS (2023)

(Wassenaar Arrangement)으로 확장·대체되었다. 핵무기, 화학, 생물무기와 미사일 등 대량파괴무기(WMD)의 거래 제한은 1950~70년대 핵보유국의 핵실험, 1990~91년 걸프 전쟁시 이라크의 핵개발 의혹 등을 거치면서 핵공급그룹(NSG, Nuclear Suppliers Group) 레짐(1977), 호주그룹(1985) 및 미사일수출통제체제 (MTCR, Missile Technology Control Group)(1987)로 발전해 왔다. 1990년대 들어 북한의 핵·미사일 개발과 인도·파키스탄의 핵실험을 거치면서 캐치올(catch-all) 조항 도입 등 수출통제·비확산 레짐이 더욱 강화되었다.

또한 국가안보를 위협하는 국가 또는 집단을 제재하기 위한 경제제재 체제가 개별국가 및 유엔 등 국제기구를 통해 발전해 왔다. 개별국가의 제재는 유엔 안보리의 제재를 이행하는 경우도 있지만, 2차적 제재(secondary boycott)를 비롯하여 유엔 제재의 수준을 능가하는 추가적 성격의 제재레짐도 발전되어 왔다.

각국이 취하는 경제안보 조치의 형태와 그 시행 강도를 모식적으로 소개한 표[9]를 보면, 미국과 중국은 투자, 수출통제, 제재, 공급사슬 및 산업전략에, 우리나라, EU 및 일본은 수출통제, 공급사슬 및 데이터 보호, 사이버안보 및 산업전략에 중점을 두고 있음을 알 수 있다. 또한 미국, EU 등은 해외투자규제와 반강압적 정책 도입을 검토하고 있다.[10] 물론 이 자료는 연구기관에서 분석한 것으로서 객관성과 최신성을 담보하지는 못하지만 전체적인 윤곽을 파악하는 데 유용한 틀이 될 수 있다.

# 3 서방의 경제안보정책

## 3.1 미국의 경제안보 정책

미국은 EU나 일본과 달리 공식적으로 발표된 경제안보전략이 없다. 그러나 강력한 경제제재, 수출통제장치, 외국인투자심사 강화를 비롯한 산업정책을 통해 강하고 포괄적인 경제안보정책을 추진해 오고 있다. 정책 전환을 촉발시킨 것은 미·중 간 확대일로의 무역불균형과 중국의 불공정 행위였다. 중국이 WTO에 가입한 2001년에서 2018년 사이 중국의 대미 수출총액은 7.5배로 증가한 반면, 수입은 5.4배에 머물렀고, 미국의 대중 무역적자는 같은 기간 대세계 무역적자의 20.2%에서 48.1%로 상승하였다. 미국 무역불균형의 반을 중국이 차지하는 지경에 이른 것이다.

트럼프 1기 행정부 무역정책의 핵심인물인 로버트 라이트하이저(Robert Lightheizer) 미국 무역대표(USTR)는 무역불균형의 원천으로 중국의 경제체제 자체를 지목하였다. 그는 "이전 정부들이 중국을 다른 민주주의/시장경제국가와 동일하게 취급하는 결정적 실수를 범했다. 미국의 대중 무역적자는 중국의 중상주의

---

9   Francesca Ghiretti (2023), From opportunity to risk: The changing economic security policies vis-à-vis China, MERICS Report, February 22, 2023.

10  EU는 2023.12월 반강압법(ACI)을 도입했고 미국 의회에는 관련법안이 제출되어 논의 중이다.

산업정책, 경제정책 조작, 노동 및 환경 남용 등에 의한 것이며, '공정한 경쟁의 장(level playing field)' 없이 중국을 WTO에 가입시킨 탓이다. 외국자본에 대한 중국의 기술이전 강요, 기술 탈취(산업스파이, 사이버 침공 국가관여), 외자기업 지분 제한 및 활동 억압 등은 '약탈적 산업정책'이며, 중국은 이를 통해 자국기업의 경쟁력 강화를 꾀하고 나아가 수출 경쟁력을 확보하여 미국의 제조업을 붕괴시키고 양질의 일자리를 빼앗았다"라고 주장했다.[11]

트럼프 1기 행정부가 무역불균형 시정과 제조업 일자리 회생을 위해 취한 수단은 대중 관세폭탄이었다. 2017년 8월 미국은 1974년 무역법 제301조에 기초하여 중국의 기술이전 등 지식재산권 관련 정책과 관행조사를 실시하였다. 그 결과, 외국기업이 중국에서 사업을 할 경우 기술이전 강요, 기술거래의 차별적 조치, 중국 정부 지원 미국 기업 자산 획득, 지식재산권 및 기업비밀의 사이버 탈취 등이 행해지고 있다고 지적하면서 상당한 중국 수입품에 25% 관세를 부과했다. 중국도 맞보복을 함으로써 양국 갈등이 고조되었다.

또한 2017년 발표된 트럼프 1기 행정부의 '국가안보전략(National Security Strategy) 보고서'는 중국을 수정주의 세력으로 규정하고 강대국 경쟁의 부활을 공언하면서, 경제성장과 국가안보의 기반이 되는 신흥기술(emerging technologies), 특히 민군겸용기술을 주도하여 중국에 대한 미국의 전략적 우위를 유지·강화한다는 목표를 설정하였다. 이에 따라 미국은 신흥기술의 혁신 시스템으로부터 중국을 배제하기 위해 다양한 정책을 구사하였다. 중국에 대한 기술 유출 방지를 위해 '2019년 국방수권법(NDAA, National Defense Authorization Act)'하에서 수출통제를 강화하는 '수출통제개혁법(ECRA, Export Control Reform Act)'과 외국기업의 대미 투자를 심사하는 권한을 확대, 강화하는 '외국인투자위험심사현대화법(FIRRMA, Foreign Investment Risk Review Modernization Act)'을 제정하였다. 상무부는 미국의 안보·외교정책상 이익에 반하는 조직을 포괄하는 제재대상 명단(entity list)에 중국기업을 지속적으로 추가하여 미국의 첨단 기술 및 제품의 금수조치를 확대하였다.

바이든 행정부는 트럼프 1기 행정부가 발표한 2017년 국가안보전략(National

---

11  Robert Lighthizer (2023), No trade is Free: Changing Course, Taking on China, and Helping America's Workers, Broadside Books.

Security Strategy)을 계승, 발전시켰다. 2021년 3월 발표된 국가안보전략 중간지침(Interim National Security Strategic Guidance)과 2022년 2월 인태전략(The Indo-Pacific Strategy)은 중국과의 전략적 경쟁에 집중하고 군사적 억지력 강화에 집중한 2017년 국가안보전략 및 인도-태평양 전략비전과 궤를 같이 하면서도 국가와 사회 및 개인의 경쟁력과 복지 향상을 추진하는 '인간안보' 강화에도 역점을 두고 있다. 다시 말하면, "미국 민주주의의 가치, 경제번영을 추구하고 동맹국과 협력하여 전체주의적 포퓰리즘에 대항"한다는 기조를 유지하고 있다. 이에 따라 바이든 행정부는 중국과의 디리스킹(derisking)을 추구하면서 핵심 기술 및 광물의 공급망 안정에 포커스를 둔 경제안보목표를 설정하고 동맹국 및 프렌드쇼어링(friendshoring)을 통한 우방국과 협력을 강화했다. 미국, 일본, 한국, 대만으로 구성된 칩4(CHIP-4)와 같은 소다자협력(Minilateral), 인도·태평양경제프레임워크(IPEF, Indo-Pacific Economic Framework) 및 광물안보파트너십(MSP, Minerals Security Partnership), 미·EU 무역기술이사회(TTC, Trade and Technology Council), G-7 차원의 협력이 대표적이다.

미국은 대중국 견제를 확대하는 동시에 자국 산업경쟁력과 인프라 강화를 위해 기존 입법을 적극적으로 활용 또는 개정·강화하고 인플레이션감축법(IRA), 반도체과학법(CHIPS and Science Act), 인프라투자·일자리법(IIJA, Infrastructure Investment and Jobs Act) 등 일련의 추가 입법을 추진해 왔다. 또한 홍콩인권법(Hong Kong Human Rights and Democracy Act), 위구르강제노동방지법(UFLPA)을 제정하여 중국의 강제노동 및 인권유린에 정면 대응해 오고 있다. 그럼에도 미국 조야에서 미국의 경제안보 강화 및 중국에 대한 규제 강화를 외치는 목소리가 여전하고, 미 의회 양당이 같은 목소리를 내고 있다는 점에 유의해야 한다.

2024년 1월 개최된 미 상원의 한 청문회(은행, 주택 및 도시위원회)에서[12] 킬크리즈(Emily Kilcrease) 신미국안보센터(CNAS, Center for a New American Security) 에너

---

12 Emily Kilcrease (2024), U.S. Economic Security Strategy, Authorities, and Bureaucratic Capacity, Testimony before the U.S. Senate Committee on Banking, Housing, and Urban Affairs, January 18, 2024, https://s3.us-east-1.amazonaws.com/files.cnas.org/documents/Kilcrease-Senate-Banking-Testimony-01.18.2024-1.pdf

지·경제·안보팀장은 미국의 경제안보 강화를 위해 (i) 중국과의 관계를 명시한 경제안보전략수립, 소관부서 강화, 우방국과 협력 및 모니터링 강화, (ii) 수출통제 소관부서 상무부 산업안보국(BIS, Bureau of Industry and Security) 강화, 대중국 첨단기술 수출통제, (iii) 외국인투자위원회(CFIUS, Committee on Foreign Investment in the United States)의 심사기능 강화, (iv) 해외투자 규제강화 필요성에 관해 증언을 했다. 미 의회의 미·중 경제 및 안보 검토위원회(US-China Economic and Security Review Commission)의 연례보고서(2023)[13]는 중국 공산당이 지배하는 권위주의적·공세적 정치체제가 미국 안보를 위협하며 중국식 발전모델의 한계에도 불구하고 개혁과 개방의 기미가 없으므로 미·중 경쟁은 장기적 구조적 틀에서 접근해야 한다고 지적했다. 또한 중국에 노출된 무역/투자 기업의 공개, 중국 수입품의 국가 안보위협 리스크 평가표 작성, 북대서양조약기구(NATO) 등 동맹국과의 협력, 중국의 미국내 영향력 행사 실체 파악, 반도체 수출통제의 실효성 검토 및 외국인투자위원회(CFIUS)의 심사대상 확대 등을 의회에 권고했다.

미국 하원의 미·중 전략적 경쟁 특별위원회(Select Committee on the Chinese Communist Party)는 2023년 '중국 공산당과의 전략적 경쟁의 승리 전략의 재정립, 예방 및 구축(Reset, Prevent, Build: A Strategy to Win America's Economic Competition with the Chinese Communist Party)'이라는 보고서[14]를 발표했다. 이 보고서는 중국의 부정적 경제·무역 전략에 공격적으로 대응, 미국의 대중국 투자와 위험의 투명성 제고, 장차 중국과의 갈등의 경제·산업적 충격 평가 및 대응, 첨단기술의 대중국 의존성 제거, 중국기술의 미국시장 침투 대응 등의 목적으로 작성되었다. 이 보고서는 중국 공산당과의 경제관계 재정립(reset), 중국의 군사력 현대

---

13  U.S.-China Economic and Security Review Commission (2023), 2023 Report to Congress, November 2023, https://www.uscc.gov/sites/default/files/2023-11/2023_Annual_Report_to_Congress.pdf

14  U.S. Senate, the Select Committee on the Strategic Competition between the U.S. and the Chinese Communist Party (2024), Reset, Prevent, Build: A Strategy to win America's Economic Competition between the U.S. and the Chinese Communist Party, https://selectcommitteeontheccp.house.gov/sites/evo-subsites/selectcommitteeontheccp.house.gov/files/evo-media-document/reset-prevent-build-scc-report.pdf

## [미국의 경제안보 입법 및 정책]

| 연도 | 법/정책 | 요지 |
|---|---|---|
| 1962 | 무역확장법(TEA) | 제232조에 의한 철강, 알루미늄에 대한 관세 /쿼터 |
| 1974/88 | 무역법(TA) | 제301조에 따라 불공정 무역관행을 시행하는 국가에 대한 무역규제 |
| 1977 | 국제긴급경제권한법(IEEPA) | 미국 외부로부터의 위협대응을 위한 국가긴급상황을 조치하기 위해 대통령에게 통상규제권한을 위임 |
| 2017 | 국가안보전략 | 미국의 4대 핵심국가이익 중 하나로 경제번영 제시; 중국 공산당을 주적으로 표기 |
| 2018 | 수출통제개혁법(ECRA) | 첨단·기반 기술 관련 수출관리규정(EAR) 개정 |
| 2018 | Entity List 확대 | 중국 첨단 기술 관련 기업/개인 추가 |
| 2018 | 외국인투자위험심사 현대화법(FIRRMA) | 국가안보(인프라, 핵심기술, 데이터) 보호를 위한 CFIUS 외국인투자심사권한 확대 |
| 2018 | 2019 국방수권법 | 중국 주요통신장비의 미국정부조달 퇴출 등 |
| 2022 | 반도체과학법(CHIPS and Science Act) | 반도체분야 기술우위 유지, 중국 추격방지를 위한 강력한 가드레일조항 도입 |
| 2022 | 위구르강제노동방지법(UFLPA) | 신장위구르에서 채굴/생산/제조된 물품이 강제노동으로 생산되지 않았다고 입증하지 못하면 미국수입 금지(면화, 폴리실리콘, 배터리 등) |
| 2022 | 인플레이션감축법(IRA) | 배터리/핵심원자재의 국내산업역량강화를 위한 보조금, 세제혜택 부여, FEOC 규정 도입 |
| 2022 | 국가방위전략보고서(NDS) | 통합억지전략(Integrated deterrence) |
| 2022 | 대중반도체수출통제조치(BIS) | 중국 첨단반도체, 기술, 장비, 노하우 등의 취득 및 생산능력 억제위한 수출통제 |
| 2023 | 대중반도체수출통제 강화(BIS) | 기존 조치 우회가능성 차단 |
| 2024 | 대외투자규제법 초안 | 첨단 기술의 해외유출 규제 |

출처 : 저자 종합

**[미·중 전략적 경쟁 특별위원회 보고서의 정책권고 요지]**

| Pillar I: Reset 중국과의 경제관계 재정립 | Pillar II: Stem 미 자본/기술의 대중 이전 차단 | Pillar III: Build 기술선도/집단 경제복원력 구축 |
|---|---|---|
| 중국의 경제시스템은 WTO와 불합치하고 미국의 경제안보를 저해 | 미국 투자자는 중국의 국방산업, 첨단 기술 업체 및 인권유린을 지원 | 미국은 일부 핵심기술의 선도경쟁에서 낙후; 반면 중국은 미국보다 글로벌 인재확보에 유리한 고지 |
| 대중국 투자관련 리스크에도 불구하고 미국의 국가안보와 금융안정성에 대한 리스크는 불분명 | 미국의 수출통제는 기술의 변화속도에 적응과 중국의 민관융합전략에 대처 미흡 | 중국공산당은 일대일로 전략을 통해 영향력을 확대하고 중요 공급사슬, 항만 등 전략적 인프라 확보 |
| 미국은 중국과 분쟁시 경제 및 금융충격에 대비한 긴급계획이 결여 | 미국의 CFIUS는 중국의 대미 투자를 효과적으로 심사하도록 권한강화 필요 | 동맹국과 협력 하에 미국은 수출증대, 대중국 공급망 의존도 감소 및 중국의 경제·기술 중상주의에 대처 |
| 중국은 산업보조금, 강제 기술이전, 시장접근제한 등 산업정책을 통해 글로벌 시장을 장악하고 미국의 대중국 의존도 증가 | 중국은 중국의 경제 및 안보 이익을 증진할 목적으로 미국의 지식재산권을 훔치기 위해 미국 연구환경의 개방성을 악용 | 미국은 핵심광물의 수입관련 중국에 과도하게 의존 |
| 중국개발 기술채택은 미국의 국가안보와 데이터보호에 위해를 가하고 장기적 미국의 기술경쟁력 위협 | | 미국은 의약품 및 의료기기의 공급사슬의 대중국 의존도가 높아 보건안보 취약 |

출처 : 저자 번역 및 정리

화 및 인권유린을 지원하는 미국 자본과 기술의 유출차단(stem), 기술 선도와 동맹국과 협력하 집단적 경제 복원력 구축(build)이라는 목표를 설정하고 다양한 정책권고를 했다.

또한 동 특별위원회의 위원장인 물레나르(John Moolenaar) 의원(R-MI)은 2024년 11월 미국의 경제안보 정책의 핵심 관청을 국무부로 지정하고 국무부에 경제안보 부장관직을 신설하는 법안[15]을 제출했다. 물론 118대 의회 회기말에 제출된 법안이라 폐기되었지만, 중국에 비상한 경계심을 가지는 미 의회의 태도를 엿볼 수 있다.

트럼프 2기 행정부는 '미국우선통상정책(America First Trade Policy)'을 표방하고 각국의 교역 관행, 무역수지, 불공정 무역, 환율, 무역구제제도, 미국이 체결한 무역협정에 대한 검토를 비롯하여 중국과의 무역관계와 제재 및 수출통제 등 미국의 경제안보 정책을 근본적으로 검토하여 대응조치를 취할 예정이다. 또한 바이든 행정부 시기에 발효된 인플레이션감축법(IRA)과 반도체과학법(CHIPS and Science Act) 등에서 제공하는 각종 세제혜택과 보조금 등을 재검토하고 추가적인 조정조치를 취할 예정이다. 트럼프 2기 행정부가 표방하는 경제안보 정책은 단지 중국과의 전략적 경쟁뿐만 아니라 그간 미국에 대해 막대한 무역흑자를 누려온 미국의 우방국들도 타깃으로 하고 있다는 것이 특징적이다. 트럼프 2기 행정부의 경제안보 정책 동향은 제13장(트럼프 2기 행정부와 통상 리스크)에서 별도 기술하였다.

미국은 백악관 국가안보실(NSC, National Security Council)을 경제안보 컨트롤타워로 하여 국무부, 상무부, 무역대표부(USTR)가 소관 업무를 분담하고 있다. 이미 미국 경제의 경쟁력 증진을 위해 국가안보실에 경쟁이사회를 설치하고 노동, 보건, 교통, 농업, 인터넷서비스, 기술, 금융 등 분야를 포괄적으로 관장하고 범정부차원의 공급망 태스크포스도 구성하여 운영해오고 있다. 지정학적 리스크를 다루기 위해 국무부, 국방부 등 외교안보 부서와 경제통상 부서가 협업하고 있다. 미국은 경제전쟁이사회(Economic War Council) 설치요구가 팽배했다. 이유는 기존의 행정부 조직이 산업정책, 수출통제 및 새로운 투자심사제도를 운영하면서 경제안보 어젠다를 강화해 왔지만 EU나 일본과 같은 전략적 로드맵 또는 리스크 분석 및 대응전략을 갖추지 못했기 때문이다. 2021년 4월 대통령 주재 하에 열린 백악관 국가안보회의(NSC)와 국가경제위원회(NEC) 합동회의는 반도체 공급망을 검토하고 6월에

---

15  The Economic Security and Diplomacy Act of 2024, https://selectcommitteeontheccp. house.gov/sites/evo-subsites/selectcommitteeontheccp.house.gov/files/evo-media-document/Economic%20Security%20and%20Diplomacy%20Act%20of%202024%20%281%29.pdf

는 반도체, 배터리, 희토류, 의약품의 공급망을 점검하는 보고서를 발간하였다. 미국은 또한 2021년 10월 G-20 정상회의 기간 중 공급망 정상회의를 소집했고 한국 등 14개국이 참석했다. 또한 미국은 국가사이버실(ONCD, Office of the National Cyber Director)이 사이버안보정책의 부처 간 조정 역할을 수행하고 있다. 트럼프 2기 행정부에 들어서면서 경제안보 관련 조직 개편이 대대적으로 전개될 것이다.

## 3.2 EU의 경제안보정책

EU는 경제통합이라는 당초의 목표를 넘어 국가통합을 지향해 왔다. 2009년 발효된 리스본 조약으로 유럽연합의 권한이 강화되고 기존의 NATO를 통한 협력 체제를 발전시켜 왔으나, EU내 외교와 국방분야 통합전략은 여전히 미약한 편이다. EU는 이런 도전을 극복하고 전략적 대응능력을 강화하기 위해 독일과 프랑스의 주도 하에 2022년 3월 '안보 및 국방전략 나침반(The Strategic Compass for Security and Defense)[16]'을 채택했다. 위기대응(Act), 시민 안전 확보(Secure), 능력 및 기술에 대한 투자(Invest), 파트너십(Partner)을 골자로 하는 이 전략보고서는 미국의 국가안보전략에 상응하는 것으로 알려져 있다. 한편, EU는 2021년 10월 '개방된 전략적 자율성(open strategic autonomy)'을 통해 대외통상정책의 기조[17]를 밝혔다. 동맹국들과 협력하여 지정학적 안보지형에 대응하고, 무역·투자의 경쟁력 강화, 기술보호, 환경보호 및 사회 안전망 강화를 추진하면서 외국의 강압적 경제 조치에 맞대응한다는 것을 골자로 한다.

EU는 경제안보를 (i) 에너지 안보 등 공급사슬의 회복력에 대한 위험, (ii) 핵심 인프라의 방호 및 사이버안보에 대한 위협, (iii) 핵심기술 안보 및 기술유출에 대한 위협, (iv) 경제적 상호의존의 무기화 또는 경제적 강압조치의 위험 등의 리스크에 전략적으로 대응하는 것(risk-based approach)이라고 정의한다. EU는 리스크 평가

---

**16** EEAS (2022), A Strategic compass for Security and Defence, https://www.eeas.europa.eu/eeas/strategic-compass-security-and-defence-1_en

**17** Steven Blockmans (2021), The EU's New Trade Policy: An Autonomous Assertion of Strategic Objectives? Friedrich Ebert Stiftung Analysis.

## [전략적 자율성 정책 및 이니셔티브 제안 분류표]

| 카테고리 1 | 카테고리 2 | 카테고리 3 | 카테고리 4 |
|---|---|---|---|
| 장기 산업 및 무역정책을 위한 조치 (지정학적 목적 포함) | EU내 시장실패 수정을 위한 조치 | 역외 생산 및 생산방식관련 시장실패 수정을 위한 조치 | 비회원국 조치에 대한 긴급대응 조치 |
| - 외국인투자심사제도<br>- Chips 법<br>- 의료위기대응체제<br>- 이중용도규제<br>- 수소전략<br>- 의약품 전략<br>- 수정신재생에너지 지침<br>- 우주패키지<br>- 표준화 전략<br>- 국가원조 및 IPCEI 면제 | - 인공지능(AI) 법<br>- 디지털조세<br>- 사이버안보 인증제도(EUCS)<br>- 그린채권표준<br>- 데이터관리법<br>- 데이터법<br>- 디지털 시장법(DMA)<br>- 디지털서비스법(DSA) | - 기업지속가능성 실사지침 (CSDDR)<br>- 산림벌채규정 (DFPR)<br>- 지속가능한 배터리규정 | - 반강압법(ACI)<br>- 탄소국경조정제도 (CBAM)<br>- 개정 Blocking Statute<br>- 국제조달제도<br>- 무역분쟁의 이행규정 검토 |

출처: ECIPE (2022)

를 한 뒤, 산업·기술 경쟁력 강화, 경제안보 강화, 우방국과의 협력 및 국제규범 증진 등에 관한 일련의 정책과 조치를 제안했다. 이와 관련 EU 집행위원회는 2023년 6월 '유럽 경제안보전략(EESS, European Economic Security Strategy)'[18]을 발표했다. 미국 등 주요국의 경제안보전략 추진에 대응하고 EU 전체 차원의 경제안보 위험요인에 대한 포괄적인 관리 및 대응 체계를 구축하기 위한 목적으로 마련한 것이다. 2023년 EU 집행위는 핵심기술에 관한 권고를 발표하고 각 회원국으로 하여금 반도체, AI, 양자기술 및 바이오기술에 관한 위험 평가를 추진하도록 했다. 독일은 2023년 핵심기술 및 산업의 대중국 의존도를 대폭 감축하는 것을 골자로 한 '대중국전략'을 발표했다.

2024년 9월 '유럽 경쟁력의 미래' 제하에 발표된 드라기 보고서(Draghi

---

18  European Commission & High Representative of the Union for Foreign Affairs and Security Policy (2023), Joint Communication on "European Economic Security Strategy," June 20, 2023, https://eur-lex.europa.eu/legal-content/EN/TXT/PDF/?uri=CELEX:52023JC0020

Report)[19]는 대전환시대에 유럽이 당면한 국내외적 도전요인을 신랄하게 분석하고, 기술혁신, 탈탄소화, 경제안보 및 유럽형 사회주의 가치 등 강화를 주문했다. 폰데 어라이언(von der Leyen) EU 집행위원장은 2024년 11월 유럽의회에서 행한 연설에서 "유럽의 자유와 주권은 경제력에 달려 있고 안보는 경쟁력, 혁신성 및 생산성에 달려 있다"라고 주장하면서 향후 (i) 미국 및 중국과의 혁신차이 축소, (ii) 탈탄소화 및 경쟁력 강화 및 (iii) 안보증강과 의존성 축소 등 드라기 보고서(Draghi Report)의 3대 목표를 추구하겠다"고 강조했다.[20] 특히 세번째 목표는 경제의 취약성을 노출하는 과도 의존성으로부터의 탈피, 공급망 안정화, 다변화, 복원력 강화에 초점을 맞춘 경제안보를 강화하는 것이라고 부연함으로써 경제안보전략을 보다 명료화했다.

유럽 안보전략은 특정국에 과도하게 집중된 의존으로 인해 초래될 수 있는 공급 교란 위기 및 상호의존의 무기화에 대비하여 공급망의 안정성 강화와 수출통제 등의 정책수단을 통해 기술유출 차단을 추구하고 있다는 점에서 미국의 경제안보전략과 동조화되어 있는 측면도 있지만, 미국보다 신중한 접근방식을 채택하고 있다는 점에서 차이가 있다. 산업정책에 초점이 맞추어져 있는 미국의 경제안보전략과 달리, EU는 보조금 지원 등을 통한 산업정책보다는 기술유출의 차단 및 경제 인프라의 보호 등에 중점을 두고 있는 것으로도 평가되고 있다.

EU는 청정기술, 원료, 반도체, 데이터, 사이버안보 등 분야의 경쟁력을 강화하는 EU 산업전략을 통해 단일시장의 복원력 강화를 강화하고 친환경 통상, 공급망 재편 및 산업 보조금 정책과 입법을 추진해 왔다. 특히 EU의 탄소국경조정제도(CBAM), 탄소중립산업법(NZIA, Net-Zero Industry Act), 핵심원자재법(CRMA), 기업

---

19 European Commission (2024), The Future of European Competitiveness, September 2024 https://commission.europa.eu/document/download/97e481fd-2dc3-412d-be4c-f152a8232961_en?filename=The%20future%20of%20European%20competitiveness%20_%20A%20competitiveness%20strategy%20for%20Europe.pdf

20 European Commission (2024), Speech by President von der Leyen at the European Parliament Plenary on the new College of Commissioners and its programme, November 27, 2024 https://neighbourhood-enlargement.ec.europa.eu/news/speech-president-von-der-leyen-european-parliament-plenary-new-college-commissioners-and-its-2024-11-27_en

지속가능성실사지침(CSDDD, Corporate Sustainability Due Diligence Directive), 역외보조금규정(FSR, Foreign Subsidies Regulation), 그리고 한시적 위기전환 프레임워크(TCTF, Temporary Crisis and Transition Framework) 등 친환경, 공급망 재편 및 산업보조금 정책의 이행을 위한 입법화 동향과 내용을 경제안보적 관점에서 검토할 필요가 있다. 또한 EU는 반강압법 (ACI, Anti-coercion instrument)을 채택함으로써 상호의존의 무기화를 억지하고 효과적으로 대응해 나가는 장치를 마련했다.

EU의 경제안보 관련 입법 현황을 살펴본다. 공급망, 산업 및 환경 정책, 수출통제, 투자 규제 등 분야별 정책을 포괄하기 때문에 각 챕터에 언급된 입법 내용과 일부 중복이 불가피 할 것이다.

### [EU 경제안보 입법·정책 현황]

| 분야 | 발효연도 | 입법/정책 | 목적/세부내용 |
|---|---|---|---|
| 공급망/산업 | 2023.8 | 배터리규정 | - 탄소발자국(carbon footprint), 재생원료 사용의무, 배터리 분리/교체, 라벨링, 적합성 평가, 공급망 실사, 폐배터리 관리 및 배터리 여권 등 규정 |
| | 2023.9 | 유럽 반도체법 | - EU의 글로벌 반도체 시장점유율을 20%까지 확대하고, 역내 투자환경을 개선하는 것을 목표로 다양한 인센티브를 제공 |
| | 2024.4 | 핵심원자재법 | - 2030년까지 핵심원자재의 역내 생산·가공·재활용 역량강화를 통해 대외의존도 완화, 공급망 모니터링, 위기대응능력 강화<br>- 역외국가와 협력을 통한 공급망 다변화 추구 |
| ESG/산업 | 2022.12 | 탄소국경조정 제도(CBAM) | - 철강, 알루미늄 등 6개 품목군을 EU로 수입시, 생산과정에서 내재된 탄소배출량에 상응하는 탄소가격에서 원산지에서 기지불한 비용을 공제한 금액을 CBAM 인증서 구매방식으로 납부 |
| | 2023.1 | 기업지속가능성 보고지침(CSRD) | - 비재무정보 보고지침을 개정한 지침 |
| | 2023.6 | 산림 벌채 규정 | - 산림벌채와 생물다양성 손실 방지를 통해 탄소배출을 줄이는데 기여하기 위한 규정으로 기업의 보고 및 실사 의무부담 |

| | 2024.2 | 탄소중립<br>산업법(NZIA) | - 지속가능한 탄소중립 기술 제조역량을 확대하여 이러한 기술에 대한 접근을 보장하는 것을 목적 |
|---|---|---|---|
| | 2024.4 | 에코디자인<br>규정(ESPR) | - 역내 유통 제품에 대한 에코디자인 자격요건을 강화하고, 소비자에게 관련 정보를 디지털제품여권(DPP)의 형태로 제공 |
| | 2024.4 | 강제노동<br>금지규정 | - 강제노동으로 생산된 제품, 부품의 EU 수입 금지 강화 |
| | 2024.7 | 기업지속가능성<br>실사지침(CSDDD) | - 지속가능하고 책임 있는 기업 경영활동을 촉진시키기 위해 산업 공급망 전반에 걸쳐 강제노동이나 산림벌채 등 인권과 환경 침해를 방지하기 위한 EU 차원의 기업 의무를 강화 |
| 공정경쟁/<br>경제적<br>강압<br>대응 | 2021.9 | EU 수출통제법<br>강화 | - 개별 회원국의 이중용도 규정을 EU 차원에서 조화 추진 |
| | 2023.1 | 글로벌 최저<br>한세 | - 특정 국가에서 다국적기업의 실효세율이 글로벌 최저한세율 15%에 미달하는 경우 다른 국가에 추가 과세권 부여를 도입 |
| | 2023.1 | 역외보조금<br>규정(FSR) | - 역외에서 보조금을 받은 기업이 EU내 기업합병이나 정부조달에 참여코자 하는 경우 규제 |
| | 2023.12 | 경제적 강압<br>대응조치 | - 외국의 경제적 강압조치가 있을 경우 회원국 및 EU 차원의 대응조치와 절차를 제공 |
| 디지털/<br>데이터/<br>AI | 2023.9 | 데이터거버넌스법<br>(DGA) | - 공공기관 보유 보호된 데이터를 일정한 요건 하에 재사용하도록 규정 |
| | 2023.12 | 데이터법(DA) | - 데이터의 공정한 사용과 접근관련 규정 |
| | 2024.2 | 디지털서비스법<br>(DSA) | - 온라인서비스 이용자의 기본권리를 보호하고 불법 콘텐츠를 규제하기 위한 목적 |
| | 2024.3 | 디지털시장법<br>(DMA) | - 일반 플랫폼 사업자와 빅테크 플랫폼 사업자로 구분하여 공정경쟁 규율강도를 달리하는 이원적인 접근법을 추구 |
| | 2024.3 | 인공지능법<br>(AI법) | - '리스크 기반 접근'을 채택하여 AI 시스템의 위험도를 4단계로 분류하여 개발자, 이용자, 수입자, 유통업자들에 차등규제 |

출처: 저자 종합

EU 집행위원회가 추진하고 있는 그린딜(Green Deal)[21]과 디지털 전환(digital transformation)은 EU의 미래 전략산업 분야에서의 우위를 지켜 나갈 수 있는 새로운 발전전략으로 제시된 것이지만 궁극적으로는 EU 산업정책의 변화를 예고하고 있다. 그동안 EU는 국가보조금에 대한 강력한 규제를 해왔으며, WTO 다자통상규범도 수출·수입에 직접적 영향을 미치는 보조금은 금지된 보조금으로 규정하고 산업 보조금을 대표적인 '불공정 무역관행(unfair trade practice)'으로 다루어 왔다. 이러한 맥락에서 최근 EU의 '한시적 보조금 규제 완화(TCTF)' 조치의 신설과 친환경 산업 분야로의 보조금 지원대상의 확대는 EU의 산업정책에 대한 기조 변화를 보여주고 있어 향후 EU의 정책 방향에 대한 귀추가 주목되고 있다. 또한 EU는 그간 다자통상체제의 틀 안에서 '공정한 경쟁의 장(level playing field)'을 구축하는 전략을 추구해왔으나, 오늘날 EU가 주장하는 '공정한 경쟁' 논리는 단순히 교역관계에서의 비교우위를 확보하기 위한 통상정책의 수단을 넘어서 EU 단일시장의 장기적 경쟁력 확보를 위한 전략적 수단으로 해석된다. 예를 들어 환경 분야에서 EU는 그동안 다자 및 양자 환경협정의 이행을 강조해왔지만 최근에는 EU 단일시장으로서 가지는 수출시장으로서의 중요성을 활용하여 EU가 도입하고 있는 환경규범의 대외적 확산을 추구하고 있는 것이다.

EU는 경제안보 업무를 분담하고 있다. 유럽집행위는 리스크 평가, 법률입안 및 경제안보전략의 이행을 감시하는 기능을 한다. 다만, 경제안보는 각 회원국의 권한에 있기 때문에 회원국과의 정책조정 기능강화가 필수적이다. 회원국은 유럽연합이 채택한 전략과 정책을 이행한다. 국제적으로는 유럽연합의 외교기능을 수행하는 유럽대외협력청(EEAS, European External Action Service)가 유럽경제전략을 광의의 외교정책 어젠다에 포함하여 추진해오고 있다. 기술안보 및 기술유출방지를 위해 외국 연구혁신방해대응장치(Toolkit on tackling Foreign R&I(research and innovation) Interference)를 가동하고 인프라 보호, 이중용도 품목의 수출통제 공조

---

21  European Commission (2023), A Green Deal Industrial Plan for the Net-Zero Age, COM(2023) 62 final.

강화, 외국인의 국내투자 및 EU의 해외투자 심사를 강화해 오고 있다.

### 3.3 일본의 경제안보정책

서방국가 중 경제안보 정책 추진의 필요성을 가장 먼저 인식한 나라는 일본이다. 2010년 센카쿠 열도를 둘러싼 일·중 간 긴장 속에 중국이 도요타 불매운동과 희토류의 대일 수출금지를 실행한 것이 일본으로 하여금 선제적 경제안보 정책을 입안하도록 한 동기다. 아베 내각과 스가 요시히데(菅義偉) 내각 이후 일본정부가 추진하고 있는 경제안전보장전략은 경제책략, 국내공급망 강화대책, QUAD 공급망 구축협력 등 3개 분야에서 법률 개정과 분야별 정책을 구체화하였다. 일본의 경제책략은 2017년 미국의 국가안보전략과 유사하게 수출통제, 기술수출통제, 외자규제강화, 외국인의 토지거래 규제 강화 및 자금조달 금지 등과 관련된 조치를 담고 있다. 대부분 중국을 겨냥한 방어적 조치지만 2019년 대한국 수출통제의 경우와 같이 일본도 경제의 무기화에 공세적 대응도 하고 있는 것이다. 2021년 11월 출범한 기시다 후미오(岸田文雄) 내각의 핵심과제와 정책도 경제안전보장 강화에 있었다.

일본은 경제안보관련 일련의 입법과 전략문서를 채택하고 조직을 정비했다. 첫째, 2022년 채택된 경제안보진흥법(ESPA, Economic Security Promotion Act)[22]은 경제안보를 위한 주요 정책수단으로 특정 중요물자의 (i) 공급망 강화, (ii) 중요 인프라의 안정적 서비스 보장, (iii) 첨단 기술의 연구개발지원, (iv) 주요분야 특허의 공개제한 등 4개 분야에 치중된 구체전략을 담고 있다. 먼저 안정적 공급사슬을 보장하기 위해 반도체, 희토류 포함 주요광물, 고성능 배터리, 약품 등을 특정주요 물자로 지정하고 관련 기업의 활동에 대한 정부 지원절차를 상세히 규정하고 있다. 둘째, 중요 인프라관련, 전기·전자, 운송·해운·항공·철도, 방송, 우편, 금융, 수자

---

22  IISS (2022), Japan's Econimic Security Promotion Act and the implications for business, December 2022,
https://www.iiss.org/en/publications/strategic-comments/2022/japans-economic-security-promotion-act-and-the-implications-for-businesses/

원·가스 등 14개 인프라를 지정하고 동 관리 상태를 평가하여 보완하도록 규정하고 있다. 또한 특정 주요기술을 정의하고 연구 개발 지원 조치를 강화하도록 하고 있다. 마지막으로 핵기술 또는 군사무기 개발 기술에 대해서는 소정의 적합성 여부 검토를 거쳐 특허신청 및 승인절차는 물론, 특허 자체의 공개가 금지된다.

둘째, 2022년 채택된 국가안보전략(National Security Strategy)[23]은 일본의 국가 이익, 국가안보를 위한 핵심 원칙, 중국과 북한 등 인태지역의 안보환경과 도전요인을 분석하고 일본의 국가안보 목표에 따른 우선전략과 그 추진 수단을 규정했다. 구체적으로 평화롭고 안정적인 국제환경을 조성하고 개방된 국제질서, 국방체계강화, 미·일 안보협력 강화, 경제번영 성취를 위한 경제안보 증진을 추진하고,

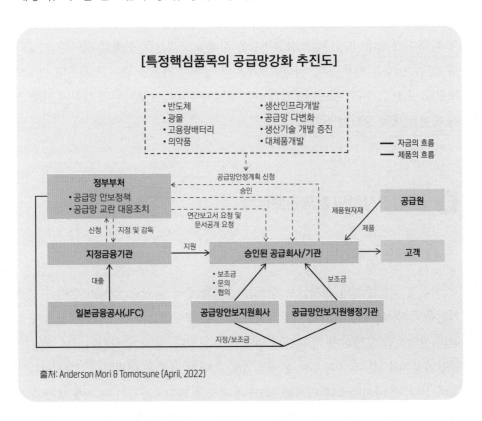

[특정핵심품목의 공급망강화 추진도]

출처: Anderson Mori & Tomotsune (April, 2022)

23  National Security Strategy of Japan(provisional translation), December 2022,
    https://www.cas.go.jp/jp/siryou/221216anzenhoshou/nss-e.pdf

그 이행 수단으로 미·일 동맹, 동맹·인접국과 협력, 사이버, 해운, 우주, 에너지, 식량, 군축, 반테러, 기후변화, 공적개발원조(ODA) 등의 강화를 규정했다. 특히 경제안보 챕터에서는 2022년 경제안보증진법의 지속적인 이행과 공급사슬의 안정화, 정부조달, 기술혁신, 정보보호, 경제적 강압에 대한 대항 등을 골자로 한다.

셋째, 일본은 경제안보 추진체계를 강화하기 위해 대담한 조직개편을 단행했다. 2020년 4월 내각관방 국가안전보장국(NSS)에 경제반을 신설한 데 이어 2021년 10월에는 내각관방에 '경제안전보장담당 내각부 특명담당대신' 직을 신설했다. 2022년 기시다 총리는 총리부내에 경제안보장관직을 신설하고 경제안보증진회의를 설치했다. 또한 장관급 경제안보증진사무소를 개설하고 경제안보진흥법의 이행을 관리하도록 했다. 눈에 띄는 조치는 여타 부처에 신설된 조직은 임시조직인 데 반해 외무성내 경제안전보장정책실을 직제상 조직으로 신설한 것이다. 이것은 경제안보 이슈를 다루는 데 외교안보부서의 전략적 역할을 중시한 때문인 것으로 보인다. 또한 2014년 사이버보안기본법 제정이래 국가안보차원의 사이버 안보 조직 체계를 대폭 강화해 왔다.

## 4 중국/러시아의 경제안보정책

### 4.1 중국의 경제안보 정책

시진핑 국가주석의 경제안보 강조는 중국과 중국 공산당 역사의 강한 유산에 기반을 둔다. 모택동 시기에 국가의 우선순위는 식량안보와 경제발전이었고 구소련의 산업화를 모델삼아 경제·과학발전을 추진했다. 당시 슬로건이었던 대약진, 양탄일성(兩彈一星, 두 개의 폭탄, 한 개의 위성)이 이런 정책을 대변한다. 1990년대에 들어 1997년 아시아 외환위기와 2001년 중국의 WTO 가입의 여파에 대한 우려가 제기됐다. 당시 중국의 경제안보 우선순위는 세계화와 경제통합에 따른 에너지안보, 시장교란, 금융위기 등 잠재적 후폭풍에 대비하고 극복하는 것이었다. 중국의 경제안보전략은 서방의 대중국 압박에 대항하면서 대서방 의존도를 낮추고 독자적인 기술자립과 우방국과의 연대강화에 초점이 맞춰져 있었다.

대체로 1990~2010년대 국제환경은 중국에 우호적이었으나, 2012년 이후 중국은 지정학적 위기, 미·중 대립·갈등에 의한 수출제한, 투자규제 등 복합적인 경제위기에 직면하게 된다. 2014년 4월 시진핑 국가주석은 양회연설에서 포괄적 안보 개념(comprehensive national security)[24]을 도입하면서 "안보는 목적(purpose: 目的), 정치안보는 근본(basis: 根本), 경제안보는 기반(foundation: 基礎), 군사·문화·사회안보는 보장(guarantee: 保藏)"이라고 언급했다. 트럼프 1기 행정부에서 본격화한 미·중 간의 무역전쟁이 격화되자 중국은 미국의 무역통상 및 투자관련 조치들에 대해 맞대응하기 시작했다. 예를 들어, 중국에 대한 제301조 조사와 추가관세 부과에 대응해, 중국도 미국산 수입품에 대한 관세인상, 미국산 농산물 수입제한 등으로 맞대응하였다. 또한 2020년 호주가 5G 네트워크에서 화웨이 제품의 사용을 금지하고 코로나 팬데믹의 기원에 대한 독립적인 조사를 요청하자 호주산 와인과 보리 등의 상품에 반덤핑·상계관세 조치를 취하여 수입을 제한한바 있다. 이 조치는 2022년부터 중국과 호주 사이의 긴장이 완화되면서 2023년 8월에 취소되었으나, 이 사례는 중국의 대응은 핵심광물과 같은 자원의 무기화에만 그치지 않는다는 것을 보여주었다.

중국은 미·중 관세전쟁을 거치면서 보다 적극적인 경제안보정책을 추진하였다. 2020년 10월 개최된 제19차 중앙위원회의 제5차 전대에서 개발·안보통합전략이 승인되었고, 제14차 5개년 계획(2021~25)은 경제안보관련 산업공급사슬, 식량 및 농업, 에너지 및 자원, 금융시스템 등 4개 경제안보 중점분야를 확인했다. 미국의 대중국 기술규제, 수출통제 및 제재, 투자규제 등의 확대에 우려를 가지고 쌍순환 정책의 도입, 산업경쟁력 강화, 산업인프라 발전, 공급사슬 우위성, 외국의 규제조치 감시 및 리스크 컨트롤 등을 위한 경제안보 정책과 입법을 도입했다. 기술분야관련, 첨단 기술 공급사슬 안정화, 첨단 기술의 외국 의존성 탈피, 과학기술 발전, 인재 영입, 2016년 혁신추진개발전략(IDDS, Innovation-driven development

---

24  Katja Drinhausen, and Helena Legarda (2022), Confident paranoia, MERICS China Monitor, https://www.merics.org/sites/default/files/2023-02/Merics%20China%20Monitor%2075%20National%20Security_final.pdf

strategy) 입안, 산업정책의 마스터 플랜인 중국제조 2025(MIC-2025) 등을 통하여 선진국 추월을 목표로 한 야심찬 육성책을 발표했다. 또한 금융 및 에너지·자원 안보를 위해 국제통화기금(IMF, International Monetary Fund) 개혁, 달러 기반 금융기관 간 국제결제 시스템인 SWIFT의 중립화, 중국 위안화 국제화, 신재생 에너지·원자력 일대일로 등 다양한 정책을 추진하고 미국 우방국과의 관계를 개선을 통해 미국의 압박을 약화시키는 전략도 펴 나갔다.

최근에 중국은 인공지능(AI) 굴기를 통한 군사 지능화를 추진해오고 있다. 이는 장래에 AI 능력에 의해 전쟁의 승패가 좌우될 것으로 보고 있기 때문이다. 2017년 '차세대 AI 발전계획'을 발표하여 지능화 지휘통제, 군사 시뮬레이션, 국방, 장비 영역 적용 등 AI 기술과 이론을 명문화하고 각종 AI 기술 연구위원회와 기관을 설립하고 무인기 자동화 작전 수행을 위한 '혜안(慧眼)시스템' 개발과 AI 자율 비행 기능을 장착한 중국 6세대 스텔스 전투기 실전 배치를 계획했다. 중국은 군민융합을 통해 4차 산업혁명을 위한 첨단 기술의 개발을 군사적 의미와 밀접한 관련 속에서 진행하고 있다. 따라서 이러한 첨단 기술과 관련된 중국의 개발 노력은 중국에 대한 미국의 안보위협을 자극하기에 충분하다.

무엇보다도 중국은 경제안보 분야에 다양한 법적, 제도적 장치를 강화해 왔다. 국가안보법(National Security Law, 2015년), 반테러법(Counter-Terrorism Law, 2015년), 반간첩법(Counter-Espionage Law, 2014년), 사이버안보법(Cyber Security Law, 2016년), 비정부단체 관리법(NGO Management Law, 2016년), 국가정보법(National Intelligence Law, 2017년), 데이터안보법(Data Security Law, 2021년), 홍콩 국가안보법(Hong Kong National Security Law, 2020년), 반외국제재법(2021년) 등이다. 이런 법들은 국가안보에 대한 포괄적인 규범으로서, 규정의 모호성으로 인해 중국 당국에 막강한 재량이 부여되어 있다. 특히 홍콩 국가안보법과 반외국제재법은 중국이 역외에서도 효력을 갖는 조치를 취할 권한을 부여했다. 2023년 5월 중국 사이버안보부는 미국의 반도체 제조사인 마이크론(Micron Technology)이 중국의 사이버안보법을 위반했다고 하면서 중국통신기업이 마이크론 제품을 구입하는 것을 금지했다. 2023년 2월에는 중국 상무부는 록히드마틴(Lockheed Martin Corp)과 레이시온(Raytheon Technologies Corporation)이 대만에게 무기를 판매했다는 이유로

## [중국의 경제안보 입법/정책 현황]

| 제개정<br>연도 | 입법/정책 | 주요 내용 |
|---|---|---|
| 2016<br>개정 | 대외무역법(FTL) | 외국의 차별적 무역규제에 대항조치 포함<br>중국의 첫 보복제재법 |
| 2020 | 외국인투자법(FIL) | 중국투자자에 대한 외국의 규제에 대항하기 위한<br>입법으로 중국당국에 상당한 재량 부여 |
| 2020. 8/<br>2022.12 | 기술수출통제리스트 | 국가안보를 위한 수출통제대상 기술리스트 |
| 2020.9 | 신뢰할 수 없는 기관<br>리스트(UEL) | 트럼프 대통령이 위챗과 틱톡규제 행정명령을 발령하자<br>중국의 주권, 안보 및 이익을 침해하고 중국기업을<br>차별하는 외국기관(UEL)을 발표 |
| 2020.12 | 수출통제법(ECL) | 국가안보·이익을 위한 수출통제레짐; 외국 수출통제에<br>대한 보복허용 |
| 2021.1 | 외국의 역외적용<br>불공정법 대응규칙 | 외국의 부적절한 2차 제재를 차단하는 대항조치;<br>공격적인 "Blocking Statute"로서 법규정 애매모호 |
| 2021.1 | 외국인투자의<br>안보심사 규정 | 외국인의 국내 투자에 대한 안보 심사규정 |
| 2021.6 | 반외국제재법 | 외국의 제재에 대한 보복조치를 규정 |
| 2021.11 | 개인정보<br>보호법(PIPL)/<br>데이터안보법 | 데이터수출, 저장, 보호, 국지화 및 국가안보에 영향을<br>미치는 데이터 분류 |
| 2017. 12 | 기업의 해외투자<br>행정조치(AMEOI) | 기업의 해외투자심사: 민감지역(분쟁, 제재지역);<br>민감산업(군용, 통신, 에너지, 부동산 등) |
| 2023.7 | 외국관계법(초안) | 주권, 안보, 개발이익 보장을 위한 법 |
| 2023.7 | 반간첩법 | 안보환경의 변화에 대응하여 반간첩법 집행기관의<br>권한과 책임범위 명확화, 국가안보법률제도의 체계화<br>(2024.6.1 발효) |

출처 : MERICS의 자료를 기초로 저자 편집

신뢰할 수 없는 기관리스트(UEI, Unreliable Entity List)에 등재했다. 이 두 회사는 이미 중국의 반외국제재법에 따라 제재를 받고 있었으나 중국에서 기업 활동은 미미했다는 점에 비추어 중국의 제재는 기발효된 국내입법을 강력하게 집행하기 보다는 반중국 조치를 방지하거나 억지하기 위한 예방조치로서의 상징적 의미가 강하다고 하겠다. 최근 도입된 경제안보관련 중국의 입법현황을 앞의 표로 정리했다.

특히 개정 반간첩법의 시행으로 인하여, 종래에 간첩행위에 해당하지 않던 행위들도 간첩행위로 포섭될 수 있는 가능성이 생겼다. 최근의 사례들을 보면, 중국에서 조사 업무, 통계 업무 등을 행하는 외국 기업의 중국 법인 또는 협력사 등이 주로 문제되고 있으므로, 이러한 업종에 종사하거나 그러한 업종의 기업과 거래하는 기업들은 개정 반간첩법의 내용에 주의해야 한다. 컴플라이언스 측면에서는, 이미 보유하고 있는 정보, 데이터 자산을 정리하여 반간첩법상 간첩행위의 대상에 해당할 만한 것이 있는지 확인하고, 타 기업 또는 컨설턴트 등 전문가들과 거래할 경우, 해당 기업 또는 전문가의 신원을 확실하게 파악하고, 반간첩법에 저촉되는 경우에 계약을 해제할 수 있다는 해제조항도 마련해 두는 것이 안전하다.

## 4.2 러시아의 경제안보 정책

신냉전의 또 다른 축인 러시아는 러시아가 우크라이나의 크림반도를 합병한 2014년부터 미국과 EU의 제재대상이었다. 2022년 2월 러시아가 우크라이나를 침공하자 미국과 EU, 그리고 영국은 대러시아 제재를 더욱 강화하였고, 미국은 우리나라와 일본 등 동맹국에게 제재에 동참하도록 요구하였다. 러시아에 대한 제재로 인하여 대부분의 외국인투자자들이 철수한 가운데 러시아내 산업경쟁력도 함께 약화되고 있다. 예를 들어, 러시아는 바이칼 전자와 MCST, 이렇게 두 곳의 반도체 기업을 보유하고 있는데, 이들 기업들은 서방의 제재조치로 인하여 큰 타격을 받고 있다. 특히, 러시아는 2027년까지 28nm 칩을 자율적으로 양산하겠다는 계획을 수립하였으나 우크라이나와의 전쟁을 수행하는데 필요한 수요에도 미치지 못하는 수준으로 공급능력이 약화된 것으로 알려지고 있다.

서방국가들의 제재에 대응하여, 러시아는 중국과의 협력관계를 더욱 공고히 하고 있다. 중국 정부는 러시아의 제안에 호응하여 대러시아 관련 품목의 수출규제를 철폐하여 러시와의 교역을 지원하고 있다. 특히 2022년 러시아와 중국은 1,900억달러 규모의 교역을 달성하며 최고치를 기록하였는데, 양국은 제재의 대상이 될 수 있는 달러와 유로의 사용 보다는 위안화 거래를 확대하고 있다. 또한 러시아는 제재 상황을 극복하기 위하여 인도, 튀르키예 등의 국가들과도 무역 및 에너지 분야에서 협력을 강화하고 있다. 또한 러시아는 미국을 비롯한 '비우호국 명단(Unfriendly countries list)'을 발표하였는데, 여기에는 우리나라도 포함되었다. 러시아는 이들 국가들에 대한 상품 수출을 금지하였고, 서방 항공사에는 자국의 영공을 폐쇄하였다. 서방국가들의 대러시아 제재 조치로 인하여 러시아내 우리나라를 포함한 서방기업들은 자신들의 영업을 무기한 정지하거나, 현지 러시아 파트너에 경영을 이전·신탁하거나, 또는 자신들이 영위해오던 비즈니스를 할인된 가격으로 제3자에게 매도하는 방식으로 러시아를 떠나고 있다. 미·중 간의 무역갈등이 경제안보적인 특징을 지니고 있다면, 러시아의 맞대응은 보다 지정학적인 성격을 띠고 있다. 미·중 간의 패권다툼에 더하여 러시아·우크라이나 전쟁, 이스라엘·하마스 전쟁 등 국제정치적인 위험요소들이 등장함에 따라 우리 기업들이 글로벌 비즈니스를 영위하기 위해서는 국제정치 동향에 대한 면밀한 모니터링과 분석, 이를 토대로 한 대책마련이 불가피하게 되었다.

# 참고문헌

정구연 (2024). '미국 우선주의'에 대한 공화당 내 다양한 해석과 미국 대외정책에 대한 함의. 아산정책연구소 이슈 브리프 2024-22.

Baldwin, David (2020). Economic statecraft. Princeton University Press.

Blockmans, Steven (2021). The EU's New Trade Policy: An autonomous Assertion of Strategic Objectives? Friedrich Ebert Stiftung Analysis.

Center for Economic Policy Research (2024). Europe's Economic Security. Paris Report Part 2.

Drinhausen, Katja; and Helena Legarda (2022). Confident Paranoia. MERICS China Monitor.

Draghi Mario (2024). The future of European competitiveness.

ECIPE (2022). The Impacts of EU Strategy Autonomy Policies - A Primer for Member States. Policy Brief No.09/2022.

EEAS (2024). 2024 Progress Report on the Implementation of the Strategic Compass for Security and Defence. March 2024.

European Commission (2023). A Green Deal, Industrial Plan for the Net-Zero Age. COM(2023) 62 final.

Ghiretti, Francesca (2023). From opportunity to risk: The changing economic security policies vis-à-vis China. MERICS Report. February 22, 2023.

Girishankar, Navin et al (2024), Staying Ahead in the Global Technology Race, A Roadmap for Economic Security. CSIS.

IISS (2022). Japan's Economic Security Promotion Act and the implications for businesses. December 2022.

Kilcrease, Emily (2024). U.S. Economic Security Strategy, Authorities, and Bureaucratic Capacity. Center for New American Security. Testimony before the U.S. Senate Committee on Banking, Housing and Urban Affairs.

Lighthizer, Robert (2023). No trade is free: Changing Course, Taking on China, and Helping America's Workers. Broadside Books.

Lúcio Vinhas de Souza (2024). Developing an Economic Security Strategy: EU and U.S. approaches. CSIS. August 2024.

Luttwak, Edward (1990). From Geopolitics to Geo-Economics: Logic of Conflict, Grammar of Commerce. Center for the National Interest. The National Interest No. 20(Summer 1990).

McCaffrey, Conor; and Niclas Frederic Poitiers (2024). Instruments of Economic Security. Bruegel Working Paper Issue 12/2024.

Mori, Anderson and Tomotsune (2022). Overview of Economic Security Legislation in Japan. Economic Security & International Trade, Legal Update. April 21, 2022.

Norris, William J., Typology of Security Externalities Memo, Occasional Paper No.1, Economic Statecraft Program.

Spykman, Nicholas (2007). America's Strategy in World Politics: The United States and the Balance of Power. Transaction Publishers.

U.S. Senate, the Select Committee on the Strategic Competition between the U.S. and the Chinese Communist Party (2024), Reset, Prevent, Build: A Strategy to win America's Economic Competition between the U.S. and the Chinese Communist Party.

U.S.-China Economic and Security Review Commission (2023), 2023 Report to Congress, Executive Summary.

Wong, Audrye (2024). China's Perspective on Economic Security. Korea Economic Institute of America. January 5, 2024.

# 제 2 장

# 상호의존의 무기화와 대응전략

## 1 상호의존과 경제적 강압

### 1.1 세계화와 상호의존

전후에 확산된 자유무역질서는 세계화를 촉진함으로써 국가 간 상호 의존이 심화되고 자원의 효율적 배분을 통하여 경제발전을 견인해 왔다. 심화된 상호의존은 국가 간 갈등과 분쟁을 유발할 수 있고 그 경우 합의된 규범에 따라 처리하거나 타협을 통해 문제를 해결할 수 있다. 그러나 국제분쟁해결기구가 제대로 작동하지 않고 주도권을 쥔 국가가 압박하는 경우, 초연결시대의 상호 의존 상황은 피해국에 치명적인 결과를 초래할 수도 있다. 상호 의존 관계는 구조적인 비대칭성으로 인해 상대적으로 강대국이 행사할 수 있는 수단이 많아 약소국이 고스란히 그 피해를 입게 마련이기 때문이다.

초연결 시대의 지경학은 과거와는 판이한 특성을 가진다. 경제적 연결성은 세계화시대에 구축된 글로벌 시스템의 안보 및 가치사슬에 직결되어 있어 광의의 국가안보에 결정적 영향을 미친다. 간단한 예를 들면, 글로벌 금융서비스체계인 SWIFT(Society for Worldwide Interbank Financial Telecommunication) 시스템이나, 구글 안드로이드 운영기반 등에 대한 의존성을 강압행사국이 지렛대로 활용할 경우 그 경제적 충격은 대단할 것이다. 어느 나라든 국가안보 이익을 극대화하거나 훼손방지를 위해 강경책과 유화책을 혼합한 양면 전략을 구사하지만 최근에는 상호의존성을 이용하거나 악용한 경제적 강압조치(economic coercive measures)를 취함으로써 국가안보 이익을 확보하려는 사례가 늘고 있다. 이런 강압조치들은 통상적인 외교 행위를 넘어서지만 군사행동까지는 미치지 못하는 일종의 '회색지대' 또는 '하이브리드 행위(hybrid actions)'로도 지칭된다. 군사력을 동원하여 정치외교적 목적달성을 하는 것보다 초국가적 네트워크에의 의존성을 이용하는 것이 훨씬 용이하고 효과도 극대화될 수 있다.

## 1.2 경제적 강압

정치적 목적 달성을 위한 경제적 강압조치에 대한 정의는 다양하다. G-7은 경제적 강압조치를 "경제적 취약성과 의존성을 이용하고 G-7 회원국과 우방국의 외교 및 국내정책과 입장을 훼손시키고자 하는 조치(incidents)"라 정의했다[1]. EU는 "제3국이 EU 또는 회원국에 불리한 무역 및 투자 조치를 적용하거나 적용을 위협함으로써 EU 또는 회원국이 특정한 선택을 하도록 압박하는 상황(situation)"이라 정의하고, 그런 상황은 대상국가로 하여금 압박에 굴복하도록 "경제적 의존성을 무기화하는 시도"로 요약했다[2].

경제적 강압조치는 무역, 투자 및 금융 분야의 제재, 수출통제, 외국인투자 심사 등 경제적 조치(economic coercion), 기술유출 통제, 사이버 공격, 자의적 구금 및 개인에 대한 제재 등 비경제적 조치(non-economic coercion)로 구별할 수 있다. 경제적 강압은 자국의 경제력, 군사력 또는 기타 영향력을 수단으로 상대 국가와 기업에게 자국이 원하는 정책을 강요하기 때문에 강대국의 전유물이라 해도 과언이 아니다. 미국과 중국은 국가이익 또는 전략적 목표를 위해 강압조치를 많이 취해 온 대표적인 국가다. 특히 2010년대 초반부터 중국이 취하는 자의적 강압조치가 확대돼 오고 있다. 마지막으로 미국이나 중국의 강압조치가 자국 관할지역 외부에까지 영향을 미치는 역외성(extraterritoriality)을 가진다는 점에서 국제 규범에 부합되지 않는다고 비

---

1  G7 Leaders' Statement on Economic Resilience and Economic Security, May 20, 2023.
2  Regulation (EU) 2023/2675 on the protection of the Union and its Member States from economic coercion by third countries.

난할 수 있으나, 적어도 미국의 조치는 절차와 내용면에서 국내법에 기반을 두고 있어 투명하다는 점에서 중국의 강압조치와는 근본적으로 차별화된다.

상호의존을 이용한 무기화의 실효성에 대한 분석은 아직 초보적이지만 시사하는 바가 있다. 대외 거래의 연결성에서 나오는 의존(dependence)과 취약성(vulnerability)의 동학(dynamics)을 분석한 연구결과[3]에 의하면, 국가 간 영향력 효과나 강압 효과는 경제력의 강약보다는 취약성의 정도에 달려 있으며, 취약성의 정도는 상호의존의 구조와 유형에 달려있다고 본다. 다시 말해서 경제적 상호의존이 국가안보에 주는 영향은 당사자 간 무역의 규모보다는 공급망의 결합도, 네트워크의 양태, 재화의 대체 가능성, 시장의 크기, 시장접근 상의 규제와 표준 등 구조적 장벽, 기축통화 의존도 등 다양한 측면에서 연결성의 결과로 나타난다. 또한 상대국의 영향력 행사가 자국에 주는 고통에 저항하는 정도의 차이를 가져오는 정치적 변수도 중요하다. 예컨대 상대국의 국가성(stateness), 즉 국가 자율성, 국가능력, 정당성(legitimacy) 등이 높을수록 의존과 취약성이 낮아진다는 것이다.

본 장에서는 중국과 미국의 경제적 강압조치의 사례, 특징, 추세, 차이점 등에 대한 검토를 하고 경제적 강압조치에 대한 대응전략과 집단적 대항의 실효성 등에 관해 살펴본다. 경제적 강국으로서 EU 및 일본도 경제제재, 수출통제, 무역 및 투자 규제 등을 통한 경제적 강압조치를 행사해 왔다. 한국 대법원의 강제징용 판결에 대항하여 일본이 한국에 대해 반도체 핵심원자재의 수출통제를 취한 것은 명백한 경제적 강압조치다. 물론 일본 입장에서는 자발성에 기반한 국제수출통제 레짐의 틀안에서 취해진 조치라 강변할 수 있을 것이나, 수출통제는 최종사용처 또는 사용자에 대한 의심이 있는 경우 수출국가가 수출통제를 할 수 있다는 점에서 한일 간에 건전한 신뢰관계가 손상되었음을 의미하기도 한다. 경제제재, 수출통제, 무역·투자 규제 등 일정한 국제규범 또는 관행의 범위내에서 취해지는 경제조치들은 후술하는 개별 장에서 논하기로 하고 본 장에서는 강력한 경제적 강압조치를 행사해 온 중국과 미국의 사례와 집단적 대항조치에 국한하여 논하기로 한다.

---

3  Marc F. Blanchard & Norrin M. Ripsman (2000), "Rethinking sensitivity interdependence: Assessing the trade, financial, and monetary links between states," International Interactions, Taylor & Francis Journals, vol. 27(2), pp. 95-128, November.

## 2  중국의 경제적 강압조치

스웨덴 PEN 방송사가 2019년 중국에서 구금되어 박해를 받던 홍콩-스웨덴 국적의 구이민하이(桂民海, Gui Minhhai) 작가에게 투홀스키 상[4]을 수여하려는 결정에 대해 중국은 구이충유(桂从友, Gui Congyou) 주스웨덴 중국대사 등을 통해 스웨덴 정부에 다각적으로 강한 항의를 했고, 스웨덴 외교부장관은 구이 주스웨덴 중국대사를 2년간 40회 이상 초치하여 유감을 표시하였을 정도로 양국간 외교적 경색이 지속된 바 있다. 구이 주스웨덴 중국대사는 스웨덴 PEN 방송사와 인터뷰 중 "우리는 친구들에게는 좋은 와인으로 대접하지만 적에게는 엽총으로 접대한다(We treat our friends with fine wine, but for our enemies we have shotguns)"라고 언급했다.[5] 이는 소위 중국 '전랑외교(wolf warrior diplomacy)'의 전형으로 정치·외교적 목적 달성을 위한 수단으로 강압조치를 사용하고 있다는 것을 공표한 것이다.

중국은 전통적으로 우월적 경제적 지위를 십분 활용하여 제국을 관리하고 대외정책에 활용해 온 나라다. 명조(明朝), 청조(靑朝)까지 운영됐던 조공(朝貢) 시스템은 인접국과 무역 및 경제관계를 상하관계로 유지했다. 20세기 초 조공시스템이 소멸될 때까지 중국은 경제적 종속관계를 지렛대로 정치적 목적 달성을 추구해 온 것이다. 1919~30년대에도 중국은 정치적 목적으로 외국 상품의 불매운동을 수차례 전개한 바 있다. 20세기 후반 및 21세기 초에 들어 중국은 무역확대와 제조업 발전에 힘입어 세계경제에서 중국의 영향력이 확대되자 자국의 핵심이익을 지키기 위해 경제적 압박 수단을 적극적으로 활용하기 시작했다.

중국은 국가이익과 전략적 목표달성을 위해 다양한 경제 수단을 활용해 왔다. 단계적으로 보면 초기에는 무역확대와 원조(ODA) 지원을 통해 대상국가와 경제관계를 구축하고, 다음에는 정치적 요구 수락을 조건으로 차관을 제공하거나 경제협력을 하고, 마지막으로 무역 및 투자규제, 경제제재 및 사업규제 등 수단을 동원하

---

4  이 상은 1930년대 나치 독일을 피해 스웨덴으로 망명해 온 독일작가 쿠르트 투홀스키(Kurt Tucholsky)의 이름을 딴 상으로서 모국으로부터 박해나 위협을 당하거나 망명 생활을 하는 작가나 출판업자에게 주어진다.

5  The Economist (2020), How Sweden copes with Chinese bullying, February 20, 2020.

여 경제적 강압조치를 취해 왔다.[6] 일대일로(一帶一路, BRI, Belt and Road Initiative) 프로젝트나 아시아인프라투자은행(AIIB, Asian Infrastructure Investment Bank)을 통한 차관제공 및 투자 확대 등이 대표적 케이스다. 그 대상도 중국의 핵심이익에 간섭하는 국가와 개인에 대해 선별적으로 운영돼 왔다. 다만, 중국의 경제적 강압조치가 두드러지게 부각된 시점은 2008년 세계경제위기 이후 국제적 힘의 균형이 변화된 시점과 일치한다. 즉, 향상된 중국의 군사적·경제적 힘을 대외적으로 투사하고 이에 순응하지 않고 대항하는 국가와 기업들에 대해 노골적인 강압적 수단을 동원해 왔다는 것이 특징적이다.

## 2.1 경제적 강압의 사례와 추세

2010~22년간 중국이 취한 경제적 강압조치의 유형을 살펴보면, 사이버 공격, 수출·수입 규제를 포함한 무역규제, 투자규제, 관광객 규제, 특정 기업에 대한 압박 집중,[7] 불매운동(보이콧), 국가차원의 위하(威嚇), 자의적 구금 및 경제제재 등의 수단을 다양하게 혼합하여 사용한 것을 알 수 있다.[8] 시기별로는 2010~17년까지는 연 10회 이하로 기록되었으나 2018년부터 현저히 증가추세를 보이고 있고, 특히 외국정부 또는 개인과 기업에 대한 중국정부의 위하, 관광규제와 무역규제가 주종을 이루고 있다.

---

6  Peter Harrell, Elizabeth Rosenberg, and Edoardo Saravalle (2018), China's Use of Coercive Economic Measures, CNAS(Center for New American Security), June 11, 2018.

7  한국의 사드(THAAD) 배치에 대항한 중국의 강압조치로 한국의 롯데그룹은 엄청난 손실을 보고 중국 사업을 철수했고, 현대, CJ, SK, 삼성 등도 상당한 피해를 입었다. 2018년 델타, 메리어트, 벤트 등이 웹사이트에 대만을 "국가"로 표기했다고 하여 집중적인 제재를 받았다.

8  Fergus Hunter, Daria Impiombato, Yvonne Lau, Adam Triggs, Albert Zhang, and Urmika Deb (2023), Countering China's coercive diplomacy, ASPI(Asia Society Policy Institute), February 22, 2023, https://www.aspi.org.au/report/countering-chinas-coercive-diplomacy

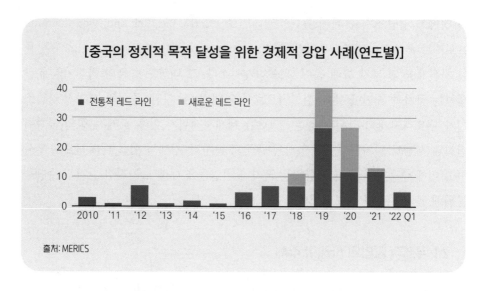

[중국의 정치적 목적 달성을 위한 경제적 강압 사례(연도별)]

출처: MERICS

　　독일의 중국 전문 연구소인 MERICS(Mercator Institute for China Studies)에 의하면, 중국이 정치적 목적으로 경제적 강압을 취하는 사례가 확대되고 있는데, 전통적으로 중국의 강압조치를 유발한 것은 신장위구르, 티베트, 홍콩, 타이완, 인권 문제 등 국가주권과 관련된 문제, 동아시아 지역내 미군주둔 또는 사드배치 등 국가안보 문제와 남중국해, 센카쿠 열도 등의 영토 분쟁 등 정치적으로 민감한 사안에 국한되었으나, 최근에는 코로나19 팬데믹의 기원설과 연관된 국가이미지 문제, 화웨이 등 중국기업의 차별적 대우, 외국의 반중국 정책 등으로 확장되고 있다는 것이다.[9]

　　중국이 가장 많이 활용한 강압조치는 무역규제이다. 세부적으로 보면, 관세인상, 기술장벽(TBT, technical barriers to trade), 검역위생(SPS, sanitary and phytosanitary measures), 국별 또는 기업별 차별적 보조금 지급 등이 주종을 이룬다. 또한 실제로 무역규제조치를 취하지 않으면서도 취할 수 있다는 위협을 공개함으로써 대상국에게 공포심을 유발시키는 전술도 구사해 오고 있다. 그 밖에도

9  Aya Adachi, Alexander Brown, and Max J. Zenglein (2022), Fasten your seatbelts: How to manage China's economic coercion, MERICS Report, August 25, 2022, https://merics.org/en/report/fasten-your-seatbelts-how-manage-chinas-economic-coercion

호주, 캐나다 및 일본에 대한 인질외교(hostage diplomacy), 일본, 필리핀 및 한국에 대한 군사·준군사적 위협, 호주, 일본, 리투아니아, 몽골, 노르웨이, 필리핀 및 한국에 대한 외교제재와 캐나다, 리투아니아, 노르웨이, 필리핀 및 한국에 대한 사이버 공격 등 비경제적 강압조치도 다양하게 구사해 왔다.[10]

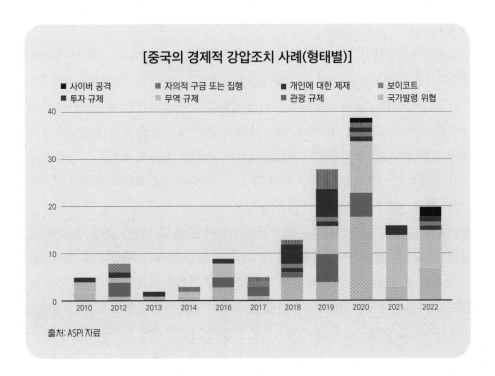

[중국의 경제적 강압조치 사례(형태별)]

■ 사이버 공격    ■ 자의적 구금 또는 집행    ■ 개인에 대한 제재    ■ 보이코트
■ 투자 규제    ■ 무역 규제    ■ 관광 규제    ■ 국가발령 위협

출처: ASPI 자료

　　최근 중국의 경제적 강압조치가 반복된 계기는 2010년 중국 트롤어선이 센카쿠열도 해역에서 일본 해양순시선과 충돌, 일본이 중국어선을 억류하는 사건에서 촉발되었다. 중국은 댜오위다오(釣魚島)로 불리는 센카쿠 열도(尖閣諸島)가 자국 영토임을 주장하면서 일본의 주권행사에 반발하여 대일본 희토류 수출을 중지하고 일본 제품 불매운동을 했다. 2012년 일본 정부가 개인으로부터 주변 섬을 구매하

---

**10** Matthew Reynolds and Matthew Goodman (2023), Deny, Deflect, Deter: Countering China's Economic Coercion, CSIS, March 21, 2023,
　　https://www.csis.org/analysis/deny-deflect-deter-countering-chinas-economic-coercion

면서 분위기는 다시 악화됐다. 중국은 광범위한 일본 제품 불매운동과 중국내 일본 회사를 파괴하는 시위를 허용했다. 이에 대해 일본은 피해 기업을 지원하고 다변화 전략을 추진하는 동시에, 미국 및 EU와 협조 하에 WTO에 제소하여 2014년 승소했다. 그 후 중국이 자국의 정치적, 전략적 이익이 침해되었다고 판단되면 어떤 나라에게든 강압적 수단을 동원하여 상대국의 태도를 변경하려 한 사례는 수없이 많다.

2010년 노르웨이가 중국의 반체제 작가인 류샤오보(Liu Xiaobo, 刘晓波)에게 노벨평화상을 수여하기로 하자 노르웨이산 연어수입을 금지하고, 2012년 남중국해 동사군도(東沙群島, Pratas Islands)를 둘러싼 갈등을 빌미로 필리핀 바나나 등을 수입 금지했다. 이어 2016년 차이잉원 대만 총통의 당선 계기 중국 관광객의 대만 방문을 금지했으며, 2017년 한국의 사드(THAAD)[11] 배치에 대한 보복으로 굉장히 포괄적인 경제적 강압조치를 장기간 취해 왔다. 그 후에도 지속적으로 중국의 경제적 강압조치의 사례가 증가해 왔다는 것을 알 수 있다. 2010~22년간 중국이 취한 강압조치의 대상국가를 국별로 분석한 자료에 의하면, 유럽국가가 35건, 호주와 뉴질랜드가 23건, 동아시아(한국과 대만)가 9건으로 많았고 북미, 중남미 및 아프리카 등 국가도 포함되었다. 유럽의 경우, 대만과 관계 개선을 하려는 리투아니아를 대상으로 11건의 강압조치(2021)가 있었고, 중국의 코로나 대응정책 및 외교정책을 비판한 호주를 대상으로 주로 무역조치를 포함한 21건의 강압조치를 취했다.[12]

---

11  사드(THAAD: Terminal High Altitude Area Defense)는 미국 육군의 탄도탄 요격유도탄 체계의 하나로 정식 명칭은 종말단계고고도지역방어이다. 단거리(SRBM), 준중거리(MRBM), 중거리(IRBM) 탄도 유도탄을 종말 단계에서 직격 파괴로 요격하도록 설계되었다. THAAD 배치는 핵을 탑재할 가능성이 있는 북한 미사일 대응을 위한 자위적 조치였지만 미·중 갈등구조 속에서 중국의 격렬한 반발을 유발했다.

12  Matthew Reynolds and Matthew Goodman (2023), Deny, Deflect, Deter, Countering China's Economic Coercion, CSIS.

## [중국의 경제적 강압조치(시기 및 대상국가별)]

| 연도 | 대상국가 | 사건 | 불매운동 | 수입규제 | 수출규제 | 기업압박 | 관광규제 |
|---|---|---|---|---|---|---|---|
| 2010~12 | 일본 | 센카쿠열도 충돌 | O | | O | | |
| 2010 | 노르웨이 | 류샤오바오노벨평화상 | | O | | | |
| 2012~16 | 필리핀 | 남중국해(동사군도)갈등 | | O | | | O |
| 2016 | 대만 | 차이잉원 당선: One China | | | | O | O |
| 2016 | 몽골 | 달라이라마 방문 | | O | | | |
| 2016 | 한국 | 한국 사드(THAAD) 배치 | O | O | | O | O |
| 2017~21 | 호주 | 대중국간섭저항/5G 정책/코로나19 원인 | O | O | | | O |
| 2018~20 | 캐나다 | 화웨이 CFO(명완조우) 체포 | | O | | O | |
| 2019 | 뉴질랜드 | 화웨이5G 금지 | | | | | O |
| 2020 | 영국 | 홍콩시위대 지지 | | | | O(상해-런던주식 연계) | |
| 2020 | 독일 | 신장 인권문제 | | O (pork) | | | |
| 2021 | 스웨덴 | 화웨이 5G의 시장접근 금지 | | | | O | |
| 2021 | 리투아니아 | 대만연락사무소 (TRO) 유치 | | O | O | | |
| 2022 | 대만 | 펠로시 미 하원의장 방문 | | O | | O | |
| 2022 | 일본/한국 | 코로나19 여행규제 | | | | | O |
| 2023 | 미국 | 갈륨, 게르마늄, 흑연 수출통제/마이크론 칩사용 금지 | | | O | O | |

출처: Peter Harrell, Elizabeth Rosenberg, and Edoardo Saravalle (2018), China's Use of Coercive Economic Measures, CNAS (Center for New American Security)를 기초로 저자 편집

특히, 2016년 사드(THAAD) 배치를 결정한 한국에 대해서 취한 관세 및 비관세 장벽, 각종 차별조치, 여행제한 등 일련의 조치를 비롯하여 2017년부터 호주 정부가 취해온 대중국 비우호적인 외교 및 안보정책에 대항하여 중국이 취한 혹독한 대응조치는 정치적 목적 달성을 위한 경제적 강압조치의 전형으로 알려져 있다. 중국의 강압조치 중 대표적인 사례와 대응경과를 아래와 같이 간단히 정리했다.

### [사례 1: 한국의 사드(THAAD) 배치에 대한 보복(2016~23)]

| | |
|---|---|
| 사건개요 | 2016년 미국과 한국은 북한의 미사일 공격에 대비하여 사드(THAAD) 배치를 결정하면서 중국은 외교적 위하를 비롯하여 강압조치를 발동하면서 격렬하게 반발했다. 2017년 초 한국의 롯데그룹은 한국정부에 사드(THAAD) 부지를 제공하면서 중국의 집중적인 공격을 받게 되었다. |
| 중국보복 | 한국산 화장품, 엔터테인먼트 산업에 대한 제재 등 광범위한 경제협력규제를 비롯하여 비자 제한, 불매운동, 사이버 공격, 관광객 규제, 중국내 롯데사업장 운영방해 등 전방위적 압박을 장기간 가했다. |
| 피해 및 대응 | 한국은행이 중국의 강압조치로 2017년 한국 경제성장이 0.5% 감소됐다고 추정했듯이 한국이 입은 피해는 막대했다; 롯데는 엄청난 손실을 감수하고 100여개 중국내 사업장을 폐업, 매각 후 완전 철수했다. LG, 삼성, CJ, 현대자동차, 배터리 업계 등 한국기업의 중국 비즈니스도 심각한 타격과 차별을 받았다. 중국의 단체관광객 취소 및 개별 관광 60% 감소로 약 150억 달러의 피해가 추정되었다. 중국은 한국과 소위 "3불(THAAD 추가 배치 불가, 미국주도 미사일방어체제 참여 불가, 미일과 3국 동맹 불가) 1한(사드 운영확장 불가)"을 공식 선언했다고 주장[13]함으로써 문재인 정부가 중국에 외교적 굴복을 했다는 논란도 제기되었다. 윤석열 정부는 3불1한 합의를 부인하고 결국 사드(THAAD) 배치를 관철했다.[14] 그러나 한국이 중국의 보복에 대해 적극적으로 대항하거나 상응한 보복 조치를 검토했다는 기록도 없고 중국의 보복조치를 체계적으로 분석한 보고서도 없다. |

---

13  중국외교부 대변인(Wand Wenbin) 정례 브리핑(2022.8.10)시 연합뉴스 기자의 질문에 관한 답변 http://un.china-mission.gov.cn/eng/fyrth/202208/t20220810_10740034.htm
14  Korea Herald 사설, 2022.8.12, https://www.koreaherald.com/view.php?ud=20220811000838

## [사례 2: 호주의 대중 외교정책에 대한 보복(2017~22)]

| | |
|---|---|
| 사건개요 | 호주는 미국과 연대하여 인태전략 참여, 중국의 인권문제 비판, 남중국해 군사화 반대, 화웨이 및 ZTE 등 중국 5G 통신사의 축출, 코로나19 팬데믹의 기원 관련 중국에 대한 비우호적인 정책결정 등을 함으로써 중국의 반발을 유발했다. |
| 중국보복 | 호주산 쇠고기, 와인, 석탄, 면화, 목재, 식품, 낙농제품, 포도 및 철광석의 수입금지와 규제, 통관 지연, 호주산 보리 등에 대한 반덤핑 관세 부과, 중국계 호주 작가 구속, 중국 관광객 및 유학생의 호주방문을 제한했다. 2020년 들어 양국 외교관계는 동결 수준으로 악화되었으나 그 후 2022년 호주 총선결과 노동당 정부가 들어서면서 양국 분쟁도 해빙기를 맞았고 2024년 중국이 호주산 바다가재 수입금지를 해제하면서 4년여의 무역분쟁이 종결되었다. |
| 피해 및 대응 | 호주는 초기에 상당한 경제적 피해를 감수했지만, 미국 등 우방국에 협조를 구하고 중국의 강압을 대외적으로 비판하면서 중국의 호주산 와인과 보리 수입규제를 WTO에 제소하였다. 또한 호주산 제품의 대중국 의존도를 축소하고 적극적인 수출선 다변화를 추진하였다. 중국의 보복기간 중 철광석의 대중국 수출물량은 감소됐지만 국제시세의 상승으로 수출액은 증가했고, 호주산 석탄 수입금지를 한 중국이 오히려 석탄수급에 차질을 빚으면서 강압조치의 피해를 보기도 했다. 결국, 중국의 대호주 보복은 호주에게 상당기간 불편함을 안겨줬지만 결국 실패로 끝났고 중국의 경제적 강압에 대한 호주의 대응은 모범사례로 평가된다. |

## [사례 3: 리투아니아의 가치기반 외교에 대한 보복(2020~23)]

| | |
|---|---|
| 사건개요 | 리투아니아는 EU가 추구하는 민주주의, 시장경제 및 인권보호 등 가치기반외교 기조 하에 민감분야에 대한 중국의 투자를 규제하고, 대만대표부(Taiwanese Representative)의 리투아니아 유치를 발표하면서 중국과의 관계가 급격히 악화되었다.[15] |
| 중국보복 | 중국 정부는 리투아니아 정부를 압박하면서 자국대사를 소환하고 양국 외교관계를 격하했다. 리투아니아와의 비즈니스에 각종 규제를 강화하고 무역/비무역적 규제 및 사이버 공격을 강화했다. 중국과 리투아니아 간 경제관계가 심화되지 않은 상황으로 인하여 중국의 대리투아니아 압박에 실효성이 없자 중국은 리투아니아를 회원국을 둔 EU와 EU 회원국과 EU 기업에 대해서도 직·간접적인 압박을 확대했다. 그러면서도 중국정부는 국영방송을 통해 대 리투아니아 보복을 부인하면서 공식화하지 않았다. |

---

15  중국은 리투아니아에 설치되는 대만 대표부의 명칭을 Taipei Representative로 하는 데는 동의하고, Taiwanese Representative 또는 Taiwan Representative 등 옵션에는 반대하였는데, 리투아니아가 Taiwanese Representative 명칭을 사용하기로 결정하면서 중국의 대리투아니아 및 대EU 보복 조치가 촉발되었다고 알려졌다.

| 피해 및 대응 | 리투아니아의 대중국 무역의존도가 1% 미만으로 피해는 작았으나 2021년 대중국 무역액은 전년 대비 80% 급감했다. 그러나 중국과 연계된 EU의 다국적기업에 대한 중국의 압박으로 리투아니아와 일부 EU 회원국 경제는 상당한 피해를 감수해야 했다. 리투아니아는 대중국의존도 축소, 미국, EU 등 우방국과 협조를 강화하고 WTO에 중국의 일방조치를 제소하는 등 결연히 대항했다. 한편, EU는 정치적 목적 달성을 위해 취해지는 경제적 강압에 체계적으로 대항하기 위해 EU판 "반강압조치대항이니셔티브(ACI)"를 채택하고 2023년 이를 입법화했다. |
| --- | --- |

## 2.2 중국 강압조치의 특징

중국은 경제적 강압조치를 취하면서도 대외적으로는 다양한 논리로 정당화해 왔다. 우선 강압조치를 미국의 발명품으로 선전하면서, (i) 중국은 강압과 제재에 참여하지 않고, (ii) 중국은 관할권 확장을 하지 않고(long-arm jurisdiction), (iii) 중국은 외국 회사를 부당하게 압박하지 않음에도 불구하고 미국이 고의적으로 주권 수호를 위한 중국의 합법적인 조치를 왜곡하고 있다는 입장을 취했다. 또한, 중국은 강압조치를 취하면서도 이를 공식적으로 인정한 적이 없다. 간혹 드문 경우 인정하더라도 상대국의 조치에 대한 불가피한 대응(punishment)이라고 강변해 왔다. 이것은 미국 등 서방의 조치와 대비되는 점이다. 리투아니아에 대한 강압조치에 대해 자오 리쥐안(赵立坚, Zhao Lijian) 중국 전 외교부 대변인은 "리투아니아 정부는 모든 결과에 상응한 책임을 져야 한다"라고 언급했다. 중국이 한국에 대해 보복을 취할 때, 중국은 정부가 보복을 한 것이 아니라 인민들이 자발적으로 대응한 것이라고 강조했다. 이런 연유로 중국의 경제적 강압조치가 발생한지 여부를 쉽게 특정하기 어렵다. 중국은 서방에서 경제적 강압조치를 비판하면 이를 모함이라고 반박하고 역으로 중국은 자국의 핵심 이익을 침해하는 국가와 기업의 행위로 인한 피해자라고 반박해 왔다.

과거 사례를 보면, 중국의 경제적 강압조치는 일정한 패턴을 가지고 있고 점점 정교해졌다는 것을 알 수 있다. 대상도 외국정부와 기업 및 개인을 상대로 하되, 대부분의 경우 드러내지 않고 암묵적(behind the curtain) 또는 비공식적(informal)으로 추진되며, 추후 문제가 되면 그럴싸한 부인(plausible deniability)을 하거나 조용히 강압조치의 강도를 신축적으로 조절하였다. 중국의 강압조치는 미국이나 EU

등 강대국을 대상으로 하는 경우도 있지만 대체로 중소국가를 대상으로 한다. 또한 강압조치는 비공식적이고 불투명하고 국제법과 중국의 국내법을 우회하거나 왜곡되게 해석한다. 2010년 중국은 희토류의 대일 수출금지가 WTO에 제소되어 패소하자 수출금지를 철회한 바 있다. 그 이후 중국은 대체로 WTO 규범에 위반될 소지가 있는 조치들은 더욱 회피하거나 비공식적으로 취해 왔다.

레이놀즈(Reynolds)와 굿맨(Goodman)은 중국의 대외 강압조치의 특징을 다음과 같이 정리했다[16].

- 중국의 강압조치는 영토수호(일본, 리투아니아, 몽골, 필리핀), 국내정치(호주, 리투아니아, 몽골, 노르웨이), 국가안보(한국), 경제안보(캐나다) 및 중국국민(캐나다, 일본) 등과 직결될 경우 활용
- 중국의 강압조치는 대체로 비공식적이고 종종 외교경색 또는 군사적 위협을 포함한 비경제적 수단을 수반
- 중국은 중소국가에 대하여 자국이 비대칭적 우위를 점한 분야에 강압조치 시행
- 중국의 경제적 강압조치는 상대국에 현저한 거시경제적 타격을 주지는 않음
- 강압조치를 실시하는 동안 중국은 변화되는 환경에 적응, 필요시 수정 또는 철회
- 중국의 강압조치는 일반적으로 실패하는 경우가 다수

중국의 강압조치는 국제규범은 물론, 중국내 입법에도 그 근거가 분명하지 않고 전체적 윤곽이 대외적으로도 알려져 있지도 않다.[17] 이 또한 미국이나 EU와 다른 점이다. 미국과 EU의 경우 제재조치나 수출통제를 취할 경우, 엄격히 법과 행정명령에 근거하여 예고되고 시행되어 왔다. 중국도 최근에는 제재입법을 도입하고 2020년에는 '신뢰할 수 없는 기관리스트(UEL, Unreliable Entity List)'를 발표한 바 있다. 같은 해 포괄적인 수출통제법을 도입하여 시행하고 있다. 그럼에도 비공식적이고 모호한 초법적인 강압조치의 사례가 보고되고 있다.

---

16  Matthew Reynolds and Matthew Goodman (2023), Deny, deflect, deter; Countering China's economic coercion, CSIS.

17  ibid

## 3 미국의 경제적 강압조치

### 3.1 연혁과 개관

여느 강대국과 마찬가지로 미국은 외교 목적 달성을 위해 지정학적 및 지경학적 전략을 구사해왔다. 지경학적인 수단도 지정학적 전략의 일부로서 미국이 가진 경제력과 기술력을 안보능력을 보완하는 데 활용해 온 것이다. 2차 대전 이후 미국은 그랜드 전략의 일환으로 실용적 다자주의를 채택하면서 미국의 영향력을 확대해 왔다. 세계무역기구(WTO)나 브레튼우즈 체제(Bretton Woods System)를 통한 국제무역, 경제개발, 금융협력을 강화하는 동시에 미국의 경제·기술력을 기반으로 수출통제, 경제제재, 무역규제, 외국인투자심사, 기술유출통제 및 사이버 안보 등 강온 양면 전략을 구사해 왔다. 수출통제법 강화나 대리비아, 이라크, 러시아, 이란 및 북한 제재 등이 대표적이다.

한편, 냉전 이후 21세기 초기까지의 기간 중에도 미국은 전면 전쟁까지는 이르지는 않는 무력수단을 동원하여 외교적 목적을 달성하는 강압적 외교(coercive diplomacy)를 시행해 왔다. 1990~91년간 중동에서 미국은 대이라크 전쟁을 통해 쿠웨이트를 해방시키고 사담 후세인 정권을 징벌했다. 그 밖에도 하이티와 소말리아 분쟁에 개입하고 1998년에는 알 카에다와 탈레반에 의한 테러행위를 벌하기 위해 수단과 아프간에 미사일 공격을 감행했다. 1995년 9월 대보스니안 세르비아 공습을 통해 보스니아 전쟁을 종식시키고, 1999년 대세르비아 공습으로 코소보 독립을 이루었다. 동아시아에서는 중국의 영향력 확대에 대응하여 일본, 호주 및 필리핀 등과 군사동맹을 강화했고 1994년 북한의 핵위기와 1996년 타이완해협의 위기를 거치면서 미국의 방위공약을 재확인했다. 이런 미국의 강압조치가 가능했던 이유는 미국이 유일 초강국(superpower) 지위를 가지고 지역분쟁에 개입하는 데 방해 세력이 없었고 이런 분쟁은 궁극적으로 미국의 개입 없이는 해결되지 않았던 특성도 있었다.

2008년 글로벌 경제위기를 거치면서 중국이 부상하고 미국의 경제적 영향력이 상대적으로 위축되는 시기를 맞게 되었다. 미·중 간 패권경쟁, 첨단 기술 경쟁 및 상이한 경제체제 간 갈등이 격화되고 유일 초강국 지위를 누렸던 미국에 중국이 도전하기 시작하면서 미국은 자국이 압도적 우위를 점하고 있는 첨단 기술, 장비 및 서비스 분야를 활용하여 중국에 대해 경제적 강압조치를 취하기 시작했다. 미국이 취해온 대중국 경제적 강압조치들은 관세인상을 통한 수입규제, 투자제한 및 수출통제를 통한 첨단 기술 규제, 인권, 노동 및 환경을 이유로 한 무역규제 등 전방위적이다. 또한 이러한 조치들이 행정명령뿐 아니라 의회입법을 통해 취해짐으로써 강력하고 일관성이 있다.

1962년 무역확장법 제232조에 따른 철강 및 알루미늄에 대한 25% 관세와 쿼터 부과, 1974년 무역법 제301조에 의거한 대중국 징벌적 관세부과를 비롯하여 경제제재법과 수출통제개혁법(ECRA, Export Control Reform Act)에 따른 제재와 수출통제 조치들은 미국의 국내법에 따른 조치지만 역외적용의 파급효과를 가지는 일방적 강압조치라 할 수 있다. 외국인투자위험심사현대화법(FIRRMA, Foreign Investment Risk Review Modernization Act)에 따라 인프라, 핵심기술, 데이터 분야의 외국인투자에 대한 외국인투자위원회(CFIUS, Committee on Foreign Investment in the United States)의 국가안보 심사권한을 강화한 것, 위구르강제노동방지법(UFLPA, Uyghur Forced Labor Prevention Act)에 따라 신장위구르에서 채굴·생산·제조된 물품의 미국 수입을 금지한 것, 반도체과학법(CHIPS and Science Act), 인플레이션감축법(IRA, Inflation Reduction Act), 인프라투자·일자리법(IIJA, Infrastructure Investment and Jobs Act) 등에 따라 해외우려기관(FEOC, Foreign Entity of Concern)의 미국 보조금의 수혜를 차단하는 것들도 대표적인 미국의 경제적 강압조치라 하겠다. 그밖에 트럼프 2기 행정부가 추진하는 상호관세(reciprocal tariff)와 보편관세(universal tariff) 등 고관세 부과도 국제통상규범에 합치되지 않는 일방조치로서 힘에 의한 강압의 일종이라 하겠다. 또한 인플레이션감축법(IRA)이나 반도체과학법(CHIPS and Science Act) 등 법에 따른 보조금 또는 세액공제를 무력화하겠다는 위협이 이루어지거나 실행되는 경우도 경제적 강압조치라고 하겠다.

## 3.2 미국 강압조치의 특징

미국은 공식적으로 국내법에 근거하여 비교적 투명한 경제적 강압정책을 시행한다. 물론 정책시행 자체가 사법적인 심사 대상이다. 예를 들어, 경제적 압박수단이 행정명령이든 의회 입법이든 미국정부는 대외적으로 이러한 조치의 법적근거와 정책목적, 대상단체의 이름과 법률준수에 필요한 서면안내 등을 제공하게 된다. 반면, 중국의 강압조치는 추상적인 중국의 이익에 반하는 경우 중국 당국이 언제든지 자의적으로 취할 수 있다. 또한 중국이 취해 온 다양한 강압조치를 살펴보면, 규범에 기반을 둔 국제질서를 약화시키거나 대상국이 중국의 잠재적 위협에 위축되도록 하는 목적이 있다.

미국은 독재국가, 테러지원국 또는 인권유린이나 범죄행위를 하는 개인 및 단체를 목표로 경제적 압박을 시행한데 반해 중국은 중국의 핵심이익에 반했다는 이유로 민주국가와 개인을 목표로 일방적으로 시행해 왔다. 한편, 트럼프 1기 행정부는 1962년 무역확장법 제232조에 근거하여 EU, 한국 및 일본 등 미국의 우방국을 대상으로 철강 및 알루미늄에 대해 일방적 관세를 부과함으로써 불협화음을 냈으나 바이든 행정부는 기본적으로 동맹국 및 우방국과 공동보조를 취하였다. 트럼프 대통령은 2기 행정부에 들어서서 불법이민, 펜타닐 등 마약 근절 등 국내 정치적 목적 달성을 위해 고율 관세, 미국 입국 제한, 금융제재 등으로 상대국을 위협하는 전형적인 강압수단을 행사하고 있다. 이런 강압조치가 적대국만을 대상으로 한 것이 아니라 미국의 동맹국과 우방국에 대해서도 무차별적으로 시행되고 있는 것이 특징적이다. 트럼프 대통령은 취임 후 불법이민을 추방하면서 콜롬비아가 자국민의 수용을 거부하자 콜롬비아에 대해 25% 관세 부과에 이어 1주일 후 50%로 인상하고 각종 제재조치를 가동하겠다고 위협했다. 대미 수출이 전체 수출의 26%를 차지하고 있는 콜롬비아로서는 고율 관세의 부과가 치명적일 수밖에 없으므로 콜롬비아는 이틀 만에 굴복을 선언한 바 있다. 또한 트럼프 대통령이 추진하고 있는 상호관세 조치는 무역 상대국의 관세는 물론, 비관세 장벽까지도 자의적으로 관세상당치로 계산하여 이에 상응하는 수준까지 추가관세를 부과하겠다는 계획으로서, 이런 조치가 실행되면 무역 상대국이 미국과 맺은 자유무역협정의 상당한 부분이 무력화될 수 있다.

미국은 대중국 경제적 압박수단으로 2022년 10월 반도체 및 반도체 제조장비 수출통제 조치를 강화했다. 트럼프 1기 행정부는 ZTE나 화웨이 등 중국의 기술 산업기반 회사들을 목표로 수출통제를 시행한 반면, 바이든 행정부는 해외직접생산품규칙(FDPR, Foreign Direct Product Rule) 등을 비롯하여 핵심기술 수출통제를 보다 체계적으로 강화했다. 반면, 중국은 일본에 대한 희토류 수출통제 및 리투아니아에 대한 무역규제 외에는 수출통제를 별로 사용하지 않았으나 최근에는 미국 등 서방에 맞대응해 수출통제 조치를 강화해 가고 있다. 갈륨, 게르마늄, 흑연, 우주항공 원자재 등에 대한 수출통제조치가 대표적인 것으로서 중국적 맞대응 전술이라 할 수 있다.

## 4 강압에의 대응 전략

### 4.1 개관

정치적 목적을 위해 취해지는 경제적 강압조치에 어떻게 대응할 것인가? 강압을 행사하는 국가가 경쟁하는 다른 강대국과는 직접적인 충돌을 회피하면서도 대응수단이 제한된 중소국가를 갈라치기(divide and rule) 전술로 압박하고 강압의 수단도 불투명하고 비공식적으로 취해지는 경우가 다반사이기 때문에 개별국가가 효과적으로 대응하기 어려운 것이 현실이다.

과거 사례를 보면, 경제적 강압의 피해 국가들은 크게 (i) 공격에 적응하면서 복원력을 구축하고, (ii) 공격의 충격과 피해를 축소하는 한편, (iii) 공격에 대항하여 강압행사국에 피해를 끼치는 3가지 행동을 했고, 국내적 조치와 다자간 협력을 동시에 추구해 왔다. 그러나 대부분의 국가는 부정적 파급효과를 조기 감지·경보하는 능력 개발, 의존도 축소, 무역다변화, 외교적 양보, 리쇼어링(reshoring)과 프렌드쇼어링(friendshoring), 부정적 영향의 최소화 등의 소극적 정책을 취하는 경향을 보여 왔다. 다시 말하면, 강압조치의 대상이 되는 중소국가들은 강압조치의 영향을 차단하거나 회피하기 위한 방어적 조치를 취할 수밖에 없었고, 상대국의 강압적 태도에 대항하고 무력화시키기 위한 공세적 조치를 취한 사례는 드물었다. 물론 외교적 항의 또는 WTO 등 다자간 포럼에서 일방조치 및 강압조치의 부당성을 지적하고 호소를 해 온 사례는 있으나 실효적인 결과를 얻지 못한 경우가 대부분이다.

사안마다 차이는 있으나 대체로 중국이 취한 강압조치의 피해국은 일정한 양보를 통해 중국과 관계개선을 도모해 왔다. 2017년 한국 문재인 정부는 사드 (THAAD) 배치로 중국의 반발이 거세지자 중국과 소위 '3불1한[18]'을 합의했다고 알려졌다. 중국은 동 합의 이행을 지속적으로 요구했고, 윤석열 정부는 초기에 다소 모호한 입장을 취하다 결국 문재인 정부의 대중국 약속을 이행하지 않겠다고 밝혔다.[19] 달라이라마의 입국을 허용하여 강압을 받았던 몽골은 사과와 재발방지를 약속했고, 노르웨이는 중국의 핵심이익과 국가주권을 인정(acknowledge)했다. 필리핀 두테르테 대통령은 남중국해에서 중국의 요구 일부를 묵인하는 대가로 중국의 대필리핀 수입규제를 해소했다. 중국의 강압 대상이 되었던 국가들은 대체로 일정한 양보 내지 사과를 했던 것이다. 그러나 모든 국가가 중국에 굴복한 것은 아니었다. 예를 들어, 한국은 중국과 상당기간 마찰을 겪었지만 결국 사드(THAAD) 배치를 했고, 노르웨이도 중국 반정부 인사에게 노벨평화상을 수여하지 않겠다는 약속을 하지 않았다. 그럼에도 불구하고, 중국이 이에 대한 추가보복조치를 취하지 않은 것도 시사하는 바가 크다.

미·중 간 갈등이 격화되고 중국의 강압조치 및 일방조치가 확산됨에 따라 글로벌 공급망 안정 및 복원력에 관심이 집중되면서, 특정국가의 경제적 강압에 대응 또는 대항하는 기제에 대한 논의도 활발히 이루어지고 있다. 억지 기제는 대체로 "거부에 의한 억지(deterrence by denial)"와 "처벌에 의한 억지(deterrence by punishment)"로 대별할 수 있다. 전자는 방어적 조치로서 피압박 국가 또는 기업이 의존성 축소 및 우방국과의 협력 등을 통해 강압조치를 효과적으로 무력화 또는 약화시킬 수 있을 경우 강압 행사국가는 강압조치를 추구할 명분과 이유가 소멸한다는 것이다. 후자는 공세적 조치로서 피압박 국가 또는 기업이 강압 행사국을 대상으로 관세인상, 여행 또는 관광 제한, 수출통제 등 맞대응을 통하여 실효적 보복수단을 행사할 수 있는 경우 강압조치를 억지할 수 있다는 논리다.

---

18  중국정부는 "문재인정부가 (i) 미국의 미사일방어체계에 불참여, (ii) 사드 추가 불배치, (iii) 한·미·일 군사동맹 불체결과, (iv) '이미 배치된 사드 포대의 운용 제한' 등 소위 '3불1한(three nos, one restriction)'을 약속했다"고 주장하면서 양국 간 합의 여부가 수면 위로 올라왔다.

19  https://csds.vub.be/publication/who-taught-whom-a-lesson/; https://www.rand.org/pubs/commentary/2023/02/us-cannot-count-on-south-koreas-yoon-to-line-up-against.html

## 4.2 집단적 대항

강대국의 강압조치에 중소국가가 단독으로 대응하기는 어렵다. 현실적으로 공세적 대항수단이 별로 없고 방어적 대응 밖에 대안이 없기 때문이다. 최근에는 우방국 또는 유사한 입장을 가진 국가가 연대하여 공동 대응하는 방안이 거론된다. 이런 집단적 대항관련 이론이나 정책은 다수 있으나 입법을 한 것은 EU가 효시라 하겠다. EU가 반강압법(ACI, Anti-Coercion Instrument)을 도입한 배경은 영국, 스웨덴, 리투아니아 등 EU 회원국들이 중국의 고의적 경제압박에 직접적인 피해를 경험했고 개별 회원국의 대응으로는 실효적 대처가 불가능하다고 판단했기 때문이다. EU의 반강압법은 2년여의 논의를 거쳐 2023년 12월 발효했다.[20] 이 법은 외국의 경제적 강압조치가 있을 경우 회원국으로 하여금 대응조치와 절차를 제공함으로써, 강압조치를 취하는 상대국에 대해서는 궁극적으로 중단하도록 유도하는 정책이다.

EU의 반강압법(ACI) 규정에 따르면, 회원국 또는 기업 등이 잠재적 강압의 위협에 직면하는 경우 EU 집행위에 관련 정보를 제출하면 집행위는 대체로 4개월 이내에 경제적 압박조치의 존재를 조사한다. EU이사회는 집행위의 제안을 검토하고 경제적 강압의 존재여부를 확인하고, 확인되는 경우 집행위는 여사한 강압조치를 중지하도록 그 시행국에 요구한다. 집행위는 문제해결을 위해 강압조치 시행국과 다양한 채널을 통한 교섭을 전개한다. 기한내 모든 수단이 소진되면, 집행위는 강압조치 시행국가의 행동을 변화시키기 위한 대항조치를 채택하며, 동 국가가 EU시장에 대한 접근을 제한하거나 여타 경제적 불이익을 줄 수 있는 모든 수단이 고려된다. EU는 일반적으로 경제적 강압조치를 다루기 위해 G-7 등을 통해 동 조국가와 협력해 나간다. EU는 특정국이 강압조치를 철회하지 않을 경우 EU가 대응할 수 있는 조치로서 강압행사국에 대한 관세부과, 무역규제, 지재권 규제, 투자 및 정부조달 제한 등을 상정하고 있다. 다만, 이런 대응조치가 실제 실행될지 여부 및 실행된다고 해도 그 실효성에 대해서는 논란의 여지가 있다. 미국의 경우, 경제

---

20  European Commission (2023), Protecting against Coercion, https://policy.trade.ec.europa.eu/enforcement-and-protection/protecting-against-coercion_en

적 강압에 대항하는 입법이 의회에 제출되어 논의[21]해 왔으나 양당 간 입장 차이로 국내입법에는 실패했다. 그러나 2025년 제119회기가 시작되면 유사한 법안이 다시 제출되어 논의될 가능성을 배제할 수 없다. 한편 G-7 국가들은 경제 복원력 및 경제안보관련 G-7 정상성명[22]을 통해 경제적 강압조치에 대한 대응방침을 발표했다. 회원국과 그 파트너 국가들을 위협하여 경제적 의존을 무기화하려는 의도가 다자간 무역규범의 신뢰, 그리고 법치와 주권존중에 기반한 국제규범을 위배한다는 데 심각한 우려를 표하고 경제적 강압조치를 억지하거나 대항할 수단을 개발하고 '경제적 강압에 관한 조정 플랫폼(CPEC: Coordination Platform on Economic Coercion)'의 출범을 통해 협력하기로 했다. 이 플랫폼을 통해 회원국은 조기경보, 정보교류, 상호 협의 상황 평가를 하고 강압조치의 대상국에 대한 연대를 과시하기 위한 지원을 모색하기로 했다.

중국의 구체적인 강압행위가 발생했을 때 대항 정책이나 입법이 얼마나 효과적인 수단이 될 수 있을지에 대해서는 논란이 많다. 강압에 대한 대항조치는 강압조치를 행사하는 국가에 대항능력이 있을 때 효과적이지만, 중국의 강압조치가 자국 경제에 치명적 영향을 미치거나 맞대응 수단이 약한 중소국가들은 효과적인 대항조치를 구사할 수 없는 것이 현실이다. G-7 등 선진국가가 중소 우방국이 제3국의 경제적 강압의 피해를 입을 때 집단적인 지원과 방어를 천명했지만 현실적으로 그런 공약은 정치적 레토릭인 경우가 많았다. 중국은 중소국가의 이러한 비대칭성과 우방 강대국 지원의 허실을 간파하고 신축적인 강압조치를 구사함으로써 자국의 이익을 극대화해 오고 있는 것이다.

---

21 대표적 입법안 사례는 2021년 하원에 제출된 Countering China Economic Coercion Act (HR 5580), 2022년 상원에 제출된 Statecraft for the Twenty-First Century Act(S4112) 등을 들 수 있다. 그 밖에 바이든 행정부에 발효된 바이아메리카법(Buy America Act), 인프라투자·일자리법(IIJA), 인플레이션감축법 (IRA), 반도체과학법 및 수출통제법 등도 중국의 강압 잠재력에 대항하기 위해 대중국 의존도를 축소하고 미국의 산업과 기술의 자립을 위한 입법이라 할 수 있다.

22 G7 Leaders' Statement on Economic Resilience and Economic Security, May 20, 2023, https://www.g7hiroshima.go.jp/documents/pdf/session5_01_en.pdf

한편, 미국 전략국제문제연구소(CSIS) 보고서(2024)[23]는 중국도 대외의존도가 높기 때문에 중국의 강압에 대항하기 위해서는 중국의 취약점을 공격해야 한다는 점을 강조한다. 미국은 대중국 제재로부터 파생되는 비용은 경감하면서도 당초 목표한 제재의 효과를 극대화하기 위해서는 제재대상 품목의 공급망을 미국과 우방국이 통제할 수 있어야 하며, 이 경우 중국은 과도한 비용 또는 대가를 치르게 될 것으므로 미국과 우방국은 중국의 강압에 대항할 수 있을 것이라는 것이다.

## 4.3 집단 복원력과 억지력

경제적 강압에 대하여 집단으로 행사할 수 있는 억지력과 그 수단에 대한 논의가 많다. 미국 조지타운 대학교 교수이자 전략국제문제연구소(CSIS) 부소장 겸 한국 석좌인 빅터 차(Victor Cha)는 '집단 복원력(Collective resilience)'이란 개념을 제시한 바, 이는 경제적 강압에 대하여 무역분야에서 다자간 대응을 보장하는 맞대응전략(peer competition strategy)이라고 정의했다.[24] 집단 복원력은 전통적인 억지이론(deterrence theory)에서 차용한 개념이다.[25] 상호의존이 비대칭적이어도 양방향의 의존성을 가지고 있기 때문에, 우월적 지위를 가진 국가도 특정 품목의 대외의존성으로 인하여 취약성을 가질 수 있고, 보복을 수반하는 나토협정 제5조[26]의 메커니즘과 같은 집단적 억지전략을 경제적 강압조치에 대해 구사하면 완전한 탈동조(decoupling)를 하지 않고도 경제적 강압조치를 무력화시킬 수 있다는 논리다.

---

23  Alexander Holderness et al (2024), Expanding the Toolkit to Counter China's Economic Coercison, CSIS, May 2024.

24  Victor D. Cha (2023), Collective resilience, deterring China's weaponization of economic interdependence, International Security Vol. 48, No.1, https://doi.org/10.1162/isec_a_00465

25  Victor D. Cha (2023), Examining China's Coercive Economic Tactics, Statement before the House Committee on Rules, Published May 10, 2023.

26  워싱턴 협정(나토협약) 제5조의 집단방위 규정: "미국 또는 유럽의 1개 이상 회원국에 대한 무력침공은 모든 회원국에 대한 침공으로 간주하고, 그런 침공이 있을 경우 각 회원국은 유엔헌장 제52조에 의한 개별적 또는 집단 자위권을 행사하면서 무력사용을 포함한 필요한 행동을 개별적 및 공동으로 공격받은 회원국을 지원한다."

중국의 태도를 변화시킬 수 있는 능력이 없으면 중국에 대한 효과적 억지가 불가능한 일이다. 억지전략은 국가 차원, 복수국 차원, 다자 차원 등 3원적 대응 체제를 기반으로 복원력(resilience), 거부(reject) 및 징벌적 대응(punitive response) 등의 억지력을 동원할 수 있어야 한다. '복원력'이란 강압조치를 극복하고 적응하는 능력으로서 국제규범 및 다자기관과의 협력을 통한 국제환경을 활용한 복원력 증진을 의미한다. '거부'란 강압조치의 충격을 완화하는 것으로서 국내 시스템 강화 및 피해기관에 대한 지원 등을 통해 강압조치로 인한 충격을 감소시키는 것이다. 마지막으로 '징벌적 대응'은 가용한 국내적 및 국제적 수단을 동원하여 강압조치 시행국에 실효적인 대응조치를 시행하는 것이다. 현실적인 방안으로 동맹국 또는 우호국가들과 연대하여 공동대응하는 방안이다.

집단적 복원력이 성공하려면 대항능력과 정치적 의지가 수반돼야 한다. 중국에 대한 개별적 의존성이 크기 때문에 개별적인 행동으로 중국의 태도를 변화시킬 수 없다. 그럼에도 중국도 국제무역의 양방향성 상호의존으로 인한 '취약성의 상호의존'의 지배를 받을 수밖에 없다. 예를 들어, 중국이 대호주 쇠고기, 보리 및 와인 수입제재를 하면서도 철광석 수입의 65%를 차지하는 호주산 철광석 수입제재를 하지 않은 사례와 중국이 대한국 사드(THAAD) 보복을 시행하면서도 한국산 반도체 수입제재를 하지 않은 사례는 이런 중국의 취약성을 대변하는 것이다.

빅터 차는 (i) 국가들의 대항능력, (ii) 전략적 가치와 대체가능성, (iii) 정치적 의지 등을 집중적으로 검토했다. 먼저, 중국의 중요한 교역 파트너인 호주, 일본, 한국은 물론, 중국 교역액의 30%를 차지하는 미국 등은 중국의 강압조치의 피해를 입었으나 중국 또한 이런 무역 파트너 국가로부터의 수입의존성이 높다. 중국이 70% 이상 수입의존을 하고 있는 품목은 약 412개로서 이들 품목의 수입액은 약 460억 달러에 달함에 비추어 중국의 무역상대국은 일단 대항능력은 있다. 위 품목 중에서 전략적 가치가 높거나 대체가능성이 낮은 품목만이 중국에 대해 지렛대가 될 수 있다. 예를 들면, 중국은 태양광 전지의 핵심소재인 은분말의 99%, 건설부문에 쓰이는 구리합금의 90%, 아연분말의 95%를 수입하며 그 외에도 농수산물 등 상당히 많은 품목 수입에 의존하고 있음에 비추어 중국의 강압조치에 대항하는 수단으로 활용될 수 있다. 마지막으로 집단 복원력 또는 억지력은 특정 회원국에 대한 강압조치가 시행될 경우 모든 회원국이 공동 대응하는 나토조약 제5조와 같은 정치적 의지가 효과적으로 작동해야 된다. 그러한 효과적인 공동대응을 위해서는 (i) 참여 회원국들이 강압조치과 집단행동에 동의하고, (ii) 강대 회원국이 약소회원 국에 대한 지원을 공약하고, (iii) 집단행동에서 이탈하지 않도록 효과적 지원을 보 장하고, (iv) 집단행동을 취하는데 따른 회원국 기업의 애로를 해소해야 한다.

그런데, 문제는 현실적으로 이런 조건을 충족하기에 일정한 한계가 있다는 것 이다. 빅터 차는 중국의 강압조치는 무역파트너들에게 위협과 공포를 유발함으로 써 국제통상질서의 신뢰를 파괴할 수 있다고 지적하고, 집단 복원력을 통해 제재를 가할 수 있다는 신호만으로도 일정한 성공을 기대할 수 있고, 강압조치가 대체로 국제 규범 위반이기 때문에 WTO 등 국제기구를 통해 분쟁해결을 도모할 수 있다 고 주장한다. 그의 주장은 다분히 이론적 분석의 성격이 강하다. 왜냐하면 전술한 한계로 회원국의 공동대응이 용이하지 않고 더욱이 현재 마비된 WTO의 분쟁해 결 기능에 비추어 법적인 해결을 기대하기 어렵기 때문이다. 그러나 G-7, 인도·태 평양경제프레임워크(IPEF, Indo-Pacific Economic Framework), 한미일 3자 협의체, 미·EU 간 무역기술이사회(TTC, Trade and Technology Council) 등 복수국 간 협력 체제를 통해 집단 복원력을 위한 정치적 공동 행동을 도모할 수는 있을 것이다.

## 참고문헌

Adachi, Aya; Alexander Brown; and Max J. Zenglein (2022). Fasten your seatbelts: How to manage China's economic coercion. MERICS Report. August 25, 2022.

Cha, Victor (2023). Collective resilience, deterring China's weaponization of economic interdependence. International Security Vol. 48, No.1.

Cha, Victor (2023). Examining China's Coercive Economic Tactics. Congressional Testimony at the Congressional Rules Committee. Published May 10, 2023.

Curtis. Lisa; and Nilanthi Samaranayake (2024). Countering Coercion: Managing Chinese Gray Zone Activity in the South China Sea and Indian Ocean Region. CNAS.

Cutler W.; and Wester S. (2024). Resilience & Resolve: Lessons from Lithuania's Experience with Chinese Economic Coercion. ASPI(Asia Society Policy Institute).

Drezner, Daniel W.; Henry Farrell; and Abraham L. Newman (2021). The Uses and Abuses of Weaponized Interdependence. Brookings.

European Parliament (2022). China's Economic Coercion, Evolution, Characteristics and Countermeasures. Briefing.

Farrell, Henry; and Abraham L. Newman (2019). "Weaponized Interdependence: How Global Economic Networks Shape State Coercion." International Security 44 (Summer 2019).

Forsby, Andreas Bøje; and Bjørnar Sverdrup-Thygeson (2022). More bark than bite? Assessing China's coercive measures in Scandinavia. NUPI(Norwegian Institute of International Affairs).

Garlauskas, Markus; and Lauren D. Gilbert (2023), Deterrence is Crumbling in Korea: How We Can Fix It. Atlantic Council Report.

Harrel, Peter; Elizabeth Rosenberg; and Edoardo Saravalle (2018). China's Use of Coercive Economic Measures. CNAS(Center for a New American Security). June 11, 2018.

Holderness, Alexander et al (2024). Expanding the toolkit to counter China's economic coercion. CSIS. May 2024.

Hunter, Fergus; Daria Impiombato; Yvonne Lau; Adam Triggs; Albert Zhang; and Urmika Deb (2023). Countering China's coercive diplomacy. ASPI(Australian Strategic Policy Institute). February 22, 2023.

Miller, Charles (2022). "Explaining China's strategy of implicit economic coercion. Best left unsaid?" Australian Journal of International Affairs 2022 VOL. 76, NO. 5. September 3, 2022.

Piekos, William (2023). Investigating China's economic coercion: The reach and role of Chinese corporate entities. Atlantic Council. November 6, 2023.

Reynolds, Matthew; and Matthew Goodman (2023). Deny, Deflect, Deter: Countering China's Economic Coercion. CSIS. March 21, 2023.

Szczepański, Marchin (2022). China's economic coercion: Evolution, characteristics and countermeasures. European Parliament Briefing.

Szczepański, Marcin (2024). EU Anti-coercion Instrument. European Parliament Briefing.

# 제 3 장

# 초연결세계와 공급망 안정성

## 1 디커플링과 디리스킹

### 1.1 공급망 안정성

공급망은 제품의 생산, 유통, 소비, 최종처리 등 생애주기(life-cycle)와 연관된 일련의 프로세스로서 이 중 한군데라도 애로(choke point)가 생기면 전후방 공급망에 연쇄 효과를 미치게 된다. 코로나19 팬데믹 기간 중 발생한 필수 의약품 및 의료기기나 일부 부품의 공급차질, 그리고 원자재 등에 대한 높은 대중국 의존도에 따른 취약한 글로벌 공급사슬에 대한 위기의식은 공급망 안정화 이슈를 국가안보의 핵심문제로 부각시켰다. 그동안 세계화 과정을 통해 형성된 글로벌 공급사슬의 초연결성이 공급망의 안정성과 복원력에 치명적인 요소로 부각된 것은 역설적이다. 결국 필수 제품의 국내 제조 확대 및 국제 공급망 다변화가 공급망의 복원력 증강에 필수적일 수밖에 없다.

공급망에 영향을 미치는 요인은 상업적 또는 경제적 요인뿐만 아니라 국제정치적 요인 등 다양하다. 미·중 간 전략적 경쟁과 우크라이나-러시아 전쟁, 이스라엘-중동 분쟁, 수에즈 운하폐쇄 및 통행제한 등 지정학적 리스크, 자국우선주의를 비롯하여 경제적 강압조치, 제재 및 수출통제, 투자심사, 탄소중립 및 친환경 에너지 전환목표 달성을 위한 환경규제, 노동 및 인권 규범, 기술발달 등도 공급사슬에 직간접적인 영향을 미친다. 상업적 기술의 발달로 군사적 용도의 기술 등 민감한 기술과의 경계가 허물어지면서 국가안보의 취약성을 가중시켰다. 글로벌 공급망의 압력지수(GSCPI)[1]는 미·중 전략경쟁과 코로나 팬데믹 이후 지속되고 있는 지정학적 리스크, 주요 해상의 물류대란 및 급격한 기후변화로 인한 원자재수급 불안과 물류비 상승 등 불확실성의 증대로 높은 변동성을 보이고 있다. 공급망의 재편과정은 2024년 이후 세계화의 새로운 방향을 제시한다. 자유무역과 심층 통합을 추구했던 세계화(globalization)는 반세계화 또는 탈세계화(de-globalization)로 규정되는 세계화의 역설(paradox)을 초래하였다. 다자주의에 기반한 자유무역질서가 자국중심의 보호무역체제로 급격한 대전환을 맞고 있다. 미·중 간 패권경쟁과 글로벌 대전환을 상수로 두고 세계화가 내포한 문제를 완화하면서 새로운 연결을 가능하게 하는 재세계화(re-globalization)의 추이를 관찰하고 실행 방안을 모색해야 할 시점인 것이다.

## 1.2 디커플링 대 디리스킹

미국은 첨단 기술에 대한 대중국 제재, 투자규제 및 수출통제를 강화하고 동맹국과의 프렌드쇼어링(friendshoring) 또는 리쇼어링(reshoring)을 확대하면서 중국의 핵심 광물 및 친환경 제품의 공급망 독점에 제동을 걸어왔다. 또한 반도체과학법(CHIPS and Science Act), 인플레이션감축법(IRA, Inflation Reduction Act), 인프라투자·일자리법(IIJA, Infrastructure Investment and Jobs Act) 등의 주요 법률 시행에 있어서 중국 기업을 배제하는 방식을 통해 첨단 산업과 기술의 보호를 위한 규제조치를 강화하고 우방국과의 협력을 확대해 오고 있다. 소위 중국과의 탈 동조화(decoupling)를 추구해 오면서 미국의 대중국 수입의존도는 급감하고 있고 대중국 외국인 직접투자도 감소추세를 보이고 있다. 반면, 멕시코, 베트남, 대만, 캐나다, 한국 등과의 교역은 확대되고 있다. 중국도 일련의 맞대응 정책과 강한 입법을 추

---

1 글로벌 공급망 압력지수(GSCPI, Global Supply Chain Pressure Index)는 미국 뉴욕연방준비은행이 글로벌 공급망에 영향을 미치는 잠재적 장애를 종합적으로 평가한 지표로서, 국제운송지수(건화물운임지수+용선료 지수+국제 항공화물 운임지수)와 7개 경제권(중국, EU, 일본, 한국, 대만, 영국, 미국)의 구매관리자 지수(PMI)의 공급망 관련 요소(주문인도시간, 수주잔고, 구매재고) 등 27종의 데이터를 활용하여 산출한다.

진함으로써 양 진영의 갈등은 격화되었다. 한편, 트럼프 2기 행정부 출범으로 고관세부과가 실현되고 친환경규제 완화 기대 속에서도 대중국 견제차원에서 노동 및 인권규제는 강화되고, 바이 아메리카법(Buy America Act) 및 해외우려기관(FEOC, Foreign Entity of Concern) 규정 등은 강화될 것임에 비추어 관련 제품의 공급망에도 상당한 영향을 미칠 것이다.

　반면, EU는 이미 중국과의 심화된 교역여건을 고려할 때 미국의 디커플링 정책은 현실적으로 불가능하다고 보고 국가안보에 위협을 초래할 수 있는 핵심기술과 산업 분야에 대한 규제는 강화하되, 일반 분야에서는 협력 체제를 유지한다는 디리스킹(de-risking) 원칙을 표명했다.[2] EU는 중국과의 첨단 기술 전략경쟁에 직접 뛰어 들기보다는 과도한 대중국 무역의존도 축소 및 자국 산업 육성에 초점을 맞추고 있다. EU는 역내 친환경·핵심광물 제조역량 확대 및 대중국 의존도 축소를 위해 핵심원자재법(CRMA, Critical Raw Materials Act), 탄소중립산업법(NZIA, Net-Zero Industry Act) 등 다양한 입법에 나서고 중국산 저가 전기차에 대해 반보조금 조사를 직권으로 추진하여 상계관세를 부과하는 등 중국산 핵심광물·전기차·재생에너지의 EU 시장 잠식에 강경하게 대응해 오고 있다. 또한 EU 집행위는 2023년 6월 발표하고 2024년 2월 업데이트한 EU 경제안보전략(European Economic Security Strategy)에서 중국 등 EU와 다른 가치를 추구하는 국가들이 반도체, 인공지능(AI), 양자컴퓨팅, 바이오 등 첨단 기술을 무기화할 위험성에 대한 평가를 시행하고 강화된 수출통제 조치를 도입할 예정임을 밝혔다.

　미국도 대중전략의 성공을 위해서는 EU와의 공동보조가 필수적임을 감안하여 EU 접근을 수용하여 중국과 디커플링 의도가 없다고 밝히면서 "좁은 마당, 높은 울타리(small yards, high fence)" 원칙을 밝혔다.[3] 세계 경제의 약 40%를 차지하

---

2　Speech by Ursula Von der Leyen, President of the European Commission (2023). The EU's "de-risking" means the establishment of restrictions on trade in highly sensitive technologies where military use cannot be excluded or where there are human rights implications, March 30, 2023.

3　Remarks by National Security Advisor Jake Sullivan on Renewing American Economic Leadership at the Brookings Institution, April 27, 2023.

는 미국과 중국 간 완전한 단절은 불가능하다는 현실 인식에 기반을 두되, 핵심산업 및 기술에 대해서는 높은 울타리를 치겠다는 의미다. 디리스킹은 또한 첨단 기술에 대한 광범위한 통제에 대한 기업들의 불만을 반영한 것이기도 하다. 첨단 기술 분야의 대중국 견제 조치는 불가피하게 미국 첨단 기술 기업의 중국 매출 감소와 같은 손실을 초래할 수밖에 없기 때문이다. 이런 제반사정으로 미·중 간 대립이 격화되더라도 공급망의 전면적 디커플링보다는 부분적, 선별적 디커플링 과정이 전개될 것이라고 보는 것이 보다 현실적일 것이다. 다만, 규제대상 산업과 기술의 폭은 시간이 갈수록 더 넓어지고 있다는 점에 유의할 필요가 있다.

트럼프 2기 행정부가 들어서면서 기후변화·환경, 에너지 정책의 근본적인 방향전환을 예고하고, 국제 통상 및 투자 분야에서도 '미국우선통상정책' 추진을 밝히면서 동맹국과 적대국의 구별 없이 상호관세와 보편관세 등 초강경 관세정책 추진을 예고하고 있어, 이들 정책 시행과 관련 입법이 강화되면 글로벌 공급망에도 거대한 전환이 이루어질 것이다.

한편, 중국은 반도체 등 핵심 기술의 자립과 일대일로, BRICS 국가들과의 공급망 협력을 통해 반서구연대를 구축하여 제재에 따른 경제적 피해를 상쇄하는 방어적 조치를 취하는 것과 동시에, 자국이 장악하고 있는 리튬, 코발트, 흑연 등 이차전지 산업 핵심광물과 희토류 등의 대외 수출규제를 통해 대서방 보복조치를 본격화하고 있다. 최근에는 리튬 생산국인 칠레, 니켈원광 생산국인 인도네시아와 같은 자원보유국들도 핵심원자재에 대한 수출통제를 강화하고 있다.

이런 배경에서 핵심 광물 및 원자재의 공급망 안정화는 모든 국가의 발등에 떨어진 불이 되었다. 공급망 안정성에 위한 정부 대책은 전반적인 의존도 축소와 다변화를 위한 종합적인 정책지원과 국가 간 협력을 통한 애로해소의 형태를 띠고 있다. 그러나 기업은 매우 복잡한 대책을 마련해야 한다. 우선, 기업 자체의 공급망을 점검하고 독자적인 공급망 안정화 대책을 강구해야 한다. 각 생산공정에 필요한 소재, 부품, 장비를 적기에 공급하고 관리하는 것은 기업의 생존과 직결된 문제기 때문이다. 더욱이 수출대상국이 환경·사회·거버넌스 경영(ESG)과 관련해 환경·인권·원산지를 중심으로 한 공급망 추적 및 실사 수행을 요구하고, 미준수 시 과징금 부과, 제품의 압류와 회수, 폐기, 영업중지, 공공조달 배제, 평판하락 및 경쟁력 상실 등의 다양한 직·간접적인 리스크가 예상된다. 결국 기업 자체적 선제대응책과 시스템을 정비하지 않으면 치명적 손실을 피할 수 없을 것이다.

공급망은 상품의 생산, 유통, 소비 및 최종 처리단계까지 전 과정을 대상으로 하기 때문에 산업, 무역, 투자, 기술에 관한 정책 및 입법과 밀접한 연계성을 가지고 있다. 다양한 요인에 의한 공급망 위기는 원자재 수급, 생산차질, 생산 및 운송 비용증가, 재고관리, 그리고 투자 혁신 저해 등 기업활동에 광범위한 영향을 미치고 있다. 공급망 이슈를 이런 분야와 완전히 분리하는 것은 불가능하기 때문에 중복을 피하기 위해 이 장에서는 공급사슬에 관한 정책과 입법에 치중하고, 무역, 투자, 기술, 환경, 노동 규제를 비롯하여 산업정책과 ESG 등 공급망 실사관련 정책은 별도의 장에서 살피고자 한다.

## 2 미국의 공급망 전략

### 2.1 개관

코로나19 팬데믹은 공급망 안정화가 국가안보에 필수적이라는 인식을 확산시켰다. 팬데믹으로 산업전반의 공급에 차질이 발생하면서 생산비용 상승, 해상운임 상승, 공급측면의 인플레이션이 확대되었다. 미국은 특정국가 의존도 축소 및 다변화를 통해 의약품 및 의료기기의 공급사슬의 관리를 개선하기 위한 노력을 경주함으로써 생산비용 하락과 경제 효율성을 추구했다. 포괄적인 공급망 안보 정책이 입안되기 전에도 개별 분야에 대한 공급망 정책이 시행됐다. 한 가지 사례로 2019년 5월 트럼프 1기 행정부 때 발표한 '정보통신 기술 및 서비스 공급망 안보(Securing the Information and Communications Technology and Services Supply

Chain)'에 관한 행정명령 13873호[4]를 들 수 있다. 이 행정명령은 국가안보에 위협이 되는 커넥티드 차(ICTS)의 거래를 검토하고, 필요 시 위험 완화조치를 부과하거나 금지할 수 있는 권한을 상무부 장관에게 부여했다. 2024년 3월 미 상무부는 커넥티드 차량 관련 '정보통신 기술 및 서비스(이하 ICTS)' 거래를 금지하는 규정에 관한 입법예고를 한데 이어, 커넥티드 차량에 사용되는 중국, 러시아 등 우려국가의 소프트웨어는 2027년식 차량부터, 하드웨어는 2030년식 차량 또는 2019년부터 금지할 예정임을 2025년 1월 확정, 발표하였다.

미·중 간 전략적 경쟁으로 첨단 산업과 기술에 대한 보호, 경쟁력 강화 및 공급망의 내재화와 신뢰할 수 있는 수입선 강화를 위하여 반도체과학법(CHIPS and Science Act), 인플레이션감축법(IRA), 인프라투자·일자리법(IIJA) 등 다양한 입법과 관련 정책을 통해 지원조치가 확대되었다. 농업, 방위, 에너지, IT, 광물 및 광업, 공중보건 및 운송 등 미국의 경제 및 국가 안보에 중요한 산업을 대상으로 하되, 정부 주도의 안정적 공급망 구축을 목표로 하고 있다. 또한 인도·태평양경제프레임워크(IPEF) 협상 타결, 핵심광물 안보 파트너십(MSP, Minerals Security Partnership), G-7 공급망 강화 파트너십, 인도·중동·유럽 경제회랑(IMEC, India-Middle East-Europe Economic Corridor) 출범 등 동맹국과의 프렌드쇼어링(friendshoring)을 확대해 오고 있다. 또한 자국우선주의에 기반한 대중국 반도체 수출 통제 조치의 파급효과로 동맹국과 마찰을 빚자, 미국은 2023년 3월 중국 내에 반도체 공장을 운영하고 있는 한국 등 우방국 기업을 '검증된 최종사용자(VEU, validated end-user)[5]'로 지정하여 수출통제의 예외를 인정하는 등 동맹국과의 공조

---

4  Federal Register (2019), Executive Order 13873 on Securing the Information and Communications Technology and Services Supply Chain, May 17, 2019, https://www.federalregister.gov/documents/2019/05/17/2019-10538/securing-the-information-and-communications-technology-and-services-supply-chain

5  미 상무부 산업안전국(BIS)은 VEU 프로그램에 대해 아래와 같이 설명하고 있다. "검증된 최종 사용자(VEU) 프로그램은 미국과 VEU 적격 국가(현재 중국과 인도) 간의 첨단 기술 무역을 촉진하는 혁신적인 프로그램이다. VEU 승인은 미국 수출업체가 여러 개별수출허가 대신 일반허가를 통해 지정된 물품을 사전 승인된 기관에 선적할 수 있도록 하여 산업계의 허가 부담을 줄여준다." https://www.bis.doc.gov/index.php/documents/validated-end-user/1642-veu-faqs/file

에도 신경을 쓰고 있다.

미국은 대중국 공급망 의존도를 경감하고 중국기업의 인플레이션감축법(IRA) 보조금 수혜를 차단하기 위해 해외우려기관(FEOC, Foreign Entity of Concern) 규정[6] 을 강화했다. 위구르강제노동방지법(UFLPA, Uyghur Forced Labor Prevention Act)에 따라, 수입업자가 미국으로 수입되는 상품이 신장위구르 지역에서 강제노동으로 제조되지 않았다는 것을 입증하지 못하면 수입을 규제하도록 하고 있으며, 수입 자가 강제노동으로 생산되지 않았음을 증명하기 위한 매우 까다로운 공급망 실사 의무도 요구하고 있다. 외국인투자위험심사현대화법(FIRRMA, Foreign Investment Risk Review Modernization Act) 제정을 통해 외국인투자위원회(CFIUS, Committee on Foreign Investment in the United States)의 기능을 강화하여 중국 등 기업의 대미 투자를 엄격히 심사하고, 수출통제와 제재 관련법을 수시로 업데이트하여 중국, 러시아 및 여타 대상국가를 압박하고 있는 바, 이런 모든 규제조치들이 공급망에 직간접적인 영향을 미치고 있는 것이다.

## 2.2 공급망 안보 행정명령(14017호)

2021년 2월 바이든 대통령은 농업, 방위, 에너지, IT, 광물 및 광업, 공중보건, 운송에서 미국의 경제 및 국가 안보에 중요한 것으로 간주되는 산업들에 대하여 정 부 주도의 공급망 검토를 지시하는 '미국의 공급망 안보에 관한 행정명령(Executive Order 14017 on America's Supply Chains)[7]'에 서명했다. 이 행정명령은 크게 4개 영

---

6   2023년 12월 미국은 IRA에 포함된 FEOC 관련 규칙(안)을 발표했다. 즉 FEOC의 핵심 요소인 "외국 기관" "외국 정부" "관할권에 따르는(subject to the jurisdiction)" 및 "소유, 통제 또는 지시에 따르는 (owned by, controlled by, or subject to the direction)"을 정의했다. 우선, 특정 기업이 대상국가(중 국, 러시아, 북한, 이란이 해당)에서 설립되거나, 대상국가에 본사 또는 주된 사업장이 있는 경우에는 FEOC에 해당하게 된다. 대상국가가 아닌 제3국에서 설립된 기업이라도 대상국가의 정부가 합산하여 직간접적으로 25% 이상 지분, 의결권 또는 이사지명권을 보유한 경우에는 FEOC에 해당된다. 다음으 로 기술 라이선스 또는 기타 계약이 특정 상황에서 대상국가 정부의 통제수단으로 간주될 수 있는 경 우(예컨대, 기술 라이선스 계약으로 인해 FEOC가 핵심광물/배터리 구성품·소재 등의 채굴·가공·생 산·조립 등에 대해 효과적인 통제권을 행사할 수 있는 권한을 부여한 경우)에는 FEOC에 해당된다.

7   White House (2021), Executive Order on America's Supply Chains, February 24, 2021

역에 대한 조치를 취했다. 첫째, 배터리, 반도체, 핵심광물 등 공급의 절대 과반수가 특정 국가에 편중된 점을 감안하여 반도체과학법(CHIPS and Science Act), 인플레이션감축법(IRA) 인프라투자·일자리법(IIJA) 등을 통해 공급망 취약성을 보완하기 위한 조치를 취했다. 둘째, 2022년 6월 해운개혁법(Ocean Shipping Reform Act)을 통해 불공정하고 차별적인 선적을 금지하고 항만과 해운의 경쟁력을 강화하기 위한 조치를 취했다. 셋째, 2021년 글로벌 공급사슬 복원력 정상회의 주최, 아태지역 14개국과 인도·태평양경제프레임워크(IPEF, Indo-Pacific Economic Framework) 협상, EU와 미·EU 무역기술이사회(TTC, Trade and Technology Council)[8] 협상, 광물안보 파트너십(MSP, Mineral Security Partnership), 양자 간 협상을 추진하면서 국제적 파트너십을 강화했다. 넷째, 공급망 위험을 예측하고 예방하기 위한 정부의 정보수집, 분석 및 전파 능력을 강화하는 데 중점을 두었다.

이 행정명령에 따라 2021년 6월에 발표된 첫 번째 검토보고서는 반도체 제조 및 첨단 패키징, 대용량 배터리, 핵심 광물 및 재료, 의약품 및 의료품 원료 등 4가지 핵심 부문에서의 취약점을 점검했다.[9] 보고서의 권고 사항에 따라, 바이든 행정부는 민간 부문과 협력하여 중국 이외의 지역에서 제조되는 의료용품, 반도체, 배터리, 그리고 지속가능한 희토류 광물 생산을 위한 투자 및 대출 제도를 확대했다. 2022년 2월에 발표된 두 번째 검토보고서는 에너지,[10] 운송,[11] 농업, 공중 보건, 정보 통신 기술, 방위 산업에 대한 행정부의 정책들을 점검하였다. 이 보고서는 또한 연방 지출, 무역 규제 강화, 동맹 및 파트너와의 협력을 통해 국내 제조업과 미국 노동 시장을 활성화함으로써 장기적으로 공급망의 취약성을 해결할 것을 권장하

---

8　미국과 EU는 주요 글로벌 무역, 경제 및 기술 문제에 관해 협의.조정하기 위해 2021년 6월 브뤼셀에서 개최된 EU·미국 정상회담 계기에 무역기술이사회(TTC, Trade and Technology Council)를 출범시켰다. https://ustr.gov/useuttc

9　White House, FACT SHEET: Biden-Harris Administration Announces Supply Chain Disruptions Task Force to Address Short-Term Supply Chain Discontinuities," Press Release, June 8, 2021.

10　U.S. Department of Energy, America's Strategy to Secure the Supply Chain for a Robust Clean Energy Transition, February 24, 2022.

11　U.S. Department of Transportation, Supply Chain Assessment of the Transportation Industrial Base: Freight and Logistics, February 2022.

고 있다.

2022년 2월 발간된 100일 검토보고서는 4개 분야의 공급사슬의 취약성을 재확인하고 다양한 정책을 제안했다. 같은 해 10월 상무부가 공개한 4개 부문 2,409개 품목으로 구성된 핵심 교역품목 리스트 초안에는 미국의 미래 산업경쟁력 관련 품목의 대중국 리스크가 큰 것으로 나타났다. 미국의 공급망 핵심품목은 탄소중립·그린 전환 관련 광물과 에너지, 디지털 전환과 관련된 ICT, 전염병 대응을 위한 공중보건으로 구성된다. 핵심품목 리스트 초안 마련은 중국 등 특정국 의존도 완화 및 자국내 산업기반 마련을 위한 사전 준비과정으로 해석된다. 즉, 핵심산업은 중국을 배제한 우방국 중심 공급망을 구축하고 저부가가치 기술을 활용하는 전통적 산업은 중국과 협력하는 생산구조를 이어가는 '선별적 디커플링'을 추진한다는 것이다.

2023년 11월 바이든 행정부는 장기적 정부차원의 공급망 복원력을 강화하기 위해 백악관에 공급사슬복원력 위원회(Council on Supply Chain Resilience)를 설치하여 관련 정부 부서와의 조정체계 확립하고, 국방생산법(DFA, Defense Production Act of 1950)을 활용하여 (i) 필수의약품 생산 촉진, (ii) 정부부처 간 공급사슬 정보 공유 능력 강화. (iii) 핵심 광물, 배터리 및 전기자동차, 풍력발전기, 에너지보전기술 등 청정 에너지 관련 핵심 공급사슬에 대한 투자 확대, (iv) 장기적 산업 복원력 강화를 위해 제조업 경쟁력 강화조치, (v) 기존 및 새로운 리스크 요인에 대한 모니터링 능력 강화 등의 조치를 취했다.[12] 2024년 2월 바이든 대통령은 2021년 행정명령을 재확인하면서 공급망의 복원력 확보를 위해 국내생산 확대, 다양하고 기민한 공급자, 신뢰할 수 있는 운송시스템, 핵심 인프라, 적정 비축, 안전한 데이터 네트워크, 식량시스템, 제조업 기반 및 노동력 등을 언급하고 우방국과 협력을 강조했다.[13] 2024년 6월 바이든 대통령은 행정명령 14017호의 내용을 수정·보완하는 행정명령(EO 14123)을 발령했다.

트럼프 2기 행정부는 중국과의 디커플링을 보다 강하게 밀어 부치면서도 동맹국

---

12  White House, Fact Sheet: President Biden Announces New Actions to Strengthen America's Supply Chains, Lower Costs for Families, and Secure Key Sectors, Press Release, November 27, 2023.

13  White House, Executive Order on White House Council on Supply Chain Resilience, Press Release, June 14, 2024.

및 우방국과의 협력에는 거래적인 관점에서 접근할 가능성이 크다. 그럼에도 미국이 전세계의 공장 역할을 하는 중국과 완전한 디커플링을 하기는 어렵고 또한 핵심 품목에 대해 독자적인 공급망을 구축하는 것도 용이하지 않기 때문에 결국 동맹국과 우방국을 압박하면서도 협력을 해나가는 양동작전을 펴 나갈 것으로 예상된다.

## 2.3 핵심 신흥기술(CET) 보호

각국이 첨단 기술 보호를 강화하면서 연관 산업의 공급망에도 비상등이 켜졌다. 미국 국가과학기술위원회(NSTC, National Science and Technology Council)는 2022년 2월 미국 국가안보와 직결되는 첨단 기술들을 선정하여 '핵심·신흥 기술(CET, Critical and Emerging Technologies)' 목록을 발표했다.[14] 핵심·신흥 기술 중 일부는 2020년 10월에 발표된 핵심·신흥기술 국가전략(National Strategy for Critical and Emerging Technologies)에 이미 선정되었는데, 핵심·신흥기술 국가전략은 국가안보 혁신기반 강화(필러 1)와 기술우위 보호(필러 2)를 기초로 하고 미국의 기술적 우위를 보호하기 위한 전략·조치와 함께 20여개의 기술을 지정한 바 있다. 미국 정부는 '2021년 국가안보전략 잠정지침(2021 Interim National Security Strategic Guidance)'에서 자국민의 안전 보장, 경제적 번영 및 기회의 확대, 민주주의 가치 수호를 국가안보 목표로 규정하였다. 업데이트된 CET 목록에 등재된 기술들은 이 국가안보 목표를 달성함에 있어서 필수적 기술[15]들이 포함되어 있다.

2023년 5월 미국은 '핵심·신흥기술에 대한 미국의 기술표준주도전략(NSSCET, National Standards Strategy for Critical and Emerging Technology)'을 발표한 바, 미국의 경쟁력과 국가안보에 필수적인 8개 핵심 첨단 기술을 지정하고 동 기술의 표

---

14 National Science and Technology Council, Critical and Emerging Technologies List Update, February 2022.

15 필수적 기술 리스트: 첨단 컴퓨팅, 첨단 엔지니어링 소재, 첨단 가스터빈 엔진 기술, 첨단 제조 기술, 첨단 네트워크 감지 및 서명 관리, 첨단 원자력 기술, 인공지능, 자율 시스템 및 로봇 공학, 생명공학, 통신 및 네트워킹 기술, 지향성 에너지, 금융 기술, 인간-기계 인터페이스, 극초음속 기술, 네트워크 센서 및 감지 기술, 양자정보 기술, 재생 에너지 발전 및 저장 기술, 반도체 및 마이크로일렉트로닉스, 우주 기술 및 시스템

준개발에 우선순위를 두고 있다. 바이든 행정부는 2024년 2월 핵심·신흥 기술 리스트를 업데이트하였다.[16] 경제안보를 위한 첨단 기술의 보호 및 대외유출방지 등에 관한 상세한 자료는 제6장(수출통제체제와 경제안보)을 참조하기 바란다.

## 2.4 우방국과 연대 강화

미국은 자국의 대중국 수출통제 조치가 미국 반도체 업체의 판로 상실과 우방국 기업에 손실을 끼칠 수 있다는 우려가 제기되면서 자국 기업은 물론, 동맹 및 파트너 국가의 불만에도 직면했다. 미 산업계는 핵심품목 리스트의 중요성에는 동의하면서도 정부 차원의 공급망 핵심품목 리스트 관리가 중국의 가격경쟁력 우위를 해소하여 미 산업계를 도울 수 있다는 시각과 중국산 중간재를 수입·가공하는 미 산업계에 어려움을 유발할 것이라는 시각으로 갈리고 있다. 한편, 미국의 우방국들도 중국을 겨냥한 미국의 입법과 정책이 엄격하게 작동하지 않을 경우 피해를 입을 수 있다는 메시지를 전달했다. 바이든 행정부는 자국 기업의 우려를 불식시키기 위하여 동맹국과의 정책 동조화 수위를 높이는 동시에 우방국과 적극적인 정책 동조로 전환했다.

미국은 바이든 행정부 하에서 우방국과 협력을 강화하기 위해 2021년 10월 글로벌 공급사슬복원력 정상회의[17]를 주최하고 핵심 제품의 공급망 교란방지를 위한 재고관리, 공급망 복원력과 다변화 및 조기경보체제 등 작동에 합의했다. 미국과 EU는 무역기술이사회(TTC)를 통해 특히 철강 산업과 관련, 지속가능한 무역과 탄소중립 경제 실현을 위한 청정 기술 개발, 공급망내 강제노동 철폐 등을 논의했다. 미국은 또한 인도·태평양 지역 14개국이 참여하는 인도·태평양경제

---

16  National Science and Technology Council, Critical and Emerging Technologies List Update, February 2024.

17  White House (2021), Fact Sheet: Summit on Global Supply Chain Resilience to Address Near-Term Bottlenecks and Tackle Long-Term Challenges, Press Release, October 31, 2021.

프레임워크(IPEF) 공급망 협정[18] 체결을 주도했다. 미국은 또한 핵심광물의 확보를 위해 광물안보파트너십(MSP)을 결성하고, 디지털, 인공지능(AI), 공급망 등 특정 섹터에 관한 협력을 위해 다양한 양자 또는 복수국간 협정 체결을 해 오고 있다. 미국은 또한 2023년 3월 일본과 핵심광물협정(CMA)[19]을 체결하였는데, 이 협정은 코발트, 흑연, 리튬, 망간 및 니켈 등 5대 핵심광물의 공급망 안정성을 강화하고, 미국과 FTA 비체결국인 일본이 인플레이션감축법(IRA)상 FTA 체결국기업에 부여하는 세액공제를 받을 수 있도록 하기 위한 것이다. 미·일 핵심광물협정(CMA)이 향후 미국의 핵심광물 파트너십 구축의 모범사례가 될지는 두고 봐야 할 것이다. 또한, 미국은 중남미 국가들과의 협력을 위해 '경제번영을 위한 미주파트너십(APEP, Americas Partnership for Economic Prosperity)', 북미정상회의(North America Leaders' Summit), 글로벌 인프라 및 투자 파트너십(Partnership for Global Infrastructure and Investment) 등을 체결했다. 또한 G-7 등을 통해 공급망 안정화를 위한 협력을 강화하기로 했다.

현재 미 행정부와 의회는 반중정서가 팽배되어 있어 트럼프 2기 행정부에서도 미국의 대중국 제재는 더욱 강화되어 갈 것이다. 다만, 미국이 독자적인 공급망을 구축하는 것이 용이하지 않은 상황임에도 트럼프 대통령의 일방주의적 성향에 비추어 볼 때, 향후 트럼프 2기 행정부가 '미국우선통상정책'의 기치하에 동맹국과 우방국과 어떤 방식으로 연대를 추진할지 귀추가 주목된다.

---

18  2022년 5월 출범하여 2023년 5월 공식 타결된 IPEF 필러2 공급망 협정은 공급망 관련 최초의 국제협정으로 공급망 위기 극복을 위한 국가 간 공조, 공급망 다변화 및 안정화를 위한 노력, 공급망 관련 노동환경 개선 협력을 포함한 민·관 협력, 비즈니스 매칭, 물류 협력, 무역절차 간소화 등 공급망 안정화를 위한 협력과 위기 발생 시 공동으로 대응할 수 있는 네트워크 체계를 구축했다는 데 의의가 있다. 그러나 구속성 결여로 실효적 협력이 이루어질지는 지켜봐야 한다.

19  CRS (2024), U.S.-Japan Critical Minerals Agreement, In Focus, Updated May 20, 2024, https://sgp.fas.org/crs/row/IF12517.pdf

## 3 EU의 공급망 전략

### 3.1 개관

EU 또한 코로나19 사태를 겪으면서 의약품 및 의료기기의 수급불균형으로 공급사슬에 병목현상이 발생되어 보건안보의 취약성이 노정되면서 전략분야의 독립적 능력 확보 필요성에 비상등이 켜졌다. 또한 미·중 간 전략적 경쟁으로 첨단 산업과 기술에 대한 보호 및 경쟁력 강화 필요성이 대두되었고, 핵심산업, 부품, 광물 및 기술 등의 안정적 공급망 확보가 국가안보의 핵심요소로 부상하면서 적극적인 입법과 정책을 추진해 왔다.

EU는 전통적으로 에너지 분야의 수급전략에 치중해 왔고 비에너지 광물자원은 우선 분야가 아니었던 사유로 공급망관련 통합전략이 부재하였다. 그러나, 2000년대 초부터 광물 가격의 급격한 상승, 전략적으로 중요한 원자재 수입에 대한 대외 의존성 증가, 중국, 러시아, 인도, 아프리카 등 자원이 풍부한 나라들이 자국의 영향력 및 산업 경쟁력을 강화하기 위해 취한 수출제한 및 보조금, 이중 가격제도 등의 경쟁을 왜곡하는 조치 등에 직면하여 EU 차원의 공급망관련 통합정책을 추진하게 되었다. EU는 핵심원자재를 정의하고 목록을 작성하는 것이 중요함을 인식하고, 2020년 9월 디지털 경제전환과 기후변화 대응을 위한 친환경 전환을 목표로 안정적인 핵심원자재 확보를 위한 실행방안을 담은 '핵심 원자재 복원력 계획(Critical Raw Materials Resilience: Charting a Path towards greater Security and Sustainability)'을 발표하였다.[20]

2021년 5월 EU는 소재·부품, 기술, 식량, 인프라, 안보 등 국가안보에 필수적인 핵심물자의 대외의존성을 축소하는 것을 골자로 한 '신산업전략 개편안(New Industrial Policy Update)'을 발표하였는데, 기존 2020년 3월 산업전략을 업데이트한 이 신산업전략 개편안에는 '전략적 의존성과 역량(Strategic Dependencies and

---

20  Communication from the Commission, Critical Raw Materials Resilience: Charting a Path towards greater Security and Sustainability, COM/2020/474 final, September 3, 2020, https://eur-lex.europa.eu/legal-content/EN/TXT/?uri=CELEX:52020DC0474

Capacities)' 제하의 작업문서[21]를 포함하였다. EU의 관심은 유럽 단일시장의 글로벌 공급망에의 통합이 경제적 효율성을 극대화시키면서도 외부 충격과 위기를 극복해 나가도록 하는데 있다. 2020년 산업전략보고서도 이미 핵심소재, 기술, 식량, 인프라, 안보 및 기타 전략 분야에서 외국 의존성을 감축할 필요성을 강조한 바 있다. 유럽은 개방경제를 유지하면서도 전략적 자율성을 강화하기 위해 현재 및 미래의 전략적 의존성과 취약성을 정확히 파악하고 다변화, 전략적 비축 등을 통해 의존성을 감축해 나가는 것을 목표로 삼았다. 이와 관련, 2020년 '전략적 예측 보고서(Strategic Foresight Report)'[22]는 사회경제적, 지정학적, 환경 및 디지털 분야에 대한 회원국의 복원력(resilience)[23]을 평가한 바 있다.

2020년 전략적 예측 보고서는 의존성이 EU의 핵심가치와 이익에 영향을 미칠 경우 '전략적 성격'을 가진다고 정의한다. 예컨대, EU의 외국인투자심사정책[24] 또는 외교안보정책을 제약하거나 핵심가치를 훼손하는 경우, 회원국 시민의 보건에 영향을 미치는 경우, 기후 및 디지털 관련 정책에 핵심적인 기술 및 서비스 등에 영향을 미치는 경우 등이 전략적 의존성이 있는 것으로 상정한다. EU의 '전략적 의존성과 역량' 작업문서는 전략적 의존성과 취약성을 파악하기 위해 무역통계를 기초로 핵심품목의 조사(mapping)를 포함한 양적 분석과 의존성 및 리스크에 대한 질적 분석을 동시에 추진했다. 그 결과, 집중도, EU 공급, EU 수요 중요성에 관한 핵심의존지침(indicator)을 고안했다. 또한, EU는 미래 경쟁력 증진 및 전략적

---

21  European Commission (2021), Strategic dependencies and capacities, Commission Staff Working Document 352 final, May 5, 2021.

22  Communication from the Commission (2020), 2020 Strategic Foresight Report, COM(2020)493, September 9, 2020.

23  EU는 '복원력(Resilience)'을 다음과 같이 정의하고 있다. "다양한 도전 과제를 견디고 극복할 수 있을 뿐만 아니라 지속 가능하고 공정하며 민주적인 방식으로 전환을 이행하는 역량을 의미한다. 복원력은 모든 정책 영역에서 필수적이며, 특히 역동적이고 때로는 불안정한 환경 속에서 EU의 핵심 목표와 통합성을 유지하면서 녹색 및 디지털 전환을 달성하는 데 필요하다." Communication from the Commission, 2020 Strategic Foresight Report.

24  Regulation (EU) 2019/452 establishing a framework for the screening of foreign direct investments into the Union created a cooperation mechanism for Member States and the Commission to screen foreign investment

의존성 회피능력을 파악하기 위해 관련 핵심 기술의 개발능력을 분석하였는데, 대체로 긍정적이었으나 신소재, 반도체, 바이오, 로보틱스, 사이버안보, AI, 나노기술 및 빅데이터 등 분야가 취약하고 이 분야에서 특허 등록도 감소한다는 것을 발견했다. 또한, 전략적 의존성 해소를 위한 조치를 도입하되, 국내외의 특수한 상황을 고려하여 사안별로 검토하고, 관련 공급망을 정확히 이해하고 EU의 핵심이익에 미치는 잠재적 위험성을 고려할 것을 권고했다. 나아가 동 예측 보고서는 수소, 소

**[EU의 핵심원자재 관련 정책과 입법]**

| 연도 | 정책 | 목적/세부내용 |
|---|---|---|
| 2008 | 원자재 이니셔티브(raw material initiative) 발표 | - 세계시장에서 공정하고 지속가능한 자원공급망 확보<br>- EU 역내 자원공급, 자원효율과 및 재활용 확대 |
| 2011 | 핵심원자재(critical raw material) 지정 | - 경제적 중요성, 공급리스크 고려하여 3년 주기로 지정<br>- 원자재생산지역 편재성, 수입의존도 및 공급집중도, 재활용비율 및 대체가능성 등 기반 공급위험도 평가 |
| 2012 | 유럽원자재 혁신 파트너십 출범 | - 원자재 이니셔티브 실행을 위해 출범<br>- 이해당사자간 네트워크 구축 및 정책방향 수립목적 |
| 2015 | 원자재 통합정보 시스템 구축 | - 원자재 공급망 모니터링 시스템 구축 |
| 2020 | 핵심원자재 회복 탄력성 강화계획 발표 | - 원자재 관련 연구 및 EU 역내 광물탐사 프로젝트<br>- 역외국가들과의 전략적 파트너십 체결 |
| 2020 | 유럽원자재동맹(ERMA) 출범 | - EU 신산업전략(2020)에 따라 역내 원자재 개발 및 가공시설 확충을 목표로 산업계, 연구기관, EU 회원국 참여 |
| 2021 | EU 분쟁광물 규칙 도입 | - 무역분쟁, 인권침해와 관련된 텅스텐, 탄탈륨 등 핵심광물자원 거래제한 |
| 2022 | 폰 데어 라이엔 의장 국정연설 | - 중국 의존도가 높은 리튬 및 희토류 등 핵심광물의 안정적인 공급이 중요하며 공급망 강화를 위해 핵심원자재법(Critical Raw Material Act)의 도입계획 발표 |
| 2023 ~24 | EC의 CRMA 입법초안 제출 후, 채택, 발효 | - 2030년까지 핵심원자재의 역내 생산·가공·재활용 역량강화를 통해 대외의존도 완화, 공급망 모니터링, 위기대응능력 강화<br>- 역외국가와 협력을 통한 공급망 다변화 추구 |

표1 저자 종합

재, 배터리, 의약품 원료, 반도체 및 클라우드 컴퓨팅 분야에 대한 EU의 의존성과 취약성을 심층 검토했다.

한편, EU는 제1장(미·중 패권경쟁과 경제안보)에서 언급한 대로 미·중 간 전략적 경쟁 속에서 지속가능한 정책과 공정한 무역환경을 확보하고 유럽의 독자적 경제안보를 위해 환경, ESG, 공정경쟁, 디지털, 산업, 무역 및 투자 등 분야에 새로운 정책과 입법을 도입해 왔다. 배터리규정, 탄소국경조정제도, 에코디자인 규정, 산림벌채규정, 기후중립산업법, 강제노동 금지규정, 기업지속가능성 보고지침(CSRD), 기업지속가능성실사지침(CSDDD), 반도체지원법(ECA), 핵심원자재법(CRMA) 및 역외보조금규정(FSR) 등 무수히 많다. 이런 정책과 입법은 동시다발적으로 입안되어 매우 복잡하며 정확한 파악도 쉽지 않다. 더욱이 제품의 설계 및 생산, 실사, 공시 및 보고, 등록 및 인증의무를 부과하고 위반시 벌금 또는 제재가 징벌적으로 집행되어 특히 EU와 교역하는 기업은 심각한 리스크에 직면할 수 있다. 이 장에서는 EU의 핵심원자재 공급망 전략에 치중하여 다루고자 한다.

### 3.2 핵심원자재법(CRMA, Critical Raw Materials Act)

EU는 코로나19, 미·중 갈등, 중국의 원자재 무기화 우려, 러시아-우크라이나 전쟁 등으로 공급망 불안정성이 확대되고 역내 친환경·디지털 산업의 제조역량 강화를 위해 2022년 9월 핵심원자재법(CRMA, Critical Raw Materials Act)의 추진계획을 발표하고 의견수렴을 거쳐 2023년 3월 법안 초안[25]을 공개했다. 동 법안은 2030년까지 핵심 원자재의 역내 생산·가공·재활용 역량을 강화해 대외의존도를 완화하고, 역외국가와 협력을 통한 공급망 다변화를 추구하며, 공급망 모니터

---

25 공식 법안명은 "핵심원자재의 안전하고 지속가능한 공급을 위한 프레임워크를 구축하는 EU 의회 및 이사회 규칙 제안(Proposal for a regulation of the European Parliament and of the Council establishing a framework for ensuring a secure and sustainable supply of critical raw materials)"이다.

링 및 위기 대응능력을 강화하는 것을 목적으로 하고 있다.[26] 사실 EU 내부에서는 중국, 러시아, 인도, 남아공 등 자원보유국이 2000년대 초반부터 자원을 통제하고 시장질서를 왜곡하자 2008년부터 핵심원자재 공급망에 대한 정책협의가 계속돼 왔으나, 핵심원자재의 대외의존도, 특히 대중국 의존도는 월등히 높은 편이었다.

핵심원자재법은 주요 내용[27]으로 전략원자재 역내생산 확대, 전략프로젝트 신속이행 지원, 원자재 공급망 관리 강화, 원자재 지속가능성 강화, 그리고 전략적 파트너십을 통한 공급망 다변화 등을 담고 있다. 이 법은 2030년까지 전략 원자재 가치사슬의 각 단계별 EU 생산 역량 강화를 위해 EU 역내 전략 원자재 광물의 채굴 역량이 연간 소비대비 10%, 제련·정제가 연간 소비대비 40%, 재활용이 연간 소비대비 15%에 각각 이르도록 역내 생산역량을 확대하고 2030년까지 모든 관련 가공 단계에서 역외 특정국에 대한 의존도가 역내 연간 소비의 65%를 넘지 못하도록 공급원을 다양화하는 것을 목표로 한다. 또한 전략원자재(SRMs) 16종 및 핵심 원자재(CRMs) 34종을 선정했다. 전략 프로젝트에 대한 인허가 등 행정절차 간소화를 추진하고 원자재 공급망의 스트레스 테스트, 전략 비축량 관리 및 공급망 실사 등 모니터링을 통해 리스크 완화를 추구한다. 회원국의 핵심원자재 재활용 역량을 강화하고 중국 희토류 의존도가 높은 영구자석이 포함된 제품을 역내 출시하는 기업에 대한 관련정보 공개의무를 부과했다. 또한 핵심원자재 환경발자국의 계산, 검증에 대한 규범을 제정하여 판매기업에 환경발자국 신고 의무를 부과했다. 마지막으로 핵심원자재 공급망 다변화를 위한 전략적 파트너십을 강화하고 유럽핵심원자재이사회(European Critical Raw Materials Board)를 설치하고 동 이사회가 EU 집행위원회 및 회원국의 핵심원자재 정책에 대한 지원과 자문역할을 수행하도록 했다. 다음 그림은 EU가 주요 광물에 대한 해외 의존도 및 특정국가에의 의존율을 표기한 것이다. 우리나라의 경우 영업비밀 유지 필요성 등 제반 사유로

26  European Commission (2023), Study on the Critical Raw Materials for the EU 2023, Final Report, file:///D:/Users/lth/Downloads/study%20on%20the%20critical%20raw%20materials%20for%20the%20eu%202023-ET0723116ENN.pdf

27  Eurometaux (2023), Critical Raw Materials Act: An agenda for Europe to get ahead in the global race. February 7, 2023.

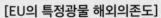

**[EU의 특정광물 해외의존도]**

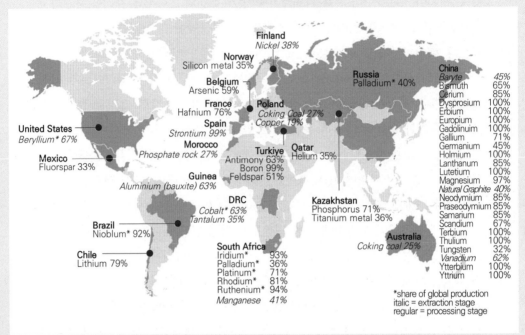

**Finland**
*Nickel 38%*

**Norway**
Silicon metal 35%

**Russia**
Palladium* 40%

**Belgium**
Arsenic 59%

**France**
Hafnium 76%

**Poland**
*Coking Coal 27%*
Copper 19%

**United States**
*Beryllium* 67%*

**Spain**
*Strontium 99%*

**Mexico**
Fluorspar 33%

**Morocco**
*Phosphate rock 27%*

**Turkiye**
Antimony 63%
Boron 99%
Feldspar 51%

**Qatar**
Helium 35%

**Guinea**
*Aluminium (bauxite) 63%*

**DRC**
*Cobalt* 63%*
*Tantalum 35%*

**Kazakhstan**
Phosphorus 71%
Titanium metal 36%

**Brazil**
Nioblum* 92%

**Chile**
Lithium 79%

**South Africa**
Iridium*      93%
Palladium*   36%
Platinum*    71%
Rhodium*     81%
Ruthenium*  94%
*Manganese   41%*

**Australia**
*Coking coal 25%*

**China**
| | |
|---|---|
| *Baryte* | *45%* |
| Bismuth | 65% |
| Cerium | 85% |
| Dysprosium | 100% |
| Erbium | 100% |
| Europium | 100% |
| Gadolinuim | 100% |
| Gallium | 71% |
| Germanium | 45% |
| Holmium | 100% |
| Lanthanum | 85% |
| Lutetium | 100% |
| Magnesium | 97% |
| *Natural Graphite* | *40%* |
| Neodymium | 85% |
| Praseodymium | 85% |
| Samarium | 85% |
| Scandium | 67% |
| Terbium | 100% |
| Thulium | 100% |
| Tungsten | 32% |
| *Vanadium* | *62%* |
| Ytterbium | 100% |
| Yttrium | 100% |

*share of global production
italic = extraction stage
regular = processing stage

출처: EU Commission(2023)

특정광물의 해외의존도를 비공개로 분류하고 있어 해당 기업만 알 수 있도록 운영하고 있으나 EU의 경우 굉장히 투명한 자료를 제공하고 업데이트함으로써 정부와 기업이 정책을 입안하고 이행하는 데 많은 참고가 된다.

EU는 2011년부터 경제적 중요성과 공급 리스크를 지표로 한 핵심원자재 리스트를 계속 업데이트 해왔고 2023년 리튬, 구리, 망간, 헬륨 등 70개 원자재를 검토한 제5차 핵심원자재리스트(critical raw material list)[28]를 발표했다. 2023년 10월 EU 집행위원회는 이미 선정된 10개 핵심기술[29] 가운데 반도체 기술, AI 기술, 양

---

28  European Commission(2020), Study on the EU's list of Critical Raw Materials, 2020
29  EU의 10대 핵심기술: 반도체, AI, 양자, 바이오, 디지털, 센서, 우주, 에너지, 로보틱스 및 신소재 등
    https://defence-industry-space.ec.europa.eu/document/download/d2649f7e-44c4-49a9-
    a59d-bffd298f8fa7_en?filename=C_2023_6689_1_EN_annexe_acte_autonome_part1_v9.pdf

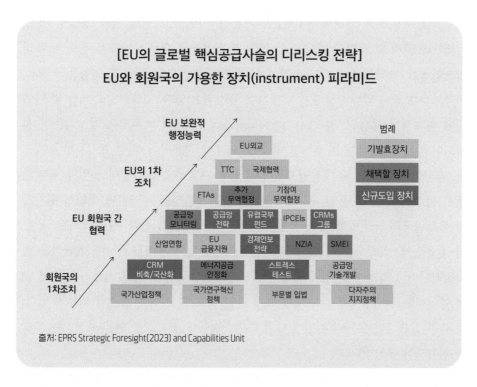

[EU의 글로벌 핵심공급사슬의 디리스킹 전략]
EU와 회원국의 가용한 장치(instrument) 피라미드

출처: EPRS Strategic Foresight(2023) and Capabilities Unit

자 기술 및 바이오 기술 등 4개에 대해 기술 자체 및 기술유출이 국가안보에 미치는 위험과 민감성에 대한 회원국의 지속적인 평가를 권고했다.[30] 또한 디지털 혁신기술, 청정에너지 기술 및 바이오 기술 등 3개 핵심 기술의 개발과 제조를 지원하기 위해 설치된 유럽플랫폼을 위한 전략기술(STEP) 설치 규정의 이행관련 지침을 발령했다.[31]

## 3.3 배터리 규정 (Battery Regulation)

EU는 배터리관련 통일적 적용을 위해 기존 지침(Directive 2006/66/EC)을 대체하여 규정(regulation) 형식으로 입법했다. 배터리 규정(Battery Regulation)의 적용대상은 모든 종류의 배터리와 EU 내 생산·판매중인 배터리는 물론, 비회원국으로부터 수입된 배터리에도 적용된다. 규정의 주요 의무는 탄소발자국(carbon footprint),

---

30  https://defence-industry-space.ec.europa.eu/system/files/2023-10/C_2023_6689_1_EN_ACT_part1_v8.pdf

31  https://data.consilium.europa.eu/doc/document/ST-9911-2024-INIT/en/pdf

재생원료 사용의무, 배터리 분리·교체 가능성, 라벨링, 적합성 평가, 공급망 실사, 폐배터리 관리 및 배터리 여권 등이 있다. 탄소발자국 제도는 제조사 정보 및 배터리모델정보, 배터리 탄소발자국 값 등에 관한 신고의무와 검증 및 성능등급 적용, 허용기준 초과시 역내시장 판매제한 등을 규정하고 있다. 코발트, 납, 리튬 및 니켈 등에 대해서는 재생원료(battery manufacturing waste)의 의무사용 최소기준이 설정되어 있는데, 규정 발효 후 8년 및 13년 이후에 적용된다. 라벨 표시사항은 제조사, 배터리 식별정보 및 핵심원자재 정보 등을 포함하도록 규정하고 있다. 배터리 출시 전 제조사 또는 공인 대표가 규정에 따라 적합성을 평가하며 적합성 평가기관은 회원국의 국내법에 따라 설립되면 법인격을 가져야 한다. 배터리 제조사, 수입·유통업체, 최종사용자, 폐배터리 처리, 재활용업체 등 EU 시장에 배터리를 출시하거나 이용하게 하는 경제 운영자는 국제공인실사지침(OECD 실사 가이드라인 등)에 부합하는 실사정책을 수립해야 하며 관련 정보 및 기록을 보관할 의무가 있다. 동 규정 발효 2년 후 규정위반에 대한 처벌규정을 도입하고 이행을 보장하는 조치를 취하도록 규정한다.

## 3.4 에코디자인 규정(Ecodesign for Sustainable Products Regulation)

EU에서는 에코디자인 규정(Ecodesign for Sustainable Products Regulation)이 2024년 7월부터 발효됐다. 이 규정은 역내 유통 제품에 대한 에코디자인 자격 요건을 강화하고, 소비자에게 관련 정보를 디지털제품여권(DPP, Digital Product Passport)의 형태로 제공하도록 하는 법이다. 에코디자인 요건이란 내구성, 신뢰성, 수리용이성, 재활용 가능성, 예상 폐기물 발생량, 탄소발자국 등의 성능을 기준으로 한다. EU는 에코디자인 규정을 발효하면서 QR코드 등 디지털 이동 매체를 통해 에코디자인 요건, 공급망 정보, 우려 물질 정보, 재활용 및 폐기 방법 등 제품의 전 주기 정보를 담도록 했다. 이 같은 정보를 포함한 디지털제품여권을 제품에 부착해 소비자에게 제공해야 하며, 이를 위반할 시 벌금 혹은 퇴출 등의 제재를 받는다. EU는 추후 품목별로 세부 이행 규칙을 마련할 계획이다. 이르면 오는 2027년부터 우선순위 품목 군으로 제시된 섬유, 철강 등을 중심으로 본격적으로 적용되며, 향후 모든 품목으로 대폭 확대될 전망이다. 유럽시장 진출에 관여하고 있는 기업들에게는 이러한 EU 규정을 준수하지 않을 경우, 시장 접근성에 제약이 발생하는 등 공급망에 영향을 받을 수 있으므로 높은 수준의 환경적 기준을 충족하기 위한 EU 규정 준수 전략을 수립하고 지속 가능성 관리 체계를 구축하는 것이 필요하다. 이와 관련, 추후 제정될 EU의 품목별 이행 규칙을 지속적으로 모니터링하고, 주요 원자재 및 부품의 에코디자인 요건 준수 여부도 점검해야 한다.

## 4 중국·신흥국의 공급망 전략

중국은 반도체 등 핵심 기술의 자립을 통해 서방국가들이 글로벌 공급망에서 자국을 배제하는 동향에 대처하면서 일대일로 전략, BRICS 국가들과의 공급망 협력을 통해 자국 중심의 공급망 강화에 노력하고 있다. 또한 중국이 글로벌 공급망을 장악하고 있는 핵심광물분야에서의 공급망 무기화 전략을 구사하고 있다. 즉, 방어적 전략과 공세적 전략을 동시에 구사하는 것이다. 중국은 서방의 기술봉쇄에도 불구하고 우회로를 통해 필요한 장비·부품을 조달하면서 기술자립을 강화할 것이나, 국내경제 침체 등 내부 리스크 및 경기부양을 위한 외자유치 필요성으로 인하여 강경한 대응에는 한계가 있을 것으로 보인다.

중국은 일련의 경제안보 입법과 정책을 통해 공급망의 안정화를 꾀하고 서방의 공세적 공급망 전략에 맞대응해 오고 있다. 제1장(미·중 패권경쟁과 경제안보) 중국의 경제안보전략에서 기술한 바와 같이 중국은 최근 서방의 대중국 견제에 대항하는 광범위한 입법을 추진해 왔다. 외국의 차별적 무역조치에 대한 대항 및 보복 조치를 위해 대외무역법을 강화하고 '신뢰할 수 없는 기관리스트(UEL, Unreliable Entity List)'를 작성, 발표하여 외국의 제재에 맞서고 있다. 수출통제 레짐을 강화하여 자국이 우위를 점하는 품목 및 원자재의 수출을 규제하고, 외국의 적대적 조치에 대한 보복을 대외관계법에 명시했다. 특히 미국 등의 치외법권적인 통상제재에 대항하는 대항조치와 반외국제재법을 입안했다. 또한 외국인투자심사를 강화하고 기술유출방지를 위해 해외투자심사도 대폭 보강했다. 중국은 반간첩법에 근거해 외국의 컨설팅 및 실사기업에 대한 통제에 나서고 데이터안보법에 따라 국경간 데이터 이전을 제한하는 등 규제환경이 엄격해지면서 중국시장 투자축소 및 철수를 고려하는 기업이 증가하고 있는 추세다. 또한 중국 경제의 성장세 둔화, 중국 로컬 기업의 경쟁력 강화 및 애국 소비경향(궈차오, 國潮)의 확산에 따른 외국상품의 입지 축소로 판매시장으로서 가지는 가치는 감소추세다.

중국의 산업 육성정책에서 두드러진 점 중의 하나는 한 산업을 육성할 때 다운 스트림에서 업스트림까지 가치사슬의 전 분야에 걸쳐 정책을 함께 추진하면서 전반적인 제도적 기반을 구축한다는 점이다. 배터리 산업의 경우, 2012년 '신 에너지차 발전 규획(新能源汽车产业发展规划)' 등 전기차 육성정책이 발표되었고, 2013년도에 일대일로와 함께 배터리용 핵심 광물인 리튬, 코발트, 니켈 등의 해외 광산 투자가 함께 추진되었다. 아울러, 폐전지 재활용 관리 방법이라는 리사이클링 관련 정책도 2012년에 함께 발표되었다. 즉, 업스트림에 해당하는 배터리용 광물 투자 전략, 미드 스트림에 해당하는 전기차(EV)용 배터리 규범, 다운 스트림에 해당하는 전기차 육성정책까지 큰 틀 하에서 병행해 추진하는 것이다.

현재 중국은 리튬, 코발트 등의 광물에 대한 세계 시장 점유율은 50~70%에 이르며, 배터리 음극재의 핵심 광물인 흑연은 90% 이상을 차지한다. 음극재, 양극재 소재와 이원계 배터리인 리튬인산철(LFP) 배터리의 경우에도 세계 1, 2위 기업을 다수 보유하면서 세계 시장을 장악하고 있다. 이렇게 중국이 글로벌 배터리 공급 망에서 중요한 지배력을 확보한 이유는 가치사슬 완결성을 고려한 중국 정부의 큰 그림에서 비롯된 결과라고 할 수 있다.

한편, 중국은 해외시장 접근의 우회로를 찾아왔다. 중국 AI 기업들이 중개업체와 밀수 등 다양한 방법을 통해 엔비디아(NVIDIA)의 A100과 같은 AI 칩을 구매하였다. 중국이 이러한 경로를 통해 구매한 AI 칩의 수가 4만 개에서 5만 개에 달하는 것으로 추산된다. 중국은 서방의 제재, 시장접근 규제로 인해 국내 과잉생산이 심각한 현안으로 부각되자 이를 해소하기 위해 가격덤핑, 밀어내기식 수출을 하거나 제3국을 우회한 수출 및 투자 등 다양한 대책을 강구하고 있다. 또한 미국의 수입규제를 피하기 위해 수입금지의 면제규정 또는 소량물품 형식으로 포장하여 수출하는 수법을 쓰기도 한다. 이런 중국의 정책은 시장경제와 규범에 입각해 구축되어 온 글로벌 공급망에 위협으로 작용하고 있는 것이다. 중국의 미국 제재 우회가 가능성을 넘어 현실화되고 있다는 우려를 더욱 증폭시켰다. 2023년 10월 미국은 기존 조치의 허점을 메우기 위해 AI 칩에 대한 규제와 반도체 제조 장비에 대한 제한을 강화하고, 중국 기업을 규제목록(entry list)에 추가하였다. 또한 테무(Temu) 등 중국 업체들은 주문 쪼개기를 하여 800 달러 이하의 수입품에 대하여 관세면제를 하는 미국정책을 우회한다는 비판도 급증하고 있는데, 이 문제와 관련한 동향은 제4장(자국우선주의적 산업정책의 확산)에서 보다 상세히 다룰 것이다.

중국에 집중된 공급망의 분산이 불가피해지자 인도, 인도네시아 등 주요 개도국을 중심으로 한 글로벌 사우스(Global South)[32]가 대안으로 부상하고 있다. 인도 정부는 '메이크 인 인디아(Make in India)', '자립 인디아(Self-reliant India)' 정책 및 이를 뒷받침하기 위한 생산연계 인센티브(PLI, Production linked Incentive) 제도를 시행하고 미국 및 우방국과의 협력을 확대하면서 글로벌 제조기업 투자를 적극 유치해 오고 있다. 글로벌 사우스에 속한 인도네시아, 칠레, 브라질, 콩고민주공화국, 모잠비크 등은 친환경 전환에 필수적인 핵심광물이 풍부해 중국 외 공급선 다변화를 위한 대안적 투자처로 부상하고 있다. 그러나 중국을 대체하는 글로벌 생산기지로 부상하고 있는 베트남, 인도 등 국가들은 여전히 원자재·부품 조달을 위한 자국내 공급망 생태계가 구축되지 않아 역설적으로 대중국 무역의존도가 높게 나타나고 있다.

## 5 한국의 공급망 정책과 입법

최근 우리나라는 대내외적인 변동성으로 인해 핵심산업 및 부품의 공급망에 초래된 교란을 경험한 바 있다. 2019년 7월부터 반도체·디스플레이 생산에 필수적인 품목에 대해 일본이 취한 대한국 수출통제 여파, 2021년 차량용 반도체 수

---

32  1970년대 개도국은 신국제경제질서(NIEO) 구축을 기치로 비동맹(NAM) 또는 G-77+중국 그룹으로 연합하였다. NIEO는 1973년 알제리에서 열린 NAM 정상회의에서 정상선언으로 채택된 이후 UNCTAD 를 중심으로 개도국의 개발권과 선진국의 지원의무를 촉구하는 주장을 펼쳐왔으나 선진국의 호응을 받지 못하면서 수면 아래로 가라 앉았다. 2022년 12월 유엔총회는 "NIEO를 향하여" 제하의 결의를 채택하면서 기후변화, 국제분쟁, 개발격차 등에 대한 선진국의 책임을 주장한 바, OECD 국가들은 반대표를 행사했다. 최근 미·중 간 갈등 속에서 자원 부국으로서의 글로벌 사우스의 역할과 비중이 재조명되는 시기를 맞이하고 있다.

급 불안, 2021년 요소수 공급부족 사태, 2020~21년 팬데믹으로 인한 공급망 대란, 2022년 러시아의 우크라이나 침공으로 인한 공급망 교란, 그리고 2023~24년 이스라엘-하마스 전쟁으로 인한 홍해 봉쇄 후폭풍, 2023년 중국의 흑연 수출통제 등 다양한 원인으로 인한 공급망 교란을 겪었고 당연히 수많은 기업이 직·간접적인 피해를 입었다. 더욱이 미·중 간 전략적 경쟁이 격화되면서 공급망 안정화에 대한 불확실성이 고조되자 우리 정부와 기업도 이에 적극적으로 대응해 왔다.

한국 정부는 공급망의 안정화를 위해 다양한 정책, 지원 대책과 입법을 추진해 왔다. 첨단전략산업과 공급망 핵심업종의 국내복귀를 활성화하기 위해 유턴 보조금을 대폭 증액하고, 수출통제 대상 확대 및 이행체계 강화를 비롯하여 국제적인

**[한국의 공급망 관련 입법현황]**

| 제·개정 연도 | 입법 | 내용 |
|---|---|---|
| 2022.2 제정 | 국가첨단전략 산업법 | 반도체(8), 디스플레이(4), 이차전지(3), 바이오(2) 등 4개 분야의 17개 기술을 국가첨단전략기술을 지정, 보호 |
| 2023.1. 개정 | 산업기술 보호법 | 국가 핵심산업기술의 부정한 유출을 방지하고 보호, 반도체(11), 디스플레이(2), 전기전자(4), 자동차·철도(10), 철강(9), 조선(8), 원자력(4), 정보통신(7), 우주(4), 생명공학(4), 기계(8), 로봇(3), 수소(2) 등 총 13개 분야의 76개 주요 기술 지정 |
| 2023.6 개정 | 소부장산업법 | 경제안보 품목 3단계로 지정(300개); 희소 금속에 위기발생시 단계별 대응(관심, 주의, 경계, 심각2); |
| 2023.12 제정 | 공급망 안정화법 | 공급망 안정화를 위한 기본계획을 수립, 시행하고 경제안보품목을 지정하고 기재부 산하에 공급망안정화위원회 설치, 공급망위기품목의 지정, 경제안보품목의 안정화 기금운용, 공급망안정화기금운용심의회 설치 등을 규정 |
| 2023.8 시행 | 외국인투자 유치법 시행령 | 외국인투자에 대한 국가안보 심의 강화 |
| 2023.10 개정 | 대외무역법 | 수출통제 제도 |
| 2024.2 제정 | 국가자원안보 특별법 | 석유, 천연가스, 석탄, 우라늄, 수소, 핵심광물과 신재생 에너지 설비의 소재와 부품 등이 핵심 자원위기 대응 |

출처: 저자 작성

기술안보 논의에 적극 참여하는 등 포괄적인 기술안보 정책을 추진해 왔다. 또한 공급망 안정화는 경제안보의 최우선 분야이기 때문에 핵심품목 및 서비스의 공급망을 비롯하여 산업, 기술, 투자, 무역 및 자원 등 연관된 분야의 정책과 입법도 보완되어 왔다. 공급망 안정화 관련 입법과 국가전략기술과 산업기술의 유출방지와 보호를 위한 입법이 제·개정됨으로써 대체로 경제안보 소관 분야별 입법이 상당 부분 이루어진 것으로 보인다.

2023년 들어 '소재·부품·장비산업 경쟁력 강화 및 공급망 안정화를 위한 특별조치법'(소부장산업법), '경제안보를 위한 공급망 안정화 지원 기본법'(공급망안정화법), '국가자원안보 특별법'등 소위 공급망 3법(제·개정)이 국회를 통과하였다. 소부장산업법은 공급망 교란에 대응하기 위해 소·부·장 품목 중 특정국 수입의존도가 높거나 국내경제에 미치는 영향이 큰 품목을 공급망 안정품목으로 선정하고 동 품목에 대한 생산, 기술개발, 수입선 다변화, 해외인수·합병 등 우리 기업의 공급망 대응역량강화를 지원한다. 공급망안정화법은 공급망 안정화를 위한 기본계획을 수립, 시행하고 경제안보품목을 지정하고 경제부총리가 주재하는 공급망안정화위원회를 두기로 했다. 또한 경제안보품목에 대한 안정화기금 운용, 공급망안정화기금운용심의회 설치 등을 규정하고 있다. 마지막으로 국가자원안보 특별법은 석유, 천연가스, 석탄, 우라늄, 수소, 핵심광물과 신재생 에너지 설비의 소재와 부품 등 '핵심자원'이 위기에 처했을 경우 대응조치를 규정하고 있다. 정부는 공급망 안정화법에 따라 2024년 6월 공급망 안정화 핵심대상품목 확대, 위기대응 위한 조기경보시스템 구축, 핵심기술개발·보호와 유출시 처벌강화, 그리고 정부 컨트롤 타워와 조직정비 등 4대 정책방향을 포함한 공급망 안정화 추진전략[33]을 발표했다.

---

33  전략보고서는 (i) 핵심 품목·서비스 대상 품목을 기존 200개에서 300개로 확대하고 물류 및 사이버 보안을 대상 서비스로 편입했다. 3단계 위험등급 도입과 함께 공급망 기금(2024년 5조원)을 가동하여 수급안정화, 희소금속 등의 비축물량 확대 및 제반 인프라를 개선하고, (ii) 공급망 복원력 및 위기대응력 제고를 위한 조기경보시스템(EWS)을 구축하고, (iii) 핵심기술 경쟁력 보호 및 강화를 위해 R&D 예산 및 세제지원 확대, 첨단 기술 육성, 특허 및 표준분야 지원강화 및 첨단·국방·기간산업 등 분야의 기술유출예방 및 처벌체계를 강화하고, (iv) 컨트롤 타워로 경제부총리 주도하에 공급망 안정화 위원회와 산하 전문위원회를 신설하고, 다자, 양자, 글로벌 사우스와의 협력을 통해 광물, 에너지 (원유, 천연가스), 공적개발원조(ODA) 등 다각적·중층적 협력망을 구축하기로 했다.

2024년 12월에는 동 전략에 기초하여 제1차 공급망안정화 기본계획(2025~27)을 수립하였으며, 2030년까지 경제안보품목의 특정국 의존도를 50% 이하로 낮추는 것을 목표로, 경제안보품목 수급안정, 공급망 회복력 강화, 경제안보 기반 고도화, 글로벌 공급망 내 위상확립이라는 4개 정책방향을 추진하기로 하고, 2027년까지 55조원 + $\alpha$의 금융·재정을 투입하여 국내생산 확대, 수입다변화, 공공비축 고도화, 핵심기술의 경쟁력 강화 및 보호 등을 추진하기로 하였다.[34]

이와 함께, 핵심기술의 보호와 대외유출방지를 위한 입법도 추진됐다. 먼저 2022년 국가첨단전략산업을 육성하고 관련기술의 대외유출방지를 위한 '국가첨단전략산업 경쟁력 강화 및 보호에 관한 특별조치법'(국가첨단전략산업법[35])을 제정하고 반도체, 디스플레이, 이차전지 및 바이오 든 4개 분야 17개 기술을 국가첨단전략기술로 지정하고, 핵심산업에 대한 초격차 경쟁력을 유지하고 국가첨단전략기술을 보유한 기업에 대한 지원과 해외투자시 사전승인 요건을 강화했다. 이 특별법은 국가첨단전략기술 관련 품목의 공급망에 심각한 지장이 초래될 경우 정부가 국가첨단전략기술 긴급수급 안정화를 위한 조정을 할 수 있도록 했다. 또한 산업기술, 특히 '국가핵심기술'[36]의 부정한 유출을 방지하고 보호하기 위한 법인 산업기술의 유출방지 및 보호에 관한 법률(산업기술보호법)이 2023년 1월과 2024년 12월 개정되었다. 국가핵심기술을 보유한 기업은 산업통상자원부에 등록하도록 하고, 대상기업이 국가핵심기술을 수출하거나 해외인수·합병을 진행할 경우 승인을 받거나 신고토록 하고 있으며, 고의적인 산업기술 침해행위에 대해서는 징벌적 손해배상을 명할 수 있도록 하고 있다. 산업기술보호법에 따른 '국가핵심기술' 중 일

---

**34**  기획재정부 보도자료, 제3차 공급망안정화위원회 개최, 2024.12.19.

**35**  https://www.law.go.kr/lsInfoP.do?lsiSeq=260577&efYd=20240821#0000

**36**  '국가핵심기술'이란 국내외 시장에서 차지하는 기술적·경제적 가치가 높거나 관련 산업의 성장잠재력이 높아 해외로 유출될 경우에 국가의 안전보장 및 국민경제의 발전에 중대한 악영향을 줄 우려가 있는 기술로 지정된 것을 말한다(산업기술보호법 제2조 제2호). 국가핵심기술은 산업통상자원부장관이 지정하여 고시하는데 기술발전 속도 등에 대응하여 수시로 업데이트되고 있다. 2024년 7월 고시에 의하면, 반도체(11), 디스플레이(2), 전기전자(4), 자동차·철도(10), 철강(9), 조선(8), 원자력(4), 정보통신(7), 우주(4), 생명공학(4), 기계(8), 로봇(3), 수소(2) 등 총 13개 분야의 76개 주요 기술이 지정되어 있다.

부는 국가첨단전략산업법에서 정하는 '국가첨단전략기술'에 포함된다. 2023년 2월에는 첨단 산업 글로벌 강국 도약을 위한 핵심광물 확보전략을 발표하여 국가 첨단 산업(반도체, 이차전지)에 필수적인 원료광물을 대상으로 공급 리스크, 경제적 파급력을 평가하여 33종 핵심광물을 선정하고 이 가운데 10대 전략 핵심광물을 선정하였다. '산업기술보호법', '부정경쟁방지 및 영업비밀보호에 관한 법률', '외국인투자촉진법' 등에서 이미 규율하고 있는 사항과 일부 중복되는 부분도 있어 향후 관련 법률의 이행을 살펴볼 필요가 있다. 또한, 대외무역법을 개정하여 수출통제를 강화하고 외국인투자유치법을 개정하여 외국인투자에 대한 국가안보심사절차를 강화했다. 그러나 개정된 절차에 따른 심의가 실제로 이루어진 사례는 없는 것으로 알려졌다. 산업기술보호법과 국가첨단전략산업법상 해당 기술의 해외유출방지를 위한 외국인투자 안보심의에 대해서는 제7장(투자규제와 경제안보)에서 자세히 다룰 예정이다.

또한 한국은 양자·다자차원에서 공급망 안정화를 위한 노력을 경주해 왔다. APEC, OECD, G-20 등 다자 간 포럼에 참여하고, 칩4(CHIP-4, 한국, 미국, 일본, 대만) 동맹, 한·미·일·EU 배터리 산업협력체와 세계 배터리 포럼, 인도·태평양경제프레임워크(IPEF), 핵심광물안보파트너십(MSP) 등 복수국 간 협력에 참여했다. 미국과는 양자차원의 핵심광물안보파트너십, EU와는 전기차, 수소, 해상 풍력, 배터리, 반도체 등 분야별 공급망 협력방안, 그리고 일본과는 수소, 암모니아 공급망 협력 등에 관한 한국경제인 협회와 일본 경단련의 공동성명서 발표, 호주와는 한국수출입은행-호주수출금융공사 공급망 안정화 MOU 체결, 네덜란드와는 반도체 아카데미협력 및 핵심품목 공급망 협력 MOU 체결 등 다양한 국제공조를 추진해 왔다.

## 참고문헌

김계환, 양주명, 조은교, 서공목, 오철(2023). 경제안보 기술동맹시대 한국의 공급망 재편 전략. 산업연구원.

설동근, 김홍균, 김상민, 김수연(2024). EU 공급망실사지침(EU CSDDD) 관련 최근 입법 동향. 법무법인 광장 Newsletter. 2024.3월.

양주영, 김정현, 이진면(2024). 한국의 공급망 안정화를 위한 경제안보 핵심품목 선정 연구. 산업연구원.

이정아, 강금윤, 오지인(2024). 중국 공급과잉에 대한 주요국 대응 및 시사점. KITA 통상리포트 2024 Vol. 08.

코트라(2022). EU 공급망 실사법, 주요내용 및 사례. Global Market Report 22-013

한주희(2024). 주요국의 제약·바이오의약품 산업 공급망 재편 정책 및 시사점. KITA 통상리포트 2024 Vol.11.

Marshall, Brendan (2021). Building Supply Chain Resiliency of Critical Minerals. Canadian Global Affairs Institute. November 2021.

CRS (2024). U.S.-Japan Critical Minerals Agreement. In Focus, Updated May 20, 2024.

EPRS (2023). Future Shocks 2023: De-risking Europe's global critical supply chains. Policy Podcast.

Eurometaux (2023). Critical Raw Materials Act: An agenda for Europe to get ahead in the global race. February 7, 2023.

European Commission (2020), Action Plan on Critical Minerals.

European Commission (2021). Strategic dependencies and capacities. Commission Staff Working Document. May 5, 2021.

European Commission (2023). Study on the Critical Raw Materials for the EU 2023 - Final Report. 2023.

Findeisen, Francesco; and Yan Wernert (2023). Meeting the costs of resilience: The EU's Critical Raw Materials Strategy must go the extra kilometer, Jacques Delors Center Policy Brief.

Hiroyuki, Suzuki (2021). Building Resilient Global Supply Chains: The Geopolitics of the Indo-Pacific Region. CSIS. February 2021.

Nakano, Jane (2021). The Geopolitics of Critical Minerals Supply Chains. CSIS. March 2021.

Szczepanski, Marcin (2021). Resilience of global supply chains: Challenges and solution. European Parliament Briefing. November 25, 2011.

Thadani Akhil, and Allen C. Gregory (2023). Mapping the Semiconductor Supply Chain: The Critical Role of the Indo-Pacific Region. CSIS Briefs. May 2023.

# 제4장

## 자국우선주의적 산업정책의 확산

## ① 개관

### 1.1 산업정책의 발전

일반적으로 산업정책은 어떤 형태로든 정부의 정책개입을 통해 특정 부문의 생산구조를 변경시키는 것을 말한다. 당연히 지정학적, 안보 및 군사적 영향을 가질 수 있는 분야 또는 기술이 포함된다. 산업정책은 경쟁력 향상을 위한 국내 산업지원은 물론, 무역, 외국인직접투자(FDI), 기술혁신 등 다양한 경제정책 수단을 총괄하기 때문에 다양한 관점에서 설명되고 보호주의로 간주되기도 한다. 대표적 정책수단으로 (i) R&D 지원, 세액공제 등 수평적 지원, (ii) 인플레이션감축법(IRA), 반도체과학법(CHIPs and Science Act) 등 특정 분야에 대한 수직적 지원, (iii) 연구개발(R&D), 생산 지원: 보조금, 세액공제, 세제특혜, 융자 등 공급 사이드 지원, 그리고 (iv) 국내소비 관련지원, 전기자동차 구입시 세액공제 등 수요측면 지원 등으로 대별할 수 있다. 산업정책은 공급망 정책, 무역 및 투자 정책, 환경 및 노동 정책 등과도 불가분의 관계이기 때문에 중복을 피하기 위해 이 장에서는 산업경쟁력 강화를 위해 주요국이 취하는 지원정책과 입법과 함께 외국에 대한 차별적 조치와 그 효과에 집중하고자 한다.

과거 미국, EU 및 일본 등 서방은 제조업 증진을 위해 융자, 보조금, 기타 재정지원을 해 왔고, 중국, 한국, 싱가포르, 대만 등도 유사한 정책 선례를 따랐다. 미국

루즈벨트 대통령의 뉴딜정책이나 1980년대 일본과의 기술경쟁에서 우위를 확보하기 위해 취한 각종 정책들도 산업정책의 일부로 볼 수 있다. 또한 구소련의 스푸트니크 쇼크로 탄생한 국방선진연구프로젝트부(DARPA)와 인터넷 및 GPS, 실리콘밸리의 발전도 미국 산업정책의 일환이었다. 아폴로 프로그램과 DARPA가 조기 재정지원으로 혁신에 성공한 서방의 목표지향적 산업정책으로 평가되었으나, 그 이후 태양광 사업, 합성연료회사, 콩코드 초음속 여객기 사업에 대한 투자 등 실패 사례가 누적되자 정부 개입이 축소되고 민간 주도형 산업정책으로 선회하였다. 이런 변화는 시장경제질서와 자유무역주의에 기반한 GATT/WTO 등 다자 간 무역체제의 발전과도 궤를 같이 한다고 하겠다.

최근 팬데믹 대응, 기후변화 등 환경보호는 물론, 미·중 간 전략적 갈등이 격화되면서 공급망 안정, 산업경쟁력 강화 및 전략기술 분야의 경제안보 강화를 위해 각국은 경쟁적으로 정부 개입을 확대하고 보조금 지급을 강화하는 산업정책으로 복귀하고 있다. 미국의 경우, 대표적인 정책인 인플레이션감축법(IRA, Inflation Reduction Act), 반도체과학법(CHIPS and Science Act), 그리고 인프라투자·일자리법(IIJA, Infrastructure Investment and Jobs Act) 등이 그 결과물이다. EU는 그린딜(Green Deal) 정책과 Horizon 2020 정책을 비롯하여 역외보조금규정(FSR, Foreign Subsidies Regulation), 핵심원자재법(CRMA, Critical Raw Materials Act), 탄소국경조정제도(CBAM, Carbon Border Adjustment Mechanism) 및 EU 배터리법 등 일련의 입법을 시행하고 있다. 프랑스판 IRA이라고 불리는 프랑스의 '녹색산업법'은 명분은 기후변화에 대한 대응을 내세우지만 그 실질은 유럽내 또는 자국내 생산을 촉진하는 산업정책적인 성격을 지니고 있다. 중국은 2023년 1월부로 전기차에 대한 직접 보조금은 폐지하였지만 직전까지 약 38조 6천억 원에 달하는 보조금을 집행한 바 있으며, 정부보조금을 적극 활용하여 태양광, 배터리, 반도체 등 중국이 집중 육성하는 '신산업(新産業)'의 경쟁력 강화를 도모하는 정책을 지속해 왔다. 일본과 한국도 핵심산업에 대한 보조금 지원정책을 시행하고 있다. 이러한 각국의 보조금을 통한 산업정책은 필연적으로 상대국의 상계관세 부과로 이어질 가능성이 크다.

또한, 자국 산업보호를 하는 동시에 중국 등 우려국가의 생산과잉, 밀어내기 저가 수출 및 우회수출 감시를 위해 전통적 무역구제조치인 반덤핑, 상계관세 조사가 대폭 강화되고 있다. 공급과잉은 생산국에 대하여 가격하락, 재고압박, 공장 가동률 저하 등을 초래할 뿐 아니라 해외시장을 교란하여 수입국 경제에 부담이 된다. 과거 중국의 공급과잉 문제는 주로 철강 등 일부 제조산업에 국한되었으나 정부의 대규모 산업보조금에 힘입어 전기차, 배터리 및 태양광 분야 등 중국이 중점을 두고 지원해 온 신산업이 급성장하면서 전세계적인 공급과잉과 가격인하를 유발하여 심각한 갈등을 빚고 있다.

## 1.2 보조금 확대와 규제 강화

보조금은 시장실패를 해소하기 위한 유용한 산업정책 수단이지만 무역과 경쟁의 평평한 운동장을 왜곡시킬 수 있다는 우려로 WTO 등 규범은 보조금 지급에 대하여 엄격한 요건을 부과하는 한편, 일정한 조건 하에서 상계관세 등 상대방 국가의 대항조치를 허용해 왔다. 그럼에도 불구하고, 농업, 화석연료, 수산업 등 분야에 대하여 무상지원, 세액공제, 저리대출 등 정부의 지원이 일반화되었으며, 국영기업과 공기업 등이 주 수혜자가 되었다. 최근에는 산업정책 차원에서 정부가 지원하는 보조금의 규모가 대상 분야 및 금액 측면에서 대폭 확장되고 있다. 즉, 철도, 항만 등 기간산업, 알루미늄, 에너지, 농업 분야 등 전통적인 지원대상에서 반도체, 배터리, 첨단 기술 및 장비 산업 등으로 확대되고 지원 금액도 증가하는 추세다. 이에 따라 WTO 보조금 규정은 무력화되고 있는 상황이다.

### [보조금의 WTO 합치성 문제]

WTO 보조금 협정은 (i) 정부의 재정지원, (ii) 수혜자에게 혜택부여가 있을 경우 보조금이 존재한다고 규정하며, 보조금이 특정성이 있는 경우 해당 보조금이 금지되거나 상계관세 부과 등 대응 조치를 취할 수 있도록 하고 있다.

과거 미국은 중국과 같은 비시장경제체제 국가에 대해서는 보조금 조사나 상계관세 부과에 소극적이었으나, 최근에는 상계관세 조사시 불리한 가용정보(AFA, adverse facts available)를 적극적으로 활용하고 공공기관(public body)과 특정시장상황(PMS, particular market situation) 등의 개념을 확장하여 적용하는 등 특히 중국을 겨냥한 공세적 추세를 강화하고 있다. 또한 미국은 2024년 3월 초국경보조금 조사 제한 규정 삭제, 수출국의 벌금·과태료 등 미징수 채권 등을 보조금으로 간주, 상무부의 보조금 조사 관행 성문화 등 3개 상계관세 관련 이슈를 강화하는 규정을 발표했다.

한편, EU는 경제안보 관련 정책과 입법들이 WTO에 합치되어야 함을 강조해 왔다. 이런 맥락에서 미국의 인플레이션감축법(IRA)에 대해 미재무부에 의견서를 보내 IRA가 WTO의 수입제품 차별금지 조항을 위반한다고 항의했고 IRA 내 9개 세제혜택조항이 국제통상규범을 위반하는 차별적 조치에 해당한다며 공식 비판했다. EU측은 CBAM 규정이나 CRMA 규정은 자국산 사용·조달 요건이나 외국산에 대한 명시적 차별조항은 없다고 주장한다. 그러나 동 규칙에 따라 원자재를 생산, 소비하는 경우 생산비용 증가가 불가피하고 외국 수출자는 EU의 기준을 준수해야 하므로 차별적 요소가 없을 수 없고 역으로 이런 여건은 EU의 국내산업보호 효과가 있을 수밖에 없다.

각국의 보호주의적 산업정책은 수입제품 및 외국기업에 대한 차별적 요소가 많아 WTO에 위배될 소지가 높고, 실제로 WTO 분쟁해결절차에 제소되어 소송이 진행되는 사례가 적지 않았다. 그러나 상소기구(Appellate Body)가 공동화되어 있어 WTO 분쟁해결절차가 마비됨으로써 WTO를 통한 보조금 통제가 사실상 불가능하게 되었다. WTO의 분쟁해결기능이 정상적으로 작동하지 않는 현실 속에서 각국은 자국 보호주의를 정당화하면서도 상대국가를 비난하는 현상이 반복되고 있는 것이다.

산업보조금은 경쟁기업에게 직간접적인 영향을 미치는 것은 물론, 글로벌 공급사슬에도 영향을 미친다. 물론 보조금의 글로벌 무역과 경쟁에 미치는 영향을 정확하게 예측하기는 어렵다. 강대국의 산업보조금은 자국의 생산역량을 확장시키고 가격인하를 유발하여 보조금 비수혜국 기업들은 해당 산업에서 퇴출되거나 경쟁력 약화를 감수할 수밖에 없다. 정부보조금은 한계기업의 생존을 연장시켜 좀비기업을 양산함으로써 국내산업 경쟁력을 약화시킬 수도 있다. 산업보조금은 연관된 공급사슬에도 영향을 미친다. 예를 들어 천연가스와 석탄에 대한 보조금은 알루미늄 가격을 대폭 인하하고 철강 보조금은 선박 및 철도차량의 생산, 무역에도 결정적인 영향을 미칠 수 있다. 또한 신규 반도체 생산공장(Fabs) 증설은 특정 장비 및 기계의 판매를 확대시키는 것처럼 생산망의 하류에 대한 보조금 지급은 상류 공급자의 판매와 이익확대를 유발할 수 있다. 반면, 중국의 알루미늄에 대한 수출세, 러시아의 천연가스에 대한 수출세 등은 국제시장에서의 가격경쟁을 왜곡시킨다.

미국은 최근 들어 반덤핑 및 상계관세 등 무역구제 규정을 강화하였다. 미국은 이미 2015년 무역특혜확장법(TPEA, Trade Preference Extension Act)[1]을 통해 덤핑과 보조금 조사에 있어 불리한 가용정보(AFA, adverse facts available)의 활용을 적극적으로 확대하고, 반덤핑 조사에서 특별한 시장상황(PMS, particular market situation) 규정을 도입한 바 있다. 이어 미국은 2024년 4월 미 상무부에 보다 광범위한 조사권한과 재량권을 부여하는 '반덤핑 및 상계관세법의 관리를 통한 무역구제 집행의 개선 및 강화 규정(AD/CVD 개정 규정)'[2]을 제정했다. 강화된 규정은 특별 시장상황(PMS)에 대한 정의와 판정시 고려해야 할 요소[3]를 보다 명확히 하고, 수출국 규제 미흡으로 인한 수출가격 왜곡에 대한 대응[4] 등 2개의 반덤핑관세 이슈와 초국경보조금 조사, 수출국의 벌금·과태료 등 미징수 채권 등을 보조금으로 간주할 수 있도록 하는 조항, 상무부의 보조금 조사 관행 성문화 규정 등 3개 상계관세 관련 이슈를 대표적으로 포함하고 있다.

한편, WTO 보조금 협정 제1조는 정부 또는 '회원국의 관할지역(territory)'내 공공기관(public body)의 재정적 기여와 수혜자에 혜택부여가 있을 경우 보조금으로 간주한다. 이 규정을 둘러싼 모호성으로 상당한 논란이 있었으나, 미국과 EU는 현 WTO 규정의 모호성을 악용한 중국의 초국경보조금을 규제하기 위해 초국경보조금(transnational subsidy)에 대한 상계관세 규정 강화를 포함한 국내입법을 강화해오고 있다. 초국경보조금(transnational subsidy)에 대한 상계관세는 해당제품을 생산하여 수출한 국가의 정부가 지급한 보조금을 주로 규율대상으로 해 온 WTO 보

---

1  Matthew R. Nicely (2016), "U.S. Trade Preferences Extension Act(TPEA) of 2015 Could Lead to Increased Use of 'Particular Market Situation' in calculating Normal Value in Anti-Dumping Cases," Global Trade and Customs Journal, Vol. 11, Issue 5, 2016.

2  https://www.sidley.com/en/insights/newsupdates/2024/04/final-amendments-to-trade-remedies-regulations-may-bring-significant-changes-to-antidumping

3  '판매 기반의 PMS(Sales-based PMS)'와 '원가 기반의 PMS(Cost-based PMS)'로 유형을 나누어 PMS의 정의를 내렸으며, PMS 판정 시 고려해야 할 요소, 관련 절차 및 지침을 제시했다. 즉 판매 기반의 PMS 판정 시 정상가격을 계산하기 위해 구성가격을 사용할 수 있도록 허용하였으며, 원가 기반의 PMS 판정을 내리는 경우 상무부는 구성가치를 계산하기 위해 합리적인 방법론을 사용할 수 있다.

4  직접적인 보조금 지급 외에도 기업에 부과된 수수료, 벌금, 과태료 등을 징수하지 않아 정부가 포기한 수익을 경제적 기여로 간주할 수 있으며, 그 외에도 재산권·인권·노동권·환경보호 관련 불충분한 규제 시행으로 기업의 원가와 가격이 왜곡되어 낮게 책정되는 경우에도 기업이 혜택을 부여받은 것으로 판단한다.

조금 협정의 적용을 확장하는 것이다. 수출국 정부가 아닌 제3국 정부가 제품 생산과 관련하여 제공한 보조금이 있을 경우, 자국으로 수입된 제품에 대해서 WTO 보조금 협정을 적용하여 대응하겠다는 것이다. 미국은 2024년 4월 반덤핑·상계관세조사절차 개정안에서 초국경보조금에 대한 상계관세 부과금지 규정을 삭제함으로써 초국경보조금에 대한 상계관세 조사가능성을 열어 두었다. 초국경보조금 규제는 중국산 제품이 제3국을 우회하여 미국으로 수입되는 것을 견제하기 위한 목적이지만, 제3국에 생산기지를 두고 미국에 수출하는 우리 기업들도 규제대상이 될 수 있다는 점에서 각별한 주의가 요구된다. 이와 유사한 제도로서, 역외에서 보조금을 받은 기업으로서 EU내 기업합병이나 정부조달에 참여코자 하는 기업을 규제하는 EU의 역외보조금규정(FSR, Foreign Subsidies Regulation)도 공정경쟁을 명분으로 하고 있지만, 외국기업에 과도한 부담을 부과하여 사실상 차별적 성격이 있고, 궁극적으로 EU 산업과 기업에 대한 보호목적이 다분한 정책이라고 하겠다. 한편, 2020년 미국, EU 및 일본은 기존 WTO의 산업보조금 규정 강화를 위한 공동작업 결과를 발표한 바 있다. 금지보조금의 대상을 확장하고 과도한 대규모 보조금의 경우 입증책임을 전환하는 것을 골자로 하는 데, 이런 작업은 과잉생산을 부추기는 중국의 대규모 보조금을 타깃으로 한 것이다.

## 1.3 징벌적 관세부과와 글로벌 최저한 세

자국 산업보호의 한 수단으로 특정 국가로부터의 수입품에 대해 징벌적 관세를 부과하는 사례가 증가하고 있다. 미국과 EU의 대중국 관세부과와 중국의 대항조치 등이 대표적이다. 미국은 자국의 산업보호와 상대국의 불공정 무역거래에 대응하기 위해 상대방 불공정 무역관행을 조사하여 보복관세를 부과하기 시작하였다. 미국은 이를 위해 1974년 무역법 제301조는 물론이고, 과거에 거의 원용하지 않았던 1962년 무역확장법 제232조[5]에 따라 국가안보를 이유로 징벌적 관세부과를 했다. 1974년 무역법 제301조는 무역상대국 정부의 관행으로서 (i) 무역협정상

---

5   1962년 무역확장법 제232조는 외국산 제품 수입이 미국의 국가안보를 위협할 경우 긴급하게 수입을 제한할 수 있도록 한 법이다.

의 미국의 권리를 부인하는 협정 위반 행위, (ii) 정당화할 수 없는 것으로서 미국의 상업(상품, 서비스, 투자)에 부담을 주거나 제약하는 행위, (iii) 불합리하거나 차별적인 것으로서 미국의 상업에 부담을 주거나 제약하는 행위 등에 대하여 미 무역대표부(USTR)가 조사하여 이를 해소하기 위한 적절한 조치를 취할 수 있는 권한을 부여하고 있다. 2017년 8월 트럼프 1기 행정부는 중국의 기술이전, 지식재산권 및 혁신 관련 조치, 정책 및 관행에 대하여 제301조 조사를 개시하고, 중국의 관행이 장기간 불합리하거나 차별적이라는 판단 하에 2018년~2019년 기계류, 전자제품, 수송장비, 화학, 농산물, 섬유·의류, 광물, 산림제품 등 광범위한 제품을 포함하는 중국산 수입품(총 대미 수입 5,000억 달러)에 대해 순차적으로 4개 묶음으로 25% 또는 15%의 추가 관세를 부과하였다.[6]

또한 트럼프 1기 행정부는 1962년 무역확장법 제232조에 따라 철강 및 알루미늄의 수입이 국가안보에 미치는 영향을 조사하여, 해당 산업 생산능력의 80% 이상 가동이 국가안보에 긴요하다고 판단하고 2018년 3월 철강과 알루미늄 수입에 대해 각각 25% 및 10%의 관세를 부과했다. 철강의 경우, 호주, 캐나다, 멕시코는 제232조 관세부과 조치에서 면제받았으며, 우리나라, 브라질, 아르헨티나는 무관세 수입 쿼터 물량을 미국과 합의했다. 바이든 행정부 들어 EU 및 일본은 2022년 1월부터 일정한 물량에 대해 무관세 수입을 할 수 있는 관세할당제(tariff-rate quota)에 미국과 합의하였다. 미국의 제232조 관세부과 조치에 대하여 여러 국가가 보복관세조치를 취하여 WTO 분쟁해결절차에 회부되기도 했다. EU와는 기존의 관세인상 조치를 중단하는 대신, 중국산 저가 철강 수입을 막고 그린 철강 교역을 증진하기 위한 목적의 지속가능 철강·알루미늄에 관한 글로벌 협정(GSSA, Global Arrangement on Sustainable Steel and Aluminum) 협상을 개시했으나 진전이 없었고, 트럼프 2기 행정부가 들어서면서 특히 에너지, 기후 및 환경정책은 물론, 미국의 일방적인 고관세 정책으로 EU와의 갈등은 더욱 심화될 전망이다. GSSA는 제8장(환경·노동 문제와 통상규제)에서 상세하게 기술하고자 한다.

트럼프 1기 행정부 시기에 촉발된 미·중 간 관세전쟁은 현재 진행형이다. 바

---

6 이중 일부 제품은 미·중 간 제1차 양자합의 결과, 2020년 2월부터 관세가 15%에서 7.5%로 인하되었다.

이든 대통령은 취임 후 트럼프 1기 행정부 시기에 부과하기 시작한 제301조 관세 조치를 그대로 유지했다. 나아가 바이든 대통령은 2024년 11월 대선 공약경쟁이 격화되면서 2024년 5월 트럼프 1기 행정부때 취한 제301조 관세조치의 정기 검토 결과를 토대로 USTR의 건의에 따라 철강 및 알루미늄, 반도체, 전기차, 자동차 및 비자동차용 배터리, 흑연 등 핵심광물, 태양광 셀, 항구 크레인, 마스크 및 주사용 바늘 등 의학제품 등 주요 전략 부문의 중국산 수입 제품에 대하여 25% 내지 100%에 이르는 301조 관세를 2024년~2026년 중 추가하거나 인상하는 계획을 발표하고 2024년부터 시행에 들어갔다. 특히, 이 중 중국산 전기차에 대해서는 제301조 관세를 100%로 대폭 인상하였다. 한편, USTR은 바이든 행정부 임기 만료를 앞둔 2024년 12월 구형 범용반도체(legacy chips)에 대한 중국 정부의 비시장경제적 정책 및 관행에 대하여 무역법 제301조에 따른 불공정 무역관행 조사를 개시한다고 발표하였다.[7]

한편, 2024년 7월 발표된 공화당의 정강(platform)은 보편적 관세, 상호관세, 대중국 징벌적 관세부과 등 관세정책 강화를 명시하고 트럼프 대통령 후보는 자신이 집권하면 10~20%의 보편적 관세를 부과하고 대중국 관세를 60% 이상으로 부과하겠다고 하는 등 강력한 관세정책을 추진할 것을 예고한 바 있다. 트럼프 대통령은 2025년 1월 20일 취임 첫날 '미국우선통상정책(America First Trade Policy)' 각서를 발표하고 상무부장관, 재무부장관, 무역대표(USTR) 등에 무역 상대국의 광범위한 대미 무역흑자와 불공정 무역관행, 대중국 경제·통상관계, 그리고 그 밖의 경제안보와 관련된 사항들을 점검하여 2025년 4월 1일까지 대응방안을 대통령에게 보고하도록 했다. 이는 트럼프 2기 행정부의 포괄적인 무역정책의 시행을 예고하고 있는 것이다. 이어 트럼프 대통령은 미국 밀입국자 및 마약 반입 문제 해결을 조건으로 멕시코와 캐나다에서 수입되는 모든 제품에 대해 25% 관세를 부과하겠

---

7  USTR, "USTR Initiate Section 301 Investigation on China's Acts, Policies, and Practices Related to Targeting of the Semiconductor Industry for Dominance," USTR Press Release, December 23, 2024. https://ustr.gov/about-us/policy-offices/press-office/press-releases/2024/december/ustr-initiates-section-301-investigation-chinas-acts-policies-and-practices-related-targeting

다고 위협하고, 중국에 대해서는 펜타닐 수입 금지에 협조할 것을 요구하며 10%의 추가 관세 부과를 실행했다. 멕시코와 캐나다는 미국에 협조하는 조건으로 3월 초까지 한달간 시행유예를 받은 후, 자동차 및 자동차 부품을 비롯하여 USMCA에 따라 무관세로 통관되던 멕시코·캐나다산 물품은 4월초까지 25% 관세 부과가 유예되었다. 한편 중국에 대하여는 3월초부터 추가관세를 20%로 인상, 시행되었다. 트럼프 대통령은 또한 자신의 1기 행정부에서 취한 철강 및 알루미늄 관세조치와 관련하여 그간 한국을 비롯한 일부 국가들에게 허용한 관세면제 조치, 쿼터 또는 관세할당제 등 예외 조치를 3월 12일부터 모두 종료시키고 철강 및 알루미늄에 대해 일률적으로 25% 관세를 부과하는 계획을 발표하였으며, 자동차, 반도체, 의약품 등에 대한 25% 관세 부과 계획을 예고하는 한편, 교역 상대국의 관세 및 비관세 장벽에 상응하는 수준의 관세를 부과하는 상호관세(reciprocal tariff)를 4월초부터 도입할 계획을 발표하였다. 트럼프 2기 행정부 출범 후 발표된 관세조치 등 상세는 제13장(트럼프 2기 행정부와 통상 리스크)에 별도로 정리하였다.

EU도 2024년 7월 중국산 전기차에 대해 상계관세 형태로 최대 45.3%의 관세(기본관세 10% + 상계관세 최대 35.3%)를 잠정적으로 부과하는 초치를 취하였다. EU는 2023년부터 중국 전기차 제조업체에 대한 보조금 조사에 착수하여, 중국정부의 보조금이 유럽 자동차회사들에게 부당한 피해를 입었다고 판정하고, 기존 10%의 수입관세에 추가하여 비야디(BYD), 지리, 상하이자동차(SAIC) 등 업체별로 17%~35.3%의 상계관세를 부과한 것이다. EU는 2024년 10월 회원국의 투표를 거쳐 최종 상계관세율을 17.8% ~ 35.3%로 확정하였으며 5년간 정식 부과될 예정이다. 캐나다도 2024년 10월부터 중국산 전기차 수입에 대해 100% 관세, 중국산 철강 및 알루미늄 수입에 대해 25%의 관세 부과 조치를 취할 계획을 발표하였다.[8] 이러한 서방의 대중국 관세조치는 중국의 세계시장을 겨냥한 저가 수출공세에 대한 서방의 대응적 성격도 아울러 지니고 있다.

한편, 중국의 저가 과잉 공급과 관련하여 최근 미국, 유럽에서 관세부과를 위한

---

8  중국은 EU 조치에 대한 대응으로 EU산 브랜디에 대한 반덤핑 관세 부과를 발표하고, 유럽산 돼지고기와 유제품 등 수입에 대한 반덤핑 조사 가능성도 예고했다. 중국은 또한 EU 및 캐나다의 조치에 대해 WTO 분쟁해결기구에 제소하였다.

최소기준(de minimis)이 뜨거운 감자로 떠올랐다. 미국은 관세행정의 편의를 위해 반덤핑·상계관세 대상 품목을 제외하고 일인당 하루 800 달러 이하의 단위 수입 선적분에 대해서는 무관세 수입을 허용해 왔는데, 미국의 대중 관세 대폭 인상 이후 세인(Shein), 테무(Temu) 등 중국 업체들은 직구 상품을 800 달러 이하로 주문 쪼개기를 하여 무관세로 통관함으로써 미국 규제를 우회한다는 비판[9]이 제기됐다. 이에 따라 미 의회에서는 섬유·의류 등 수입민감품목, 반덤핑 또는 상계관세 부과 대상 품목, 무역확장법 제232조(국가안보) 무역법 제301조(불공정 관행) 또는 무역법 제201조(수입급증)에 따른 관세 대상인 품목, 최소기준으로 수입급증을 보이고 있는 품목, 지속적인 불법수입 대상인 품목에 대해서는 최소기준 적용을 하지 않도록 하고 관세국경보호청(CBP)이 소액 상품 수입동향에 관한 데이터를 수집하도록 하는 것 등을 내용으로 하는 다수의 법안들이 의회에 상정되었다.[10] 미 바이든 행정부도 섬유·의류 등 민감품목과 무역확장법 제232조(국가안보) 및 무역법 제301조·제201조(수입급증)에 따른 관세 대상 품목에 대한 최소기준 적용배제, 대상품목 및 수입자에 대한 데이터 제출, 대상품목의 안전기준에 대한 수입자의 확인 등을 내용으로 하는 규칙을 제정할 계획임을 2024년 9월 발표하고 의회에서도 연말까지 최소기준 무관세 제도에 관한 포괄적인 개혁을 담은 입법조치를 취해 줄 것을 요청하였다.[11] 바이든 행정부는 임기 만료 직전인 2025년 1월 최소기준 무관세 수입 대상 품목에 대한 상세 정보를 통관 전 제출토록 하는 등 강화된 통관절차를 도입하는 규정안과 무역확장법 제232조(국가안보)와 무역법 제301조(불공정 관행) 및 제201

---

9  The Economist 보도에 의하면, 주문당 800 달러 이하의 미국 수입 패키지 물량은 2024년 중 총 140억 개, 금액으로는 최소 660억 달러에 이르고, EU와 다른 나라들도 유사한 피해를 겪고 있을 것으로 내다 봤다. The Economist, "How Chinese goods dodge American tariffs," June 27, 2024, https://www.economist.com/finance-and-economics/2024/06/27/how-chinese-goods-dodge-american-tariffs

10  제118 의회회기시 론 와이든 미 상원 재무위원장(민주당, 오리건주)이 발의한 '불법 상품 규제, 신뢰할 만한 수입업체 지원, 미국 이익 확보 법안(Fighting Illicit Goods, Helping Trustworthy Importers and Netting Gains for American Bill)도 그 중 하나이다.

11  White House(2024), FACT SHEET: Biden-Harris Administration Announces New Actions to Protect American Consumers, Workers, and Businesses by Cracking Down on De Minimis Shipments with Unsafe, Unfairly Traded Products, September 13, 2024.

조(수입급증)에 따른 관세 대상 품목은 무관세 수입에서 제외하는 규정안을 각각 발표하였다. 이해관계자 의견수렴 기간을 거친 후 최종 규정 발표는 트럼프 2기 행정부에서 결정될 전망이다.

관세조치는 신흥국에서도 확산되고 있어 주의를 요한다. 중남미의 경우도 2023년 8월 멕시코에서 철강을 비롯한 392개 품목의 관세를 예고 없이 기습 인상했으며, 2024년에도 각 품목별 양허세율까지 추가로 인상할 여지가 있다. 동남아의 경우, 배터리 원료 등의 소재가 되는 광물의 수출제한 등 자원민족주의에서 촉발된 보호무역주의가 예상된다. 인도의 경우 2023년 2월 사전 예고 없이 수입산 자동차 관세인상 조치를 취한데 이어 2024년에도 랩탑, 태블릿, PC에 대한 수입제한조치를 취하고 있다.

그 밖에 디지털 경제의 확대로 해외에 고정사업장을 두지 않는 디지털 기업의 해외창출 소득이 증가하는 반면, 고정사업장 기준의 기존 국제거래 과세원칙으로는 이러한 디지털 기업에 과세할 수 없는 한계가 있어 디지털 기업의 조세회피(BEPS: Base erosion and profit shifting)를 방지하기 위해 도입된 글로벌 최저한세(GMT: global minimum tax)에 대한 논의도 주목된다. 2021년 10월 G20 및 OECD 주도로 140여 개국의 합의로 도출된 포괄적인 이행체계(Inclusive Framework: IF)는 필라1(과세권 재배분)과 필라2(글로벌 최저한세)로 구성된다. 글로벌 최저한세는 15%로 합의되었는데, 특정 국가에서 다국적기업의 실효세율이 15%에 미달하는 경우 다른 국가가 추가 과세권을 갖게 된다. 글로벌 최저한세의 도입 목적은 기술력과 시장지배력에 우위를 가진 거대 디지털 다국적기업의 폭리 추구에 제동을 걸고 자국 산업과 소비자를 보호하기 위한 것이다. 반면, 트럼프는 2025년 취임 후 바로 글로벌 최저한세 합의에서 탈퇴하겠다는 대통령 각서에 서명하였는데, 이 또한 미국 산업계의 이익을 대변하는 보호주의 산업정책의 일환으로 볼 수 있다. OECD 회원국은 대체로 2024년 1월 1일부로 글로벌 최저한세를 시행하고 있다. 우리나라의 경우, 2022년 12월 31일에 신설된 국제조세조정에 관한 법률("국조법")이 제정됐고 2023년 12월 시행령이 개정 공포되어 2024년 1월부터 시행되었다. 글로벌 최저한세에 대해서는 제9장(디지털 규범과 통상규제)에서 세부적으로 다룬다.

## 2 미국의 산업정책

### 2.1 개관

2017년 국가안보전략(NSS, National Security Strategy), 2018년 미국의 국방전략(National Defense Strategy) 및 2022 인도·태평양전략(Indo-Pacific Strategy)은 "미국은 자유롭고 개방된 국제질서가 도전을 받고 국가간 전략적 경쟁이 재연되는 점증하는 복잡한 글로벌 안보환경에 직면"했다고 지적하면서, "경제운용정책은 정부와 기업의 관계가 지정학적 경쟁에 어떤 영향을 미칠 수 있는지에 초점을 맞춰야 한다"라고 기술했다. 지정학적 위협에 직면하여 실효적인 경제안보 강화를 위한 산업정책 추진 필요성을 역설한 것이다.

제1장(미·중 패권경쟁과 경제안보)에서 언급한 바와 같이 미국은 트럼프 1기 행정부에서 이미 미국우선주의 기치 아래 중국의 불공정 무역행위 및 보조금 지원에 대항하고 국내산업보호, 경쟁력 향상, 기후변화 등 환경보호, 공급망 안정 및 전략기술 분야의 경제안보 강화를 위한 입법과 정책을 도입했고, 바이든 행정부가 들어서도 이런 기조를 유지해 왔다. 최근에는 연방 및 주차원에서 항공, 에너지, 제조업 등 주요 선도기업(champions), 첨단 기술 산업 등에 대한 대규모 보조금, 조세감면 등 지원을 확대했다. 인플레이션감축법(IRA), 반도체과학법, 인프라투자·일자리법(IIJA)을 통한 대규모 보조금 지급사례를 비롯하여 바이 아메리카 정책에 따른 미국산 조달 특혜, 외국인투자위원회(CFIUS)를 통해 국가안보를 이유로 한 외국인투자심사, 수출통제조치 강화, 그리고 무역법 제301조에 따른 대중국 관세인상, 무역확장법 제232조에 따른 철강 및 알루미늄 관세인상과 2024년 중국 전기차에 대한 100% 관세부과 등이 대표적인 산업정책으로 볼 수 있다.

2024년 미국 국별무역장벽 보고서(NTE, National Trade Estimate Report on Foreign Trade Barriers)[12]는 중국은 "국가주도 및 비시장경제적 무역체제"에 따라 중국기업에게 불공정한 이득을 제공하는 산업정책을 지속하고 있다고 지적하고, 중

---

12  USTR (2024), 2024 National Trade Estimate Report on Foreign Trade Barriers
   https://ustr.gov/sites/default/files/2024%20NTE%20Report_1.pdf

국정부가 중국기업에게 제공하는 막대한 재정지원 및 특혜, 그리고 외국기업에게 는 불이익을 주는 정부의 개입적(interventionist)이고 차별적(discriminatory) 조치를 통해 외국 경쟁자를 국내시장에서 몰아내고 자국 기업은 글로벌 시장에서 경쟁력 을 갖도록 지원한다고 비판했다. 또한, 이런 중국의 정책은 시장을 왜곡하고 철강, 알루미늄 및 태양광 산업에서 초과생산(excess capacity)을 유발하고 있다고 판단했 다. 또한 이 보고서는 중국이 비시장경제적 수단으로만 달성가능한 생산과 시장점 유율 목표를 추구하면서 선진제조업 및 첨단 기술에 집중하고 있어, 모든 수단을 동원하여 미국 노동자와 기업의 경쟁력을 보호하고 우방국과 협력하여 중국의 유 해한 산업정책에 대항하는 데 최선을 다해야 한다고 강조했다.

트럼프 2기 행정부가 출범하면서 자국우선주의 산업정책, 보호무역주의 기조 와 대중국 강경정책은 더 강화될 것이다. 트럼프 2기 행정부가 출범하면서 발령된 '미국우선통상정책(America First Trade Policy)' 각서는 상무부장관, 재무부장관, 무 역대표(USTR) 등이 무역 상대국의 광범위한 대미 무역흑자와 불공정 무역관행, 대 중국 경제·통상관계, 그리고 그밖의 경제안보와 관련된 사항을 검토하여 2025년 4월 1일까지 대응방안을 보고하도록 지시했다. 검토 대상에는 미국 무역적자의 원인 및 국가안보적 영향과 위험, 불공정 무역관행, 기존 무역협정, 환율정책, 반 덤핑 및 상계관세 등 무역구제 제도, 중국과의 1단계 무역협정 이행상황과 중국의 불공정 거래행위, 수출통제제도 등 매우 광범위한 사안들이 포함되어 있으며, 4월 초에 소관부처의 보고서가 제출되면 다양한 형태의 경제안보관련 조치가 따르게 될 것으로 예상된다. 한편, 미국의 산업정책이 중국을 배제하고 미국산업의 경쟁 력 강화를 위하는 데는 기여할 수 있으나, 미국의 우방국들에게는 기대와 우려가 섞여 있다. 미국의 보조금 및 관세정책은 중국을 주된 대상으로 하기 때문에 중국 과 경쟁하는 EU, 일본 및 한국 등 미국의 우방국에게 반사적 이익을 가져다줄 수 도 있으나, 특정 미국산업과 경쟁하고 있는 우방국에게는 불리한 영향을 미칠 수 있기 때문이다. 또한 미국이 중국산 제품에 대한 수입규제를 강화하자 중국산 제 품이 제3국을 경유하여 미국시장 접근을 하는 경우가 빈번해졌고 최근 한국이 그 경유지로 지목되는 경우가 증가되고 있는 추세도 경계해야 할 일이다. 미국의 대 표적인 산업 입법을 살펴본다.

## 2.2 청정에너지 산업지원: IRA(2022)

2022년 8월 미국 인플레이션감축법(IRA, Inflation Reduction Act)이 발효되었다. IRA는 친환경 에너지, 헬스케어 등의 분야에 4,370억 달러 규모의 재정을 투입해 미국 내 인플레이션 억제와 기후변화 대응 노력에 기여하는 동시에 미국 내 투자와 생산을 확대하고 대중국 의존도를 완화하여 미국 중심의 공급망을 구축하는 것을 목적으로 한다. IRA의 법안 구조를 살펴보면, 먼저 지출 측면에서 총 재정 투입의 84.4%에 이르는 3,690억 달러의 예산이 에너지 안보 및 기후 변화 대응 부문에 편성됐다는 점을 주목할 필요가 있다. 세부적으로 보면 청정 전력 및 수송 인센티브 부문 세액공제, 친환경 제조업·전력·차량·기술·연료 관련 세액공제, 청정에너지 인센티브 제공 등을 골자로 하며, 중고청정차량, 특정 청정상용차량에 대한 세액공제로 포함되어 있다. 이 밖에도 일명 '오바마 케어'라고도 불리는 건강보험 개혁법(ACA) 지원 연장(2025년까지)과 서부지역 가뭄대응 역량 강화를 위한 예산도 편성됐다.

2022년 9월 바이든 행정부는 2050년까지 탄소배출 Net zero 목표달성 및 공적자금 효율적 집행 등을 포함한 IRA 이행 우선순위에 관한 행정명령을 발표하고 그해 12월 상업용전기차 세액공제 가이던스, 2024년 5월 친환경차 세액공제 가이던스에 이어 2024년 10월 첨단제조생산 세액공제(AMPC, Advanced Manufacturing Production Credit)에 관한 최종 가이던스[13]를 발표했다. AMPC는 배터리, 태양광, 풍력발전 부품, 핵심 광물 등 첨단 제조 기술을 활용한 제품을 미국에서 생산해 판매하는 것을 장려하기 위해 도입된 세액공제 제도로서 수급요건을 갖출 경우 미국에 투자한 외국기업은 수혜를 받을 수 있다. IRA 제45X(a)항에 따르면, AMPC 대상 납세자(eligible taxpayer)가 특정 과세연도에 AMPC를 수령하기 위하여는 (i) AMPC 적용 품목(eligible component)을 (ii) 당해 납세자가 미국 내에서 생산한 후 (iii) 해당 과세연도 중에 다른 비특수관계인(unrelated person)에게 판매함으로써 AMPC이 발생하여야 한다.

---

13 오혁 등 (2024), 미국첨단제조생산세액공제(AMPC) 최종규정의 내용과 시사점, 법무법인(유) 광장 Newsletter, 2024.11월.

IRA 법안 중 특히 주목해서 보아야 할 조항은 전기차 보조금을 다루는 제13401조[14]이다. 전기차 세액공제(7,000달러) 혜택은 배터리 원재료 세액공제(3,750달러)과 배터리 부품 세액공제(3,750달러)로 구성된다. 세액공제를 받기 위해서는 전기차가 북미에서 최종 생산되었다는 전제하에, 배터리의 핵심 원재료(리튬, 니켈, 코발트 등) 중 일정 비율 이상(2024년 40%에서 2026년 80%로 확대)을 미국 또는 미국과 FTA를 맺은 국가에서 공급받아야 하고, 배터리 부품은 북미에서 제조되는 배터리의 주요부품(양극재, 음극재, 전해액 및 분리막) 비율이 50% 이상 되어야 하며 이 비율은 점차 확대되어 2028년까지 100% 요건을 충족해야 한다.

한편, 동 조항은 북한, 중국, 러시아 및 이란이 소유(own), 통제(control)하거나 관할의 대상인 기업을 후술하는 해외우려기관(FEOC, Foreign entities of concern)으로 규정하고 원칙적으로 FEOC로부터 배터리 광물 및 부품을 공급받은 경우 지원 대상에서 제외시켰다. 2023년 3월 친환경차 세액공제(30D) 가이던스는 배터리 부품 및 핵심광물에 대한 정의를 하고 전기차 보조금 수혜요건 및 규정을 명확히 하였다. IRA의 수혜를 받으려는 한국기업이 중국기업과 광물, 원자재 관련 합작투자 계약을 체결하였을 경우 지분조정 내용, 실효적인 통제권 등 개념을 매우 상세하게 규정하지 않으면 미국이 규제하고자 하는 FEOC에 해당되어 낭패를 볼 수 있다는 점을 명심해야 한다.

트럼프 2기 행정부 출범으로 IRA의 존폐 또는 수정 우려가 제기되었다. 바이든 행정부하 이 법의 채택과정에서 공화당은 전기차, 태양광 및 청정에너지 등에 제공되는 세액공제 혜택을 축소하는 다수의 법안을 발의했으나 실패했다. 그러나 2024년 11월 선거에서 상하 양원을 장악한 트럼프 대통령은 가용한 의회 절차를 활용하여 IRA법의 폐기 또는 수정을 하겠다는 의지를 표명했다. 일각에서는 필리버스터가 면제되어 단순과반수로 통과시킬 수 있는 예산조정법(budget reconciliation bills)을 발의하고 이 법에 IRA 조항의 수정 또는 무력화시키는 법안을 상정하여 통과시킬 수 있다는 논리를 펴고 있다. 이러한 논리의 근거로 트럼프 대통령은 공약사항인 감세를 실행하기 위해 2025년 일몰이 되는 감세법안의 연장

---

14  IRA 법의 전기차 및 배터리 관련 규정.

을 추진하고, 이에 따라 부족해진 세수를 IRA법상 지출해야 하는 보조금 또는 세액공제 혜택을 축소하거나 조정할 수밖에 없다는 것이다. 물론 대부분의 배터리 투자지역이 공화당 의원들이 장악한 지역이라 연방정부의 일방적인 결정이 압도하지는 않겠지만 선거공약의 실현이라는 당론이 지배할 경우 예측하기 어려운 결과가 나올 가능성도 배제할 수 없다.

## 2.3 반도체 산업지원 : CHIPS and Science Act (2022)

미국은 반도체 기업의 투자유치를 위해 파격적인 지원에 나섰다. 연방차원에서 반도체 과학법(CHIPS and Science Act)과 국세법(IRC, Internal Revenue Code)을 통해 반도체 제조 시설·장비의 신설·확장·현대화에 대해 보조금과 세액공제를 지원하고 시설을 유치한 텍사스주, 오하이오주, 뉴욕주, 아리조나주 및 아이다호주 등 주정부 차원에서도 다양한 인센티브를 제공하고 있다. 대체로 2022~26년간 투자액의 30%에서 최대 47%까지 수혜를 받을 것으로 예측한다. 미국 정부는 개별 기업의 투자액에 따라 미국 인텔, 대만 TSMC 및 한국 삼성전자, 미국 마이크론 등에 60억~80억 달러에 이르는 보조금을 지급한다고 발표하였다. 삼성전자는 대미 투자액 조정에 따라 최종적으로 47억여 달러의 보조금을 지급받는 것으로 결정되었다.

2022년 8월 발효된 반도체과학법(CHIPS and Science Act)[15]은 「미국혁신경쟁

### [주요국 반도체 지원 정책 비교]

| 구분 | 한국 | 미국 | 일본 | 대만 |
|---|---|---|---|---|
| 설비투자 세액공제율 *공제 대상 | 15% *기계장치 한정 | 25% *칩 제조 필수 유형자산 (기계장치/설비) | 20% *칩 제조 필수 유형자산 (기계장치/설비) | 5% *기계장치 한정 |
| 보조금 지원 | 직접 보조금 없음 | 투자액의 최대 15% | 투자액의 40% | 직접 보조금 없음 |

출처: 언론보도 종합

---

15  H.R.4346 - Chips and Science Act (https://www.congress.gov/bill/117th-congress/house-bill/4346)

법(USICA, 2021. 4 상원통과)」[16] 및 「미국 경쟁법(America COMPETES Act, 2021. 7 하원 통과)」[17]을 기초로 양당 조정을 거쳐 반도체 R&D 지원에 집중한 CHIPS-plus 패키지 법이다. 이 법은 향후 10년간 첨단 산업 역량의 총체적 제고를 목적으로 총 2,800억 달러 규모의 연구개발 예산 및 반도체산업 보조금을 편성했다. 이 법의 일부로서 포함된 Division A 반도체칩 법에는 미국 반도체 산업 지원에 527억 달러 규모의 예산을 배정하는 반도체 산업 지원 규정[18]이 포함되었고, 반도체 시설 및 장비투자에 25% 세액 공제(10년간 240억 달러 상당)를 골자로 하는 투자 세액 공제 규정[19] 또한 포함되었다.

2023년 2월에는 시설 및 장비투자 세액공제(25%) 중 '반도체 제조시설 재정인 센티브(이하 반도체 인센티브)'에 관한 '세부 지원계획(Notice of Funding Opportunity)' 이 공고됐다.[20] 세부 지원계획은 반도체 제조시설에 대한 재정 혜택 신청요건 및 절차에 대한 세부지침으로, 지원 대상, 지원 방식, 신청 시기, 신청 및 제출 요건, 신청서 심사 요건 및 절차 등을 안내하고 있다. 특히 지원대상과 심사요소로 경제 및 국가안보 우려, 해외우려기관의 위협에 대한 복원력 등에 대한 평가요소가 강조돼 있다. 특히 가드레일 조항으로 알려진 해외우려기관(FEOC)[21]에 대한 규제도 기술돼 있다. 즉, FEOC와 생산시설 확장, 공동연구, 기술 라이센싱 참여 등이 있는 경우, 인센티브 전액을 환수하도록 하고 있다.

---

16  S.1260 - United States Innovation and Competition Act of 2021 (https://www.congress.gov/bill/117th-congress/senate-bill/1260)

17  H.R.4521 - United States Innovation and Competition Act of 2021 (https://www.congress.gov/bill/117th-congress/house-bill/4521)

18  이전에 제안되었던 '반도체 지원법 (CHIPS for America Act)' 법안 (H.R. 7178)의 내용임.

19  이전에 제안되었던 '반도체 증진법 (FABS Act)' 법안 (S. 2107)의 내용임.

20  Notice of Funding Opportunity (NOFO) CHIPS Incentives Program - Commercial Fabrication Facilities, https://www.nist.gov/system/files/documents/2023/02/28/CHIPS-Commercial_Fabrication_Facilities_NOFO_0.pdf

21  특히 반도체과학법(CHIPS and Science Act)상의 해외우려기관(FEOC)에 대한 정의와 규제를 참조. FEOC는 인플레이션감축법(IRA), 반도체과학법(CHIPS and Science Act) 및 인프라투자·일자리법 (IIJA) 등에 포함돼 있고 중국, 북한, 이란 등을 우려국가로 지정하고 견제하기 위한 규정이다.

## 2.4 해외우려기관과 외국 소유, 통제 또는 영향

미국은 산업정책을 실시하는 과정에서 중국 기업에 대한 혜택을 배제하거나 중국 기업에게 간접적으로 이익이 될 수 있는 상황을 방지하기 위한 수단으로 '해외우려기관(FEOC)'이라는 개념을 활용하고 있다. 해외우려기관은 인플레이션감축법(IRA), 반도체과학법(CHIPS and Science Act) 및 인프라투자·일자리법(IIJA) 등에 포함되어 있는데, 중국, 러시아, 북한, 이란 등 해외우려기관은 동 법상의 보조금 혜택에서 배제된다. 아래에서는 반도체과학법상의 해외우려기관관련 규정에 대해 자세히 살펴본다.

반도체과학법은 자금지원을 받는 적용대상 기업이 정부지원 결정 후 10년간 중국이나 다른 '해외우려기관(FEOC)'[22]에서 "반도체 제조역량의 실질적 확장(material expansion of semiconductor manufacturing capacity)"과 관련된 어떠한 "중요한 거래(significant transaction)"에도 참여할 수 없다는 약정을 상무장관과 체결하도록 요구한다. 소위 '가드레일 조항(guardrails provision)'[23]이다. 다만, (i) 레거시(구형) 반도체[24]를 제조하는 대상 기업의 기존 시설 및 장비, 또는 (ii) 레거시 반도체를 생산하고 '해외우려국가' 시장에 공급하는 반도체 제조 역량의 실질적 확장(material expansion)과 관련된 중요한 거래(significant transaction)의 경우 가드레일 조항의 적용에서 제외된다. 가드레일 조항의 적용을 받는 '적용대상 기업 (covered entity)'에는 (i) 반도체과학법의 제103조에 따른 인센티브를 수령하는 기업 및 (ii) 적용대상 기업의 계열집단(affiliated group)'(외국기업 포함)의 구성원이 포함된다.[25] 반도체과학법상 외국기업은 동 법상 계열집단 정의에 포함되는 것으로 간주되므로 외국의 모기업은 그 자회사가 상무장관과 체결하는 가드레일 약정을 적용받게

---

22  우려 외국에는 중국, 북한, 러시아 및 이란(「United States Code」Title 10의 section 4872(d))과 상무장관이 국방장관 및 국가정보국장과의 협의를 통해 결정하는 그 밖의 국가가 포함된다고 규정.

23  CHIPS Act of 2022 Sec.103(a)(6)(C)(i).

24  레거시 반도체란 28나노미터(nm)보다 구세대 기술을 사용하는 구형 반도체를 주로 일컬으며, 구체적인 정의 규정은 CHIPS Act of 2022 Sec.103(b)(5) 참고.

25  CHIPS Act of 2022 Sec.103(a)(6)(C)(iii).

된다.[26] 약정을 위반하는 경우 동 법에 근거한 모든 인센티브를 반납해야 한다.

2023년 9월 반도체과학법의 가드레일 최종 규정이 발표됐다. 최종안은 소위 '확장 환수(Expansion Clawback: 수혜기업이 해외우려국가의 반도체 제조 역량 확장에 기여하는 경우 보조금 혜택을 환수)'와 '기술 환수 (Technology Clawback: 수혜기업이 해외우려기관과 합동 연구 및 기술개발을 도모하는 경우 보조금 혜택을 환수)' 등 같은 해 3월 발표된 초안을 유지했다. 또한 계열사, 기존 시설, 해외우려국가, 해외우려기관, 레거시 반도체, 반도체 제조역량, 국가 안보에 중대한 반도체 등에 대한 정의 규정을 비롯하여 통보(notification), 검토(review), 회복(recovery)과 같이 가드레일 조항 운영을 위한 절차적 규범을 보다 더 상세히 설명하고 있다. 최종안의 가장 큰 차이는 가드레일 조항관련 미국내 중국 국적인이 보조금을 받을 수 없도록 FEOC의 정의를 수정한 것이다. 이전에는 해당 국가 정부의 "소유, 통제, 관할 하에 있거나 지시를 받는 (owned by, controlled by, or subject to the jurisdiction, or direction of)" 모든 기관이 FEOC의 범위에 포함되었으나 최종규정은 이전에 동 요건에 대해 별도의 정의규정을 두었던 것을 삭제하고 FEOC의 정의 속에 이러한 내용을 모두 포함했다. 또한 투표권한과 관련하여 각기 다른 FEOC에서 25% 이하의 권한을 복합적으로 활용하여 실질적으로 25% 이상의 권한을 보유하게 되는 우회현상을 방지하기 위한 조항 또한 추가하였다.

한편, 이와는 별도로 미국에서 국방관련 계약을 체결하려는 기업은 별도의 안전조치를 취해야 할 경우가 있다. 외국 정부 등 실체가 직간접적으로, 실제 행사 여부와 관계없이, 기업의 경영이나 운영을 지휘하거나 영향을 미치는 사안을 지시하거나 결정할 수 있는 권한을 가질 때 그 기업은 '외국인 소유, 통제 또는 영향 (FOCI, Foreign Ownership, Control or Influence)' 하에 있는 것으로 간주된다. 이런 기업이 국방관련 계약을 체결하는 경우 미국 정부의 비밀정보에 대한 무단 접근을 초래할 수 있어 잠재적으로 국가 안보를 위협할 수 있다. FOCI 하에 있는 기업은 수반되는 리스크를 경감하는 계획과 절차를 취해야 하며, 그렇지 않을 경우 국

---

**26**  Ben Fackler, et al (2022), Worldwide: CHIPS Act Guardrails: Congressional Efforts to Limit Investment in China", Arnold&Poter, July 25, 2022, https://www.arnoldporter.com/en/perspectives/advisories/2022/07/chips-act-guardrails)

방관련 계약을 획득할 수 없다. 국방관련 계약을 체결하려는 자는 국가 산업안보계획 매뉴얼(National Industrial Security Program Operating Manual)[27]에 따라 FOCI 관련 확인, 안전장치 마련, 경감조치 및 심사절차 등을 거치고, FOCI 경감 합의 등 컴플라이언스 체제를 갖추어야 한다.

## 2.5 인프라투자·일자리법: IIJA (2021)

당초 이 법은 바이든 대통령이 대선 유세 과정에서 주장한 '더 나은 재건계획 (BBB, Build Back Better)'을 기반으로 발전되었으며 미국의 경제 인프라를 개선하고 고용증진을 하기 위해 제안되어 2021년 11월 서명됐다. 이 법은 연방 철도, 고속도로, 교량, 브로드밴드, 식수확보, 운송안전 및 청정에너지 충전 및 전송 인프라 구축 등 약 1.2조 달러의 패키지를 포괄하고 이 중 5,500억 달러는 향후 5년간 새로운 연방 지출로 배정된다.

미국 연구소 '미국진보센터(CAP, Center for American Progress)'는 인프라투자·일자리법, 반도체과학법 및 인플레이션감축법(IRA)은 약 3만5천 건의 공공·민간 투자를 유발할 것이라 예측했다.[28] 2022년부터 바이든 정부는 청정 에너지 개발 및 전력망 구축, 수소 허브(Hubs), 탄소 직접포집 허브, 수송인프라 및 생태계 개선 프로젝트 등에 지원을 확대해 오고 있다. 2021~22년 주 및 지방정부를 위해 지출되는 연방 인프라 개선 및 경쟁력강화 기금조성을 규정한 법으로는 미국구제계획법(ARPA, American Rescue Plan Act), 인프라투자·일자리법(IIJA) 및 인플레이션감축법(IRA)을 비롯하여 반도체과학법(CHIPs and Science Act) 등을 들 수 있다.

미국의 산업정책이라고 할 수는 없지만, 미국 내 산업보호와 연계된 미국·멕시코·캐나다 무역협정(USMCA)관련 현안을 짚어 본다. USMCA는 1994년 발효된 북미자유무역협정(NAFTA)을 트럼프 행정부시 대체한 협정으로서 2020년 7월 발효되었다. USMCA는 3개 당사국 간 별도의 연장합의가 없으면 발효 후 16년 경과

---

27 Federal Register, December 21, 2020, https://www.federalregister.gov/documents/2020/12/21/2020-27698/national-industrial-security-program-operating-manual-nispom

28 Will Ragland, Ryan Koronowski, Shanee Simhoni (2023). Biden Administration Investment Tracker. Center for American Progress. Retrieved June 29, 2023.

되는 2036년 7월 1일에 효력이 상실되며, 협정 제34조 제7항의 심사조항(Review Clause)에 따라 2026년 7월 이전 협정의 존속 여부에 대한 검토를 해야 한다. 무역협정에서 협정의 연장여부를 심사하는 조항은 흔치 않은 일이라 USMCA 협상 당시 논란이 많았으나, 당시 트럼프 행정부는 캐나다 및 멕시코에 대한 지렛대를 확보하는 동시에 미의회의 동의를 구하기 위한 수단으로 심사조항을 삽입한 것이다. 아직 심사의 구체적 내용에 대한 논의는 본격화되지는 않았으나 3개 당사국간 장관급 공동위원회를 개최해야 하고 각 당사국의 의회와도 협의하는 복잡한 과정이 남아있다. 문제는 심사의 결과, USMCA를 원문대로 연장할지 약간의 또는 중대한 수정을 할 지는 여전히 미정으로서 어떤 수정이 가해지더라도 USMCA의 수혜를 위해 멕시코와 캐나다에 투자를 한 우리 업체로서는 긴장을 끈을 놓을 수 없다는 것이다. 게다가 트럼프 2기 행정부는 2024년 대선 유세기간 중 공언한 바와 같이 미국 산업의 보호 및 멕시코를 우회하여 유입되는 중국 제품의 수입을 차단하기 위해 멕시코 및 캐나다는 제품은 물론, 중국제품에 대한 고관세를 부과하겠다고 위협하고, 나아가 USMCA의 폐기 또는 수정을 압박하고 있다. 실제로 USMCA를 폐기하지는 않는다 하여도 고관세 부과 또는 멕시코에 투자한 중국기업의 자동차 및 그 부품 생산공장에서 제조된 상품에 대해 원산지 규정을 강화하는 경우, USMCA 지역에 투자한 우리 기업도 상당한 영향을 받을 것으로 보인다.

## 2.6 조선·해운: 제301조 조치와 미국 선박법안(Ships for America Act)

미국은 조선·해운 산업 분야의 취약성이 미국의 경제안보적 이익을 위협한다고 판단하여 경제안보 강화 차원에서 자체 조선·해운 산업을 부활시키기 위해 경쟁력 강화 등 육성책을 추진하는 한편, 중국의 국가 주도적 지원 정책을 견제하기 위한 조치를 취하고 있다.

바이든 행정부 시절인 2024년 4월 무역대표(USTR)는 미국 5개 노동조합의 청원에 따라 해운·물류·조선 부문에 대한 중국의 정책 및 관행에 대해 1974년 무역법 제301조에 따른 조사를 실시하였다. USTR은 트럼프 2기 행정부 출범 직전인 2025년 1월 중국의 관련 정책이 하향식 경제·사회개발계획 등 비시장경제적 정책을 동원함으로써 세계 해운·물류·조선 부문을 장악(dominance)하기 위한 정책을 추진하였다고 지적하고, 동 정책으로 중국이 세계 조선 시장의 50% 이상을 점유하고 세계 상선단의 19% 이상을 소유하는 등 미국의 경제안보 리스크를 키우고 공급망 회복력을 저해하여 미국의 무역에 부담을 주거나 제한하는 결과를 초래하였다는 조사결과를 발표하였다. 이에 따라 USTR은 트럼프 2기 행정부가 들어선 직후 미국 항구에 기항하는 중국 선박 등에 대한 고액의 수수료 부과 등 대응조치 계획안을 발표하고 이해관계자 의견수렴에 들어갔다. 동 대응조치 계획안은 중국산 선박뿐만 아니라 중국 선사 소속 선박 또는 자신의 선단에 중국산 선박 또는 주문한 중국산 선박을 포함하는 선사의 선박이 미국 항구에 기항할 때마다 100만 달러에서 150만 달러에 이르는 고액의 수수료를 부과하고 미국 상품의 해상수출시 물량의 일정 비율(단계적으로 증가)을 미국 국적 선박으로 운송하도록 하는 등의 조치를 포함하고 있다.

이러한 행정부측 조치와는 별도로, 2024년 12월 미국의 함정건조를 지원하고 촉진하기 위해 상·하 양원의 양당 지지를 받는 미국 선박법안(SHIPS for America Act)이 제118회기의 미 의회에 제출되었다. 동 법안을 발의한 마크 켈리(Mark Kelly, D-AZ) 상원의원과 토드 영(Tod Young, R-IN) 상원의원은 법안제안 보도자료에서 (i) 현재 중국기국 선박은 5,500척인데 비해 미국 기국은 80척에 불과하며 10년내 상선을 250척으로 늘려 '전략상선단(Strategic Commercial Fleet program)'을 운영하고, (ii) 미국은 상업적 및 군사용 조선능력이 약화되어 해군력 및 해운산업의 경쟁력 강화를 위해 조선소 재건, 숙련기술자의 양성과 교육이 필요하며, 이를 위한 투자 세액공제와 세금감면을 제공하며, (iii) 중국 등 위험국에서 미국선박을 수리하면 200% 과세하는 내용을 포함하고 있다고 강조했다. 과거 미국은 해운의 독립성과 배타성을 인정한 존스법(Jones Act)과 미국 군함을 자국 조선소에서만 건조하도록 한 1965년 번스-톨레프슨 수정법(Byrnes-Tollefson Amendment)을 각각 도입하였으나, 미국 조선업의 경쟁력을 강화하는데 기여하지 못했다. 이러한 사정으로 이 법은 미국의 조선산업과 해운이 중국 등 비우호적인 국가에 의존돼 있어 우방국들과 협력하여 경쟁력을 강화하지 못하면 국가안보에 치명적인 위협이 될 수 있다는 인식에서 출발하고 있는 것이다.

이 법안은 양당의 압도적 지지를 받고 트럼프 2기 행정부의 자국우선주의 정책과도 부합되기 때문에 제119회기 의회에 재제출될 것으로 보인다. 중국의 선박 건조능력은 2,325만 톤으로서 10만 톤의 미국의 232배로 압도하고 선박의 숫자가 해군 함선의 규모와 생산현황도 미국을 추월했다.[29] 더욱이 중국 선박과 군함은 낙후된 미국에 비해 최신 장비로 장착돼 있다.

한편, 중국은 세계 선박의 51%를, 한국은 28%를 건조하며, 한국의 조선 생태계는 자유주의 진영에서는 단연 우위에 있다. 이런 상황에서 미국이 중국을 견제하면 한국은 조선뿐만 아니라 선박의 유지·보수·운영(MRO, maintenance, repair, operation) 등 분야에서 미국과 협력이 강화되어 반사적 이익을 얻을 수 있다. 미국의 조선·해운 산업 경쟁력강화 정책 및 대중국 견제 정책을 면밀히 모니터링해야 하는 이유다.

## ③ EU의 산업정책

### 3.1 개관

EU는 21세기의 첨단 기술 경쟁에서 미국 및 아시아 기업들에게 뒤처지고 국제적 상위 기업이 없다는 데 심각한 우려를 가지고 EU 기업의 경쟁력 향상을 위해 고민해 왔다. 2019년 2월 EU 집행위원회가 공정거래를 이유로 Alstom-Siemens 간 합병을 거부하자 논란이 촉발됐고 '프랑스-독일 성명(Franco-German Manifesto)'으로 EU 내 대형기업(mega-company)의 창설을 가능하게 하는 경쟁법 개혁을 촉진하게 됐다. EU 이사회는 2020년 3월 '유럽의 신산업전략'을 발표하고 2021년 이를 수정·증보했다.[30] 신산업전략은 유럽의 글로벌 경쟁력 유지, 탄소중립 실현 및 디지털미래 구축을 목표로 하는 포괄적 전략으로서 유럽의 가치와 사

---

29  Unpacking China's Naval Buildup, CSIS, 2024, https://www.csis.org/analysis/unpacking-chinas-naval-buildup

30  European Commission (2021), Updating the 2020 New Industrial Strategy: Building a stronger Single Market for Europe's recovery, COM(2021) 350 final, May 5, 2021.

회시장전통에 기반을 둔 유럽 산업정책을 혁신하기 위하여 대중소기업, 연구개발센터, 서비스 제공자 등을 지원하는 것이다. 특히, 중소기업의 육성과 디지털 및 그린 전환을 촉진하기 위한 일련의 정책과 지원이 포함돼 있다.

EU 집행위원회는 2019년 12월 유럽 그린딜을 공표하고, 2021년 2월 녹색전환 지원과 지속가능한 가치사슬 증진을 주요 의제로 하는 신통상전략을 제시하였으며, 2021년 7월 'Fit for 55' 입법안 패키지를 공개한데 이어, EU 배출권거래제 강화, 탄소국경조정제도(CBAM) 도입, 내연기관 규제 및 대체연료 인프라 확충 등이 포함된 후속 입법 절차를 진행하였다. 또한 미·중 간 전략적 경쟁에 직면하여 개방된 전략적 자율성(open strategic autonomy)을 목표로 공급선을 다변화하고 중국 등 특정국의 의존도를 축소하는 전략을 추진해 왔다. 우르줄라 폰 데어 리엔(Ursula von der Leyen) EU 집행위원장은 미국 인플레이션감축법(IRA)이 EU 등 외국을 차별하고 미국산업에 특혜를 준다고 지적하고 이에 상응한 유럽국부펀드(EU Sovereignty Fund) 설립을 주장하고 나섰다.

EU의 산업정책도 이러한 거대 정책목표의 일환으로 추진되고 있다. EU의 경우 기후변화 방지를 위한 탄소감축을 달성하기 위해 기술개발과 혁신을 촉진함으로써 경쟁력을 강화해 오면서도 내부적으로는 단일시장을 유지해야 하는 이중 도전에 직면해 있다. 에너지전환 시대에 맞춰 EU, 미국 등이 환경친화적이고 지속가

**[EU의 무역투자 정책 개관]**

| 경제왜곡 대응 | 경제적 강압 대응 | 가치와 지속가능성 결합 | 핵심 인프라 및 공급의 복원력 |
|---|---|---|---|
| 무역구제장치 | 반강압제도 | CBAM | 외국인투자심사제도 |
| 역외보조금규정 | Blocking Statute | 실사/분쟁광물 | 산업연합/ 유럽 공동이익 중요 프로젝트, 핵심원자재 |
| 국제조달제도 | 금융복원력 | 이중용도수출통제/ 인권제재 | 국제파트너십 |
| 이행규정/ 수석무역이행관 | INSTEX | EU 무역협정/ 수출신용전략 | 5G 정책 |

출처: Szczepanski(2022) 자료를 참고하여 저자 편집

능한 에너지를 위한 정책 및 규제를 채택하고 있으며, 이러한 정책은 외국 투자자 및 수출업자에게 새로운 보호주의로 작용하고 있다. 한편, 2024년 6월 EU 집행위는 중국산 전기자동차에 대해 상계관세 형태로 관세를 인상하는 방안을 발표하고 2024년 10월 회원국의 승인을 받아, 기존 관세 10%에 추가하여 17.8%~35.3%의 상계관세를 부과하는 방안을 확정하고 향후 5년간 이를 시행하기로 하였다. 이에 대해 중국은 맞불로 EU 대형 휘발유차와 유럽산 돼지고기에 15%~25%의 보복관세를 부과하겠다고 발표했다.

EU의 경제안보 관련 입법은 굉장히 포괄적이다. EU가 도입한 환경, 공정경쟁, 디지털 및 ESG 관련 입법들은 EU 비회원국 및 기업들의 비즈니스 활동에 직간접적인 영향을 미칠 수 있으므로 공급망에 국한된 입법보다는 보다 포괄적인 입법 동향을 살피는 것이 타당할 것이다. EU는 우방국과 산업분야 협력도 확충해 나가고 있다. 미국과 철강 및 알루미늄 관세분쟁을 해결하고 비시장경제국과 과잉생산국에 대한 무역규제를 본격화하기 위해 '글로벌 지속가능 철강·알루미늄 협정(GSSA)' 협상을 추진해온 것이 대표적이다.

## 3.2 탄소국경조정제도(CBAM)

EU의 2030 온실가스 감축목표를 1990년 대비 기존 40%에서 55%로 상향 달성하기 위한 목적으로 제안된 EU CBAM 법률(Regulation Establishing a Carbon Border Adjustment Mechanism)[31]이 2023년 5월 발효했다. CBAM 법률은 '국경탄소조정(BCA, border carbon adjustment)' 제도의 일종으로서 수입상품에 국내상품과 동등한 탄소가격 납부 의무를 부담시키거나 수출상품에 대해 해당 비용을 환급하는 제도 전반을 말한다. 목적은 '탄소누출(carbon leakage)'을 방지하는데 있다. 탄소누출이란 각국이 서로 다른 온실가스 감축의무를 가질 때 배출 관련 규제가 엄격한 국가(예: EU 회원국)로부터 생산시설을 관련 규제가 없거나 약한 국가(예: 제3국)로 이전하여 그곳에서 생산한 제품을 배출 관련 규제가 엄격한 국가로 다시 수출함으로써 전지구적인 순배출량의 감소로 연결되지 못하는 현상을 말한다. CBAM

---

31  Regulation (EU) 2023/956 of the European Parliament and of the Council.

은 실제 입법이 이루어져 시행된 세계 최초 사례다. 탄소국경조정제도(CBAM, Carbon Border Adjustment Mechanism)는 EU가 추구하는 친환경, 기후변화 정책기조와 산업경쟁력 강화라는 두 마리 토끼를 잡는 야심찬 정책이라 할 수 있다. 이런 기조에서 추진되는 다양한 입법이 있지만 이 장에서는 CBAM의 산업정책 및 산업 경쟁력적 함의에 중점을 두며, 제8장(환경·노동 문제와 통상규제)에서는 CBAM의 내용과 절차, 추구하는 친환경, 기후변화 정책기조에 중점을 두어 기술하고자 한다.

EU는 2021년 10월 발표한 '개방된 전략적 자율성(open strategic autonomy)'을 통해 대외통상정책의 기조를 밝혔다. 동맹국들과 협력하여 지정학적 안보지형에 대응, 무역·투자의 경쟁력 강화, 기술보호, 환경보호 및 사회 안전망 강화를 추진하고 외국의 강압적 경제조치에 맞대응한다는 것을 골자로 한다. 또한 EU는 (i) 에너지 안보 등 공급사슬의 회복력에 대한 위험, (ii) 핵심 인프라의 방호 및 사이버 안보에 대한 위협, (iii) 핵심기술 안보 및 기술유출에 대한 위협, (vi) 경제적 강압조치의 위험 등의 리스크 대응을 골자로 하는 유럽경제안보전략을 2023년 6월 발표했다. 즉, EU는 친환경 통상 및 산업정책, 청정에너지 확보 및 친환경 공급망 재편을 핵심적인 경제안보전략으로 지정하고 관련 입법과 정책을 추진해 왔다. EU의 탄소국경조정제도(CBAM)는 EU가 추구하는 환경보전의 가치추구와 기후변화 방지를 위한 정책대응이지만, 탄소중립산업법(NZIA), 핵심원자재법(CRMA), 기업지속 사능성실사지침(CSDDD), 역외보조금규정(FSR), 그리고 한시적 위기 및 전환 프레임워크(TCTF, Temporary Crisis and Transition Framework) 등과 함께 EU가 우위를 점하는 환경친화적 산업 경쟁력을 강화하기 위한 목적이 내재돼 있는 것이다.

CBAM은 EU 산업정책의 대선회를 알리는 신호탄으로 볼 수 있다. 그간 EU는 국가보조금에 대해 강력한 규제를 해왔고, 수출·수입에 직접적 영향을 미치는 보조금은 금지된 보조금으로 규정하고 산업 보조금을 대표적인 '불공정 무역관행(unfair trade practice)'으로 규정한 WTO 다자통상규범을 존중하는 입장을 취해왔다. EU의 '한시적 위기 및 전환 프레임워크(TCTF)'에 따른 보조금 규제 완화 조치와 친환경 산업 분야로의 보조금 지원대상의 확대는 EU가 새로운 산업정책으로 전환하고 있다는 것을 보여주는 단적인 예로 볼 수 있다. 이런 EU의 산업정책은 공정 경쟁이라는 단순한 교역관계 차원을 넘어 EU 단일시장의 장기적 경쟁력 확보라는 보다 전략적 고려에서 추진되고 있다는 점에 주목해야 한다.

　CBAM이 제기하는 통상 리스크는 적지 않다. 대상부분인 철강, 알루미늄, 시멘트 및 비료업종에서 비용증가로 인한 가격경쟁력 약화를 초래하고 수출기업에 막대한 영향을 미칠 것이다. 우리나라의 여건과 비교하여 보다 세부적으로 살피면, (i) CBAM과 연계되어 인증서 가격을 결정하게 될 EU 탄소 배출권 거래제(EU-ETS)와 우리나라의 탄소 배출권 거래제도인 K-ETS 사이의 배출권 가격 격차, (ii) 간접배출을 포함하는 K-ETS의 더 넓은 배출 규제 범위, (iii) K-ETS 하에서 RE100 수단으로 구매한 신재생에너지 공급 인증서(REC, Renewable Energy Certificate) 및 전기료에 포함된 기후에너지요금이나 에너지 세제 등 비명시적인 탄소 비용이 CBAM에서 기 지불한 탄소가격으로 인정되지 않을 가능성, (iv) EU 회원국에 의해 인정된 검증기관에 의해서만 받을 수 있도록 되어 있는 CBAM 검증제도 등으로 인한 행정비용, 그 밖에도 (v) CBAM 수입과 (vi) EU ETS 할당량 잉여분 등으로 인해 불이익을 겪을 우려가 있다는 지적도 제기된다. 또한 향후 CBAM의 적용대상 산업분야가 확장되면 수출 산업에 미치는 피해도 증가할 것이다. 당연히 주요 산업의 가격 및 수출 경쟁력 약화는 우리의 경제안보에도 직결된 사안으로서 정부 입장에서 EU CBAM과 그 운영이 비차별적이고 투명한지 여부에 대해 면밀히 모니터링하고 우려가 있을 경우 끊임없이 문제제기를 해야 한다.

### 3.3 유럽 반도체법(European Chips Act)

　EU는 2023년 9월 반도체 설계·조립·포장 공정의 높은 역외 의존성으로부터 탈피하기 위해 '반도체법(Chips Act)'을 제정하였다. 유럽 반도체법은 2030년까지 민간 및 공공에서 430억 유로를 투입하여 10%대에 머물러 있던 EU의 글로벌 반도체 시장점유율을 20%까지 확대하고, 역내 투자환경을 개선하는 것을 목표로 다양한 인센티브를 제공한다. 동 법에 따라 EU는 (i) '유럽반도체 투자실행 계획(Chips for Europe Initiative)'을 통해 반도체 설계역량 강화, 전문인력 양성 및 차세대 반도체 기술연구 등에 33억 유로를 투입할 계획이며, (ii) EU 역내 반도체 공급망 안정화를 목적으로 EU 역내에서 최초로 세워지는 반도체 생산시설(통합생산설비 및 개방형 파운드리)에 보조금을 지원하기 위한 법적 근거를 마련하였다. 또한 (iii) 반도체 공급망 모니터링과 위기대응 체계를 도입하여, EU 집행위가 공급망 위기 발생시 관련기업에 생산역량 등 공급망 위기분석 및 완화조치를 식별하는데 필요한 정보를 요구할 수 있도록 하고 반도체 제조업체로 하여금 공급망 위기와 관련된 상품의 생산우선순위를 지정할 수 있도록 하였다.

### 3.4 역외보조금규정(FSR, Foreign Subsidies Regulation)

EU는 공정경쟁 차원에서 역외국 보조금에 대한 규제를 공식화했다. EU 집행위 는 EU회원국이 지급하는 보조금(regional state aid)에 대해 EU 차원에서 엄격히 규제하고 있는 것과는 달리, EU 역외국의 보조금에 대해서는 통제장치가 없어 EU 기업들이 불리한 위치에 있다고 인식하고, 2021년 5월 EU 시장내부의 경쟁왜곡 효과를 차단하기 위한 역외보조금 규제법안을 발표하였으며, 2022년 11월 유럽의회와 이사회가 역외보조금규정(FSR, Foreign Subsidies Regulation) 최종안을 채택했다.[32] '역외보조금'이란 EU 외의 지역에서 지급되는 국가단위의 보조금을 의미하며 EU내 시장조건보다 유리한 조건의 제반지원이나 역외국가와 정상가격이 아닌 조건에 의한 상품·서비스 제공 등 모든 형태의 재정적 기여를 의미한다. 역외보조금규정(FSR)은 경쟁왜곡을 "역외보조금으로 인해 EU 시장에서 기업의 경쟁상 지위가 개선되고 이로 인해 실제 또는 잠재적으로 경쟁에 부정적 영향을 미치는 것"으로 정의한다.

역외보조금규정(FSR)의 규제수단에 대한 집행권한은 통일적 법집행을 위해 EU 집행위가 보유하며, 규제수단의 종류로는 (i) 기업결합 사전신고, (ii) 공공조달 참여 사전신고, (iii) 직권조사가 있고, 각 규제수단에 대한 신고요건, 심사절차, 금지의무, 절차 위반시 제재 및 시정조치 등에 관한 세부사항을 규정하고 있다. 이에 따라 EU 집행위원회는 역내외 기업이 EU 내에서 이루어지는 일정 규모 이상의 기업결합이나 공공조달에 참여하는 경우 사전신고토록 하고 이러한 신고를 바탕으로 역외국으로부터 받은 보조금에 대해 조사(investigation)를 진행하여 그 결과에 따라

---

32 WTO 보조금협정은 상품 교역과 관련하여 수출국 정부가 지급하는 보조금에 대한 규제를 담고 있는 반면, EU의 역외보조금규정(FSR)은 기업결합, 정부조달 등 상품교역 이외의 경제활동에 있어서 보조금을 통해 경쟁을 왜곡하는 행위를 규제하기 위한 것이다.

시정조치를 부과할 수 있다. 또한 EU 집행위는 기준 미달의 기업결합이나 공공조달은 물론이고 그 밖의 분야에 대해서도 자체적으로 파악한 정보를 바탕으로 직권조사를 실시할 수 있다. 직권조사는 2023년 7월부터 시행되고, 기업결합 사전신고 및 공공조달 참여 사전신고 의무는 2023년 10월부터 시행되었다.

EU 역외보조금규정의 발효는 인수합병(M&A) 및 합작투자(JV) 등 EU 기업과의 기업결합 거래에 참가하고자 하는 기업이나 공공조달에 참여하고자 하는 기업들에게 새로운 부담으로 작용할 것으로 예상된다. 부당한 피해를 받지 않으려면 2018년부터 EU 역외 정부보조금 이력을 관리해야 한다. 이 규정의 적용 여부는 해당 기업의 국적과는 무관하게 EU 역외국가에 의해 보조금을 지급받는 모든 기업들에게 적용되고, 경제 규모가 크고 EU에의 수출 비중도 높은 미국, 중국, 영국, 러시아 등이 이 규정의 발효로 인해 많은 영향을 받을 것으로 예상되고, 우리나라 기업도 상당한 영향을 받게 될 것으로 예측된다. EC가 2021년 5월 발행한 역외보조금규정관련 영향평가보고서(Impact Assessment Report)는 역외보조금으로 인해 영향을 받은 분야의 예시로 (i) 반도체 산업, (ii) 알루미늄 산업, (iii) 철강업을 들고 있다.[33] 이외에도 (i) 인프라(infrastructure), (ii) 운송업, (iii) 에너지 산업에 대한 역외보조금도 이 규정의 시행으로 많은 영향을 받을 것으로 예상된다.[34]

### 4 중국의 산업정책

중국은 '국가자본주의'[35]라는 사회주의적 경제모델에 따라 오래 전부터 정부가 개입한 산업정책, 국내 혁신 기업육성 및 투자규정 강화 등 계획적인 경제정책을

---

33 European Commission, Impact Assessment accompanying the Proposal for a Regulation of the European Parliament and of the Council on foreign subsidies distorting the internal market, May 5, 2021, pp. 90~94.

34 Simon van Dorpe, "5 industries that need to watch foreign subsidies rules," 14 July 14, 2022, POLITICO.

35 Gayer, Ted (2020), Should government directly support certain industries?, Brookings Institution Commentary, March 4, 2020.

시행해 왔다. 1980년대 등소평의 시장개혁이래 중국 공산당은 사회주의적 계획경제에 개인기업의 요소를 융합하는 정책을 취해왔다. 2006년 중국은 첨단 기술을 개발하기 위한 국내의 혁신을 촉진하는 과학기술개발 중장기 계획을 발표했다. 동 계획에는 지식재산권 축적, 기술표준화 및 중국시장을 지렛대로 외국 기술의 확보에 초점을 두었다. 이 전략은 2010년 7개 전략적 신산업을 선정·지원하는 것으로 발전했다. 현재의 중국제조 2025[36]가 이런 전략의 결과다.

중국은 특히 2010년경부터 서방과 정책적 조율에 과도한 자신감을 비치면서 경제수단의 보다 공격적 역할을 추구해 왔다. 중국 지도부는 국영기업이 중국의 핵심 선도기업으로 다국적기업과 경쟁을 할 수 있다고 생각해 왔다. 중국은 1978년 중국-외국합자법을 통해 국내시장을 감시해 왔고 2011년 M&A에 초점을 둔 특정 국가안보심사절차를 창설했다. 한편, 대외기술이전 규제 및 공격적인 제재정책을 도입했다. 특히 중국제조 2025에 따라 전기자동차, 철강 및 에너지 분야에 대량의 정부보조금을 지급하는 산업정책을 펴왔다. 정부보조금은 직접보조, 조세유인, R&D 지원, 저리신용대출, 정부투자펀드 활용 등이 대표적이다.

중국의 산업정책은 군수, 발전, 에너지, 통신, 항공 및 운수 산업 등 절대통제산업(absolute control industry)과 기계, 자동차, IT, 건설, 철강 및 비철금속 등 국내경제에 중요한 중공업의 생산과 수출에 대한 정부의 지원으로 대별할 수 있다.[37] 친환경기술은 국제무역과 기술정책의 핵심으로 발전되었고 중국은 이 분야에 대해 대규모 보조금을 지급해 왔다. 중국의 보조금을 계량화하는 것은 매우 어려운 일이다. 최근 CSIS 분석보고[38]와 OECD 보고[39]에 의하면, 중국은 직접 보조, R&D 보조, 저리융자, 세액

---

36 중국제조 2025는 제조업혁신센터 구축, 스마트 제조업 육성, 공업기초역량강화, 첨단장비의 혁신 및 친환경제조업 육성 등 5대 중점 프로젝트를 선정하고, 차세대 IT기술, 고정밀 로봇, 항공우주장비, 전력설비, 바이오, 해양장비 및 선박, 궤도교통설비, 신에너지, 농기계, 신소재 등 10대 전략사업을 지정했다.

37 Capital Trade Incorporated (2009), An Assessment of China's Subsidies to Strategic and Heavyweight Industries, Submitted to the U.S.-China Economic and Security Review Commission, March 23, 2009.

38 Gerard DiPippo, Ilaria Mazzocco, and Scott Kennedy, Red Ink: Estimating Chinese Industrial Policy Spending in Comparative Perspective, CSIS Report, May 22, 2022.

39 OECD (2021), Measuring Distortions in International Markets, OECD Trade Policy Paper No 247

공제, 국부펀드를 통한 지원(GGF), 중국특정요인(China specific factors)의 형태로 지원을 해 왔고 2019년 산업지원금은 GDP의 1.73%, 즉 2,213억 유로에 달한다. 중국과 여타 국가의 산업보조금 지급현황을 비교해 보면 중국의 경우 막대한 규모의 보조금을 지급하고 있다는 것을 알 수 있다. 이런 보조금은 중국산업의 경쟁력을 강화하고 여타국가의 경쟁력을 약화하는 데 직접적인 작용을 할 것이다.

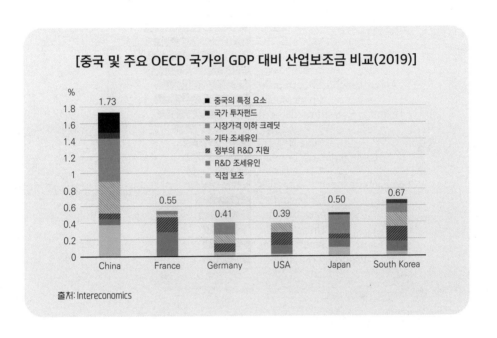

[중국 및 주요 OECD 국가의 GDP 대비 산업보조금 비교(2019)]

출처: Intereconomics

닛케이 아시아(2021)의 분석에 따르면, 2021년에 가장 많은 보조금을 수령한 기업은 상하이모터스(SAIC Motor, 上海汽车), BYD, Great Wall Motor, Anhui Jianghuai Automobile Group 등 다른 대형 자동차 기업들이다. 이어, SMIC, BOE 등 반도체 및 디스플레이 기업과 중국 최대의 전기자동차 배터리 제조업체인 CATL, 그리고 5G 통신업체인 China Mobile과 같은 기업도 보조금 수혜 기업에 포함됐다. 특히, 전기차 및 배터리 기업이 가장 큰 수혜를 입은 것으로 보인다. 중국은 전기차 기업을 육성하면서 보조금 정책을 다양하게 활용했다. 미국, 유럽, 한국의 경우, 전기차 구매보조금 형태로 수요시장을 지원하고 있다. 그러나, 중국은 구매보조금뿐만 아니라 자국 전기차 모델 및 자국 전기차 배터리를 사용하는 전

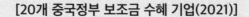

## [20개 중국정부 보조금 수혜 기업(2021)]

단위: 10억 위안

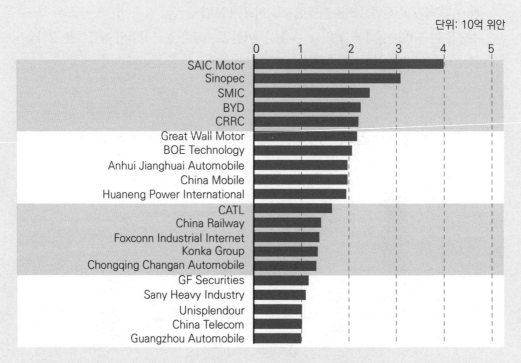

출처: Nikkei Asia

기차 모델에게만 보조금을 지원하면서 자국 기업을 육성하는 수단으로 활용했다. 또한, 중국 정부는 정부조달 및 구매보조금 등을 통해 전기차 판매량을 늘리고, 핵심부품인 전기차 배터리의 개발을 위해 R&D 지원을 확대했는데, 이러한 수혜를 CATL, BYD 등 이차전지 기업들이 함께 받았다.

일례로 중국 정부는 이른바 '화이트 리스트(新能源汽车推广应用推荐车型目录)'를 발표하고 리스트에 포함된 전기차 모델에 보조금을 지급해왔다. 특히 2016년에는 한국산 배터리를 탑재한 전기차 모델에게만 보조금 지급 대상에서 제외한 바 있다. 이후 사실상 한국산 배터리는 중국 시장에서 판매가 어려워졌으며, 반면에 CATL과 BYD 등의 현지 기업의 배터리 탑재량은 폭발적으로 증가했다. 이처럼, 중국은 보조금을 자국 기업을 보호하고 자국 내 공급망을 내재화하기 위한 수단

# [2000년 이후 중국 반도체 산업 발전 과정]

| | 2006년 이전 | 2006~14년 | 2014년~현재 |
|---|---|---|---|
| 목표 | 국가 차원의 반도체 기술 개발 로드맵 수립 | 반도체 기반 기술 개발 본격화 | 국가전략 추진, 반도체 핵심 분야 국산화를 통한 공급망 완비 추진 |
| 주요 정책 | [2000] 소프트웨어 산업 및 집적회로 산업 발전 장려정책 | [2006] 국가 과학기술 중요 프로젝트(01, 02) 추진<br>[2008] '02' 프로젝트 민간 개방<br>[2014] 국가 집적회로 산업 발전 추진 개요, 반도제 투자기금 1기조성 | [2015] 중국제조 2025<br>[2018] 커촹반(科创板, Star Market) 개설<br>[2019] 반도체 투자기금 2기 조성<br>[2021] 14.5 규획<br>[2024] 반도체 투자기금 3기 조성 |
| 주요 성과 | [2000] SMIC 설립<br>[2001] Naura 설립<br>[2004] AMEC, Hisilicon 설립 | [2009] Naura, PVD 개발<br>[2006~17] SMEE 90nm 노광장비 개발<br>[2011~15] ACMR, 웨이퍼 세정 장비 개발 | [2015] SMIC 28nm 노드 웨이퍼 양산<br>[2014~19] Naura 14nm급 식각, ALD, PVD 장비 개발<br>[2020] YMTC 128단 QLC 낸드 개발<br>[2023] SMIC 7nm 노드 웨이퍼 양산; 화웨이 AI 칩 Ascend 910B 발표; CXMT 모바일용 LPDDR5 생산 |
| 미·중 갈등 | - | - | [2018] 미·중 갈등 본격화<br>[2022] 미국의 대중 반도체 장비 수출통제<br>[2023] 미국의 대중 수출통제 확대 조치 |

자료: 오종혁(2023), 「중국의 반도체 국산화 추진 현황과 시사점」, KIEP 세계경제 포커스. Vol. 6, No. 20: 김혁중, 오종혁, 권혁주(2023), 「미국의 대중 반도체 수출통제 확대의 경제적 영향과 대응 방안」, 연구보고서 23-20, 대외경제정책연구원.

으로 활용해왔다. 반도체도 막대한 보조금이 투입된 대표적인 산업이다. 2014년 9월에 설립된 중국 국가반도체산업투자기금(国家集成电路产业投资基金, 빅 펀드)은 1,387억 위안이 투자되었으며, 미·중 갈등이 심화하던 2019년에는 약 2,000억 위안 규모로 확대되었고, 2025년 5월 발표될 제3기 투자기금으로 약 3,000억 위안 규모의 펀드가 조성될 것으로 전망된다. 특히, 3기에는 중국이 미국 대비 기술적 열위에 있는 장비, 소재, EDA(전자 설계자동화), 설계 등에 대한 투자가 확대될 것으로 전망된다. 이처럼, 중국은 핵심 기술을 보유하지 못한 반도체 기술에 대한 투자를 지속해서 확대하면서, 자국 중심의 첨단 산업 육성에 사활을 걸고 있다.

중국정부의 대규모 보조금에 힘입어 특히 전기차, 배터리, 태양광 등 중국의 녹색산업은 기술과 규모면에서 경쟁력을 갖추었다. 그러나 중국의 내수시장 침체로 수요가 축소되면서 경쟁이 과열되자 정부보조금을 받고 생산된 제품이 해외시장으로 유출되어 글로벌 공급과잉을 일으키고 있다. 공급과잉은 가격하락, 재고압박, 공장 가동률 저하 등을 초래하고 해외시장을 교란하여 심각한 문제를 일으키고 있다. 산업별 공급과잉을 살펴보면, 2023년 중국은 954만 대의 전기차를 생산됐으나 국내 판매량은 841만 대에 그치며 113만 대의 초과공급이 발생했다. 배터리의 경우 전세계 배터리 수요를 충족하고도 중형전기차 160만여 대 분량의 배터리가 남을 정도로 초과 공급됐다. 태양광 패널도 생산량의 절반 이하만 수출되었고 전통산업인 철강산업과 석유화학 산업에서도 공급과잉 문제가 장기간 계속됐다. 그럼에도 중국은 생산능력과 설비가동률을 축소하지 않아 공급과잉 문제는 전세계적인 문제로 부각되고 있다.[40] 미국, EU를 비롯한 주요국은 보조금 조사, 강화, 전통적 무역구제조치 확대 및 대중 보복조치 확대 등의 조치를 취하는 동시에 국제사회 및 동맹국과 공동대응을 모색해 오고 있다.

---

**40**  KITA 통상리포트(2024), 중국 공급과잉에 대한 주요국 대응 및 시사점, Vol. 08.

## 참고문헌

김경화(2022). 바이든 정부 1년, 미국 무역구제제도의 운용과 전망. 국제무역통상연구원 통상리포트 Vol.1.

산업통상자원부(2023). EU 탄소국경조정제도(CBAM) 대외 협상 전략 마련 연구.

오종혁(2024). 중국 제3기 반도체 투자기금의 특징 및 시사점. KIEP 세계경제포커스 Vol.7, No 27. 2024.7.3.

오혁 등(2024). 미국첨단제조생산세액공제(AMPC) 최종규정의 내용과 시사점. 법무법인 (유) 광장 Newsletter. 2024.11월.

이정아, 강금윤, 오지인(2024). 중국 공급과잉에 대한 주요국 대응 및 시사점. KITA 통상 리포트 Vol. 08.

정환, 문호준, 김수련(2023). EU 역외보조금 규정 시행. 법무법인 광장 Newsletter, 2023. 7월.

Alessio, Terzi; Singh Aneil; and Sherwood Monika (2022), Industrial Policy for the 21st Century: Lessons from the Past. European Commission Discussion Paper 157.

Bond, David E., et al. (2024). United States Expands and Strengthens Enforcement of Antidumping and Countervailing Duty Laws. White and Case.

Capital Trade Incorporated (2009). An Assessment of China's Subsidies to Strategic and Heavyweight Industries. Submitted to the U.S.-China Economic and Security Review Commission. March 23, 2009.

DiPippo, Gerard; Ilaria Mazzocco; Scott Kennedy; and Matthew P. Goodman (2022). Red Ink: Estimating Chinese Industrial Policy Spending in Comparative Perspective. CSIS. May 23, 2022.

Elliott, Nicole M.; Zales Mackenzie A.; Shah Amish; and Nicholson Mary Kate (2024), A Look at Foreign Entities of Concern and the Section 30D Clean Vehicle Tax Credit. Pratt's Energy Law Report. LexisNexis Vol 2402.

European Commission (2021). Communication from the Commission to the

European Parliament, the Council, the European Economic and Social Committee and the Committee of the Regions. COM(2021) 350 final.

European Commission (2021). Updating the 2020 New Industrial Strategy: Building a stronger Single Market for Europe's recovery. Brussels. COM(2021) 350 final. May 5, 2021.

European Commission (2024). Guidance Note concerning certain provisions of Regulation (EU) 2024/795 establishing the Strategic Technologies for Europe Platform (STEP). Communication from the Commission.

Fackler, Ben et al (2022). Worldwide: CHIPS Act Guardrails: Congressional Efforts to Limit Investment in China. Arnold & Porter. July 25, 2022.

Fortnam, Brett (2024). "Commerce's lifting of transnational subsidy case restriction raises questions." Inside U.S. Trade. April 4, 2024.

Gayer, Ted (2020). Should government directly support certain industries? Brookings Commentary, March 4, 2020.

Gehrke, Tobias (2021). Threading the trade needle on open strategic autonomy, FIIA(Finnish Institute of International Affairs) Report, April 2021/6.

Harsha Vardhana, Singh (2016). New Industrial Policy and Manufacturing: Options for International Trade Policy. ICTSD, World Economic Forum.

National Science and Technology Council (2024). Critical and Emerging Technologies List Update.

Nicely, Matthew R. (2016). "U.S. Trade Preferences Extension Act (TPEA) of 2015 Could Lead to Increased Use of 'Particular Market Situation' in Calculating Normal Value in Anti-Dumping Cases." Global Trade and Customs Journal Vol. 11, Issue 5.

OECD (2021). Measuring Distortions in International Markets. OECD Policy Paper No. 247.

OECD (2023). Government Support in Industrial Sectors: A Synthesis Report. Policy Paper 270.

Herman, Peter et al. (2024). Economic Impact of Section 232 and 301 Tariffs on U.S. Industries. US ITC.

Ragland, Will; Ryan Koronowski; and Shanee Simhoni (2023). Biden Administration Investment Tracker. Center for American Progress. Retrieved June 29, 2023.

Shin, Katherine; and Eric C. Emerson (2024), Particular Market Situation (PMS):
New Regulations in DOC Antidumping Proceedings. Steptoe.

Simon, Evenett; Jakubik Adam; Martín Fernando; and Ruta Michele (2024). The
Return of Industrial Policy in Data. IMF Working Paper 14/1.

Szczepański, Marcin (2024), EU Anti-coercion Instrument, European Parliament
Briefing.

Updegraff, Ragan (2018), "Striking a balance between Necessity and Fairness:
The Use of AFA in Dumping and Subsidies Investigations." Georgetown
Journal of International Law. Vol. 49.

# 통상규제의
# 강화와 확산

# 제 5 장

# 국제 제재레짐과 특징

## 1 국제 제재레짐의 발전

### 1.1 개관

제2차 세계대전 이후 미국 주도로 평화, 통화 및 경제개발과 자유무역질서 증진을 위해 유엔과 국제통화기금(IMF), 세계은행(World Bank) 및 관세와 무역에 관한 일반협정(GATT)으로 구성된 브레튼우즈 체제(Bretton Woods System)가 출범되었다. GATT 체제는 농산물 보조금, 관세동맹 및 자유무역협정, 일반 및 안보 예외 조항 등 일정한 요건 하에 선택적 차별을 허용했지만 원칙적으로 최혜국대우(MFN, Most-Favoured Nation) 및 내국민대우(NT, National Treatment) 등 비차별원칙에 기반을 둔 무역자유화를 선도했다. 한편, 자유무역질서의 발전과는 다른 맥락에서 제재레짐과 수출통제레짐이 발전되어 왔다. 글로벌 제재레짐은 유엔헌장에 따라 취해진 안보리 제재와 미국과 EU 등 개별국가에 의한 제재 등으로 대별할 수 있다. 또한 전후 다자 간 수출통제 조정위원회(COCOM, Coordinating Committee for Multilateral Export Control) 목록으로 알려진 대공산권 수출통제체제는 그후 여러 계기를 통해 발전되어온 4대 국제수출통제 레짐으로 발전되어 왔다. 다자 간 수출통제체제와 연계되어 개별국가의 수출통제체제도 강화되어 왔다. 특히, 미·중 간 패권경쟁이 격화되면서 미국, EU, 일본 등 서방의 대중국 수출통제가 강화되고 이에 맞대응해 중국의 대서방 수출통제도 다양하게 전개되고 있다. 수출통제체제는

135

제6장(수출통제체제와 경제안보)에서 논한다.

제재의 목적은 국제평화와 안보 또는 국가의 안보이익을 위해 대상국가의 정책의 완전한 폐기 또는 전환을 추구하거나 정책이나 행동을 저지하는 것이다. 제재는 북한, 러시아, 이란 등 특정국가의 행위를 대상으로 하거나 금융, 석유, 석탄, 산업기계, 식량, 자동차 등 특정 분야를 대상으로 할 수도 있다. 제재는 대상 국가 또는 지역의 주민들에게 무고한 피해를 야기할 수 있기 때문에 최근에는 인도적 여건을 고려한 스마트 제재(smart sanction) 또는 목표지향적 제재(targeted sanction)의 개념이 널리 제기되고 있다. 다만, 이런 스마트 제재의 효용성에 대해서는 찬반이 엇갈린다.

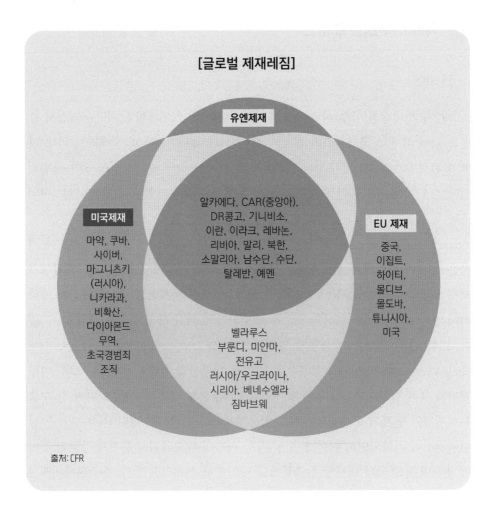

[글로벌 제재레짐]

유엔제재

미국제재

마약, 쿠바, 사이버, 마그니츠키 (러시아), 니카라과, 비확산, 다이아몬드 무역, 초국경범죄 조직

알카에다, CAR(중앙아), DR콩고, 기니비소, 이란, 이라크, 레바논, 리비아, 말리, 북한, 소말리아, 남수단, 수단, 탈레반, 예멘

EU 제재

중국, 이집트, 하이티, 몰디브, 몰도바, 튀니지아, 미국

벨라루스 부룬디, 미얀마, 전유고 러시아/우크라이나, 시리아, 베네수엘라 짐바브웨

출처: CFR

## 1.2 제재레짐의 형태

제재의 수단은 대체로 무역제재, 금융제재, 그리고 여행제한 등 그 외의 제재로 대별할 수 있다. 무역은 국력 행사의 중요한 수단으로서 자유화를 통한 긍정적 효과와 제재를 통한 부정적 효과를 기대할 수 있다. 무역제재가 소기의 외교적 목적달성을 위한 압박수단으로 활용된 사례는 수없이 많다. 1930년대 히틀러는 무역제재를 수단으로 동구권을 압박했고, 1940년 미국은 일본의 군사행동에 대한 무역제재를 했다. 전후 동서냉전 기간 중 시행됐던 1960년 미국의 쿠바 엠바고(embargo), 1951년 영국의 대이란 무역제재, 1948~58년 구소련의 대유고 무역제재, 유엔의 대로디지아 무역제재, 미국의 대이란 무역제재(1979~91), 대아프간 엠바고(1979.12) 등 그 사례가 넘쳐난다.

금융 인프라의 잠재력은 국력의 상징이다. 국제관계에서 국가안보와 외교목표 달성을 위해 금융 능력과 수단을 활용해 온 것은 당연하다. 금융제재가 정치적 목적을 추구하는 데 많이 활용된 이유는 신축적이고 반복적으로 운용 가능하고, 제재 대상국을 타깃으로 매우 효과적으로 작동하기 때문이다. 반면, 외교정책수행의 수단으로 투자협정에 대한 약속 등 금융·재정지원을 하거나 이런 지원을 중단함으로써 대상국가를 압박할 수 있다. 과거 경험에 비추어 기존의 재정·금융 제재와 재정지원을 혼합하여 활용하는 경우 그 효과를 높일 수도 있다. 예를 들어 우크라이나에 대한 지원과 동시에 러시아에 대한 제재를 시행한 경우 그 효과가 더 커지는 것이다.

미국은 세계은행(World Bank), 국제금융공사(IFC, International Finance Corporation), 국제투자보증기구(MIGA, Multilateral Investment Guarantee Agency), 미주개발은행(IDB, Inter-American Development Bank), 아시아개발은행(ADB, Asian Development Bank), 아프리카개발은행(AfDB, African Development Bank), 유럽부흥개발은행(EBRD, European Bank for Reconstruction and Development) 등 국제금융개발기관은 미국 등 서방 국가의 주도로 창설되어 개발지원을 확대함으로써 외교목표를 추구해 왔고, 기축통화인 달러의 역할, 금융시장 및 금융기관을 제재수단으로 활용해 왔다. 반면, 국제금융 파워가 미약한 중국과 러시아도 우방국가를 확보하기 위해 재정·금융 지원을 확대해 왔는데 서방권에서는 이를 '파괴적 유인

(subversive inducement)'으로 불렀다. 중국의 '일대일로' 전략 참여국에 대한 고율의 차관 지원, 방글라데시의 쿼드(QUAD)[1] 불참을 위한 러시아의 보상, 러시아의 대시리아 지원 등이 대표적 사례다.

**[제재레짐의 형태와 평가]**

| 형태 | 수단과 방식 | 찬성의견 | 반대의견 |
|---|---|---|---|
| 무역제재 | 국경 간 투자 및 무역 규제 | 상대국에 최대한의 피해 유발 | 민간인 피해/제재우회 가능성 |
| 스마트제재 | 개인 및 기관의 국제 금융기관 접근차단 | 상대국에 최대한 피해 유발; 경제적·상업적 압박 효과 극대화 | 기축통화로서 달러위상저하/제3자에 대한 피해 |
| | 개인에 대한 여행 및 비자규제 | 부수적 피해 최소화; 다자협력 극대화 | 상대의 양보를 확보하는 명료한 성공 불투명 |
| 분야별 제재 | 특정 경제분야에 대한 특정거래를 금지 | 부수적 피해 최소화; 다자협력 극대화 | 결정적 결과 도출관련 명료한 성공 불투명 |

표1: 저자 종합정리

재정·금융 제재와 유인책은 왕왕 직접 보복, 제재효과 희석, 포괄적 독립추구 등과 같은 대항적 조치에 봉착하기도 한다. 2012년 포괄적 공동행동계획(JCPOA) 이전 미국제재에 대한 보복으로 이란의 DDoS 공격, 2014년 북한의 소니픽쳐스(Sony Pictures Entertainment, Inc.)에 대한 사이버 공격, 미국제재에 대한 반작용으로 북한의 핵·미사일 개발, 미국의 마그니츠키(Magnitsky) 법에 대한 러시아의 비대칭적인 대응조치를 한 것이 대표적인 사례다. EU는 '차단법령(Blocking Statute)'을 통해 미국의 2차 제재로부터 자국 기업을 보호하고 있다. 이 조치는 1996년 미국의 대쿠바 제재법인 헬름스-버튼법(Helms-Burton Act)과 이란-리비아 제재법(Iran and Libya Sanctions Act)이 제3자에게 벌칙을 강요함에 따라 이에 대항하기 위해 EU와 캐나다가 발전시킨 개념이다. 2021년 중국도 EU와 유사한 차단법령을

---

1  쿼드(QUAD)는 미국이 일본, 호주, 인도와 결성한 안보협의체로서 아시아·태평양 지역에서 중국의 영향력 확대를 견제하기 위해 결성한 대표적인 반중 연대로 볼 수 있다.

도입함으로써 중국기업으로 하여금 미국의 치외법권적 제재조치 준수를 금지하고 있다. 중국과 러시아는 미국의 제재조치와 수단에 대항하여, 달러 이외의 화폐로 무역결제를 확대하거나 국제통화로서 위안화의 위상을 거양하기 위해 노력해 왔다. 중국은 30여 개국과 양자 간 통화스왑 협정을 체결함으로써 인민폐에 대한 접근을 확대하고, 독자적인 디지털 통화 사용을 확대해 오고 있다.

국제제재레짐은 무역, 금융 등 경제수단을 비롯하여 비자제한 등 비경제적 규제 등 광범위하고 강력한 수단을 활용하여 대상 국가, 기업 및 사람을 타깃으로 하기 때문에 제제 시행국이나 대상국의 경제안보, 나아가 국가안보와 직결된다. 이 장에서는 유엔을 중심으로 한 국제 제재레짐과 미국, EU 및 우리나라 등 개별 국가의 제재 메커니즘을 살펴보고, 그 특징과 영향에 대해 기술한 후, 말미에는 제재 조치에 대항하는 수단과 그 실효성에 관하여 다루어 본다.

## 2 유엔 안보리 제재레짐

### 2.1 안보리의 제재 체제

유엔은 분쟁 해결 지원, 핵 비확산 촉진, 인권 보호 및 테러 방지를 목적으로 한 제재 체제를 유지하고 있다. 또한 유엔 헌장의 위임과 절차에 따라 안전보장이사회(Security Council)는 회원국과 대상기관, 개인에 대해 제재를 가할 수 있는 권한이 있다. 구체적으로 유엔 헌장 제7장(평화에 대한 위협, 평화의 파괴 및 공격행위에 관한 조치)은 국제평화 유지를 위해 유엔 안전보장이사회가 무력 또는 무력사용을 포함하지 않는 조치를 결정할 수 있도록 한 규정을 포함하고 있다. 헌장 제39조는 평화에 대한 위협, 평화의 침해 및 공격행위의 존재를 판단하고 국제평화를 회복하기 위해 헌장 제41조 및 제42조에 따른 조치를 결정할 수 있다고 규정한다. 헌장 제41조는 경제 및 무역제재, 외교관계 단절 등 무력을 사용하지 않는 조치를 취할 권한을 안보리에 위임하고 있고, 제42조는 무력사용에 관한 규정이다. 안보리는 제재의 이행을 담당할 제재위원회를 설치할 수 있다. 제재위원회는 안보리 이사국으로 구성되며 비상임 이사국이 의장직을 맡는다. 안보리는 또한 위원회의 활동을 지원하기 위해 전문가 그룹(expert group)을 구성하기도 한다. 안보리는 대상조치의 개인과 기관의 목록 작성을 위한 지정기준(designation criteria)을 정한다. 이런 기준으로 평화에 대한 위협, 안보와 안정, 인권과 국제인도지원법 위반 및 인도적 지원 방해 등이 일반적으로 언급된다.

현재 유엔은 1,000개 이상의 통합 제재목록(consolidated list)을 운영하고 있고 각 제재위원회마다 일부 차이는 있다. 예를 들어 2022년 11월 현재 300개의 개인과 기관이 ISIL(Da'esh)과 알카에다(Al Qaeda) 제재대상 목록에 올라있는 반면, 중앙아프리카 제재에는 15개 개인·단체 목록만 지정돼 있다. 한번 지정된 목록은 소정의 절차를 거쳐 지정이 해제되기도 한다. 2006년 안보리 결의 1730호에 의해 사무국에 목록해제 담당부서(Focal point)가 설치되었다. 2022년 1월 현재 113개 지정해제 요청이 접수됐고, 그 중 101개가 심사·처리됐으나 17개 개인과 17개 기관의 요청만 승인됐다. 안보리의 제재위원회와 전문가 패널은 유엔의 전문기구인 국제민간항공기구(ICAO, International Civil Aviation Organization), 국제해사기구(IMO, International Maritime Organization), 세계관세기구(WCO, World Customs Organization), 국제형사경찰기구(INTERPOL, International Criminal Police Organization) 등과 협력하고 있다. 유엔 안보리의 개별국가에 대한 제재는 다양하지만 여기서는 북한 및 이란에 대한 제재와 마약 및 테러행위 등 일부 행위별 제재에 국한하여 기술한다.

## 2.2 유엔의 대북한 제재

유엔 안보리는 북한의 핵실험과 운반체인 미사일 발사[2] 등 대량살상무기의 개발에 대해 안보리 결의를 통한 제재를 취해 왔다. 그간 다양한 북한의 도발에 대해

---

2  CSIS Missile Defense Project, North Korean Missile Launches & Nuclear Tests: 1984-Present, Updated April 23, 2023,
https://missilethreat.csis.org/north-korea-missile-launches-1984-present/

안보리에서 채택한 결의[3]는 수없이 많다. 2006년 북한의 제1차 핵실험 직후 안보리는 15개국 만장일치로 "북한이 핵 프로그램과 대량파괴무기(WMD)를 완전하고, 검증가능하며, 불가역적인 방식으로 포기"하도록 한 결의 1718호를 채택하고 유엔 안보리 대북제재위원회(1718 제재위원회)를 설치하였으며, 이후 북한의 핵무기 및 미사일 개발이 진행됨에 따라 대북 제재의 폭과 강도를 강화하였다. 유엔의 대북한 제재 내역은 결의안마다 다르지만, 1718호 결의 이행을 위한 제재레짐은 무기와 관련 물질, 탄도 미사일과 기타 WMD 프로그램 등 엠바고, 석탄, 석유, 미네랄, 식량, 산업기계, 운송수단, 섬유 등에 대한 분야별 제재, 에너지 접근 및 금융제재, 여행제재 등 광범위하다. 1718 제재위원회는 회원국으로부터 제재조치의 이행상황을 보고 받고, 위반사항에 대한 대응과 제재대상에 추가할 품목, 물질, 장비, 기술과 추가 지정할 개인, 기관, 선박 등을 지정하며, 제재관련 인도적 지원에 관한 포괄적인 예외조치에 대한 검토를 하고 결정하는 등 결의안 이행을 총괄하는 역할을 수행한다.

한편, 대량살상무기의 비확산을 위한 결의 1540호에 따라 2004년 4월 설치된 유엔안보리 1540 위원회도 유엔의 대북한 제재의 중요한 수단이다. 동 위원회는 유엔헌장 제7장에 따라 채택된 결의로서 유엔 회원국으로 하여금 비국가 행위자(non-state actors)가 핵무기, 화학무기 및 생물학 무기와 운반시스템을 개발, 취득, 제조, 처리, 운반, 이전 및 사용을 규제하고 핵무기, 화학무기 및 생물학 무기와 그 운송수단의 확산을 방지하기 위한 국내 통제법을 설치하도록 의무화했다. 동 위원회는 산하에 모니터링 및 국가보고, 지원, 여타 제재위원회와 협력 및 투명성과 언론보도 등 관련 4개 작업반을 설치하고 전문가 그룹을 설치·운영해 오고 있다. 유엔의 대북한 제재의 실효성에 대해서는 엇갈린 평가가 있다. 즉, 유엔제재와 미국등 개별 국가의 제재가 작동하여 북한의 핵개발 능력을 위축시켰다는 의견과 이런 국제제재에도 불구하고 북한의 핵 및 탄도미사일 능력은 계속 고도화되어 왔다는 주장이다.

---

3 유엔안보리 결의: UNSCR 825 (1993); 1695 (2006); 1718 (2006); 1874 (2009); 1928(2010); 1985(2011); 2050(2012); 2087(2013); 2094(2013); 2141(2014); 2207(2015); 2270(2016); 2321(2016); 2356(2017) 2371 (2017); 2375 (2017); 2397 (2017); 2407 (2018); 2464 (2019); 2515 (2020); 2569(2021); 2627(2022); 2680(2023)

## 2.3 유엔의 대이란 제재

1941~79년까지 집권한 이란의 팔레비 왕조는 대미 우호정책을 폈으나 1979년 이슬람 혁명 뒤 이란은 반미노선으로 선회했다. 1979년 이란주재 미국 대사관 인질사건과 1980년 이란·이라크 전쟁으로 미국·이란 간 정치적 긴장이 고조되었고 미국은 1984년 이란을 테러지원국으로 지정한데 이어, 1996년 이란·리비아 제재법(Iran and Libya Sanctions Act)을 통과시키고, 2002년 이란, 이라크, 북한을 '악의 축'으로 지목하였고 이란의 우라늄 농축시설이 공개되었다. 한편, 이란은 2009년 우라늄 농축시설을 IAEA에 통보하고 시설확장계획을 공개하는 등 반서방 노선을 견지했다. 유엔은 2006년부터 핵개발능력 향상과 국제테러리즘 지원을 하는 이란에 대해 일련의 제재 결의[4]를 채택했다. 이들 결의는 이란의 우라늄 농축금지, 중수관련 행위 금지, 탄도미사일 실험·개발 제재, 핵·미사일관련 기술이전 제재, 재래식무기, 미사일, 드론, 100명 이상의 이란인에 대한 자산동결 등을 규정했다.

2013년 중도개혁파 핫산 로하니 대통령이 피선되어 서방에 대해 온건한 노선을 견지하면서 2013년 11월 이란은 안보리상임이사국 및 독일(P5+독일)과 이란의 핵개발 잠재력 제한과 대이란 제재의 완화를 포함한 포괄적 공동행동계획(JCPOA, Joint Comprehensive Plan of Action)[5]을 합의하기에 이른다. JCPOA 합의 이행을 촉진하기 위해 유엔안보리 결의 2231호가 2015년 7월 채택되면서 유엔의 대이란 제재는 종료되기 시작했다. 그러나 이 와중에 핵 합의는 2018년 5월 트럼프 1기 행정부의 미국이 일방적으로 탈퇴하고 대이란 제재를 복원하면서 위기를 맞게 되었다. 이란은 이에 반발해 점진적으로 핵 합의 이행 수준을 줄여 나가다가 핵 합의의 마지막 핵심 부분이었던 원심분리기 수량 제한까지 지키지 않겠다고 선언하였다. 2020년 출범한 바이든 행정부는 2021년 11월 JCPOA를 복원하기 위한 협상을 개시하였다. 2020년 10월 재래무기의 매매금지가 종료되고 여행제한과 이란 핵과학자와 테러리스트에 대한 자산동결도 해제됐다. 2023년 10월 이란의 탄도

---

**4**  유엔안보리 결의: UNSCR 1696 (2006), 1737 (2006), 1747 (2007), 1835 (2008), 1929 (2010).

**5**  Joint Comprehensive Plan of Action (2015), https://2009-2017.state.gov/documents/organization/245317.pdf

미사일과 드론 프로그램에 대한 제재가 종료되고 이란원자력시스템에 대한 자산 동결도 해제됐다. 같은 날 미국과 EU도 대이란 제재 완화를 발표했다. 일정한 요건 위반시 6개 유엔제재로 복귀(snapback)하는 규정이 있기는 하지만, 2025년 10월에는 안보리결의 2231호 전체가 종료된다. 동 결의의 실효성에 대해 많은 의문이 제기되고 있는 실정이다. 이미 이란은 재래식 무기를 후투 반군에게 지원하고, 공격용 드론을 러시아에 지원하고 60% 순도의 우라늄 농축을 감행하고 있음에도 유엔 안보리의 제재가 부재하기 때문이다.

## 2.4 유엔의 행위별 제재

유엔 안보리는 인권유린, 테러 및 마약관련 범죄를 겨냥한 포괄적 또는 개별 제재를 시행해 오고 있다. 유엔의 개별국가에 대한 제재에 인권유린에 대한 대응이 포함되어 있으나 인권유린 자체에 대응하기 위한 포괄적 제재는 존재하지 않는다. 그러나 테러와 마약범죄에 대해서는 개별국가 제재에 추가하여 포괄적 제재를 가하고 있다.

2001년 9월 채택된 안보리 결의 1373호에 의거, 테러행위에 가담하거나 지원하는 개인과 단체에 대한 포괄적인 제재를 시행해 오고 있다. 반테러 제재레짐 관련, ISIL(Da'esh)과 알카에다 등 6개 반테러 제재레짐을 운영하면서 수백명의 개인과 단체를 제재 목록에 등재하고 있다. 그러나, 유엔인권기구에서도 유엔 안보리의 반테러 제재레짐을 이행하는 과정에서 상당한 인권침해 및 인도적 고려가 경시되고 있고 이를 방지하기 위해 인권 및 인도적 면제조치와 제재해제 절차에 대한 근본적 재검토가 필요하다는 의견도 제기되었다.[6]

유엔은 1950년대부터 마약규제를 위한 국제협약 채택을 위해 노력해 왔다. 국제협력을 통해 마약소지, 생산, 소비, 수출입, 유통규제를 골자로 한 1961년 마약단일협약이 그 효시로서 국제마약통제위원회가 설치되었다 1972년 개정의정서가 채택됐다. 1988년 유엔은 마약거래에 대응하기 위해 자금세탁과 마약전조물질전

---

6  Aoláin F. Ní (2021), The Impact of Counter-Terrorism Targeted Sanctions, UN human rights special procedures, OHCHR.

환 (diversion of precursors chemicals)을 규제하고 마약거래자 추방, 마약거래규제 등 분야의 국제협력 증진 등 포괄적인 조치를 포함한 협정[7]을 성안했다.

## ③ 미국의 제재레짐

### 3.1 개관

유엔 제재 프로그램이 국제 안보와 질서 유지를 주목적으로 한다면, 미국의 제재는 자국의 외교정책과 국가안보 목적에 근거하여 포괄적으로 또는 표적 방식으로 특정국가 또는 단체, 개인의 자산에 대한 권리 행사를 차단하거나 제한한다. 제재레짐이 중요한 외교정책의 수단으로 발전되어 온 것이다. 제재 대상은 국제테러 지원 차단, 공산주의 유지·확산 방지, 대량살상무기 확산 방지, 인권남용과 부패 방지, 국가안보와 경제이익 보호 등 다양한 목적으로 시행되어 왔다. 또한 제재는 (i) 금융제재(자산 또는 기금 동결)와 (ii) 무역제재(무기수출입금지, 오일, 석탄, 이중용도 제품 등 상품무역 대상 및 기술·재정지원, 투자, 수송, 여행 및 보험 등 서비스 무역 대상)로 대별된다. 또한 제재의 대상별로 (i) 목록기반(SDN, Specially Designated Nationals) 제재(자산동결 및 거래제한, 일정한 유형의 거래제한), (ii) 지역기반 제재(북한, 이란, 시리아, 우크라이나 크림반도, 돈네츠크, 루한스크 등에 대한 포괄적 금수조치)와 (iii) 특정유형의 행위를 대상으로 한 표적제재(targeted sanctions) 등으로 대별하기도 한다.

미국의 제재 관련 기관은 (i) 행정명령과 미재무부 해외자산통제국(OFAC, Office of Foreign Assets Control)에 위임사항을 발령하고 제재의 개시와 종료를 결정하는 백악관, (ii) 제재정책의 입안, 관련 외교 활동 및 제재 면제(waiver)관련 검토권한을 가진 국무부, (iii) 제재 이행, 제재대상자(SDN) 목록, 민간 이행과 면허 등을 관장하는 OFAC, (iv) 미국 제재 위반을 조사, 소추 등 형사적 처벌을 담당하는 법무부, (v) 제재 또는 제재정책관련 입법을 하는 미 의회로 대별할 수 있다. OFAC은 35개가

---

7  United Nations Convention against Illicit Traffic in Narcotic Drugs and Psychotropic Substances, 1988.

넘는 경제 제재 프로그램들을 관리하고 집행한다.[8] 또한, OFAC는 "우선자금세탁 우려(primary money laundering concern)"로 지정하는 재무부 금융범죄이행네트워크(FinCEN) 운영, 자금세탁방지법의 이행, 그리고 제재와 유사한 효과를 가진 애국법(US Patriot Act) 제311조 운영을 책임지고 있다.

미국법은 일반적으로 제재대상자(SDN, Specially Designated Nationals) 목록에 등재된 수천 명의 개인, 회사, 선박 및 기관과의 미국과 연계된 거래를 금지한다. 또한 자의적이기는 하지만 하나 이상의 제재대상자(SDN)가 지분의 50% 이상을 보유하는 기관을 SDN으로 지정하는 '50% 규칙'도 운영하고 있다. 또한 미국의 인(persons, 자연인과 법인(기업))[9]은 SDN의 재산과 재산상 이익을 차단(block)해야 한다. OFAC 웹싸이트에는 SDN 목록과 외국제재회피자(FSE, Foreign Sanctions Evaders) 목록이 있고, FSE 목록은 OFAC에 의해 지정된 비미국인을 포함한다. FSE 목록에 등재된 자가 미국과 연계된 거래는 일반적으로 금지되지만 SDN 목록과 달리 차단 요건은 없다. 이와는 별도로 러시아를 대상으로 한 Sectoral Sanctions Identifications(SSI) 목록은 러시아의 금융, 에너지, 국방 및 석유생산 등 4개 분야의 기관이 등재돼 있고 동 SSI 목록상 기관의 미국 연관 거래는 일반적으로 금지된다.

2022년 OFAC는 특정 제재의 대상이 되는 러시아 기관과 정부기관과 관련된 4개 지침을 발표했다. 이 지침은 미국 인이 러시아 국채시장에서 거래, 등재된 러시아 금융기관과 거래 또는 대리지불계좌(PTA)를 유지, 러시아 기관과 14일 이상의 만기채권·채무 거래 및 러시아 중앙은행, 국부펀드 또는 재무부과의 거래 금지를 포함하고 있다. OFAC의 50% 규칙도 이 지침에 적용된다. 대리계좌 또는 대리지불계좌(CAPTA, Correspondent Account or Payable-Through Account Sanctions) 목록에는 미국의 대러시아, 북한, 이란 및 헤즈볼라 제재에 따라 미국에 대리계좌 또는 대리지불계좌의 개설 또는 유지가 금지되거나 엄격히 규제된 비미국 금융기관이 포함된다. 각 기관에 대한 구체적인 제재내용은 CAPTA 목록에 열거되어 있다.

---

8  https://ofac.treasury.gov/
9  대쿠바 제재의 경우, 미국회사가 소유하거나 지배하는 비미국 회사도 포함된다.

OFAC는 제재 및 통제대상에 대한 판단에 상당한 재량을 행사하며 종종 이런 판단은 자의적이라는 평가를 받기 때문에 조치 결과에 대한 예측가능성이 매우 낮다.

일반허가(general licenses)는 일정 카테고리의 거래를 허가한다. 개인과 기관은 일반허가에 따라 수행된 행위를 하기 위해 OFAC에 신청할 필요가 없다. 일반허가는 각 제재 프로그램에 특정되고 전형적으로 식량, 의약품과 의료기기 및 정보 관련 물(informational materials) 등의 수출에 적용된다. 그러므로 일반허가의 요건을 확인하기 위해서는 특정 국가제재 프로그램을 면밀히 검토해 보는 것이 필요하다. 반면에 특별허가(specific licenses)는 일부 제한된 상황과 조건하에 경우에 따라 특정한 권한이 허여(許與)된다. 전형적으로 특별허가는 당해 활동이 미국의 외교정책의 이익에 부합하는지 여부에 따라 부여된다. 특별허가 신청은 OFAC에 제출한다.

## 3.2 제재법과 행정명령

미국의 제재레짐은 관련 법과 대통령의 행정조치로 구성된다.[10] 미국의 제재정책은 미국우선주의와 산업경쟁력과 핵심공급망 안정화, 미국의 동맹국과 경제협력 강화, 다자시스템의 개혁 추진, 자유시장과 다자 간 질서의 확대, 대중국 정책의 강화를 목표로 하고 2차적 제재의 경우처럼 효과를 극대화하기 위해 국내법의 역외적용을 하기도 한다. 대표적인 입법은 국제긴급경제권한법(IEEPA, International Emergency Economic Powers Act), 적성국교역법(Trading with Enemy Act), 외국마약왕지정법(Kingpin Act) 등이며 이란, 북한, 러시아 등 특정 적성국의 관할 또는 활동을 목표로 제재를 위임하는 법으로서 미국적대세력제재대응법(CAATSA, Countering America's Adversaries Through Sanctions Act)이 있다. 그 밖에도 강제노동 또는 인권탄압을 이유로 제재근거를 제공하는 홍콩자치법, 위구르강제노동방지법, 북한제재법 등이 있고, 특정 유형의 인권탄압에 대한 경제제재법도 있다. 또한 러시아 제재를 규정한 2022년 국방수권법(NDAA), 2022년 러시아오일수입 종결법 및 2022년 러시아·벨라루스와의 통상무역관계중지법 등도 광의의 제재관련

---

10  CRS (Congressional Research Service) (2022), U.S. Sanctions: Legislation in the 117th Congress, R47344.

법의 범주에 속한다.

1974년 무역법 제402조(일명 잭슨-배닉 수정법: Jackson-Vanik Amendment)는 비시장경제국가가 해외이민의 자유를 구속하는 경우 정상무역관계(NTR, Normal Trade Relations) 지위를 거부하는 법이다. 1996년 쿠바자유·민주연대법(일명 헬름

### [미국의 제재관련 주요 입법]

| 법률명 | 제정 연도 | 주요 내용 |
|---|---|---|
| 적성국교역법 (TWEA) | 1917 | 전시에 미국정부가 적국으로 지정한 국가 및 적국의 동맹국과의 무역금지와 경제제재를 실시할 수 있는 포괄적 권한을 대통령에게 부여 |
| 국가비상사태법 (NEA) | 1976 | 법률에 의한 대통령의 평시 국가비상사태선포 권한 부여 및 경제제재를 포함한 특별긴급권한을 대통령에 부여 |
| 국제비상경제권한법 (IEEPA) | 1977 | 미국의 경제재재 프로그램의 법적인 근거 법률; 국가 비상사태시 국가안보상 위협이 될 수 있는 경우 무역차단, 자산압류, 동결, 재산권 조사 등 강경 조치권 부여 |
| 애국자법 (PATRIOT Act) | 2001 | 불법자금세탁, 위조지폐, 밀수를 차단하기 위한 경제 제재로서 2015년 5월 애국자법 종료, 정부기관의 정보 수집권한 일부 제한된 조건이 부과된 자유법(US Freedom Act)으로 대체 |
| 홍콩자치법 (HKAA) | 2020 | 중국의 홍콩 보안법(HKAA) 제정에 관련된 인사제재, 2차 보이콧 허용 |
| 미국 적대세력 제재대응법 (CAATSA) | 2017 | 적대세력으로 간주하는 이란, 러시아, 북한에 대한 대통령의 제재권한을 강화하는 한편, 미의회 보고의무 규정 |
| 외국마약왕지정법 (약칭 Kingpin Act) | 1999 | 마약거래에 관여된 외국인 및 기관을 미국의 제재 대상으로 지정하고 외국마약거래와 거래를 하는 미국인에 대한 처벌규정 |
| 위구르강제노동방지법 (UFLPA) | 2021 | 신장위구르에서 채굴, 생산 또는 제조된 상품 및 신장위구르와 연계된 법인이 생산한 물품은 강제노동 생산품으로 일응 추정(rebuttable presumption)하고, 동 물품의 압류 및 형사 처벌 |

출처: 저자종합

스-버튼법: Helms-Burton Act)[11]은 과거 쿠바정부로부터 재산을 몰수당한 미국인에게 몰수된 재산과 관련된 거래를 하는 외국기업을 상대로 민사소송 제기를 허용하는 것을 골자로 한다. 2012년 마그니츠키법(Magnitsky Act)은 세르게이 마그니츠키 변호사의 사망에 책임이 있는 러시아 관리를 처벌하고 러시아에 항구적 정상무역관계(PNTR, Permanent Normal Trade Relations) 지위를 부여하기 위한 법이다. 2016년 글로벌 마그니츠키법(Global Magnitsky Human Rights Accountability Act)이 제정되어 인권 탄압하는 외국정부 관리의 자산 동결 및 미국입국 금지를 규정했다. EU와 캐나다도 유사한 입법을 제정했다.

### 3.3 1차 제재와 2차 제재

1차 제재(primary sanctions)는 국제 범죄를 저질렀거나 국가안보 이익을 침해했다고 간주되는 미국 시민권자, 영주권자, 미국에 있는 외국인, 미국에 있는 기관, 미국 금융시스템 또는 미국 달러를 통해 추진된 거래 등을 대상으로 하고, 제재대상자(SDN)의 자산을 규제(blocking)하거나 동결(freezing)하는 경제제재를 의미한

**[1차 제재와 2차 제재 비교]**

| 제재의 형태 | | | | 사례 |
|---|---|---|---|---|
| 1차 | 포괄적 | 대상국가 및 지역 | 국가/지역 기반 | 이란, 쿠바, 북한, 시리아, 크림반도(지역) |
| | 제한적 | 행위 기반 | 대상/목록 기반 | 테러집단, 마약왕 등 |
| | | 관계 기반 | 파생적/목록 기반 | 제재그룹의 자회사 |
| 2차 | 1차 제재대상과 관련된 행위에 기반한 제3국 대상 | | 분야별/목록 기반 | 제재위반 |

출처: 저자종합

---

11  원명은 Cuban Liberty and Democratic Solidarity (Libertad) Act of 1996이며, 통상 Helms-Burton Act라 칭한다.
    https://www.skadden.com/insights/publications/2020/04/helms-burton-lawsuits

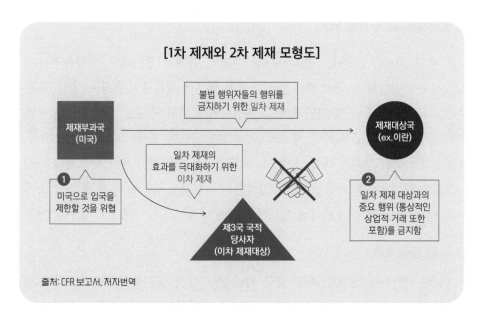

**[1차 제재와 2차 제재 모형도]**

불법 행위자들의 행위를
금지하기 위한 일차 제재

제재부과국
(미국)

제재대상국
(ex.이란)

❶
미국으로 입국을
제한할 것을 위협

일차 제재의
효과를 극대화하기 위한
이차 제재

❷
일차 제재 대상과의
중요 행위 (통상적인
상업적 거래 또한
포함)를 금지함

제3국 국적
당사자
(이차 제재대상)

출처: CFR 보고서, 저자번역

다. 미재무부 대외자산국(OFAC)는 무역규제, 자산동결 또는 몰수, 여행제한 등 광범위한 제재를 취할 수 있다.

2차 제재(secondary sanctions)는 피제재국과 교역을 하는 제3자를 제재하는 것이다. 이 제3자가 제재시행국가의 국민인지 여부 및 제재시행국가의 거주하는지 여부를 불문한다. 1차 제재는 주로 내국인, 내국기업, 국내 거주자를 대상으로 벌금이나 자산몰수 등을 하는 반면, 2차 제재는 미국 금융 시스템과 미국 달러 활용을 근거로 제재대상국가와 거래를 하는 외국인에 대해 행하는 제재를 일컫는다. 미국의 2차제재는 대부분 이란과 북한을 대상으로 했으나, 러시아의 우크라이나 침공으로 미국, EU 및 영국 등은 대 러시아 2차 제재를 강화했다. 2차 제재는 국제법적으로 미국의 국내법을 관할권 외부로 적용(extraterritorial application)하기 때문에 논란의 대상이 돼 왔다. 또한 2차 제재로 인해 동맹국과의 관계가 경색되는 경우도 있을 수 있다. 대표적인 예로 영국이 러시아의 우크라이나 침공 이후에도 원유와 가스를 계속 구매해 온데 대해 미국이 이에 반발한 사례를 들 수 있다.

## 3.4 미국의 국가별 제재

미국의 제재는 국가를 대상으로 한 제재와 함께 인권, 테러, 대량파괴무기 (WMD), 사이버범죄, 초국경 조직범죄 등 특정 행위별 제재로 대별할 수 있다. 대부분의 경우, 인권, 테러 및 마약거래 등 특정행위에 대한 제재는 개별 국가 제재에 포함되어 운영되기도 하지만, 별도의 국내법에 의거한 제재로 운영되기도 한다. 개별국가에 대한 제재는 북한, 이란, 러시아, 중국을 포함하여 쿠바, 아프가니스탄, 이라크, 수단, 예멘 등 다양한 바, 본 장에서는 대표적인 국가별 제재 몇 건만 소개하고, 테러, 인권 및 마약 등 관련행위별 제재에 대해서도 말미에 간단히 기술한다.

- ● 대 중국 제재

미국은 지난 몇 년 동안 특정 중국 기업, 정부기관, 군사조직, 대학, 그리고 개인들을 대상으로 수출 통제 및 제재 조치들을 취해 왔다. 중국의 특정 국영기업, 정부기관 및 관료, 기업들은 신장(Xinjiang) 지역에서의 인권 탄압문제(행정명령 13818호), 홍콩의 자치권 침해(행정명령 13936호) 등으로 인해 미국의 경제 제재를 받고 있다.

아울러 미국은 중국의 군산복합체에 대한 우려와 자국에 대한 안보 위협 등을 고려하여 특정 중국 군수기업들에 대한 투자 관련 제재도 부과하고 있다. 2021년 1월, 미국 정부는 행정명령 13974호를 발령하여 모든 미국의 투자자들에 대해 해외자산통제국(OFAC)의 "非SDN 중국 군산복합기업 목록(Non-SDN CMIC List, Non-Specially Designated Nationals Chinese Military Industrial Complex Companies List)"에 등재된 기업의 주식을 구매하거나 투자하는 것을 금지하였다.[12] 5개월 후인 2021년 6월에는 새로운 행정명령을 통해 중국의 군수기업들뿐 아니라, 감시기술(surveillance technology) 분야의 업체들까지 포함하도록 지정 기준을 확대했다.[13] 이러한 새로운 규제들을 통해, 중국 신장 지역에서 위구르 이슬람교도(Uyghur

---

12  Executive Office of the President, "Addressing the Threat from Securities Investments That Finance Communist Chinese Military Companies," Federal Register, November 17, 2020.

13  U.S. Department of the Treasury, "Addressing the Threat from Securities Investments that Finance Certain Companies of the People's Republic of China," June 3, 2021.

Muslims)에 대한 탄압에 관여하거나 지원하는 기업들, 감시기술을 개발하거나 판매하는 기업들은 미국의 경제 제재를 받게 되었다.[14]

● 대북한 제재

유엔 제재에 추가하여 미국은 강력한 입법을 통해 대북한 제재를 가해왔다. 1950년 이래 미·북한 무역은 1917년 적성국교역법(TWEA)과 국제비상경제수권법(IEEPA)에 따라 규제됐고, 2016년 2월 '북한제재정책진흥법(North Korea Sanctions and Policy Enhancement Act)'과 2017년 8월 미국적대세력대응법(CAATSA)이 통과되고 관련 행정명령이 발령되면서 대북 옥죄기가 강화됐다. 미국의 대북한 제재는 북한의 핵과 미사일 개발 능력을 제한하기 위한 것으로서 대량파괴무기(WMD) 프로그램을 지원하는 은행, 기업 및 개인을 제재대상으로 한다. 트럼프 1기 행정부는 북한과 교역을 하는 국가, 기업, 개인에 대하여 미국의 금융시스템을 봉쇄하는 조치를 포함한 북한에 대한 최대한 압력 정책을 구사하였으며 1988~2008년간 미국은 북한을 테러지원국으로 지정했다.

2022년 2월과 3월, 북한은 새로운 대륙간 탄도미사일 시험발사 2건을 포함해 11차례 탄도 미사일 발사를 강행했다. 미국은 두 차례에 걸친 북한의 대륙간 탄도미사일(ICBM) 시험발사에 대응하여 북한 핵과 미사일 프로그램을 지원하는 물품을 조달한 해외 개인이나 단체들에 대해 새로운 제재를 부과했다. 2008년 6월부터 미국은 유엔 제재보다 포괄적으로 개인과 기업들을 대상으로 하는 대북 독자제재를 이행해왔다. 트럼프 1기 행정부하에서 미국은 '고강도 압박(maximum pressure)' 공세를 지속할 것임을 선포했고, 북한의 체제유지와 핵개발 프로그램에 대한 지원을 끊어내는 조치들을 단행했다.

2017년 9월 트럼프 1기 행정부는 9월 3일 북한의 6차 핵실험에 대응하여 기존의 대북 제재를 광범위하게 확대하는 행정명령 13810호를 발동했다. 이 행정명령을 통해 핵심 경제부문에 대한 제재를 비롯해 북한과 거래하는 개인, 북한에 다

---

14 U.S. Department of the Treasury, Global Magnitsky Designations; North Korea Designations; Burma-related Designations; Non-SDN Chinese Military-Industrial Complex Companies (NS-CMIC) List Update, December 10, 2021.

녀온 항공기 및 선박 제재, 북한 국적의 개인소유 자금 동결 등 제재 대상 범위를 확대했다. 또한 제재 대상국인 북한의 거래에 관여한 외국 금융기관에 대한 2차 제재도 추가하였다. 같은 달, 유엔 역시 안보리 결의 제2375호를 통해 북한의 핵실험에 대응하여 새로운 대북 제재를 부과했다. 이 제재 조치는 북한의 천연가스 제품 수출 제한, 북한산 섬유 수입 금지, 북한 주민에 대한 노동허가 금지 등을 포함한다. 두 달 후, 유엔은 2017년 12월부터 24개월 이내에 북한의 해외 노동자들을 본국으로 송환할 것을 요구했다. 유엔의 강력한 대북 제재 조치에 응하며, 미국 정부는 공급망, 불법 운송 관행, 탄도미사일 조달과 관련된 제재 회피 전술을 강조하고 산업의 제재 이행을 지원하기 위한 지침을 발표하기도 했다.

이런 미국제재가 상당한 효력을 미쳤음에도 북한이 굴복하지 않는 것은 미국에게 새로운 도전을 제공하고 있다. 즉, 유엔 회원국이 강화된 제재를 이행할 자원이 부족한 맹점을 북한이 역이용하여 제재를 회피하고, 미국과 러시아·중국 간의 갈등으로 유엔 차원의 공조가 균열되고, 제재강화가 오히려 김정은의 핵개발의지를 강화시킨다는 비판이 있다. 또한 장기간 제재에도 불구하고 북한의 핵개발능력이 향상되었다는 좌절과 아울러 장기간의 제재로 오히려 북한주민들에 대한 고통만 커지고 있다는 비판도 있다.

### ● 대이란 제재

미국은 1979년 대이란 첫 금수명령을 내린 바 있고 1984년 미 국무부는 이란을 테러지원국으로 지정했다. 1996년에는 이란제재법을 통해 이란 석유산업에 투자하는 비미국 기업에 대한 제재를 가했다. 또한 2010년 발효된 '대이란제재법(CISADA, Comprehensive Iran Sanctions, Accountability, and Divestment Act)'에 의거, 이란의 석유사업과 연계된 기업과 지정된 이란 금융기관과 거래하는 비미국 은행에 대한 제재를 시행했다.

2015년 타결된 포괄적 공동행동계획(JCPOA)은 이란을 대상으로 핵프로그램 제한 준수에 상응하는 만큼 부분적인 제재 완화를 제공하는 것을 골자로 하고 있다. 그러나 앞에서 언급한 대로 2018년 5월 미국 트럼프 1기 행정부는 JCPOA 탈퇴를 선언했다. 2018년 8월부터 JCPOA 이전에 시행했던 대이란 제재를 재개했고, 일부 영역에서는 제재 조치를 확대했다. 2021~22년동안 바이든 정부는 이란과 대화 재개를 시도했으나 미국 내 이란 자산의 동결, 무역규제(일부 인도적 사유 예외), 이란의 에너지분야, 금융분야, 주요 산업분야 등에 대한 제재는 지속 중이다. 따라서, 현재 미국은 이란의 핵프로그램과 관련된 조직들을 비롯해 에너지, 자동차, 은행, 금속 및 광물 부문을 포함한 광범위한 산업들에 대해 금수 조치를 취하고 있다. 미국은 이란 정부와 제휴한 선박들이나 제재 대상에게 서비스를 제공할 수 있는 벙커링 에이전트(bunkering agents), 항구 및 기타 관련 기관들의 해상 서비스 제공을 금지함으로써 이란의 해양산업을 고립시키기 위한 다양한 제재 조치들을 이행하고 있다. 2022년 3월 미국은 이슬람 혁명수비대 연구 및 자급자족 지하드 조직(Islamic Revolutionary Guard Corps Research and Self Sufficiency Jihad Organization)을 위한 탄도미사일 추진체 관련 물질을 구하는 이란에 기반을 둔 조달 에이전트 및 네트워크 조직에 제재를 부과했다.[15]

미 재무부 해외 자산통제국(OFAC)은 민간 항공 및 해상 무역 공급망을 포함해 이란 제재 조치 대응 리스크와 관련된 산업별 권고를 발표했다. 해당 권고는 미국이 금지하는 제재를 준수하는 동시에 거래를 촉진하기 위한 계획을 담고 있다. 이와 관련하여, 2022년 1월 미국은 한국에 면제를 승인하여 이란 정부와 연계된 회사인 다야니 홀딩스(Dayani Holdings)에 투자자-국가 분쟁사건 중재(ISDS) 결과에 따른 미화 6,300만 달러의 연체된 손해배상금을 지급할 수 있도록 했다. 이 조치는 2015년 핵합의 복원 회담에서 결정되었던 것이다. 한 달 후, 한국과 이란은 이란산 원유 수입 재개와 한국 내 묶여 있는 동결자금 해제를 안건으로 실무회담을 했고,[16] 양국은 핵협상이 진전될 경우 제재를 해제한다는 조건으로 원유 및 석유제품 무역재개를 논의했다. 대이란 제재에 강경한 트럼프 2기 행정부가 출범하면서 이란정부와 대화재개를 시도했던 바이든 행정부의 다소 유화적 제스처는 다시 경색될 가능성이 높다.

---

**15** U.S. Department of the Treasury, Treasury Sanctions Key Actors in Iran's Ballistic Missile Program, Press Release, March 30, 2022.

**16** Reuters, "South Korea, Iran discuss resuming oil trade, unfreezing funds," February 16, 2022.

● 대러시아 제재

2014년 러시아가 크림반도를 강제 병합하자 미국은 행정명령 13685호를 발령하여 포괄적 금수조치와 함께 4개 지침(directives)에 따른 금융기관, 에너지 기업, 방산기업 등에 대한 분야별 제재를 시행했고, 2017년 통과된 '제재를 통한 적성국대처법(CAATSA)'에 따라 2차 제재를 가했다. 2022년 2월 러시아가 우크라이나 침공을 했으나 유엔 안보리는 러시아의 존재로 기능마비에 빠지자 개별국가 및 국제기구의 제재와 아울러 기업의 자발적 제재가 이어졌다. 미국, EU, 영국 및 한국을 포함한 다수의 국가는 러시아 중앙은행 및 국부펀드, 러시아의 대형 금융기관, 러시아의 군사 및 정부 고위관료, 러시아 과두정치인(Oligarchs) 및 주요 기업인과 그 가족들, 러시아 경제에 핵심 부문을 운영하는 국방, 항공, 해양, 석탄 등 주요 산업분야의 러시아 국영기업 및 단체 등에 대해 광범위한 제재와 함께 해외직접생산품규칙(FDPR, Foreign Direct Product Rules)의 적용을 비롯한 강력한 수출통제 조치들을 부과했다.

2022년 4월 미국은 러시아의 핵심기술 기업들을 대상으로 제재를 발표했으며,[17] 러시아의 항공, 해양 및 전자 산업과 관련된 모든 분야에 대해서 제재를 강화·확대하고, 러시아의 사치재뿐만 아니라 러시아산 생선, 해산물, 술, 비산업용 광물들에 대해서도 수출금지조치를 취하였고, 러시아 경제에 대한 신규 투자를 광범위하게 금지했다. 나아가 러시아 국영기업이면서 세계 최대의 다이아몬드 채굴 회사인 알로사(Alrosa)와 러시아 국영 조선회사(USC, United Shipbuilding Corporation)를 제재 대상으로 지정했다.[18] 구체적인 사례를 들면, 러시아 원유에 대해 배럴당 600 달러의 가격상한(price cap)을 설정하고 러시아 원유 거래, 상품 브로커리지, 금융, 운송, 보험, 관세 브로커리지 등 서비스를 규제하고 미국 내에서 또는 미국인에 의해 대상용역이 러시아로 제공되는 것을 금지했다. 또한 Credit Agricole Corporate and Investment Bank 관계사인 CA Indosuez (Switzerland) S.A.와

---

17  U.S. Department of the Treasury, Treasury Targets Sanctions Evasion Networks and Russian Technology Companies Enabling Putin's War, Press Release, March 31, 2022.

18  U.S. Department of the Treasury, The United States Sanctions Major Russian State-Owned Enterprises, Press Release, April 7, 2022.

CFM Indosuez Wealth가 이란, 시리아, 수단, 크림반도, 쿠바 등에 위치한 개인들을 위해 달러로 자금거래를 한 이유로 제재대상으로 지정했다.

## 3.5 초국가이슈별 제재

미국은 1990년대부터 입법과 행정명령을 통해 반테러 제재조치를 시행해 왔다. 2001년 9.11 사건을 계기로 부시 대통령은 테러행위에 가담하거나 지원하는 개인과 단체의 재산동결과 거래를 규제하는 행정명령 13224호를 발령하고, 후속 행정명령을 통해 테러행위를 보다 명확히 하고 테러근절을 위한 포괄적인 제재조치를 도입했다. 또한 헤즈볼라, 국제테러행위, 테러리스트정부제재규정, 외국테러기구제재규정 등이 입법화[19] 됐다. 또한 쿠바, 북한, 이란 및 시리아 등 4개국이 테러지원국가로 등재되어 미국 당국의 다양한 규제를 받고 있다.

미국은 인권유린과 부패를 이유로 한 제재를 시행해 온 바, 대부분 북한, 이란, 쿠바, 리비아 등 개별국가에 대한 제재에 인권유린 항목이 포함되어 있으나, 별도의 입법을 통해 제재를 부과하기도 한다. 앞서 기술한 소위 Global Magnitsky 규정에 의거한 2017년 12월 행정명령 13818호를 통해 시행한 인권 및 부패에 근거한 제재가 대표적이다. 또한 미국은 1999년 마약왕지정법(Kingpin Act)을 제정하여 현저한 외국 마약거래자와 조직에 대한 제재를 가하고 OFAC 규정에 따라 구체적인 제재를 시행해 왔다. 2021년 바이든 대통령은 행정명령 14059호를 발령하여 국제마약거래에 간여, 지원, 협조 등을 한 자에 대한 처벌을 구체화했다.

---

**19** 31 CFR Part 566 (Hizballah Financial Sanctions Regulations), 31 CFR Part 594 (Global Terrorism Sanctions Regulations), 31 CFR Part 596 (Terrorism List Governments Sanctions Regulations), and 31 CFR Part 597 (Foreign Terrorist Organizations Sanctions Regulations).

## 4 EU의 제재레짐

### 4.1 개관

EU의 제재레짐도 미국과 유사하다. EU 제재레짐은 EU의 가치, 핵심이익과 안보 및 민주주의 지지, 법치, 인권, 국제법, 평화유지, 분쟁예방 및 국제안보강화 등 EU의 공동 외교 및 안보정책(CFSP, Common Foreign and Security Policy)의 목적 증진을 위한 중요한 수단이다. EU는 유엔 제재 준수, 대북한 유엔 제재 강화 및 대시리아, 베네수엘라, 우크라이나, 러시아 EU 자체 제재 등 3개 형태의 제재레짐을 운영하고 있다. 제재 대상은 제3국의 개인, 기관 및 정부 등이고 구체적 제재조치는 자산동결, 여행제한, 경제제재를 비롯하여 무역 및 금융제재, 무기금수 등 다양하다. 또한 테러, 사이버공격, 화학무기사용, 인권유린 등 특정 행위를 제재대상으로 하기도 한다. 현재 EU 제재레짐은 약 5,000명의 개인 또는 기관을 대상으로 약 40여개[20]가 시행 중이다. EU는 인권 제재레짐[21]은 인도에 반한 죄, 고문, 성폭력, 종교 및 신념의 자유침해 등 심각한 인권유린 책임자에 대한 자산동결 또는 여행제한 등 제재를 하고 있다.

제재관련 모든 결정의 채택, 수정, 해제 및 재개 등은 유럽이사회에서 만장일치(unanimity)로 결정하고 회원국은 소관하 제재의 이행을 담당하고 있다. 제재결정은 2개의 형태가 있는데, 이사회 결정은 회원국에 직접 구속력이 있고 이사회 규정(regulation)은 EU 관할하 모든 개인과 기관을 구속하고 이행을 위해 회원국의 국내법이 불요하다. EU는 국제법을 위반하여 관할지역 이외까지 적용되는 제재조치 채택은 자제해 왔다.

EU의 제재레짐은 다양한 이해당사자의 참여하에 발전되어 왔다. 유럽연합 외

---

20  https://www.sanctionsmap.eu/#/main

21  EU의 인권 제재레짐 관련 웹사이트: https://eur-lex.europa.eu/legal-content/EN/TXT/?uri=uriserv%3AOJ.LI.2020.410.01.0001.01.ENG&toc=OJ%3AL%3A2020%3A410I%3ATOC https://eur-lex.europa.eu/legal-content/EN/TXT/?uri=uriserv%3AOJ.LI.2020.410.01.0013.01.ENG&toc=OJ%3AL%3A2020%3A410I%3ATOC

교안보정책 최고대표(HR, High Representative of the Union for Foreign Affairs and Security Policy)는 EU의 공동 외교 및 안보정책(CFSP) 개발제안을 통해 기여하고 EU 이사회와 함께 공동 외교 및 안보정책(CFSP) 분야에 대한 EU내 조치의 통일성, 일관성, 효과성을 보장한다. 또한 유럽 대외협력청(EEAS, European External Action Service)은 외교안보정책 최고대표가 위임사항을 이행하는 것을 지원하며 제재의 준비, 유지 및 검토는 물론, 회원국 및 유럽위원회 등과 협력 하에 대외 홍보조치를 담당한다. 대외협력청(EEAS)은 EU 이사회의 제재관련 입법과정에서도 중요한 역할을 한다. EU 집행위는 외교안보정책 최고대표와 제재관련 규정을 제안하고 채택된 제재규정의 EU내 이행을 촉진하며 제재의 일관성 있는 이행을 보장할 의무가 있다. EU 집행위원회 금융안정성·금융서비스·자본시장연합국(DG FISMA, Financial Stability, Financial Services and Capital Markets Union)이 EU의 제재담당 기관이고, EU 집행위는 제재규정의 이행방안에 관한 지침을 작성하여 회원국과 공유한다.[22]

EU 제재 목록의 '지정인(designated person)'으로 등재되는 요건은 대상 자산 또는 기관에 대한 소유권(ownership)과 지배력(control) 여부에 달려있다. 소유권은 미국의 경우와 유사하게 50% 규칙이 적용되며, 지배력은 이사회 임원 임면권, 기관자산 사용권, 기관의 전략과 운영에 영향 등 다양한 기준을 기반으로 대상 기관의 행위에 결정적 영향을 미치는지 여부에 따라 결정된다. 기업과 개인은 EU의 제재 리스크에 유념하고, 제재의 충격을 선제적으로 평가하고 제재를 우회한다는 누명을 쓰지 않도록 유의할 필요가 있다. 예를 들어 러시아와 거래를 하는 기업은 기업내 지정인의 소유권과 지배력을 평가하여, 러시아 주주를 50% 이하로 유지하는 한편, 연관된 비즈니스의 제재를 모니터링하여 규정의 컴플라이언스 체제를 구축하고 리스크 경감을 위한 모든 조치를 문서화하는 작업을 해야 한다.

EU와 회원국은 EU법에 따른 제재를 이행하는 경우에도 국제법상 인도적 지원 원칙을 준수해야 한다. 물론 제재조치는 테러 및 마약 등 금지된 목적으로 사용될

---

22  EU의 제재 데이터베이스는 FSF 플랫폼으로부터 다운로드 받을 수 있다. https://webgate. ec.europa.eu/fsd/fsf

재원에 접근하는 행위를 명시적으로 제한하기 때문에 제재의무를 이행하면서 완전한 인도적 지원 의무를 수행하는 것은 간단하지 않다. 일부 EU 제재레짐은 피제재자의 기본적 수요(basic needs)를 충족하도록 인도적 지원을 허용하는 인도적 예외(humanitarian exceptions)를 규정한다. 이런 예외는 2가지 형태가 있는데, 첫째 인도적 면제(exemptions)로서 특정 활동을 일반적인 금지 대상에서 사전적으로 제외하되, 사후에 확인받는 것이고, 둘째 인도적 예외(derogation)로서 제재레짐에 속한 행위가 인도지원 목적에 필요할 때 제재레짐에 규정된 금지행위를 일정요건 하에 완화하는 것이다. 현재 운영 중인 40여 개의 EU 제재레짐 중 8개 레짐에는 인도적 예외 규정이 포함되어 있다.

## 4.2 EU의 국가별 제재

EU는 북한의 핵 및 탄도미사일 관련 활동, 그리고 우크라이나와 전쟁을 수행 중인 러시아에 대한 군사지원에 대하여 제재를 가해왔다. EU는 유엔 제재와 독자제재를 병행해 왔다. 첫째, EU는 2006년 이래 북한의 핵무기 및 탄도미사일 개발이 국제평화와 안보에 심각한 위협이라고 간주하여 북한의 활동을 비난하고 유엔 안보리 결의의무를 준수할 것을 촉구해 왔다. 북한이 첫 번째 핵실험을 한 2006년 10월 이후 채택된 유엔 안보리결의 1718호에 따른 제재조치를 EU 규정 제정을 통해 이행했다. 또한 EU는 유엔 제재에 추가하여 개인에 대한 여행제한, 자산동결, 북한의 무기계획을 지원하는 무역, 상품 및 기술을 제재하는 독자제재를 채택했다. 둘째, EU는 북한과 러시아가 군사장비, 미사일 기술 또는 탄약 교환을 자제하고 북한과 연관된 무기의 수출입을 금지하는 유엔안보리 결의를 준수할 것을 촉구했다. EU는 러시아의 우크라이나 관련 러시아에 북한무기 공급에 관련된 인과 기관 등에 대한 제재를 포함한 다양한 제재를 가해 왔다.

2011년 EU는 이란에 대하여 시위자에 대한 폭력행사, 자의적 구금, 고문, 사형 등 심각한 인권유린을 이유로 여행제한, 자산동결 등 제재를 도입했고 2025년까지 매년 갱신예정이다. 2015년 이란의 핵프로그램 규제관련 합의된 JCPOA는 다음해 안보리 결의 2231호로 승인을 받았고 EU 포함 참여국은 대이란 규제조치를 축소하는 약속을 했다. 그러나 미국의 트럼프 1기 행정부가 2018년 5월 일방적으로 JCPOA에서 탈퇴한 이후 EU는 이란의 핵프로그램이 JCPOA 약속을 위반할 수 있다는 국제원자력기구(IAEA, International Atomic Energy Agency)의 보고에 따라 2022년 핵무기를 개발 또는 취득하지 않는다는 이란의 명확한 약속을 촉구하고 유엔 제재와 아울러 개별제재조치를 취했다. EU는 EU는 또한 이란이 드론과 미사일을 러시아에 공급했다는 이유로 제재조치를 발동했다.

EU는 미국보다 앞서 대러시아 제재를 실행했다. 2020년 3월 EU는 군사 및 국방 분야와 관련 있는 일부 러시아 국영기업과의 거래를 금지하였으며, 러시아산 에너지 부문에 대한 신규 투자 금지와 러시아산 철강 수입 금지 및 자동차, 보석, 명품 등 사치재의 대러시아 수출 금지를 발표했다. 같은 해 4월 EU는 러시아 경제를 표적으로 하는 5차 제재 패키지를 채택하면서 새로운 부문별 조치들을 추가했다.

## 5 한국의 제재레짐

한국은 유엔 안보리 및 한국이 당사국인 조약의 의무 이행을 위해 경제, 금융 및 무역제재를 시행해 오고 있다. 국제평화와 안보 유지에 필요한 경우 미국 및 EU 등 우방국과 협력하여 독자적인 제재도 시행하고 있다. 한국의 제재관련 기관은 금융위원회, 금융감독원, 산업통상자원부, 국방부, 법무부, 통일부, 원자력안전위원회, 관세청, 국토교통부 등이며, 제재이행을 위해 다양한 법률이 운영되고 있다.

무역제재를 위한 대외무역법, 경제 및 금융제재를 위한 외국환거래법, 테러자금금지법, 그 외에 이민법, 관세법, 해안경비법, 선박입출항법 및 항공안전법 등이 대표적인 사례이다. 기존 국내법령에 따라 안보리 결의에 따른 제재를 시행하고 대상 개인 및 단체의 목록을 관리하고, 테러 및 대량파괴무기(WMD) 등 행위에 연루된 개인, 기업 및 조직을 지정·공표하는 등 독자적인 제재를 시행한다. 제재의 형태를 보면 무기거래금지, 경제·금융제재, 여행금지, 선박 및 항공기 운항금지 등이 대표적이다.

한국의 제재레짐은 러시아, 벨라루스, 이라크, 소말리아, DR 콩고, 수단, 레바노, 리비아, 시리아, 북한, 중앙아 및 예멘 등 국가 대상 제재와 킴벌리 프로세스

(Kimberly process)의 당사국으로서 다이아몬드 원석의 무역 규제 등 비국가 대상 특정 제재를 이행하고 있다. 테러자금금지법과 특정 금융거래정보의 보고 및 이용 등에 관한 법률에 따라 테러행위에 연루된 인을 금융거래규제자로 지정하고 금융 또는 상업적 거래를 규제한다. 이 규제를 해제하기 위해서는 일정한 요건 하에 금융위의 승인을 득해야 한다. 또한 국제평화와 안보위협 또는 테러행위 연루 등 이유로 유엔 안보리, 미국 또는 EU가 지정한 인과 단체도 한국은행의 승인을 거쳐야 한다. 제재관련 국내법을 위반할 경우, 징역, 벌금 또는 영업정지 등 행정제재가 부과된다. 또한 형법 제114조, 폭력행위처벌법 제5조 및 남북교류협력법 제27조 등에 따라 사형 또는 장기간의 징역형에 처해지고 위반행위에 연루된 자금은 몰수된다. 최근 사례를 보면, 2022년 3월 러시아의 우크라이나 침공 후 한국정부는 특정 러시아 금융기업과의 거래정지, 러시아 국부기금에 투자정지 및 일부 러시아 은행의 SWIFT 배제를 포함하는 대러시아 제재에 동참하고 대러시아 및 벨라루스에 대한 수출통제를 시행했다. 이 과정에서 심각한 위반은 보고되지 않았으나 제재와 수출통제를 이행하기 위한 모니터링과 감시가 강화되었다.

금융업계는 자금세탁방지를 위한 컴플라이언스 제도를 마련하고 운영해야 한다. 여타 업종은 금융업과 같은 내부통제 또는 컴플라이언스 제도를 운영할 필요는 없으나 많은 지정학적인 리스크에서 활동하거나 첨단 기술을 다루는 국내기업은 내부통제 및 제재 컴플라이언스 시스템을 선제적으로 운영하는 것이 일반적이다. 이런 기업들은 컴플라이언스 시스템을 갖춘 정도에 따라 일반수출허가 또는 특정 수출허가를 득할 때 혜택을 받을 수 있다.

## 6 대항조치와 차단법령

제재국가의 무역 및 금융 제재에 대해 피제재국은 다양한 대항조치를 취해 왔다. 과거 미국의 대이란, 대러시아, 대북한 및 대튀르키예 제재에 대해 각 피제재국들은 미국에 대항조치를 구사한 바 있다. 그 밖에도 JCPOA 실시 이전인 2012년 이란은 미국 은행에 대해 DDos 공격을 하고 러시아도 미국의 마그니츠키 법에 따른 제재에 대항하여 비대칭적인 보복을 시행했다. 북한도 소니 픽쳐스에 대한 사이버 공격을 했고, 미국이 2001년 애국자법(PATRIOT Act) 제311조에 따라 방코델타아시아(BDA, Banco Delta Asia) 은행에 대한 제재를 가하자 북한은 미사일 도발을 감행한 바 있다. 한편, 피제재국은 경제적 압박에서 벗어나기 위해 수입선 다변화를 시도하기도 하고 금융자립 또는 독립을 시도하기도 한다. 중국의 경제적 강압에 대항하여 서방국가와 인접국가들은 대중국 수입의존도를 축소하는 데 진력해 왔다. 중국의 경우 미국의 압박에 대항하여 양자 통화스왑협정을 위안화로 체결하고 무역결제에 위안화 사용을 확대하는 등 달러화의 대체지불수단으로 위안화 사용을 확대해 왔다.

한편, 미국이 국내법을 관할권 외부에까지 적용하여 제3국 국민 또는 국가를 규제하는 소위 '국내법의 역외적 적용'에 대한 대항조치도 고안되고 시행되었다. EU와 캐나다는 미국이 헬름스-버튼법(Helms-Burton Act) 및 이란-리비아 제재법(Iran and Libya Sanctions Act)에 따라 쿠바, 이란, 리비아에 대하여 역외성 2차 제재를 감행하자 이에 대항하여 2016년 및 2018년 차단법령(blocking statute)[23]을 제·개정했다. 차단법령은 외국의 역외성 법령에 근거한 외국법원의 판결의 효과를 EU에 대해 무효화시키고 EU 기업이 역외성 법령의 규정을 준수할 의무를 배제하는 것을 골자로 한다.

중국은 미국의 대중국 제재와 수출통제에 대항하여 2020년 9월 신뢰할 수 없는 기관리스트(unreliable entity list)를 발표했다. 신뢰할 수 없는 인 또는 기업으로 지정되면 중국당국은 이들을 중국의 국가안보에 위해(危害)를 가한다고 인식하고 무역·투자 제한 및 벌금 등 징벌적인 조치를 취해왔다. 지금까지 미국의 항공 및 방위산업체 두 곳이 비신뢰기관으로 지정됐다. 또한, 2021년 1월 중국 상무부는 외국법령의 부당한 역외적용에 대항하는 규칙(Rules on Counteracting Unjustified Extraterritorial Application of Foreign Legislation and Other Measures)을 발표했다.

---

23  Council Regulation (EC) No 2271/96 of 22 November 1996 protecting against the effects of extra-territorial application of legislation adopted by a third country, and actions based thereon or resulting therefrom
https://eur-lex.europa.eu/legal-content/EN/TXT/PDF/?uri=CELEX:52021DC0535

중국식 차단법령으로서 골자는 EU의 법령과 유사하다. 또한 중국은 2021년 외국제재대항법(Anti-Foreign Sanctions Law)을 입법했다. 이 법은 중국인 및 중국기관에 대해 차별적 조치를 취하는 외국의 국민에 대해 입국비자를 제한하고 검열받은 외국인과 기업은 중국내 자산동결 또는 사업규제를 가하는 것을 골자로 한다. 다만, 이런 중국의 대항조치가 미국의 제재 또는 수출통제의 효과를 경감하는 데 얼마나 효과적인지는 미지수다. 한편, 중국은 미국 등 서방의 금융제재에 대항하기 위해 러시아 중앙은행 및 재무부와 정보교환 및 협력을 강화해 오고 있다. 러시아의 우크라이나 침공으로 서방의 대러시아 제재가 강화되자, 중국은 차후 대만 침공 등이 시행될 경우 서방의 제재와 그에 대한 대응방안을 학습하고 있는 것으로 보도되었다.[24] 비근한 예로 서방이 제재의 일환으로 러시아의 해외자산동결을 하자, 중국은 3.3조 달러에 달하는 외환 보유액의 위험을 분산하기 위한 조치를 강구하고 있다.

---

24  The Wall Street Journal, "China Is Studying Russia's Sanctions Evasion to Prepare for Taiwan Conflict: Officials report back to Beijing with lessons it can use in the event of war and Western penalties", December 1, 2024.

## 참고문헌

김준범, 박정민(2021). 경제제재/수출통제 관련 외국법령 역외적용 동향 및 시사점. 무역
　　안보 Brief 2021 vol. 1. 전략물자관리원.

전략물자관리원(2018). 국제사회 제재보고서. 전략물자 19-09.

전략물자관리원(2021). 미국 금융제재 안내가이드.

CRS(2022). U.S. Sanctions: Legislation in the 117th Congress. R47344

CRS(2023). The Jackson-Vanik Amendment and Permanent Normal Trade
　　Relations. IF12556.

Drezner, Daniel W. (2024). Global Economic Sanctions, Annual Review of
　　Political Science.

FATF(2013). Targeted Financial Sanctions Related to Terrorism and Terrorist
　　Financing.

Kharon(2024). Strategic Counterplay, Using High-quality Risk Intelligence to
　　Combat Sanctions and Trade Controls Evasion, White Paper.

Legal Setting, Intermediate Economic Impact and Potential Political Outcome.
　　sesecu and Human Rights Monitor

Ní, Aoláin F. (2021). The Impact of Counter-Terrorism Targeted Sanctions. UN
　　Human Rights Special Procedures. OHCHR.

Skadden, Arps, Slate, Meagher & Flom LLP and Affiliates (2019), Under Helms-
　　Burton Act, Entities With Business Ties to Cuba Now at Risk of Lawsuits.
　　May 2, 2019.

Van den Herik, Larissa J.; and van Bergeijk Peter A.G. (2023), Sanctions against
　　Russia: Legal Setting, Intermediate Economic Impact and Potential
　　Political Outcome. Security and Human Rights Volume 33, Issue No. 2.
　　October 3, 2023.

Zia, Ullah; and Turner Victoria (2024). Principled Guide to Sanctions Compliance
　　Programmes, Global Investigations Review.

U.S. 미국 금융범죄단속네트워크: https://www.fincen.gov/

Bureau of Industry and Security, U.S. Department of Commerce: www.bis.doc.
gov

Office of Foreign Assets Control, U.S. Department of the Treasury: www.treas.
gov/ofac/

# 수출통제체제와 경제안보

## 1 국제수출통제체제의 발전

### 1.1 수출통제란

'수출통제(export control)'란 국제평화와 안보에 위해(危害)를 가져올 수 있는 전략물자(strategic items)[1] 또는 이에 준하는 물자나 기술 등이 테러, 군용 등 우려 용도로 사용되거나 우려 사용자에게 전달되지 않도록 각국 정부가 수출허가 등을 통해 무분별한 국제적 거래를 제한하는 방식으로 관리하는 제도를 말한다. 통제대상이 되는 전략물자는 국가안보 및 국제평화 유지차원에서 적성국에 이전되어 군사목적으로 사용될 수 있는 군용물자 품목(munition list)과 기술, 그리고 원래 상업용 물자로 의도된 것이지만 군사용으로도 사용될 수 있는 이중용도 품목(dual-use items)과 기술이 그 대상으로 취급되었다. 그 후 비확산 차원에서 핵무기, 화학무기, 생물무기 등 대량파괴무기(WMD, weapons of mass destruction) 생산에 사용될 수 있는 품목과 그 운반수단인 미사일 등으로 확대되었다.

수출통제 조치는 다자통상체제 하의 자유무역원칙과는 배치되지만, 안보적 사유로 정당화되는 것이다. 수출통제는 원래 냉전시대에 구 동구권에 대한 봉쇄정

---

1 전략물자는 편의상 '물품' 또는 '물품 등'으로 표현하는데, 여기에서 "물품"이란 물품(물질, 시설, 장비, 부품), 소프트웨어 등 전자적 형태의 무체물, 그리고 기술을 포함하는 개념이다.

책의 일환으로서 역할을 해오다 냉전종식 이후에는 대량살상무기의 확산을 방지하기 위한 국제적 협력 틀로서 역할을 하였다. 그런데, 미·중 기술패권 경쟁과 러시아의 우크라이나 침공 등 지정학적 변혁을 겪고 있는 오늘날의 국제통상환경에서 수출통제의 역할은 또다른 변화를 겪고 있다. 미국, EU 등 서방국가들은 기존 국제질서를 위협하는 것으로 보이는 중국, 러시아 등 우려국가에 대한 대응을 위해 자국의 전략물자 및 첨단 기술의 보호와 그 이전을 차단하기 위한 전략적 수단으로 수출통제를 활용하고 있다. 특히 서방국가들은 군사 물자나 이중용도 물자의 통제를 목적으로 한 기존의 국제수출통제체제에서 더 나아가 국내법에 기초한 일방적인 수출통제 조치를 통해 자국 내에서 생산된 반도체 등 전략물자나 첨단·신흥 기술의 해외유출을 제한하고 있어 이제 수출통제 제도는 경제안보 강화를 위한 중요한 정책적 수단이 되었다. 또한 수출통제는 제재 패키지의 중요한 수단으로 활용되기도 한다. 이처럼 수출통제는 종전의 외교안보적 목적에서 더 나아가 반도체, 청정에너지, 정보통신에서부터 전기차, 인공지능(AI), 양자컴퓨팅에 이르기까지 다양한 부문에서 자국에 유리한 공급망 체제를 구축하고 기술적 우위를 유지하기 위해 보조금, 관세, 투자규제 등과 함께 경제안보를 강화하기 위한 정책도구로 활용되고 있다.

미국, EU 등 서방의 수출통제 강화와 중국, 러시아 등의 상응한 조치는 지금까지 자유무역체제 속에서 국제 무역과 투자 활동을 해 온 기업에게는 큰 불확실성을 제기하고 있다. 주요국의 수출통제 제도의 확대는 첨단 기술이나 중간재·부품을 생산하거나 수출하는 기업에게 기존 시장의 접근 기회 축소, 새로운 공급망 구축, 복합한 규제준수의무에 따른 비용상승 등을 유발하고 경쟁력 약화, 수출통제규제 위반시 입게 되는 막대한 벌칙과 기업의 평판관리 등에 부정적 영향을 끼칠 수 있다. 따라서 첨단 기술이나 이중 용도의 물자를 생산하거나 국제무역에 관여하는 기업들은 이러한 규제 확대가 가져올 사업환경 변화에 선제적으로 대응할 필요가 있다.

이 장에서는 국제수출통제체제의 그간 발전 경과를 먼저 살펴보고 우리 기업이 준수해야 하는 우리나라와 미국의 수출통제체제를 일별하고자 한다. 그 다음, 미국을 중심으로 전개되고 있는 기술분야 수출통제 확대, 중국 및 러시아에 대한 수출통제 강화 동향과 새로운 국제수출통제 도입 필요성에 대한 논의동향을 살펴보고자 한다.

## 1.2 국제수출통제체제의 발전경과

개별국가가 입법을 통해 수출통제체제를 수립한 것은 '1949년 수출통제법(Export Control Act of 1949)'을 제정한 미국이 효시였다. 국제적으로는 미국 주도 하에 북대서양조약기구(NATO) 동맹국과 일본 등의 참여 하에 대공산권 '다자간수출통제조정위원회(COCOM, Coordinating Committee for Multilateral Export Control)'가 1949년 발족되었다. 그 후 1990년대 초반 소련을 비롯한 동구권이 붕괴되면서 COCOM은 1994년 해체되었고 COCOM의 수출통제체제는 불특정한 테러 단체 또는 테러국으로 전략물자가 이전되는 것을 방지하기 위한 비확산(non-proliferation) 수출통제체제로 변화하였다. COCOM의 수출통제는 공산권 국가를 대상으로 전략물자의 유출을 통제하려는 것이 목적이었으나, 냉전 이후 새롭게 형성된 비확산 수출통제체제는 대량살상무기와 재래식 무기의 확산방지에 노력하고 확산 우려가 있는 기술이나 부품의 최종용도 및 사용자에 대한 통제를 목표로 하였다.

이에 따라 1996년 재래식 무기와 이중용도 품목, 소프트웨어 및 기술의 수출을 통제하는 바세나르 체제(WA, Wassenaar Arrangement)가 출범하였으며, 이어 핵무기에 대해서는 핵공급그룹(NSG, Nuclear Suppliers Group), 생·화학 무기에 대해서는 호주그룹(AG, Australia Group), 미사일에 대해서는 미사일기술통제체제(MTCR, Missile Technology Control Group)가 결성됨으로써 오늘날의 4대 국제수출통제체제가 성립되었다. 냉전종식 이후 형성된 4대 국제수출통제체제에서는 대러시아 봉쇄에 초점을 둔 냉전시대의 COCOM과는 달리 대량파괴무기 등의 비확산(non-proliferation)에 중점을 둔 체제로서 종전에 수출통제 대상이 되었던 러시아 등 동구권 국가들이 선별적으로 이 체제 내로 흡수되었다. 실제로 러시아는 호주 그룹을 제외한 3개 그룹에 참여하고 있고 중국은 핵공급그룹에 참여하고 있다.

한편, 화학무기, 생물무기, 핵무기의 확산을 방지하기 위한 목적의 국제 규범체제로는 분야별 비확산조약이 있다. 이러한 비확산조약들은 국제적인 비확산을 위한 각국의 의무를 정하고 이를 준수하게 함으로써 확산을 저지하는 방식이다. 그러나 이 비확산 조약들은 미가입국이 원료나 기술의 수입을 통해 이러한 무기를 획득하는 것을 저지할 수 없는 한계가 있어, 대량살상무기의 생산과 제조에 사용될 수 있는 물자, 기술을 공급할 능력이 있는 국가들이 수출시 우려되는 용도로 공급되지 않도록 공급측면에서 통제하려는 것이 수출통제체제인 것이다.

**[국제수출통제체제]**

|  | 핵공급그룹<br>(NSG) | 호주그룹<br>(AG) | 미사일기술통제<br>(MTCR) | 바세나르 체제<br>(WA) |
|---|---|---|---|---|
| 설립연도 | 1978년 | 1985년 | 1987년 | 1996년 |
| 회원국 | 48개국 | 41개국 | 35개국 | 41개국 |
| 한국가입 | 1995년 | 1996년 | 2001년 | 1996년 |
| 주요<br>통제<br>품목 | - 원자력전용품목:<br>　핵원료물질, 원자<br>　로 및 중수 등<br>　재처리 및 농축<br>　시설<br>- 이중용도 품목:<br>　산업용 장비·소재,<br>　동위원소 분리장비,<br>　시험 및 생산장비,<br>　핵 폭발 장치<br>　부품 등 | - 화학무기:<br>　화학원료, 이중<br>　용도 화학제조<br>　시설<br>- 생물무기:<br>　세균제제원료,<br>　이중용도 제조<br>　장비 | Category I:<br>300km/500kg<br>이상 포켓장치,<br>무인항공기(UAV)<br>- Category II:<br>300km/500kg<br>미만 로켓장치,<br>UAV 추진/<br>항법장비 등 | - 재래식무기:<br>　총기류, 폭탄,<br>　탱크, 장갑차,<br>　항공기, 군함,<br>　군용차, 군용<br>　탐조등 등<br>- 이중용도 품목:<br>　첨단 소재, 전자,<br>　컴퓨터, 통신,<br>　센서/레이저,<br>　항법, 해양관련<br>　추진장치 등 |

출처: 무역안보관리원

'전략물자(strategic items)'는 앞에서 언급한 4대 국제수출통제체제에서 각각 참여국이 수출허가 등 제한을 가할 필요가 있는 통제대상 품목으로 결정, 갱신된다. 예컨대, 바세나르 체제에서는 '이중용도 상품 및 기술 목록과 군용품 목록(List of Dual-Use Goods and Technologies & Munitions list)'을 유지·갱신한다. 수출통제는 전략물자뿐만 아니라 특정 물품 및 기술이 직접적인 통제 대상으로 지정되지 않더라도 그 사용이 무기 개발, 테러활동 등 불법적인 목적에 이용될 가능성이 있을 경우 수출을 제한할 수 있는 캐치올(catch-all) 제도[2]로 보완된다. 이 제도는 2001년 발생한 9.11 테러사건 이후 테러단체 등이 통제사양에 미달하는 품목을 이용하거나 통제품목을 제조·개발할 수 있는 비전략 품목을 입수하여 대량살상무기를 제조하는 것을 방지하기 위해 도입되었다. 테러단체들이 민감한 기술이나 물자를 확보하는 것을 방지하기 위한 보다 유연하고 포괄적인 장치로 기능한다.

국제수출통제체제는 주요국들이 자발적으로 결성한 협의체로서 그 자체로는 법적 강제력을 가지고 있지 않다. 4대 국제수출통제체제에 모두 가입한 나라는 30개국이며, 아시아에서는 한국과 일본이 있다.

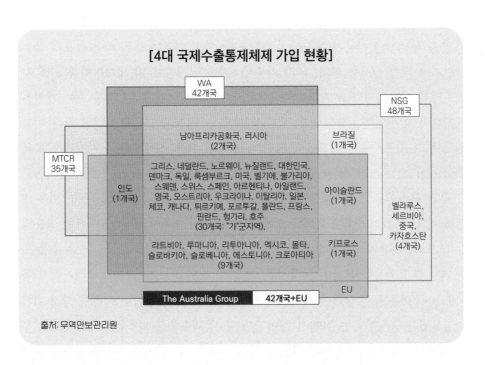

**[4대 국제수출통제체제 가입 현황]**

WA
42개국

NSG
48개국

MTCR
35개국

남아프리카공화국, 러시아
(2개국)

브라질
(1개국)

그리스, 네덜란드, 노르웨이, 뉴질랜드, 대한민국, 덴마크, 독일, 룩셈부르크, 미국, 벨기에, 불가리아, 스웨덴, 스위스, 스페인, 아르헨티나, 아일랜드, 영국, 오스트리아, 우크라이나, 이탈리아, 일본, 체코, 캐나다, 튀르키예, 포르투갈, 폴란드, 프랑스, 핀란드, 헝가리, 호주
(30개국: "가"군지역),

인도
(1개국)

아이슬란드
(1개국)

벨라루스,
세르비아,
중국,
카자흐스탄
(4개국)

라트비아, 루마니아, 리투아니아, 멕시코, 몰타, 슬로바키아, 슬로베니아, 에스토니아, 크로아티아
(9개국)

키프로스
(1개국)

The Australia Group  42개국+EU

EU

출처: 무역안보관리원

---

2 캐치올(Catch-all) 제도는 특정 품목이나 기술이 법적으로 수출통제 대상으로 명시되지 않았더라도 수출 목적이나 사용자가 국가 안보에 위협이 된다고 판단하는 경우, 수출을 제한하거나 금지할 수 있도록 하는 제도이다. 이 제도는 급변하는 국제 환경에서 기존의 관련 법규에 명시된 전략 물자나 기술에만 의존하지 않고 잠재적으로 위험한 수출을 즉각적으로 대응할 수 있도록 하는 유연성을 제공한다. 이 제도는 특히 수출통제 목록에 포함되지 않은 이중용도 기술과 제품을 통제할 수 있도록 하고 비정상적인 거래나 사용목적에 대해 수출을 차단할 수 있도록 하는데 필수적인 제도로서 품목의 비명시성, 목적 기반 통제, 수출자의 강화된 책임 등을 특징으로 한다. 우리나라의 경우에는 상황허가 제도를 통해 캐치올 제도를 구현하고 있다.

참여국들은 협의를 통해 통제대상 품목을 결정하고 갱신하며, 각 참여국은 이 체제에서 합의된 통제지침에 기초하여 자율적 판단에 따라 자국의 법령에 구체적인 통제품목을 정하고 이를 집행한다. 이 체제에서 식별된 통제품목은 이들 품목을 생산하는 모든 참여국이 함께 통제하고 있으므로 효과적인 통제가 가능하며 참여국 기업에 유사한 수준의 규제를 가하므로 이들 기업 간 공정한 경쟁을 기할 수 있는 장점이 있다. 우리나라도 4대 국제수출통제체제에서 합의된 통제품목 및 통제기준을 대외무역법에 따른 고시에 매년 반영하여 집행하고 있다.

실제 수출통제업무 집행과정에서 각국은 통제품목에 대하여 최종사용자가 불법적으로 군사적 목적으로 전용할 가능성이 있는 사용자나 제재 대상 국가 또는 단체 등 우려 최종사용자(End-user of Concern)인지 여부와 최종 사용 용도가 불분명한지에 대한 심사를 한다. 우려 최종사용자란 국제안보 및 세계평화를 위해 무역거래가 제한되거나 무역거래시 주의를 기울일 필요가 있는 단체 또는 개인을 지칭한다. 유엔안전보장이사회 및 다자간 국제수출통제체제의 회원국 등은 이를 위해 우려 최종사용자 목록을 유지한다. 예컨대, 미국 상무부는 우려거래자 목록(Entity List), Denied Persons List(DPL) 및 Unverified Persons List라는 이름으로 우려 최종사용자 목록을 관리한다. 또한, 2020년 12월 수출관리규정(EAR)을 개정하여, 기존 우려거래자 목록과 별개로 3개국(중국, 러시아, 베네수엘라)에만 적용되는 군사최종사용자(MEU, Military End User) 목록을 발표했다. 다만, DPL은 수출 또는 재수출 특권을 거부당한 외국정부, 기업 및 개인을 포함하지만, 우려거래자 목록(Entity list)은 특정 품목을 목록에 등재된 자에게 수출, 재수출, 이전을 하기 위한 허가요건을 규정한다는 점에서 차이가 있다. 국제수출통제체제는 직접적으로 우려 최종사용자 목록이나 최종 용도를 직접 관리하지는 않지만, 회원국들이 우려거래자를 식별하여 수출 통제를 강화할 수 있도록 정보를 공유하고 협력할 수 있는 틀을 제공한다. 한편, 전략물자 접근에 대한 우려거래자가 단체나 개인을 대상으로 지정하는 것과는 별개로 국제사회의 제재에 따라 국가단위로 우려거래자를 지정하기도 한다. 이는 상황허가 품목을 관리하기 위해 필요하기 때문이다. 예를 들어 우리 산업통상자원부는 유엔 안보리에서 이란, 북한, 알카에다, 탈레반 등 대량파괴무기 확산관련 제재를 하는 국가·단체를 우려거래자로 지정하고 이들에게 전략물자가 아닌 물품과 기술을 수출하려는 경우에도 반드시 관련 당국의 상황허가를 받도록 규정하고 있다.

최근에는 미국 등 주요국이 국제수출통제체제와는 별개로 독자적인 수출통제를 시행하는경우가 늘어나고 있어, 우리 기업은 국제수출통제체제에 기초한 우리나라의 수출통제제도에 대한 준수뿐만 아니라 미국 등 주요국가들의 독자적인 수출통제의 적용가능성에도 주의를 기울여야 한다.


## ② 한국의 수출통제체제

### 2.1 수출통제 업무 체제

우리나라는 1986년 전략물자의 수출입관련 규정을 담은 대외무역법을 제정하는 등 1980년대 전략물자에 대한 수출통제를 본격적으로 도입하고 1990년대 들어 여러 국제수출통제체제에 가입하면서 국제적인 수출통제 규범을 국내 법제로 반영하기 시작한 이래 국제적 기준에 부합하는 수출통제체제를 발전시켜 오고 있다. 전략물자 수출통제 담당 조직을 보면, 분야별로 여러 기관에서 여러 근거법에

**[수출통제 법령 및 담당조직]**

| 품목 구분 | 관련법령 | 허가기관 |
|---|---|---|
| **이중용도품목**<br>*고시 별표2 제1부~제9부 | 대외무역법 | 산업통상자원부 |
| **군용물자품목**<br>*고시 별표3/고시 별표2<br>품목 중 수입국 정부 등에서<br>군사목적으로 사용 | 대외무역법, 방위사업법 | 방위사업청 |
| **원자력 전용품목**<br>*고시 별표2의 제10부 | 대외무역법, 원자력안전법 | 원자력안전위원회 |
| **북한 반출입 물품** | 남북교류협력법 | 통일부 |

출처: 통상산업자원부 & 전략물자관리원 (2023)

따라 처리하는 일종의 분산체제를 유지하고 있다. 산업통상자원부는 대외무역법에 근거하여 이중용도 품목에 대한 수출허가 등의 업무를 수행하며, 무역안보관리원(전략물자관리원에서 2024년 8월 개칭)이 실무·기술면에서 지원한다. 방위사업청은 대외무역법과 방위사업법에 의거하여 군용물자를 통제하고, 원자력위원회는 대외무역법과 원자력안전법에 의해 원자력 전용품목을 통제한다. 그리고 대북한 반출입 물품에 대하여는 통일부에서 남북교류협력법에 의하여 관리업무를 수행하고

## [국제수출통제체제와 통제대상]

| 다자 간 수출통제체제 | |
|---|---|
| 구분<br>(한국가입연도) | 설립 목적 |
| NSG(1995) | 핵무기확산방지 |
| WA(1996) | 재래식무기 및<br>이중용도 품목<br>기술 확산방지 |
| AG(1996) | 생화학무기<br>확산방지 |
| MTCR(2001) | 미사일 기술<br>확산방지 |

| 협약 | |
|---|---|
| 구분<br>(한국가입연도) | 설립 목적 |
| CWC(1997) | 화학무기 금지<br>협약 |
| BWC(1987) | 생물무기 및<br>독소무기<br>금지협약 |

| 전략물자 수출입고시상 통제대상 | | | |
|---|---|---|---|
| 전략물자 수출입고시 | | | 해당물자 |
| 별표<br>2 | 이중<br>용도<br>기술 | 제1부 | 특별소재 및<br>관련장비 |
| | | 제2부 | 소재<br>가공 |
| | | 제3부 | 전자 |
| | | 제4부 | 컴퓨터 |
| | | 제5부 | 정보통신 및<br>정보보안 |
| | | 제6부 | 센서 및<br>레이저 |
| | | 제7부 | 항법 및 항공<br>전자 |
| | | 제8부 | 해양 |
| | | 제9부 | 항공우주 및<br>추진 |
| | 원자력<br>전용<br>기술 | 제10부 | 핵물질, 시설<br>및 장비 |
| 별표<br>3 | 군용<br>품목 | ML1~<br>ML22 | 군용물자 및<br>기술 |

출처: 산업통상자원부 & 전략물자관리원(2023)

있다.

이중 가장 비중이 크고 민간기업 입장에서 직접 관련이 있는 이중용도 품목에 대한 수출 통제업무는 산업통상자원부가 수행하는데, 산업통상자원부는 국제수출 통제체제 등에서 통제대상으로 합의된 품목들을 대외무역법의 '전략물자 수출입 고시'(고시)에 반영하여 수출통제 업무를 수행한다.

이중용도 품목, 소프트웨어, 기술을 해외로 수출[3]할 때 원칙적으로 정부의 수출 허가를 받아야 한다. 이중용도 품목에 대한 수출통제가 일반적인 민간기업의 일차 적인 관심사항이므로 여기에서는 이중용도 품목 위주로 설명한다.

## 2.2 통제품목 판정과 허가

수출통제관련 기업 업무의 첫걸음은 수출기업이 자신이 수출하려는 품목이 수 출통제 품목인지의 여부를 사전에 확인하는 것이다. 이러한 확인작업을 '판정'이라 고 하는데, 수출자가 스스로 판단하는 '자가판정'과 무역안보관리원(또는 품목에 따라 그 밖의 전문기관)에 의뢰하여 판단을 받는 '전문판정'이 있다. 이 두 경우 모두 전략 물자관리시스템[4]을 이용하여 신청할 수 있다. 통제대상이 기술인 경우 자가판정이 인정되지 않고 전문판정을 받아야 한다. 자가판정과 전문판정은 동일한 법적 효력 을 가진다. 자가판정을 할 수 있는 기업체에 대한 별도의 자격요건 등은 규정되어 있지 않으나, 법적 책임은 자가판정을 실시한 기업이 진다. 민감품목이나 자가판 정이 까다로운 경우에는 기업 리스크 관리차원에서 충분한 시간적 여유를 두고 전 문판정을 신청하는 것이 바람직하다.

해당품목이 수출통제 대상 품목인지의 여부를 판단하는 1차적인 기준은 해당 품목이 어떤 품목이냐 하는 것이다. 우선 해당품목이 그 성격이나 용도로 보아 군 사용으로 전용될 가능성이 처음부터 아예 없는 비민감 품목이 있을 수 있다. 우리 대외무역법은 '전략물자수출입고시'의 별표 2-3에 이들 품목(HS 코드 2단위 표시)을

---

3   여기서 '수출'이라 함은 (i) 국내에서 국외로의 이전뿐만 아니라 (ii) 국내 또는 국외에서 대한민국 국민 과 법인으로부터 외국 자연인과 법인에게로의 이전을 포함하는 개념이다.

4   전략물자 관리시스템 웹사이트: http://www.yestrade.go.kr/

상황허가 면제대상 품목으로 예시하고 있다. 그 밖의 대부분의 품목은 이중용도 품목으로서 수출통제 대상이 될 수 있다. 수출통제 대상이 되는 이중용도 품목은 개념적으로 전략물자와 비전략물자로 나눌 수 있다. 우리 대외무역법 하에서 전략물자는 수출허가 대상이고 일정한 경우의 비전략물자는 상황허가 대상이다. 수출허가를 받아야 하는 전략물자는 고시의 별표 2(이중용도품목)와 별표 3(군용물자품목)에 해당되는 물품 등(물질·시설·장비·부품, 소프트웨어 및 기술)을 말한다. 전략물자는 그 통제 근거가 되는 4대 국제수출통제체제와 연계한 식별번호인 통제번호(ECCN, Export Control Classification Number)가 부여되어 있다. 각 품목은 10개의 넓은 범주(카테고리)와 각 범주별 하위 5가지 기능 그룹으로 분류되어 있다.

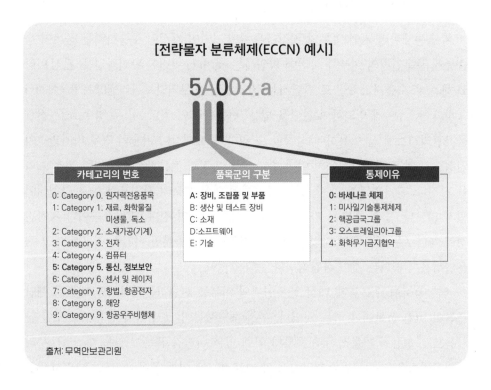

**[전략물자 분류체제(ECCN) 예시]**

5A002.a

| 카테고리의 번호 | 품목군의 구분 | 통제이유 |
|---|---|---|
| 0: Category 0. 원자력전용품목<br>1: Category 1. 재료, 화학물질<br>　　　　　미생물, 독소<br>2: Category 2. 소재가공(기계)<br>3: Category 3. 전자<br>4: Category 4. 컴퓨터<br>**5: Category 5. 통신, 정보보안**<br>6: Category 6. 센서 및 레이저<br>7: Category 7. 항법, 항공전자<br>8: Category 8. 해양<br>9: Category 9. 항공우주비행체 | **A: 장비, 조립품 및 부품**<br>B: 생산 및 테스트 장비<br>C: 소재<br>D:소프트웨어<br>E: 기술 | **0: 바세나르 체제**<br>1: 미사일기술통제체제<br>2: 핵공급국그룹<br>3: 오스트레일리아그룹<br>4: 화학무기금지협약 |

출처: 무역안보관리원

수출통제 대상에 대한 허가는 크게 (i) 수출허가와 (ii) 상황허가, 그리고 (iii) 경유·환적허가, (iv) 중개허가로 구분된다. 이중 (iii)과 (iv)의 허가는 전략물자 등을 직접 수출하는 경우가 아니라 국내 항만이나 공항을 경유하거나 국내에서 환적하려

## [수출통제대상에 대한 허가]

| 허가<br>종류 | 수출허가 | | | 상황<br>허가 | 경유·환적<br>허가 | 중개허가 |
|---|---|---|---|---|---|---|
| | 개별 | 사용자포괄 | 품목포괄 | | | |
| 신청<br>자격 | 누구나 | 자율준수<br>무역거래자 | 자율준수<br>무역거래자 | 누구나 | 국제물류주선<br>업자, 운송<br>사업자 | 누구나 |
| 수출품 | 전략<br>물자 | 전략물자 | 전략물자 | 非전략<br>물자 | 전략물자,<br>상황허가<br>품목 | 전략물자,<br>상황허가<br>품목 |
| 신청<br>기준 | 계약<br>건별 | 수출계획 | 수출계획 | 계약<br>건별 | 계약 건별 | 계약 건별 |
| 허가<br>유효<br>기간 | 1년 | 가 지역 3년<br>*수탁가공 계약 포함<br>AAAZ등급 3년<br>기타 2년 | 3년 | 1년 | 1년 | 1년 |

출처: 산업통상자원부 & 전략물자관리원(2023)

고 하는 경우 및 해당 물품의 수출을 중개하고자 할 때 받아야 하는 허가이다. 수출통제 관련 허가의 종류는 아래와 같다.

(i)의 수출허가는 전략물자로 판정된 물품 등을 수출하고자 할 경우 받아야 하는 허가이다. 그리고 전략물자로 분류되어 있지 않더라도 수출대상국이 테러지원국이거나 최종사용자(end-user) 또는 최종사용 용도(end-use)가 불투명하여 대량살상무기나 그 운반수단이 미사일 또는 재래식 무기로 전용될 가능성이 높은 물품 등을 수출하고자 할 경우에는 (ii) '상황허가'를 받아야 한다. 즉, 해당 물품이 고시 별표 2(이중용도품목)와 별표 3(군용물자품목)에 수록된 것이 아니라고 해서 수출통제 대상에서 완전히 제외되는 것이 아니라 대량파괴무기 등의 제조 등 우려용도에 전용될 가능성이 높은 상황에 있을 경우에는 별도의 허가를 받아야 수출이 가능하도록 하고 있는 점에 유의할 필요가 있다. 결국 수출자는 자신이 수출하고자 하는 품목이 수출통제 대상품목인지 여부를 확인한 후에 전략물자로 판정되면 소관기관에 '수출허가'를 신청하고 전략물자가 아니더라도 용도 및 최종사용자 등을 고려하여 전용될 가능성이 높은 물품인 경우에는 '상황허가'를 신청하여야 하는 것이다.

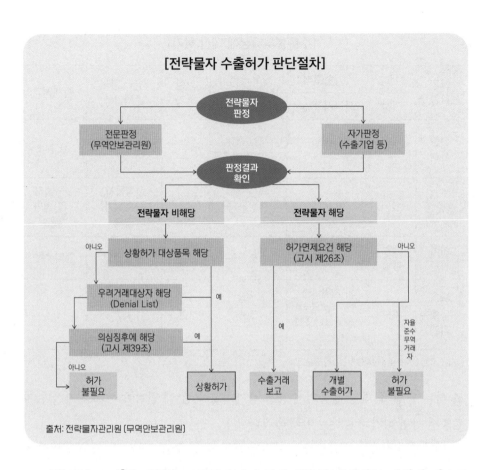

[전략물자 수출허가 판단절차]

출처: 전략물자관리원 [무역안보관리원]

　상황허가 요건[5]의 범위가 모호하여 수출통제 업무를 수행하는 기업에 리스크를 안겨줄 수 있어 보다 정확한 이해가 요구된다. 국제적으로 캐치올(catch-all) 제도라고 불리는 이 상황허가 제도는 우리나라의 경우 2003년에 도입되었다. 이 제도는 전략물자수출 통제 강화 차원에서 기존의 전략물자에 대한 수출통제제도의

---

5　상황허가를 신청해야 하는 경우는 해당 물자가 전략물자 통제 리스크에 등재되어 있지는 않으나 (i) 해당 물품 등의 수입자나 최종 사용자가 그 물품 등을 대량살상무기 등의 제조·개발·사용 또는 보관 등의 용도로 전용할 의도가 있음을 알았거나 그러한 의도가 의심되는 경우(know 통제, 대외무역법 제19조제3항 각호), (ii) 유엔 안보리 제재결의에 따라 지정된 이란, 알카에다/ISIL, 탈레반, 북한 소속 우려거래자(yestrade에서 확인)에게 수출하려는 경우(고시 제50조 제3항 1호), (iii) 이란, 시리아, 파키스탄(3개국)과 러시아, 벨라루스 (2개국) 등 모두 5개 국가를 대상으로 지정된 상황허가 대상품목(고시 별표 2-2)을 해당 국가로 수출하려는 경우(고시 제50조 제3항 2호), (iv) 산업통상자원부 등으로부터 수출허가가 필요하다는 내용의 서면통보를 받은 경우(inform 통제, 고시 제50조 제3항 3호)를 지칭한다.

허점을 보완하기 위한 것이다. 전략물자 등에 대하여 수출허가 및 상황허가를 신청하지 않고 수출을 진행할 경우, 대외무역법 규정에 따른 행정처분이나 사법처벌을 받을 수 있다.

## 2.3 전략물자 수출지역 구분과 수출허가 요건

우리나라에서 어떤 지역으로 전략물자를 수출할 때 수출통제의 대상이 되는가? 원칙적으로 세계 모든 국가가 대상이 된다고 할 수 있다. 다만, 대상지역은 '가' 지역과 '나' 지역으로 구분되는데, '가' 지역은 4대 국제수출통제체제에 모두 참여하고 있어 수출통제를 효과적으로 이행하고 있는 것으로 간주되는 29개국[6]이며,

**[전략물자 수출 지역구분과 허가요건]**

| 구분 | 종류 | 가 지역 | 나 지역 |
|---|---|---|---|
| | | 총29개국 | 여타 국가들 |
| **포괄 허가** | 사용자 포괄 | 원칙적 허용 | 예외적 허용 |
| | 품목 포괄 | AA, AAA 등급 허용 | AAA 등급만 허용 |
| | 재수출 | 가능 | 불허 |
| | 신청 서류 | 1종(신청서) | 3종 |
| | 유효기간 | 3년 | 2년 |
| **개별 허가** | 신청 서류 | 3종 | 7종 |
| | 심사기간 | 5일 | 15일 |
| | 재수출·중계수출 | 심사 면제 | 별도 심사 |
| **중개 허가** | | 심사 면제 | 별도 심사 |
| **상황 허가** | 허가 대상 | - 인지한 경우<br>- 통보 받은 경우 | - 인지한 경우<br>- 통보 받은 경우<br>- 의심되는 경우 |

출처: 무역안보관리원

---

6  아르헨티나, 호주, 오스트리아, 벨기에, 불가리아, 캐나다, 체코, 덴마크, 핀란드, 프랑스, 독일, 그리스, 헝가리, 아일랜드, 이탈리아, 일본, 룩셈부르크, 네덜란드, 뉴질랜드, 노르웨이, 폴란드, 포르투갈, 스페인, 스위스, 튀르키예, 우크라이나, 영국, 미국(총 29개국).

'나'지역은 그 밖의 모든 국가들이다.[7] '가'지역 국가들에 대해서는 수출허가 신청서류를 대부분 면제하고 사후보고로 대체하고 자율준수무역거래자에 대해서는 포괄허가신청이 가능하도록 허용하고 있다.

수출허가기관(이중용도 품목 등의 경우 산업통상자원부가 수출허가기관)은 수입국이 어떤 나라인지, 수입국의 기술수준과 군사·외교적 민감성, 민간부문에서의 사용

### [일본의 대한국 수출통제 사례]

아시아에서 4대 국제수출통제체제에 참여하고 있는 나라는 한국과 일본 밖에 없다. 일반적으로 4대 국제수출통제체제에 참여하고 있는 국가 간에는 상대국에 대한 전략물자 수출에 있어서 수출통제 필요성이 현저히 낮기 때문에 수출허가 신청서류 면제, 포괄허가신청 허용 등 특례를 인정하는 것이 일반적이다. 한국과 일본도 유사한 수출통제체제를 유지하면서 이러한 특례를 상호 인정하고 있었다.

그런데, 2019년 7월 일본은 반도체 제조공정에 핵심소재인 3개 전략물자(플루오린 폴리이미드, 포토레지스트, 불화수소)의 대한국 수출시 기존의 일반포괄허가 사용을 허용하지 않고 개별허가를 받도록 의무화하고 캐치올 통제를 적용하는 한편, 8월에는 한국을 수출심사 우대국인 화이트 리스트에서 제외하는 조치를 취했다. 우리 대법원이 2018년 일제강점기시 일본 제철 기업들이 한국의 강제징용 피해자들에게 손해배상을 지급토록 판결한 것에 일본이 반발하여 촉발된 외교적 갈등을 배경으로 일본 정부가 한국에 대하여 보복조치를 취한 것이 분명했다. 이에 대응하여 우리 정부는 동 조치를 WTO에 제소하는 한편, 일본을 '가' 국가 목록에서 삭제하는 맞대응 초치를 취했다. 이후 양국간 긴장관계가 해소되면서 한국은 2023년 4월 일본을 '가' 국가로 복원하였으며 일본 정부도 반도체 품목 대한국 수출규제를 철회한데 이어 7월에는 한국을 화이트 리스트 국가로 복원함으로써 4년만에 수출통제를 둘러싼 갈등이 해소되었다.

그러나, 일본의 대한국 반도체 소재 수출통제 조치는 원천기술을 일본에 의존하는 한국경제는 물론, 경제안보의 구조적 취약성을 노정했다. 이는 반도체 공급망의 급소(choke point)를 장악한 일본이 정치적 목적을 위해 경제적 강압조치를 취한 전형적인 상호의존의 무기화(weaponization of interdependence) 사례로서 특정국에의 과도한 의존은 핵심 공급망과 경제안보에 치명적인 결과를 초래할 수도 있다는 것을 보여준 사례이다.

---

7  '가' 지역에 속하지 않은 국가들은 모두 '나'지역이며, 이중 중앙아프리카공화국, 북한, 콩고민주공화국, 이라크, 레바논, 리비아, 소말리아, 남수단, 수단, 시리아, 예멘은 '나의 2'지역으로 이들 국가에 대해서는 보다 엄격한 요건이 적용된다.

여부, 구매자·최종수하인 및 최종사용자가 누구인지와 최종사용자가 서약한 사용용도의 신뢰성, 제3국으로 재수출될 가능성, 수출자·구매자·최종수하인 또는 최종사용자가 전략물자 우려거래자에 해당되는지 여부 등을 기준으로 허가여부를 결정한다(고시 제22조).

## 2.4 자율준수무역거래자

수출통제 관련 업무는 매우 복잡한데다가 이를 위반한 경우 처벌수위가 매우 높은 편이다. 따라서 여건이 허락된다면 기업이 자체 전문 조직과 인력을 보유하여 전략물자에 대한 수출입통제 업무를 자율적으로 수행하는 것이 바람직하다. 이렇게 하게 되면 기업은 정상적인 수출활동을 원활히 할 수 있고 허가기관으로서도 행정효율을 높일 수 있다. 이러한 이유로 각국은 기업의 내부자율준수제(ICP, internal compliance program)를 운용하고 있다. 우리나라도 전략물자 통제 관련 업무를 자율적으로 수행할 수 있는 내부 자율준수관리규정과 전담조직을 갖추고 전

### [자율준수무역거래자 등급별 특례 주요 내용]

| 구분 | 특례 | 등급 | | |
|---|---|---|---|---|
| | | A | AA | AAA |
| 개별 허가 | 旣수출건과 동일한 거래 | 서류면제 | 서류면제 | 서류면제 |
| | '가' 지역 본·지사 간 거래 | 허가면제 | 허가면제 (모회사 동일한 자회사 간 수출 포함) | 허가면제 (모회사 동일한 자회사 간 수출 포함) |
| | '나의1' 지역 본·지사 간 거래 | 서류면제 | 서류면제 | 심사면제 (모회사 동일한 자회사 간 수출 포함) |
| 포괄 허가 | 사용자포괄허가 신청자격 | '가' 지역 | '가', '나의1' 지역 | '가', '나의1' 지역 (품목군으로 신청가능) |
| | 품목포괄허가 신청자격 | - | '가' 지역 | |
| | 수출실적보고 횟수 | 연 2회 | 연 2회 | 연 1회 |

출처: 무역안보관리원

략물자 판정, 수입자 및 최종사용자에 대한 분석 등을 행할 수 있는 기업이나 대학·연구기관을 '자율준수무역거래자'로 지정하여 수출통제절차에서 일정한 특혜를 부여하는 제도를 운영하고 있다. 자율준수무역거래자는 3개 등급(A, AA, AAA) 중 하나로 지정되고 지정유효기간은 3년인데, 경우에 따라 포괄수출허가 신청자격 부여, 서류면제, 허가면제, 허가 처리기간 단축, 개별수출허가 심사면제 등의 혜택이 주어진다. 우리나라의 경우, 2025년 1월 현재 160개 기업·대학·연구기관이 자율준수무역거래자로 지정되어 있다.

## 3 미국의 수출통제체제

### 3.1 개관

미국은 매우 복잡한 수출통제체제를 통해 미국산 상품, 기술, 소프트웨어 등의 해외 수출을 엄격하게 관리하고 있다. 미국의 수출통제는 국제수출통제체제에 기초하여 대량살상무기 등의 국제적 확산을 막고자 하는 것이 당초 목적이나, 미국은 국가 안보, 외교 정책, 경제적 이익 보호 등을 목적으로 수출통제체제를 강화하여 왔으며, 특히 최근 미·중 패권경쟁과 러시아의 우크라이나 침공 등의 배경 하에서 중국, 러시아 등에 대해 첨단 기술(반도체, 인공지능, 양자컴퓨팅 등) 통제 등 통제대상 범위를 확장하고 있다.

수출통제는 그 자체로 역외적용 소지가 있는 데다가 미국은 자국의 전략적 목적달성을 위해 해외직접생산품규칙(FDPR, Foreign Direct Product Rule) 등을 통해 미국의 수출통제를 제3국에 대하여도 적용하는 사례가 많고 동맹국과의 연계를 통해 수출통제의 효율성 강화를 도모하는 등 대외적으로 미국의 수출통제체제는 외국 기업의 무역활동과 글로벌 공급망에 상당한 영향을 미치며, 특히 하이테크 산업 분야에서의 파급효과가 크다. 중국 등은 미국과 서방의 수출통제가 자국의 기술 발전을 억제하는 요소로 작용한다고 반발하면서 자국 내 기술 자립을 추진하는 경향을 강화하고 있다. 트럼프 2기 행정부가 2025년 1월 20일 출범하면서 당일 발표된 '미국우선통상정책(America First Trade Policy)' 각서는 (i) 미국의 수출통제제도를 검토하여 미국의 기술적 우위를 유지·획득하고 향상시킬 방안과 기존 수출통제의 허점을 식별하고 이를 제거하기 위한 방안을 마련할 것과 (ii) 수출통제 집행 정책 및 관행과 외국의 준수를 장려하기 위한 집행 메커니즘을 평가하고 권고안을 마련하여 보고하라고 국무부장관과 상무부장관에게 지시했다. 트럼프 대통령이 4월초에 제출될 이 보고서를 기초로 관련 수출통제 추가조치를 취하게 될 것인데, 이에 따라 향후 트럼프 2기 행정부 하의 미국 수출통제체제는 보다 강화될 것으로 예상된다.

우리나라는 국제수출통제체제에 참여하고 있고 미국의 동맹국으로서 미국의 수출통제제도와 유사한 체제를 유지하고 있지만, 우리나라의 관련 기업들은 미국의 독자 수출통제체제를 준수하지 못할 경우의 제반 불이익에 비추어 미국의 관련 제도 동향을 지속적으로 모니터링하고 엄밀한 컴플라이언스 체제를 갖추는 것이 중요하다.

### 3.2 수출통제 업무 체제

미국의 수출통제는 각 수출통제기관을 중심으로 여러 법규와 규정에 따라 수행되고 있다. 미국 수출통제제도의 주된 법적 근거는 2018년 제정된 수출통제개혁법(ECRA, Export Control Reform Act)과 이와 연계된 수출관리규정(EAR, Export Administration Regulations)이다. 미국 상무부 산업안보국(BIS, Bureau of Industry and Security)은 우리 기업과의 관련도가 높은 상업용 물품으로서 이중용도(dual-use) 품목, 기술 및 소프트웨어의 수출, 재수출, 외국인에 대한 국내이전[8]을 규제한다. 수출통제개혁법은 이전의 한시법 형태의 수출통제관련 법들과는 달리 대통령의 수출통제관련 권한의 영속적인 법적권한을 부여하고 있다. 한편, 미 국무부

---

8  수출관리규정(EAR) 적용대상 품목은 (i) 미국 내에 위치하는 모든 품목, (ii) 모든 미국산 품목(소재지에 대해서는 국내외 불문), (iii) 미국산 상품, 기술, 소프트웨어가 de minimis(최소기준)를 초과하여 편입된 외국산 품목, (iv) 특정 미국산 기술 또는 소프트웨어를 이용하여 외국에서 제조된 직접제품(direct product), (v) 직접제품인 공장에서 생산된 제품 등을 포괄한다. 기술, 노하우 및 암호화되지 않은 소스코드 등은 국내 소재 외국인에게 이전되었을 경우 수출된 것으로 간주된다. 이와 같이 기술이 국내소재 외국인에게 이전되는 경우에도 수출에 준하여 통제된다.

방위무역통제국(DDTC, Directorate of Defense Trade Controls)은 무기수출통제법(AECA, Arms Export Control Act)에 따라 군사적 사용 물품에 대한 국제무기거래규정(ITAR, International Traffic in Arms Regulations)을 통해 무기 수출을 관리하며, 에너지부와 원자력규제위원회(NRC, Nuclear Regulatory Commission)는 핵에너지법과 핵확산방지법에 따라 원자력 관련 기술 데이터, 원자력 장비 및 핵물질의 수출을 통제한다. 수출관리규정(EAR)이 다루는 이중용도 물자는 국무부 관할의 무기 및 기타 군사적 용도의 통제품목과 에너지부와 원자력규제위원회 관할의 핵관련 통제 품목을 제외한 나머지 수출통제 품목이다.

**[미국 수출통제 담당조직]**

| | 상무부<br>(Commerce) | 국무부<br>(State) | 에너지부<br>(Energy) | 재무부<br>(Treasury) |
|---|---|---|---|---|
| 통제<br>대상 | 이중용도품목과 기술데이터의 수출과 재수출 및 재이전 | 무기와 방산물자, 관련 기술 데이터의 수출과 재수출 | 원자력 관련 기술 데이터의 수출과 재수출, 원자력 장비와 핵물질의 재수출 | WMD 확산 관련 활동 및 규제대상국과의 수출입, 금융거래, 대상국가의 자산 및 수출 또는 재수출 적성국교역법(Trading with the Enemy Act), 국제비상경제권한법(IEEPA), 외국인투자위험심사현대화법(FIRRMA) |
| 근거법 | 수출관리법 (EAA, 1979), 국가긴급경제법 (IEEPA), 수출통제개혁법 (ECRA) | 무기수출통제법 (AECA, 1976) | 핵에너지법 (AEA 1954), 핵확산방지법 (Non-Prolife-ration Act) | 적성국교역법(Trading with the Enemy Act), 국제비상경제권한법(IEEPA), 외국인투자위험심사현대화법 (FIRRMA) |
| 규정 | 수출관리규정 (EAR) | 국제무기거래규정(ITAR) | 외국원자력 활동지원규정(10 CFR Part 810) | 해외자산관리규정(FACR) |
| 담당<br>부서 | 산업안보국 (BIS) | 국방교역통제국 (PM/DTC) | 국가행안전청 (NNSA) 수출통제협력실 (OECC) | 해외자산관리부(OFAC) |

출처: 전략물자관리원(2020)

## 3.3 통제품목 판정과 수출허가

수출관리규정(EAR)에 따라 미국 상무부의 수출허가(export license)가 필요한지 여부를 확인하기 위해서는 단계적 검토가 필요한데, 우리나라의 경우와 크게 다르지 않다. (i) 수출하고자 하는 품목이 무엇인지를 식별하는 것이 첫번째 단계이며, 이어 (ii) 해당 품목을 어디로 수출하는 것인지, 수출대상국가가 제재를 받고 있는 국가가 아닌지를 확인해야 한다. 이와 함께, (iii) 최종사용자(end-user)가 누구인지, (iv) 해당 품목이 어떤 용도(end-use)로 사용되느냐 하는 것도 통제대상 여부를 결정하는 기준이 된다.

첫째, 수출자는 수출하고자 하는 품목이 산업안보국(BIS)의 상무부 통제 목록(CCL, Commerce Control List)상의 수출통제 식별번호(ECCN, Export Control Classification Number)로 분류가 되는지를 먼저 확인해야 한다. 상무부 통제 목록(CCL)은 수출통제 대상이 되는 상품, 기술, 소프트웨어의 목록으로서 약 3,100여 개의 품목으로 구성되어 있다. 상무부 통제 목록(CCL)은 우리나라의 전략물자수출입고시 별표 2(이중용도품목)에서와 같이 바세나르 체제(WA) 등 국제수출통제체제에서 합의된 통제품목을 모두 편입하고 있으며, 이에 추가하여 미국이 독자적으로 통제대상 품목으로 지정한 품목들, 특히 신흥 및 기반 기술들을 포함하고 있다. 수출관리규정(EAR)의 적용을 받는 이중용도 품목이지만 수출통제 식별번호(ECCN)가 별도로 부여되지 않은 품목을 'EAR99' 품목이라고 하는데, 이들 품목은 저기술 일반소비재로서 수출관리규정(EAR)의 적용을 받는 품목이기는 하지만 일반적으로 수출 허가가 요구되지 않는다. 다만, 금수국 또는 제재국으로 수출되거나 금지되는 최종사용(자) 또는 우려거래자에게 수출되는 경우 상무부의 허가가 필요하다. 예컨대, 우려거래자 목록(Entity List)에 등재된 외국 개인 또는 기업에 수출되는 품목은 수출통제 식별번호(ECCN)가 부여되어 있지 않은 EAR99 품목일지라도 수출허가를 받아야 한다.

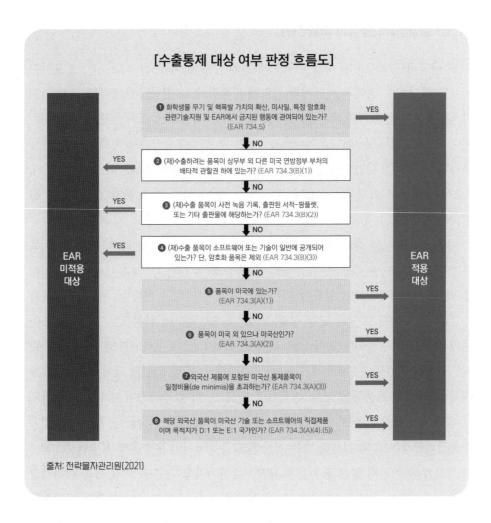

[수출통제 대상 여부 판정 흐름도]

❶ 화학생물 무기 및 핵폭발 가치의 확산, 미사일, 특정 암호화 관련기술지원 및 EAR에서 금지된 행동에 관여되어 있는가? (EAR 734.5) — YES

NO

❷ (재)수출하려는 품목이 상무부 외 다른 미국 연방정부 부처의 배타적 관할권 하에 있는가? (EAR 734.3(B)(1)) — YES

NO

❸ (재)수출 품목이 사전 녹음 기록, 출판된 서적·팜플렛, 또는 기타 출판물에 해당하는가? (EAR 734.3(B)(2)) — YES

NO

❹ (재)수출 품목이 소프트웨어 또는 기술이 일반에 공개되어 있는가? 단, 암호화 품목은 제외 (EAR 734.3(B)(3)) — YES

NO

❺ 품목이 미국에 있는가? (EAR 734.3(A)(1)) — YES

NO

❻ 품목이 미국 외 있으나 미국산인가? (EAR 734.3(A)(2)) — YES

NO

❼외국산 제품에 포함된 미국산 통제품목이 일정비율(de minimis)을 초과하는가? (EAR 734.3(A)(3)) — YES

NO

❽ 해당 외국산 품목이 미국산 기술 또는 소프트웨어의 직접제품 이며 목적지가 D:1 또는 E:1 국가인가? (EAR 734.3(A)(4).(5)) — YES

EAR 미적용 대상

EAR 적용 대상

출처: 전략물자관리원(2021)

품목의 수출통제 식별번호(ECCN) 분류는 해당 품목에 대한 수출허가 요건을 결정하는 첫 걸음이 되는데, 우리나라에서와 같이 수출자 자신이 직접 판정하거나 상무부 BIS에 전문판정을 의뢰할 수 있다. 우리 무역안보관리원은 우리 대외무역법 전략물자수출입고시에 따른 전문판정을 해주고 있으나 미국 기준 식별번호를 판정해 주는 서비스는 제공하지 않고 있다. 양국이 모두 국제수출통제제도에 근거하여 수출통제를 실시하고 있으나 구체품목에 있어서는 차이가 있기 때문이다. 그래서 우리 수출자는 필요하다면 미국 제조자 또는 수출자의 협조를 받거나 상무부의 SNAP_R 시스템(우리나라의 Yestrade 시스템과 같이 수출허가 관련 업무를 할 수 있도록 지원하는 온라인 시스템)의 도움을 받는 방법을 활용할 수 있을 것이다.

둘째, 해당 수출통제 식별번호(ECCN)의 통제사유별로 수출 대상 국가 제재 여부를 확인해야 하는데, 각 품목의 통제사유별로 국가차트(CCC, Commerce Country Chart)를 통해 허가 필요 표시가 있는지를 체크하는 단계이다. 상무부 통제 품목(CCL)의 경우 국제수출통제체제에 기초한 공통 통제품목이 대부분이나, 국가 차트(CCC)는 미국의 외교정책에 따른다. 허가 필요 표시가 있는 경우 허가 예외가 가능하지 않는 한, 원칙적으로 수출허가가 요구된다.

셋째, 수출품의 최종 사용자(end-user)가 누구인지 확인하는 단계이다. 상무부가 수출을 금지하거나 사전 수출승인을 받도록 지정한 특정 개인이나 기업 단체 리스크는 5가지가 있는데, 이러한 목록을 통합한 통합목록(Consolidated Screening List)을 통해 검색이 가능하다. 상무부가 관리하는 우려거래자 목록은 (i) Denied Persons List(EAR 등 법령위반자로서 금지명령 가능함), (ii) Entity List(미국의 국가안보 또는 대외정책에 반하는 행위와 관련된 개인 및 단체로서 원칙적으로 허가 거부 대상임. 허가 요건 부과도 가능함), (iii) Unverified List(실체 파악이 어려운 개인 및 단체로서 허가 신청시 별도의 진술서가 필요하며, 허가 예외 적용이 불가함), (iv) Military End User(군관련 기업으로서 허가예외 적용이 불가함), (v) Military-Intelligence End User(군사정보최종사용자로서 허가 예외 적용이 불가함)가 포함된다.[9]

마지막으로 품목의 용도(end-use)를 확인하여, 대량살상무기 확산 등으로 전용할 우려가 없는지를 확인하여야 한다. 이렇게 하여 해당 품목에 대한 수출허가가

---

9  미 상무부 목록 외에도 재무부, 국무부가 관리하는 목록이 있다(출처: 무역안보관리원).

| 관리기관 | 목록 | 내용 |
|---|---|---|
| 미 재무부 | Specially Designated Nationals list(SDN) | 미국 재무부의 금융제재대상자 중 모든 EAR 적용대상 품목에 대해 미국 상무부의 허가가 필요한 자이며 허가 가능성이 낮음. |
| 미 재무부 | Chinese Military-Industrial Complex Companies List | 방산 · 감시기술 관련 중국 공산주의 군사기업으로서 미국인의 투자가 금지됨. |
| 미 국무부 | Debarred List(DL) | 미국 군용품목 수출통제 위반자로 군용품이 아닌 일반 산업용 품목의 경우 미국 상무부의 허가가 불필요 |
| 미 국무부 | Nonproliferation Sanctions(NL): | 대량파괴무기 비확산을 위하여 지정된 자로 EAR 적용대상 품목에 대해 상무부 허가가 필요한 경우도 일부 존재하며 허가 가능성이 낮음. |

필요한지를 확인한 후 미 상무부 BIS에 수출허가를 신청하게 된다. 일반적으로 대부분의 품목의 경우 수출허가를 요하지 않으며, 허가를 요하는 경우에도 일정한 조건을 만족하는 경우 수출허가 예외가 이용 가능할 수도 있다. 수출허가는 일반적으로 4년간 유효하다.

한편, 미국은 중국 등에 대한 수출통제제도 시행과 관련하여 예외적으로 첨단 기술 분야 기업들의 부담을 줄일 수 있는 '확인된 최종사용자(VEU, validated end-user) 프로그램'을 운영한다. 미국 수출업체가 '인증 VEU(Authorization VEU)'를 사용하면 여러 개의 개별 수출허가서가 아닌 일반 허가서에 따라 사전승인된 업체에 지정 품목을 수출할 수 있어 업계의 수출허가 부담을 줄일 수 있다. 2007년에 도입된 VEU 프로그램은 첨단 기술 무역을 촉진하기 위해 시장 기반 접근 방식을 사용한다. 이 프로그램은 엄격한 관계부처 심의를 통과하고 현재 컴플라이언스 의무에 동의하는 목적지에 있는 기관으로 하여금 상무부의 개별 라이센스에 따라 받을 수 있는 동일한 품목 중 가급적 많은 품목을 허가받도록 한다. 현재 중국이나 인도에 있는 기관이 VEU 지위를 신청할 수 있다. 각 VEU 승인 신청서에는 최종 사용자가 모든 VEU 요건을 준수할 것임을 증명하는 서신 원본이 포함되어야 한다. 최종 사용자는 미국 상무부 수출관리규정(EAR)에 따라 수출 승인받은 품목(들)을 특정하여야 하며 EAR에 반하는 방식으로 해당 품목의 사용 또는 전환이 금지된다. 최종 사용자가 VEU 승인 조건을 준수하는지 확인하기 위해 미국 정부 공무원이 현장 검증을 허용하는 데 동의해야 한다.

## 3.4 역외적용과 그 요건

주지하다시피, 모든 국가는 일반적으로 속지주의 또는 속인주의의 원칙에 따라 그 권한 행사에 있어서 관할권의 제한을 받는다. 그러나, 수출통제 분야에 있어서는 이러한 일반적인 관할권 범위에서 벗어나 우리 기업도 미국 법의 적용을 받는 경우, 즉 역외적용을 받는 경우가 있어 주의를 요한다. 역외적용의 법적 타당성에 대한 논의와는 별개로, 미국 수출통제제도가 일정한 경우 미국 영토 밖에서 생산된 외국제품에 대하여 적용되는 수가 있기 때문에 우리 기업이 미국 법을 위반했을 경우, 현실적으로 미국 정부로부터 징역, 벌금, 과징금, 미국과의 수출입 금지,

우려거래자 목록 등재, 미국내 활동 금지 등 광범위한 제재를 받을 수 있다. 어떤 경우에 미국의 EAR이 우리 기업에 적용될 수 있는지에 관해 주의를 다할 필요가 있다. 사실 미국의 수출통제제도와 정책은 매우 복잡하고 지속적으로 변화한다. 그러나 이러한 정책변화 동향에 대하여 미국과 거래하는 기업뿐만 아니라 제3국과 거래하는 기업도 일정 정도의 관심과 지식을 갖추어야 하는 것이 현실이다. 자칫하면 미국 수출통제제도를 위반할 위험에 노출되어 있기 때문이다. 실제로 BIS는 미국에서 설계된 장비를 가지고 외국에서 생산한 부속품이 장착된 비미국산 하드 드라이브를 미국의 제재 기업인 중국 화웨이에 공급한 혐의로 Seagate사에 대해 3억불에 달하는 벌금을 부과한 사례 등 역외적용 사례는 무수히 많다.

미 수출관리규정(EAR) 통제의 적용을 받게 되는 경우를 살펴보자. 우선 (i) (미국 역내/미국산 품목) 미국 내에서 생산되지 않더라도 미국 내에 소재하는 모든 품목, 그리고 미국 밖에 있는 경우를 포함하여 모든 미국산 품목이 대상품목이 된다. 이에 더 나아가 (ii) (편입품목) 미국산의 상품, 소프트웨어, 기술이 최소허용기준(de minimis)을 초과하여 편입된 외국산 품목이 대상 품목이 된다. 여기서, 최소허용기준이라 함은 통제되는 미국산 재료의 가격이 일반적으로 물품의 전체 가격 대비 25%를 초과할 때, 테러지원국(쿠바, 이란, 북한, 시리아)에 대해서는 10%를 초과할 때 수출관리규정(EAR)의 적용을 받는다는 뜻이다. 다만, 미국산 반도체가 포함된 고성능 컴퓨터, 암호기술, 항공우주 관련 품목 등 일부 민감품목의 경우에는 최소허용기준이 0%이므로 미국산 비중과 무관하게 미국산이 조금이라도 들어가 있으면 수출허가 대상이 된다.

또한 (iii) (해외직접생산품) 통제되는 미국산 기술 또는 소프트웨어를 직접적으로 사용하여 미국 밖에서 생산된 제품이나 통제되는 미국산 기술 또는 소프트웨어를 사용해 건설된 플랜트에서 생산된 제품으로서 일정한 목적지로 수출이 예정된 품목은 적용대상에 포함된다. 이 범주의 적용범위를 규정한 BIS의 해외직접생산품 규칙(FDPR, Foreign Direct Product Rule)은 미국 수출통제규정(EAR)의 역외적용을 위한 중요한 장치이다. 제품 자체에는 미국산을 조금도 포함하지 않은 순수한 외국산 제품에 대해서도 이 규칙에 따라 미국산 기술 또는 소프트웨어가 직접, 간접적으로 관여된 경우 미국의 수출통제가 적용되는 것이다.

## [미국 FDPR 제도의 확대 경과]

| 시기 | 개요 | 주요 내용 |
|---|---|---|
| 1959 | 국가안보 FDPR | 국가안보 사유로 통제되는 기술을 이용한 품목에 적용 |
| 2013.4 | 군사 FDPR<br>우주/위성 관련 FDPR | 군용(600시리즈) 및 우주/위성(9X515) 관련 기술을 이용한 품목에 적용 |
| 2020.5 | Entity List FDPR(화웨이) | 미국 기술, SW, 장비로 외국에서 생산된 제품이 Entity List 각주1 등재자(화웨이 등)와 관련되어 사용되는 경우 적용 |
| 2022.2 | 러시아, 벨라루스 FDPR | 러시아의 우크라이나 침공에 따라 마련된 FDPR로 우리나라는 FDPR 면제국 지위를 획득(`22.3) |
| | 러시아 MEU FDPR | |
| 2022.10 | 첨단 컴퓨팅 FDPR | 중국 반도체 수출통제 관련 FDPR |
| | 슈퍼컴퓨터 FDPR | |
| | Entity List FDPR | |

출처: 무역안보관리원 (2024)

## [최소기준 재수출통제와 FDPR의 비교]

| 구분 | 최소기준 | FDPR |
|---|---|---|
| 대상 | 미국산 품목(SW, 기술 포함)이 포함된 외국산 품목 | 미국산 품목이 포함되지 않은 외국산 품목 |
| 요건 | 최종 제품에 미국산 품목이 일정 비율(경우에 따라 0+α%, 10%, 25%) 이상 포함 | 제조 과정에서 미국산 장비, 기술이나 SW가 사용됨. |
| 허가신청의무 | 미국산과 동일 취득 | 미국산과 동일 취득 |
| 허가심사정책 | 미국산과 동일 취득 | 허가 거부 원칙(Presumption of Denial)을 일반적으로 적용 |

출처: 정인교 · 채수홍(2023)

일반적인 수출관리규정(EAR)의 경우, 우리나라도 가입되어 있는 4대 국제수출통제체제의 통제품목을 기초로 하고 있으므로 우리 기업들이 우리 전략물자 수출입고시에 따른 절차 준수 경험을 토대로 미국 수출허가 업무를 수행하면 대체로 큰 문제가 없을 것이나, 미국이 독자적으로 통제품목을 추가한 경우나 미국이 독특하게 시행하고 있는 해외직접생산품규칙(FDPR)에 따른 수출통제 조치에 대하여는 적지 않은 리스크를 부담하게 된다. 앞에서 살펴본 것처럼 특히 미국의 경우, 품목이 미국에서 생산된 바 없고 관련 영업활동이 미국과 관련되어 있지 않더라도 미국의 통제품목을 일정 비율 이상 편입하거나 미국의 일정한 통제 기술 및 소프트웨어를 활용하여 미국 이외의 국가에서 생산된 품목에 관하여 미국 수출통제 규정의 직접적인 적용을 받기 때문이다.

**[ 무허가 수출 처벌 사례 (미국) ]**

전자 부품 및 관련 소프트웨어의 글로벌 유통업체인 싱가포르 회사 A의 아시아 판매 담당자인 B는 수출통제품목으로 분류되어 있는 전력 증폭기(ECCN 3A001)를 홍콩에 설립되어 있는 회사 C로 판매하였는데, 미 상무부의 수출통제국(BIS)의 조사결과, 그는 실제로 미국에서 생산된 해당 품목이 불법적으로 중국으로 운송되어 중국 군대와 관련된 당사자에게 전달될 것이라는 것을 알고 있으면서도 미국 증폭기 제조업체로 하여금 고객이 품목을 홍콩에서 사용할 것이라는 거짓 진술을 하게 하였던 것으로 밝혀졌다. B는 기소되었으며 A 사에 대해서는 미 법무부가 행사책임 150만 달러와 행정적 합의금 320만 달러의 제재를 가하였다.

## 4  수출통제 조치 확장 및 강화

앞에서 살펴본 바와 같이, 국제수출통제체제는 지난 30년 가까이 미국의 주도 하에 강화되어 왔다. 냉전시대에는 소련 및 공산권의 핵심 군사기술 접근을 봉쇄·저지하는데 집중되어 있었으며, 탈냉전시대에는 불량 국가나 테러단체로 대량살상무기가 확산되는 것을 방지하는 것을 주요 목표로 하였다. 최근 국제수출통제체제는 러시아의 우크라이나 침공과 미·중 기술 패권경쟁으로 인하여 새로운 변화를 겪고 있다. 미국은 2022년 2월 러시아의 우크라이나 침공에 대한 전략적 대응조치로 동맹국들과 함께 전면적인 대러시아 수출통제를 부과하였으며, 2022년 10월부터는 적대적 권위주의 국가로 변모한 중국의 군사적 역량을 강화하는 첨단 기술 획득을 저지하기 위한 전략의 일환으로 특히 반도체 등 핵심 품목과 기술에 대한 독자적인 수출통제를 부과하기 시작하였다. 이에 따라 대량살상무기의 비확산을 목표로 한 기존의 국제수출통제체제는 현 시점에서 여전히 존재하고 기능하고 있으나 미국을 중심으로 새로운 국가안보 개념에 입각한 확장된 수출통제조치가 도입되고 있는 것이다.

## 4.1 대러시아 수출통제

러시아의 2022년 2월 우크라이나 침공 이후, 미 정부는 같은 달 러시아 대형은행의 대외거래 차단 등 금융제재를 실시하는 한편, EAR 개정을 통해 대러 수출통제를 실시하였다. 이는 냉전종식 이후 최초의 범국가 단위(country-wide)의 수출통제였다. 미국 정부는 이후 후속 EAR 개정으로 러시아의 우크라이나 침공을 실질적으로 지원한 벨라루스에 대해서도 동일한 수출통제를 실시하였다. 미 상무부는 러시아에 대해 상무부 수출통제목록(CCL)을 확대하여 이들 품목을 러시아로 수출, 재수출 또는 이전할 때 상무부의 수출허가를 받도록 의무화하였는데, 미 상무부는 인도주의적 목적 등 극히 예외적인 경우를 제외하고는 수출 허가를 거부하는 '거부정책'(policy of denial)을 실시한다고 천명하였다. 또한 우려거래자 목록(Entity List)에 러시아 기업을 추가 등재하고, 수출면제 사유를 축소하는 한편, 군(군수 기업 등)이 최종 사용자일 경우, 군용품 외 일반 상용 제품까지 수출통제를 확대하였다.

또한 미국은 기존의 해외직접생산품규칙(FDPR)에 추가하여 러시아·벨라루스에 적용되는 해외직접생산품규칙을 신설하여 러시아로 수출되는 경우 통제되는 외국생산품목(특히 기술, 소프트웨어의 직접 생산품)의 범위를 대폭 확대하였다. 다만, 미국과 유사한 대러 조치를 취한 EU 회원국, 영국, 캐나다, 호주, 뉴질랜드, 일본 등 일부 국가에서 수출하는 경우 미국의 대러시아 해외직접생산품규칙을 적용하지 않기로 하여 여타 국가도 미국과 유사한 수준의 대러 수출통제 조치를 취하도록 유도하였다. 우리나라도 이후 대러 수출통제 조치를 강화함으로써 면제국에 포함되었다. 다만, 이 경우에도 전략물자 및 기술에 해당하는 미국산 완제품, 미국산 부품을 일정비율 이상 포함한 국내제조 제품 등은 미국의 수출허가를 필요로 할 수 있다는 점에 유의할 필요가 있다.

러시아의 우크라이나 침략은 국제수출통제체제에 중요한 변곡점이 되었다. 냉전 종식 후 처음으로 미국은 동맹국 및 우호국과 함께 '비확산'이라는 4대 국제수출통제체제의 목적을 뛰어넘는 전략적 목표를 달성하기 위해 기존의 수출통제관련 법규 및 정책을 변경하였기 때문이다. 새로운 통제체제는 러시아와 벨라루스에 국한된 것이지만, 기존의 전통적인 비확산 목표를 뛰어넘어, 예컨대 러시아의 군사적 기능에 필수적인 경제 부문의 역량에 손실을 끼치기 위한 목적으로 기초반도체, 항공기 부품 등 순수한 상업적 물자도 통제대상에 포함하는 등 특정 국가, 특정 최종사용과 최종사용자에 관한 전략적 목표를 설정하는 것으로서 기존의 체제와는 다른 양상을 보여주었다.

한편, 우리나라도 서방의 대러시아·벨라루스 수출통제 조치에 동참하고 있는데, 기존의 전략물자 수출허가 심사를 강화하는 것 외에 (i) 미국 우려거래자 목록(Entity List)에 신규 추가된 러시아 기업 49개사를 우려거래자로 지정하여 수출을 제한하고, (ii) 대러시아 상황허가 대상 품목을 전자, 컴퓨터, 통신, 항공기, 선박 등 기존 57개(2022년 3월)에서 자동차, 철강, 반도체 등 798개로 대폭 확대하는 조치를 2023년 4월 취한 것을 시작으로 수출통제 품목을 계속 확대하였다. 이러한 대러시아 수출통제 강화조치에 따라 우리나라도 미국의 대러시아 해외직접생산품규칙이 적용되지 않는 면제대상국에 포함되었으므로, 국내 수출기업들이 우리나라 또는 해외직접생산품규칙 면제국에서 미국산 기술이나 소프트웨어를 사용한 298개 품목을 생산하여 러시아에 수출하는 경우 원칙적으로 미국 상무부가 아니라 우리나라 해당 생산국의 수출통제 당국으로부터 허가발급을 받으면 된다.

## 4.2 신흥 및 기반 기술 통제

미국은 미·중 간 전략경쟁 하에서 자국의 군사적 역량 유지와 국가안보의 확보를 위해 첨단 기술을 폭넓게 포괄하는 방향으로 수출통제범위를 확대해 왔다.[10] 미

---

10  William A. Reinsch et al. (2023), Optimizing Export Controls for Critical and Emerging Technologies: Semiconductors, Quantum Technology, AI and Biotechnology, CSIS, May 2023, pp. 2~6.

국은 오바마 행정부 시절부터 국가안보에 필요한 신흥 및 기반 기술(EFT, emerging and foundational technologies)에 대한 수출통제를 가할 수 있도록 수출통제 목록 (CLL)을 개정하는 등 수출통제 개혁 작업을 진행하였다. 트럼프 1기 행정부 시절 인 2018년 8월에는 수출통제개혁법(ECRA)을 제정되었는데, 이 법은 기존의 수출 통제체제에서는 통제하지 않았으나 국가안보에 긴요한 신흥 및 기반 기술을 상무 부 산업안보국(BIS)이 지정, 이에 대한 수출통제(수출, 재수출, 이전)를 강화토록 하여 본격적으로 수출통제 정책을 신기술로 확대하고자 하였다(1758조). 미국 상무부는 반도체 소재용 산화갈륨과 다이어몬드, 반도체 전자 컴퓨터 설계 자동화 소프트웨 어, 게이트올어라운드(GAAFET) 구조, 가스터빈엔진 가압연소기술 등 관련기술을 1758조 기술로 순차적으로 지정하고 수출통제 대상에 포함시켜 나가고 있다.[11]

또한 미국 상무부 산업안보국(BIS)는 2024년 9월 (i) 양자컴퓨팅 관련 장비, 부품, 재료, 소프트웨어, 기술, (ii) 첨단 반도체 제조 장비, (iii) 슈퍼 컴퓨터에 사용될 수 있는 고성능 컴퓨터 반도체를 생산하거나 개발할 수 있는 기술인 게이트올어 라운드 (GAAFET) 기술과 (iv) 금속 부품을 생산할 수 있는 적층제조(3D 프린팅) 기술 등 국가 안보에 중요한 최첨단 기술에 대한 새로운 수출통제에 나섰다. 미국이 전 략적 경쟁자로 규정한 중국을 비롯해 러시아, 이란 등 적성국을 겨냥한 조치이다. 이와 함께 미국은 기술 분야별로 자국에 준하는 수준의 수출통제체제를 갖춘 나라 (호주, 독일, 캐나다, 프랑스, 일본, 영국, 이탈리아 등)에는 이런 기술을 미국 정부 허가 없 이 해당 국가로 수출하거나 해당 국가가 수출할 수 있도록 하는 '수출통제 시행국 (IEC, License Exception Implemented Export Controls) 허가면제 제도'를 신설하여 동 맹국들이 미국의 수출통제 제제에 동참하도록 유도했다. 한국은 동 면제국가 명단 에 포함되지 않았지만 한국에 대한 수출은 허가를 신청하면 승인하겠다는 방침인 것으로 알려지고 있다. 미국은 앞으로도 바세나르 체제 등 국제수출통제체제에서 합의되지 않은 품목에 대해 유사입장국 간 공조를 통해 중국 등 우려대상국에 대 한 복수국 간 수출통제체제를 강화할 것으로 전망된다. 바이든 행정부는 임기 종

---

11  미 상무부는 2018년 11월 수출통제개혁법(ECRA)상의 emerging technology로 14개 기술을 잠정지 정하는 안을 발표하였으나 이후에 merging technology와 foundational technology를 별개로 구분 하지 않고 대상 기술을 Section 1758 technology로 지정하기로 결정하였다.

료일에 임박한 2025년 1월 자국산 첨단 인공지능(AI) 반도체 등에 대한 포괄적인 수출통제 규정안을 발표하였다.[12] 상무부 산업안보국(BIS) 규정안은 3개 범주의 국가로 나누어, 중국(홍콩, 마카오 포함), 러시아, 북한, 이란, 베네수엘라, 쿠바, 벨라루스 등을 포함한 미국 무기 수출 금지국 22개국에 대해서는 미국산 첨단 AI 칩 수출을 금지하고, 한국을 포함한 일본, 대만, 캐나다, 프랑스, 독일, 영국, 호주, 뉴질랜드 등 동맹·파트너국 18개국에 대해서는 현재와 같이 제한 없이 수출할 수 있도록 했다. 여타 국가들은 수입 허가를 받아야 한다. 동맹·파트너국 및 여타 국가들에서 데이터 센터를 설치하는 기업이 AI 칩을 수입코자 하는 경우, 수입 가능한 미국산 칩의 총 연산력(computational power)에 상한이 설정되며, 상한을 넘는 수량의 AI칩에 대해서는 검증된 최종 사용자(VEU) 제도를 활용하여 예외적으로 수출을 허용할 예정이다. 바이든 행정부의 이러한 규제계획에 대해 미국 IT 업계는 미국 첨단 산업 성장을 막는 조치라고 강력히 반발하였다. 결국 대중국 견제와 미국 첨단 산업 혁신 간 어떻게 균형을 맞추느냐 하는 문제인데, 트럼프 2기 행정부가 AI 칩 수출통제의 시행에 관해 어떤 입장을 취할지에 대해 지속적인 모니터링이 필요하다.

또한 재무부가 2024년 6월 중국에 대한 반도체, 양자 기술, 인공지능 등 핵심 신흥기술 분야에 대한 대중국 해외투자 제한 규칙을 발표한 것처럼, 미국은 핵심 신흥기술 분야에 대한 중국의 견제조치는 수출통제뿐만 아니라 미국인의 대중국 해외투자 규제수단을 통해서도 계속 추진할 것으로 보인다. 상세는 제7장(투자규제와 경제안보)을 참조하기 바란다.

이와는 별도로, 백악관(과학기술정책위원회)은 2020년 10월 '국가 핵심 및 신흥 기술전략(National Standards Strategy for Critical and Emerging Technology)'을 발표한 이래 대략 2년 주기로 미국의 국가안보에 잠재적으로 중요하고 미국 산업

---

12  DOC Bureau of Insustry and Security, Biden-Harris Administration Announces Regulatory Framework for the Responsible Diffusion of Advanced Artificial Intelligence Technology, Press Release, January 13, 2025.
https://www.bis.gov/press-release/biden-harris-administration-announces-regulatory-framework-responsible-diffusion

혁신을 이끌 수 있을 것으로 보이는 핵심 및 신흥 기술(CET, Critical and Emerging Technologies)에 관한 목록(CET List)을 작성, 공포해 오고 있다.[13] 가장 최근인 2024년 2월 갱신된 목록은 모두 첨단 컴퓨팅, 인공지능, 바이오 기술, 청정에너지 생산·보관, 데이터 안보, 반도체, 우주 관련 기술 등 18개 범주의 기술을 포함하고 있다. 백악관이 발표하는 핵심·신흥 기술 목록은 수출통제와 직접적으로 관련된 것은 아니나 미 정부가 국가안보에 영향을 미치는 핵심·신흥기술의 범위를 무엇으로 보느냐를 가늠하는 지표로서 미국의 수출통제 발전방향 제시, 외국인투자위원회(CFIUS) 심사 초점, 국내 투자 및 산업 정책, 기초과학기술분야의 연구개발 촉진 등을 위한 방향타 역할을 할 것으로 기대되고 있다.[14]

미국은 또한 미국의 기술우위를 유지·확보하고 중국의 기술굴기를 억제하기 위해 미국내 외국인투자 및 미국인의 대중국 투자 검토절차를 활용하고 있다. 2020년 2월 발효된 '외국인투자위험심사현대화법(FIRRMA, Foreign Investment Risk Review Modernization Act of 2018)'은 미국내 기업에 대한 외국인투자 제한을 규정하고 있는데, 상무부 산업안보국(BIS)이 수출통제개혁법(ECRA)의 제1758조에 따라 지정한 신흥 및 기반 기술(CFT)과 관련된 투자에 대해서는 외국인투자위원회(CFIUS) 통보를 의무화하고 있다. 한편, 제7장(투자규제와 경제안보)에서 설명하는 바와 같이 바이든 행정부가 2023년 8월 공포한 행정명령 14105호는 첨단 반도체, 인공지능(AI), 양자컴퓨팅 기술에 대한 미국인의 대 중국 투자를 제한하는 것을 상정하고 있다. 또한 반도체과학법(CHIPS and Science Act)은 미국내 반도체 보조금을 받은 기업이 중국 등 우려대상국에서 생산시설과 연구개발 활동을 확장하지 못하도록 규제하고 있다는 것은 제4장(자국우선주의적 산업정책의 확산)에서 설명한 바와 같다.

---

13  백악관이 발표하는 CET 목록은 수출통제개혁법(ECRA) 제1758조에 따라 상무부의 산업안보국(BIS) 이 발표하도록 되어 있는 Emerging and foundational technologies 목록과는 구별된 것이다. 백악관 목록은 신기술에 대한 미국 정부의 전반적 정책 방향을 제시하기 위한 전략의 산물인 반면, 상무부 목록은 수출통제 및 외국인투자 제한을 목적으로 한 법적 근거에 입각한 목록이다.

14  Arnold & Porter, White House Releases Updated Critical and Emerging Technologies List, February 28, 2024.

미국은 동맹국 및 우호국에 대하여 다자협력의 형태로 신기술 수출통제에 대한 동참을 적극 추진하고 있다. 민감기술 보호 및 관련 기술의 대중국 유출방지 방안 논의를 위해 2018년 유사입장국 간 협의체인 MAST(Multilateral Action on Sensitive Technologies)를 출범시켰으며, QUAD(미국, 일본, 호주, 인도), Five Eyes(미국, 영국, 캐나다, 호주, 뉴질랜드) 등 기존 동맹·우호국 소다자협의체를 통해서도 중국을 비롯한 비우호국에 대한 신기술 이전통제를 위한 논의를 병행 추진 중이다. 현재 EU의 경우, 기존 수출통제체제 내에서 비전략물자라도 대량파괴무기(WMD)로 전용될 수 있는 물품의 대중국 수출시에는 정부의 허가를 받도록 하는 캐치올 제도를 활용하고 있다. EU 집행위는 2023년 6월 발표한 EU 경제안보전략(Economic Security Strategy) 하에서 중국 등 EU와 다른 가치를 추구하는 국가들이 반도체, 인공지능(AI), 양자컴퓨팅, 바이오 등 4대 첨단 기술을 무기화할 위험성에 대한 평가를 기초로 수출통제 조치를 강화하고 있다. 한편, 미국의 신기술 통제 정책에 대응하기 위해 중국도 '수출통제법'을 2020년 12월 제정하면서 대응하고 있다.

## 4.3 대중 반도체 수출통제

미국은 트럼프 1기 행정부 때부터 '화웨이(Huawei)'를 비롯한 중국 기업들에 대해 국가안보 및 외교정책 우려에 기반하여 반도체, 통신장비, 소프트웨어의 공급 차단 등 수출제한 조치를 취하기 시작하였다. 상무부 산업안보국(BIS)은 2019년 5월 화웨이가 중국 정부 및 군부와 연계되어 있고 미국 국가안보와 외교정책에 위협이 된다는 이유를 들어 화웨이와 그 계열사들을 우려거래자 목록(Entity List)에 추가하여 미국 기업들이 정부의 허가 없이 화웨이에 대해 기술, 부품, 소프트웨어 등을 수출하거나 이전할 수 없게 하였다. 2020년 5월에는 미국은 해외직접생산품규칙(FDPR)을 확대 적용하여 미국 기술 또는 장비를 이용하여 해외에서 제조된 반도체도 화웨이에 제공하려면 미국 정부의 허가를 받도록 했다. 이에 따라 전 세계 반도체 제조업체, 특히 화웨이의 주요 공급업체인 대만의 TSMC와 한국의 삼성전자 등이 미국의 해외직접생산품규칙(FDPR)에 따라 화웨이에 반도체를 공급하는데 제한을 받게 되었다. 이와 함께, 미국은 화웨이 계열사의 우려거래자 목록(Entity List) 추가를 확대하는 한편, 화웨이의 5G 네트워크 장비의 미국내 사용을 금지하

고 유럽, 아시아, 기타 지역 동맹국들에게 Clean Network Initiative라는 이름
으로 화웨이 5G 장비의 사용을 중단하거나 배제하도록 설득하는 외교 노력을 경
주하여, 일본, 호주, 영국 등 다수의 국가가 화웨이의 5G 장비 도입을 중단하거나
배제했다. 미국은 화웨이 외에도 ZTE (중국 네트워크 통신장비 및 휴대기기 제조업체),
SMIC(Semiconductor Manufacturing International Corporation, 중국 반도체생산업체),
DJI (중국 드론 제조업체) 등을 제재 대상에 포함하였다.

트럼프 1기 행정부에서는 위와 같이 중국의 개별기업에 대한 수출통제를 가하
는데 머물러 있었으나 바이든 행정부가 들어서면서 개별기업에 대한 통제를 넘어
미·중 기술패권 경쟁의 맥락에서 특히 반도체 등 첨단 산업 분야를 중심으로 국가
안보를 위한 전략적 도구로서 대중국 수출통제를 활용하기 시작하였다. 미 상무부
산업안보국(BIS)은 2022년 10월 수출관리규정(EAR)을 개정하여 중국의 첨단 반도
체 생산능력을 제한하기 위한 수출통제 강화 조치를 시행하였다.[15] 이러한 조치는
2018년 이후 중국의 국가 주도형 산업육성 정책(중국제조 2025)에 대응하기 위해
취한 여러가지 유형의 대중 견제 조치의 연장선상에서 취해진 것이다.

미국의 대중 수출통제는 대러시아 수출통제와는 다소 결을 달리하고 있다. 우
선 대중 수출통제는 대 러시아 수출통제와 같이 범국가적 수출통제 방식이 아닌
특정 기업, 지역, 이슈(인권, 민주주의 등)에 대한 제한적 방식으로 대중 수출통제를
추진하였고 미국의 독자적인 조치라는 특색이 있다. 품목에 있어서도 전통적으로
수출통제의 대상이 된 품목보다 개발·생산단계에 있어 몇 단계 더 상류에 있는 반
도체 등에 집중되어 있다.

미국의 대중 수출통제 조치는 미국의 기존 수출통제제도의 범위 밖의 조치로
서, 중국을 대상으로 일부 첨단 고성능 반도체 및 제조장비의 수출통제목록(CCL)
포함, 외국생산 첨단 컴퓨팅 제품에 대한 해외직접생산품규칙(FDPR) 확대 및 신설,
슈퍼컴퓨터 또는 반도체의 개발이나 생산관련 최종용도 수출허가 요건 신설, 우려
거래자 목록(Entity List) 확대 및 관리 강화, 중국내 일정 기준의 반도체를 제조하

---

15  U.S. Department of Commerce, Commerce Implements New Export Controls on Advanced
    Computing and Semiconductor Manufacturing Items to the People's Republic of China (PRC),
    Press Release, October 7, 2022.

는 시설용 물자에 대한 수출허가 요건 신설 등을 내용으로 하고 있다. 특히 14/16 nm 이하 시스템반도체, 18nm 이하 D램, 128단 이하 낸드플래시를 생산하는 중국내 생산시설에 반입하는 장비와 기술에 대해 중국 기업이 운영하는 생산시설에 대해서는 원칙적으로 허가 금지(presumption of denial)하고, 다국적기업이 운영하는 시설에 대해서는 사안별로 허가여부를 결정하도록 하였다. 중국내에서 반도체 공장을 운영하고 있는 삼성전자와 SK 하이닉스는 이에 따라 당초 1년의 유예기간을 제공받은 후 2023년 10월에는 검증된 최종사용자(VEU, validated end-user)로 인정받아 매번 수출 허가를 받아야 하는 부담을 줄었다. 반도체 소재 및 제조장비 분야에서 첨단 기업을 보유하고 있는 일본과 네덜란드는 미국의 강력한 요청에 따라 2013년 1월 미국의 대중국 반도체 장비 수출통제 조치에 동참하기로 하고 2023년 9월 시행에 들어갔다. 세계 반도체 장비 5대 기업은 미국(Applied Materials, Lam Research, KLA), 네덜란드(ASML), 일본(Tokyo Electron)이 차지하고 있어 미국, 일본, 네덜란드가 대중국 반도체 수출통제에 참여함으로써 제조기술의 군사적 전용을 효과적으로 차단할 수 있게 되었다. 중국은 이러한 미국의 반도체 수출통제 강화조치에 대하여 WTO 분쟁해결기구에 제소하고 2023년 8월에는 반도체용 희귀금속으로서 미국이 전적으로 수입에 의존하고 있는 갈륨과 게르마늄 관련 품목에 대해서는 허가 없이 수출하지 못하도록 하는 조치를 발표하였다.

나아가 상무부 산업안보국(BIS)은 1년전 발표한 대중국 반도체 수출통제에 대한 확대보완 조치를 2023년 10월 발표하고,[16] (i) 첨단 반도체 제조 장비 등을 통제대상에 추가하고 미국인의 중국 반도체 제조시설에 대한 지원행위를 제한하는 한편, (ii) 엔비디아(Nvidia) 등 일부 반도체 업체들이 저성능 AI칩을 제조하여 중국으로 수출하는 것을 막고 중국을 포함한 안보우려국에 대한 수출까지 허가 대상으로 확대하여 기존 대중 반도체 수출통제 우회를 차단하기 위해 첨단 컴퓨터관련 반도

---

16  U.S. Department of Commerce, Commerce Strengthens Restrictions on Advanced Computing Semiconductors, Semiconductor Manufacturing Equipment, and Supercomputing Items to Countries of Concern, BIS Press Release, October 17, 2023, https://www.bis.gov/press-release/commerce-strengthens-restrictions-advanced-computing-semiconductors-semiconductor

체에 대한 제재를 확대하고, (iii) 우려거래자 목록(Entity List)에 AI 반도체 중국 기업을 추가하였다. 미국의 반도체 기술 및 제조장비 전반에 대한 엄격한 수출통제 조치는 기존의 반도체 공급망의 대대적인 재편을 유도함으로써 중국을 배제한 새로운 반도체 공급망 형성을 예고하였다. 중국은 미국 조치에 대해 고순도 흑연에 대한 수출통제로 대응하였다.

나아가 미 상무부 산업안보국(BIS)는 2024년 12월 '중국의 군사용 첨단 반도체 생산능력 제한을 위한 수출통제 강화' 방안을 발표하여 우려거래자 목록에 중국군 현대화에 관련된 140여개 반도체 제조 기업을 추가하고, 대중국 수출통제 대상 품목에 인공지능(AI) 개발에 필요한 핵심부품인 고대역폭 메모리(HBM)와 첨단 반도체를 생산하는데 필요한 반도체 제조 장비 24종과 소프트웨어 3종을 추가하였다. 고대역폭 메모리는 우리나라의 SK 하이닉스와 삼성전자, 미국의 마이크론(Micron)만이 생산하고 있는데, 이중 삼성전자가 중국에 고대역폭 메모리를 공급해 왔으나 해외직접생산품규칙(FDPR)의 적용을 받아 고대역폭 메모리의 대중국 판매가 어렵게 되었다. 2025년부터 시행될 미국 상무부의 계획에 대해 중국은 즉각 미국의 '경제적 강압 행위'에 반대한다고 반발하면서 첨단반도체 소재인 갈륨 및 게르마늄, 그리고 안티몬, 초경질 재료(superhard materials) 등 이중용도 품목에 대한 대미 수출금지를 실시하고[17] 2023년부터 실시한 흑연에 대한 수출통제를 더욱 강화한다고 밝혔다.

우리나라는 러시아에 대한 수출통제의 경우와는 달리, 중국에 대하여는 정부차원에서 직접적인 수출통제조치에 가담하고 있지 않다. 미국 반도체산업협회(SIA)는 2024년 1월 한국, 일본, 대만, 네덜란드 등도 미국과 비슷한 수준의 대중 수출통제를 채택하도록 협의해달라고 상무부 산업안보국(BIS)에 요청한 것으로 알려졌

---

17 미국 측의 2024년 12월 수출통제 조치에 대한 보복조치로 중국이 이때 취한 반도체 및 군사용 이중용도 기술에 필요한 광물 수출통제는 여타 국가에 일반적으로 적용되는 수출통제가 아니라 미국을 특정적 대상으로 한 최초의 조치였다는 특징이 있다.

다. 보도에 의하면,[18] 실제로 한국과 독일에 대한 미국 정부의 대중 수출통제 참여 요구가 거세지고 있다고 한다. 이처럼 미국 정부가 동맹국들에게 수출통제 고삐를 조이고 있는 것은 미국만 대중국 수출통제 조치를 취할 경우 자칫 동맹국을 경유해 중국으로 첨단 기술이 넘어갈 수 있고 미국 업계의 손발이 묶인 상태에서 타국의 경쟁사들만 이익을 볼 수 있다는 우려를 표명한 미국 반도체 업계의 요구도 반영해야 하기 때문이다. EU의 경우, EU 집행위 차원에서 미국과 상응하는 수준의 기술 수출통제 조치를 본격화하고 있지 않은 상황이며, EU 집행위가 2023년 10월 중국을 겨냥해 반도체, AI, 양자컴퓨팅, 바이오 등 4대 첨단 기술을 무기화할 위험성에 대한 평가에 착수한 수준에 머물고 있다.

### [ 중국의 수출통제조치 ]

중국은 2020년 12월부터 '수출통제법'을 시행하는 등 최근 수년간 수출통제체계를 정비하면서 국제 무대에서의 경제적, 정치적 영향력을 강화하고 있다. 기존의 여러 관련법령에 근거한 중국의 수출통제제도가 법적 체계 불안전 등의 문제점이 있다는 국제사회의 지적에 대한 대응 차원도 있는 것으로 관측된다. 수출통제법에 반영된 독자 통제품목 지정, 독자 우려거래자 관리, 보복조항(수출통제를 남용하는 국가에 대한 보복조치 가능) 등은 중국의 독자적인 수출통제 및 제재의 특징을 보여준다. 중국의 수출통제법은 기존 관련법들에 비하여 국가안보 및 국익에 관련되거나 군사력 향상에 사용되는 민간용 품목, 기술, 서비스 등으로 수출통제 대상을 확대하고 있다. 또한 중국에서 원자재, 반제품 또는 중간재를 수입하여 가공한 후 제3국에 수출하는 경우에도 중국의 수출통제법의 적용을 받도록 하고 있는 점도 주목된다.
중국은 자국을 향한 미국의 수출통제에 대한 대응조치로서 사이버 안보법에 근거해 국내 핵심정보 인프라 운영자들의 미 마이크론(Micron)사의 제품구매를 금지하였다. 중국은 또한 2023년 8월부터 핵심광물 생산의 독점적 지위를 이용해 반도체 및 전자제품을 생산하는데 사용되는 갈륨과 게르마늄의 수출을 제한했다가 연말에 해제하였으며, 같은 해 12월부터는 배터리의 핵심원료인 흑연에 대한 수출통제를 시행했다. 핵심광물 수출통제에 이어 중국의 수출금지·제한 기술목록 개정을 통해 희토류 추출·분리 등 핵심 제련·가공 기술 수출에 대한 규제범위를 확대하고 영구자석

---

18  Bloomberg, "US Urges Allies to Squeeze China Further on Chip Technology," March 6, 2024, https://www.bloomberg.com/news/articles/2024-03-06/us-urges-allies-to-further-squeeze-china-on-chip-technology

제조기술 수출을 금지했다. 또한 2024년 5월에는 항공우주, 가스터빈 및 섬유 기술의 수출제한 조치를 취했으며 같은 해 11월에는 배터리 등에 사용되는 준금속 안티몬에 대한 수출통제를 실시하였다.

이처럼 중국의 수출통제법은 미·중 전략경쟁 하에서 자국에 대한 제재나 수출 규제에 대응하기 위한 수단으로 활용하는 한편, 희토류 등 글로벌 공급망에서 자국이 장악하고 있는 품목에 대한 강압적 통제조치를 통해 레버리지를 강화하고 자국이 개발한 첨단 기술의 해외유출을 방지하는 등 자국의 전략적 이해관계를 증대하기 위한 다양한 전략적 목적으로 수출통제체제를 활용하려는 것으로 평가된다.

## 4.4 다자수출통제체제의 한계와 대안

인공지능(AI), 양자컴퓨팅, 바이오 등 첨단 기술의 급속한 확산과 미·중 기술패권 경쟁, 러시아의 우크라이나 침공으로 인한 유럽의 안보상황 악화 등 변화하는 지정학적 환경, 그리고 통제 대상이 된 러시아가 국제수출통제체제에 참여하고 있는 데 따른 문제점을 포함한 현행 국제수출통제제도의 제도적 문제점을 개선할 필요성이 제기돼 왔다.[19] 특히 러시아가 우크라이나 크림 반도를 2014년 2월에 병합한데 이어 2022년 2월에 우크라이나를 침공한 사건을 계기로 미국과 그 동맹국들은 러시아의 서방세계에 대한 안보위협에 대처하기 위해 광범위한 공동행동에 나서게 되었는데, 서방의 이러한 행동은 대상국, 최종사용, 최종사용자 등에 있어서 기존 국제수출통제체를 뛰어넘는 전략적 목표를 달성하기 위한 공동행동으로서 이를 계기로 냉전 종식 이후 처음으로 기존 수출통제체제를 개편할 필요성이 제기된 것이다.

미 정부는 2022년 5월부터 기존의 다자수출통제체제가 기술 변화 속도에 맞춰 기민하게 운영되지 않고 있어 새로운 수출통제제제의 구축이 필요하다고 역설하면서 그 구체방안에 대해 동맹국들과 논의 중이라고 공개적으로 밝혀왔다.[20]

---

**19** William A. Reinsch et al (2023b), Optimizing Export Controls for Critical and Emerging Technologies: Reviewing Control Lists, Expanded Rules, and Covered Items, CSIS, October 2023, Executive Summary.

**20** Alan Estevez 미국 상무부 산업안전차관

우선, 대량살상무기의 비확산을 목표로 냉전이 끝난 직후 출범한 바세나르 체제(WA) 등 기존의 4대 국제수출통제체제는 새롭게 등장하고 있는 최신 민감기술의 수출통제, 비전통적 국가안보, 경제안보, 인권이슈 등 시대적 요구를 다루기에는 부족한 체제라고 할 수 있다. 바세나르 체제(WA)상의 통제대상은 미 상무부가 새롭게 지정하고 관리하고 있는 신흥기술분야와 차이가 있을 뿐 아니라 특정 국가에 대한 제재를 상정하고 있지 않다. 예를 들어, 국제수출통제체제에서 통제되는 이중용도 품목에 해당되지 않는 품목이 실질적으로 군민 융합(military-civil fusion)전략을 추진하고 있는 권위주의적인 중국이나 러시아의 인권침해 및 군사력 증강 내지 전쟁활동에 활용되는 것을 방지하거나, 미국 등 서방세계의 기술 우위 현상을 확보.유지하거나 탄력성 있는 공급망 체제를 유지하기 위하여 반도체 등 첨단 산업 기술이 중국으로 이전되는 것을 방지하고자 하는 경우, 전통적인 국제수출통제체제는 이와 같은 목적을 달성하는데 적합하지 않다고 할 수 있다. 또한 대량살상무기나 재래식 무기 등의 전통적 확산 우려에 대응하는 것조차도 국제수출통제체제가 참여국의 컨센서스에 기반하여 의사결정을 하는 메커니즘으로 인해 오랜 시간이 소요되거나 기능하지 못한 것이 사실이다. 국제질서에 대한 위협요인이 되고 있는 중국과 러시아가 전통적 국제수출통제체제의 일부에 참여하고 있어 이 체제 하에서는 미국을 비롯한 서방세계는 이들의 동의가 없으면 통제리스트 개정 등에 대한 의사결정을 할 수 없기 때문이다.

미국이 2018년 제정한 수출통제개혁법(ECRA) 제1758조는 미국 정부가 새로 도입되는 수출통제 조치에 대해 3년 이내에 국제수출통제체제의 통제목록으로 신규 도입하도록 하고 그렇게 하지 못할 경우 미국 국가안보의 목적상 일방적인 수출통제 조치의 지속 여부에 대해 결정하도록 규정하고 있다. 이와 같이 미국의 신규 수출통제 조치의 다자적 적용을 의무화하고 있는 것은 수출통제의 효과성을 제고하는 동시에 미국 기업에게 수출통제로 인한 상업적 피해가 집중되지 않도록 안전장치를 마련하려는 의도도 해석된다. 수출통제는 수출통제에 참여하지 않는 기업이 수출통제에 참여하는 기업의 자리를 차지하는 문제(backfilling)를 방지하기 위해 다자적 체제로 운영되어야 한다고 보는 것이다. 독자적인 수출통제는 결국 비생산적이고 효과가 없을 것이기 때문에, 결국 수출통제가 러시아나 중국의 군사력을 제한하는 목표에 장기적 효과를 거두려면 미국의 무역파트너 또는 동맹국들의 협조가 필수적이라고 할 수 있다.[21]

EU도 2023년 6월 발표한 EU 경제안보전략(European Economic Security Strategy)의 시행을 진전시키기 위한 방안의 일환으로 2024년 1월 수출통제분야에서 회원국 간 조정을 강화하기 위한 방안을 발표하였다. EU 집행위는 첨단 전자제품, 독극물, 핵 또는 미사일 기술과 같은 이중용도 물자들에 대한 회원국 간 수출통제 조정을 강화할 필요성을 강조하고, 다자수출통제 레짐에서 특정국(러시아)의 반대로 채택되지 못한 물자들에 대한 EU차원의 통일된 통제체제의 도입과 회원국 간 정치적 조정을 위한 고위급 포럼 설치를 제안하면서, 회원국 차원에서의 국가통제 채택 전 통제목록에 대한 조정 강화를 위한 방안을 발표할 예정임을 예고하고, 2021년 채택한 EU의 이중용도 규정(Dual-Use Regulation)에 대한 평가를 2025년으로 앞당겨 진행하겠다고 밝힌 바 있다.

우리나라도 수출통제의 근거법인 대외무역법과 시행령을 2024년 1월, 10월 각각 개정하여 기존 국제수출통제체제에서 지정한 전략물자 이외에도 국제수출통제체제에서 논의된 안건에 대해 다수의 회원국이 수출통제 조치를 취하거나 수출통제 조치를 지지하는 등 공조가 필요한 경우에는 국제수출통제체제에 준하는 다자간 수출통제 공조에 따라 수출 허가 등 제한이 필요한 물품 등을 전략물자로 지정할 수 있도록 법적 근거를 마련하였다. 수출통제 품목의 추가는 회원국 간 합의를 통해서만 가능하도록 한 바세나르 체제 등 기존 국제수출통제체제의 한계에서 벗어나 일부 국가들의 공조에 근거하여 우리나라가 수출통제 조치를 취하는 것이 가능해진 것이다.

새로운 국제수출통제체제가 대립하는 국가들의 이해를 조정하고 확립되기까지는 많은 시간이 소요될 것이다. 이 때문에 미국은 과도기적으로 독자적으로 수출통제조치를 취하거나 유사 입장국이나 동맹국을 규합하여 공동으로 행동하는 복수국간 수출통제제도 내지 수출통제 공조시스템을 모색하고 있는 것으로 관측

---

21 이인화(2023), 새로운 수출통제체제 필요성의 논의동향, 전략물자관리원 해외연구동향 리포트 2023-5, pp. 7~8.

된다. 2023년 1월에 발표된 미국, 네덜란드와 일본 간 대중국 반도체 장비 수출통제 합의가 이러한 복수국 간 노력의 일환으로 볼 수 있고, 2024년 9월 미 상무부 산업안보국(BIS)이 양자컴퓨팅, 첨단 반도체 제조 장비 등 국가 안보에 중요한 최첨단 기술에 대한 새로운 수출통제에 나서면서 미국에 준하는 수준의 수출통제체제를 갖춘 나라에 대해서는 이런 기술을 미국정부 허가 없이 수출할 수 있도록 하는 '수출통제 시행국(IEC) 허가면제 제도'를 신설하여 동맹국들이 미국의 수출통제체제에 동참하도록 유도하고 있는 것은 많은 점을 시사한다. 아직 우리나라는 이런 제도에 참여를 하지 못하고 있기 때문에 한국기업들은 건건이 미국의 허가를 받아야 되는 불편함과 비용상승을 감내하고 있다는 점을 유의하여 조속히 동 제도에 참여할 수 있는 국내 법제도의 여건을 갖추어 가야 할 것이다.

## 참고문헌

산업통상자원부 & 전략물자관리원(2023). 전략물자 관리제도 길라잡이, 2023.6월.

예상준, 엄준현, 이승래, 정연하(2023). 수출규제의 경제적 함의와 글로벌 공급망에 미치는 영향에 관한 연구. KIEP 연구보고서(23-21), 2023.

유준구(2021). 바이든 행정부 신기술 수출통제 정책 동향과 시사점. 국립외교원 외교안보연구소 주요국제문제분석 2021-42. 2021.1월.

이인화(2023). 새로운 수출통제체제 필요성의 논의동향, 전략물자관리원 해외연구동향 리포트 2023-5. 2023.2.6.

이재영(2023). 전략물자 수출통제제도와 무역자유화에 관한 연구. 통상정보연구 제22권 제2호. 2020.6.30.

이정민(2022). 미국 수출통제 제도 심층 분석 및 시사점. KOTRA Global Market Report 22-008. 2022.5월.

이효영(2023). 다자통상체제에서의 수출통제 조치의 쟁점과 현황. 국립외교원 외교안보연구소 주요국제문제분석(2023-13). 2023.6.5.

전략물자관리원(2021). 미국 수출통제 안내가이드. 2021.12월.

전략물자관리원, 수출통제 총람 1: 국제수출통제 및 우리나라 제도, 2021.6월.; 수출통제 총람 2: 주요국 수출통제, 2020; 수출통제 총람 3: 주제별 비교, 2020.

정인교, 채수홍(2023). "미국의 안보정책과 수출통제 수단으로서의 외국직접제품규칙(FDPR)". 국제통상연구 제28권 제1호. 2023.3월.

정해영, 이정아, 한주희, 고성은(2024). 미국의 경제안보·핵심기술 통제 전략 강화 및 시사점. KITA 통상 리포트 2024 Vol. 3. 2024.2.27.

코트라 & 법무법인(유) 광장 국제통상연구원(2022). 미국의 대러시아 수출통제 조치 해설서. 2022.4월.

코트라(2022). 미국 수출통제 제도 심층 분석 및 시사점, Global Market Report (22-008). 2022.

Bauer, Matthias; and Dyuti Pandya(2024). Time to Rethink Export Controls for Strengthened US-EU Cooperation and Global Trade Rules. ECIPE Policy Brief No. 07/2024. 2024.

BIS (2018), Introduction to Commerce Department Export Control. Revised November 2018.

CRS (2021), The U.S. Export Control System and the Export Control Reform Act of 2018. CRS Report. Updated June 7, 2021.

Emily & Catharine Mouradian (2023). Establishing a New Multilateral Export Control Regime. ISIS. November 2023.

Historical Background of Export Control Development in Selected Countries and Regions: U.S., EU, U.K., Germany, France, Hungary, Russia, Ukraine, Japan, South Korea, China, India and ASEAN.

Rathbone, Meredith; and Ryan Pereira (2023). The Guide to Sanctions - Fourth Edition: Export Controls in the United States. Septoe and Johnson LLP, GIR(Global Investigations Review). September 2023.

Reinsch, William A.; Emily Benson; Thibault Denamiel; and Margot Putnam (2023a). Optimizing Export Controls for Critical and Emerging Technologies: Semiconductors, Quantum Technology, AI, and Biotechnology. CSIS. May 2023.

Reinsch, William A.; Thibault Denamiel; and Eric Meyers (2023b). Optimizing Export Controls for Critical and Emerging Technologies: Reviewing Control Lists, Expanded Rules, and Covered Items. CSIS. October 2023.

Reinsch, William; Thibault Renamiel; and Matthew Schleich (2024), Optimizing U.S. Export Controls for Critical and Emerging Technologies: Working with Partners. ICIS. February 2024.

Stewart, Ian (2023). Export Controls in an Era of Strategic Competition: Implications for the Existing Landscape and the Need for a New Multilateral Trade Review Regime. Strategic Trade Research Institute Volume 9, Issue 10, Winter/Spring 2023.

Wolf, Kevin; and Emily S. Weinstein (2022). COCOM's daughter? WorldECR. May 2022.

# 제 7 장

## 투자규제와 경제안보

## 1 투자규제와 국가안보

### 1.1 개관

전통적으로 외국인직접투자(FDI, foreign direct investment)는 선진 기술의 도입, 고용창출 효과 등 투자유치국의 경제발전에 도움이 되는 경제행위로 받아들여져 대부분의 국가에서는 외국인투자 유치에 힘쓰고 있다. 외국인투자에 대한 인센티브 제공과 함께 독자적인 투자자유화 조치를 취하거나 자유무역협정(FTA, Free Trade Agreement) 등 협정을 통해 상호 호혜적인 투자자유화를 추진하는 한편, 투자보장협정이나 이중과세방지협정 등을 통해 외국인투자의 보호와 조세혜택을 위한 법적·제도적 장치를 마련하는 것이 일반적이다. FTA나 투자보장협정은 내국민대우(NT, national treatment) 및 최혜국대우(MFN, most favored nation), 공정하고 공평한 대우, 수용 및 보상, 송금자유 등 외국인투자자에게 실체적인 권리를 부여하는 한편, 투자자-국가 분쟁해결제도(ISDS, investor-state dispute settlement system)를 통해 외국인투자자가 국제 중재에 의해 자신의 권리를 확보할 수 있는 절차적 장치를 마련하는 등 외국인투자 및 투자자 보호에 중점을 두고 있다.

이러한 정책은 현재에도 유효하다고 할 수 있으나, 최근의 국제경제·통상환경 하에서 다수의 국가들이 특정 국가, 특히 적대국가로부터의 투자나 자국의 특정 산업에 대한 외국인투자에 대한 규제를 강화하는 현상도 동시에 나타나기 시작하였다. 과거에도 투자자유화를 규정한 FTA 등 협정에서도 안보를 이유로 외국인투자 규제를 할 수 있는 투자유치국의 권리를 규정한 경우가 있었다. 그러나, 이는 국가비상사태에 대비한 일종의 안전장치로서 실제로 이에 근거한 조치를 취하는 예가 많지는 않았다. 그런데 미·중 전략경쟁의 배경 하에서 경제안보의 중요성이 부각되면서 자국 내 외국인투자의 국가안보에 대한 위해(危害)를 예방하기 위해 외국인투자를 규제하는 사례가 증가하고 있는 것이다. 이러한 외국인투자 규제는 통신, 에너지, 용수, 교통 등 국가 기간산업의 보호, 적대국의 민감·첨단 기술 탈취 방지, 적대국의 국내산업 지배 방지 등 지정학적 고려, 국방관련 또는 전략적 중요성을 지니는 산업분야에서 적대국에 대한 과도한 의존 방지 등 국가 안보적 차원에서의 전략적 고려가 작용하고 있다. 이 밖에도 주요 국내 산업에 대한 경제주권 보호, 시장집중에 따른 반경쟁적 관행의 방지, 금융안정성 확보, 개인정보를 포함한 소비자 보호, 환경보호, 문화적·사회적 안정 확보 등 다양한 요소들이 외국인투자에 대한 규제 필요성으로 작용하고 있다. 이러한 맥락에서 미국, EU, 캐나다, 호주, 일본 등 주요국들은 외국인직접투자의 초기단계에서 국가기관이 해당 외국인투자가 국가안보 등에 대한 위해요소가 없는지를 심사하여 위해요소가 있다고 판단되는 경우 해당 외국인투자를 허가하지 않는 제도를 운영하고 있다.

## 1.2 최근 동향

최근에는 자국 내 외국인투자(inbound investment)뿐만 아니라 자국민의 해외투자(outbound investment)에 대한 규제 움직임도 나타나고 있다. 국가안보 등의 이유로 첨단 산업에 대한 자국내 외국인투자를 규제하는 것은 이미 여러 국가가 채택하고 있지만, 자국민의 해외투자에 대한 국가안보 심사 규제를 취하고 있는 국가는 현재까지는 중국이 유일하였다. 그런데, 미국에서도 미·중 기술 패권경쟁 하에서 미국 기업의 해외투자에 대해서도 국가안보 심사를 가능케 하는 '국가핵심

역량수호법안(NCCDA, National Critical Capabilities Defense Act)'[1]이 2021년 5월과 2023년 5월에 걸쳐 미 의회에 제출되었다. 의회에 제출된 NCCDA 법안은 아직 통과되지 않았지만, 미 의회가 미·중 기술 패권경쟁의 맥락에서 중국의 첨단 기술 획득 시도를 방지할 필요성에 대해 초당적으로 지지하는 입장이므로 추후 의회를 통과할 가능성은 열려 있다. 또한 바이든 행정부도 2023년 8월 특정 첨단 기술 분야에 대한 자국민의 대중국 투자를 제한하기 위한 행정명령 14105호[2]를 발표하였다.

자국민의 해외투자 규제 움직임은 미국에만 국한된 것은 아니다. EU의 경우에도 미국과 마찬가지로 해외투자 규제 제도 도입 가능성을 상정하여 본격적인 검토 작업을 진행하고 있고, G7 차원에서도 해외투자 위험 해소를 위한 조치의 중요성을 강조하고 있다. 이런 추세가 계속된다면, 미국 등 주요국의 요구에 의해서나 그 자체의 필요성에 따라서 유사한 수준의 자국민 해외투자에 대한 심사도 이제 세계적으로 확산될 가능성을 배제할 수 없다. 자국내 외국인투자 및 자국민의 해외투자에 대한 정부 규제는 국가의 산업정책 및 글로벌 공급망 개편을 위한 중요한 정책적 도구로 활용된다. 정부는 투자 규제를 통해 전략산업을 보호·육성하고 국내 생산 역량을 강화하면서 기술의 유입과 유출을 통제할 뿐 아니라, 해외생산기지의 국내이전, 공급망 다변화 등의 목적을 효과적으로 달성할 수 있기 때문이다.

이처럼 현재의 외국인투자 체제는 투자 자유화와 보호를 목적으로 한 기존의 FTA 및 투자보장협정에 더하여 경제안보의 확보를 위한 외국인투자 심사제도가 병존하고 있다. 정책 입안자의 입장에서는 이 두 가지 요소 사이의 균형을 유지함으로써 경제성장을 촉진하면서 국가의 전략적 이익을 보호할 필요가 있다고 할 수 있겠으나, 외국인투자 규제가 중국과 같은 특정 국가를 상대로 선별적·적대적으

---

**1** S. 1854 - National Critical Capabilities Defense Act of 2021, May 26, 2021, https://www.congress.gov/bill/117th-congress/senate-bill/1854
H.R. 3136 - National Critical Capabilities Defense Act of 2023, May 9, 2023, https://www.congress.gov/bill/118th-congress/house-bill/3136

**2** White House(2023), Executive Order on Addressing United States Investments in Certain National Security Technologies and Products in Countries of Concern, White House, August 9, 2023,

로 운영되고 있는 상황은 해외투자활동을 전개하고 있는 기업에게는 새로운 도전과제가 되고 있다. 기업의 입장에서는 외국인투자 심사제도 강화가 특정국가만을 대상으로 하고 있다 해도 종전처럼 투자결정시 경제적 요소만 고려하는 것만으로는 충분치 않을 수 있고 경우에 따라서는 상대국의 보복적 조치 등이 전개되는 등 불확실성이 커지기 때문에 각별한 모니터링과 선제적 대응이 필요하다. 각국이 경제안보 차원에서 경쟁적으로 강화하고 있는 외국인투자규제 조치는 산업정책, 무역정책, 공급망 등에도 직간접적인 영향을 미치게 된다. 우리 정부로서는 외국의 투자규제조치로 우리 기업이 피해를 받지 않도록 정부 간 협의를 강화하는 동시에, 우리나라도 외국인투자심사제도를 재정립하여 국가안보에 위해가 되는 외국인투자가 국내에 이루어지지 않도록 하는 한편, 우리 기업도 외국인투자심사제도 강화로 부수적인 피해를 입지 않도록 기민하게 대처해야 할 것이다. 이 장에서는 미국, EU 등 주요국의 외국인투자와 자국민의 해외투자에 대한 국가안보차원의 규제 동향과 우리나라의 관련 제도현황을 살펴보고자 한다.

## 2 미국의 외국인투자 규제

### 2.1 미국내 외국인투자 규제

2010년대 이후 중국은 첨단 산업 육성 정책인 '중국제조 2025' 정책의 일환으로 미국 등 선진국 기업으로부터 첨단 기술을 획득할 목적으로 미국 기업과 적극적으로 인수·합병(M&A)을 추진하는 등 외국인직접투자를 적극 활용하기 시작하였다. 이에 대해 미국에서는 중국의 이러한 적극적인 대미 투자 활동을 미국의 우월적 기술 및 지식재산에 대한 공격적인 탈취행위로 간주하기 시작하였다. 미국내 중국기업의 투자에 대한 국가안보 우려가 제기된 대표적인 사례로는 2016년 캐년 브리지 캐피털(Canyon Bridge Capital Partners)이 미국 반도체 기업인 래티스 반도체 코포레이션(Lattice Semiconductor Corporation)을 인수하려던 사건[3]을 들 수 있다. 중국자본이 배후에 있는 것으로 알려진 사모펀드가 중요한 전자 시스템에 사용되는 시스템 반도체를 생산하는 이 미국 기업을 약 13억 달러에 인수하려 하는 것이 알려지자 이 인수는 중국이 반도체 산업의 역량을 강화하려는 전략적 움직임으로서 미국 국가안보에 위해를 줄 것이라는 우려가 제기되었다. 1기 행정부의 트럼프 대통령은 2017년 9월 외국인투자위원회(CFIUS, Committee on Foreign Investment in the United States)의 권고에 따라 동 인수에 대한 승인을 거부하였다. CFIUS는 미국에서 이루어지는 외국인투자가 국가안보에 미치는 영향을 판단하여 대통령이 해당 투자의 승인을 거부하도록 건의하는 권한이 있는데, 아래에서 설명할 외국인투자위험심사현대화법(FIRRMA, Foreign Investment Risk Review Modernization Act)이 2018년 제정되어 CFIUS의 권한을 강화하기 전인 2017년에 이미 이 케이스에서도 이러한 막강한 권한을 행사하였던 것이다.

원래 CFIUS는 그 역사가 1970년대로 거슬러 올라간다. 1975년 5월 포드 행정부는 행정명령 11858호[4]를 통해 CFIUS 조직을 신설하고 최초로 외국인투자에 대한 연방정부의 감시기능을 도입했다. 당시에는 중동 국가로부터 미국에 유입되는 투자 자본들이 국가 안보에 미칠 위협을 우려하였기 때문이었다. 그후, 1980년대 일본 기업들의 미국 기업 인수 열풍에 위협을 느낀 의회도 1988년 기존 국방생산법(Defense Production Act of 1950)의 수정입법(Exon-Florio Amendment)을 통해 국가안보 위협 소지가 있는 외국인투자 거래를 중단시킬 CFIUS의 법적 권한을 행정부에 부여하였다. 이후 CFIUS의 구성원, 권한 및 관할권은 지속적으로 확대되어 오늘에 이르렀다. CFIUS는 재무부 장관을 의장으로 하여 국무부, 국방부, 상무부, 국토안보부, 에너지부 장관 등 16개 연방 부처 및 기관장으로 구성되어 있으며, 미국 기업에 대한 외국인투자 거래가 국가안보에 위협이 되는지 여부를 심사하는 합동위원회이다.

---

3  Colley (2017), M&A Lessons Learned from the Blocked Chinese Acquisition of Lattice Semiconductor, Cooley Aert, September 19, 2017.
4  Executive Order 11858 on Foreign Investment in the United States, May 7, 1975, https://www.archives.gov/federal-register/codification/executive-order/11858.html

중국을 협력 파트너가 아닌 '전략적 경쟁자'로 규정한 트럼프 1기 행정부의 2017년 국가안보전략 보고서(NSS, National Security Strategy of the United States of America)는 중국의 외국인투자 활동에 대한 미국의 시각을 잘 반영하고 있다.[5] 이 보고서는 중국의 투자가 미국의 경제적, 안보적 이익에 미치는 영향을 심각하게 우려하면서 중국의 투자에 대한 우려를 반영하여 국가 안보 요구를 충족시키기 위해 CFIUS의 외국인투자 심사 과정을 검토하고 간소화함으로써 새로운 위협에 대응할 수 있도록 현대화할 것이라고 기술하고 있다. 미국은 특히 트럼프 1기 행정부가 들어서면서 중국의 지식재산권 탈취 등을 이유로 무역법 제301조에 따라 광범위한 중국산 수입품에 대해 추가 관세를 부과한데 이어, 핵심기술과 연관된 상품과 서비스 및 기술의 수출입과 투자에 대해 일련의 강력한 통제 조치를 도입하기 시작하였다. 이러한 행정부의 대중 기술 통제에 대해 미 의회도 초당적 지지를 보냈다.

## 2.2 외국인투자위험심사현대화법(FIRRMA) 제정

미국은 중국과의 기술 패권경쟁이 본격화되기 이전에 이미 '외국인투자와 국가안보법(FINSA, Foreign Investment and National Security Act)'[6]을 통해 외국인투자에 대한 안보심사를 강화한 바 있다. 2007년 10월 발효된 이 법은 CFIUS의 권한을 확대·강화하고 의회 보고 의무를 강화하였다. 외국정부, 국가안보에 대한 위협, 핵심 인프라에 대한 통제가 관여된 투자 거래는 원칙적으로 CFIUS에 신고하여 이 위원회의 45일간의 공식 조사를 받도록 하였으며, CFIUS가 외국인투자의 국가안보영향을 판단하는데 있어서 반드시 고려해야 할 요소로 국방목적의 국내산업

---

5  White House, "China and Russia challenge American power, influence, and interests, attempting to erode American security and prosperity." Preface of NSS 2017, and Chapters 2 and 3, https://trumpwhitehouse.archives.gov/wp-content/uploads/2017/12/NSS-Final-12-18-2017-0905.pdf

6  US Congress (2007), Foreign Investment and National Security Act of 2007, Public Law 110-49, July 26, 2007,
https://www.congress.gov/110/plaws/publ49/PLAW-110publ49.pdf

역량, 장비·기술 등의 우위 확보 및 보호, 핵심 기간시설, 외국정부 통제 여부, 에너지 및 핵심 자원물자 확보 등 모두 12개의 요소를 명시하였다. 또한 이 위원회는 특정 외국인투자의 잠재적인 위험을 최소화하기 위해 해당 투자자와 완화협정(mitigation agreements)[7]을 체결할 권한을 부여받았다. 2013년 2월에 발표된 대통령정책지침(Presidential Policy Directive 21 on Critical Infrastructure Security and Resilience)[8]은 미국 핵심 기간시설로 화학, 상업시설, 통신, 핵심제조업, 댐, 방위산업기지, 비상서비스, 에너지, 금융, 식량 및 농업, 정부시설, 공중보건, 정보기술, 핵

**[ FIRRMA 도입 전후 투자심사제도 변경 사항(요약) ]**

| 구분 | 기존 | 변경 |
|---|---|---|
| 근거 법령 | 「FINSA」 | 「FIRRMA」 |
| 주관기관 | 외국인투자위원회(CFIUS) | |
| 신고 유형 | 자발적 신고 | 자발적 신고<br>특정 거래에 한하여 의무 신고 |
| 심사대상 | • 미국 기업에 대한 외국인의 지배권을 창설하는 인수·합병 | • 미국 기업에 대한 외국인의 지배권을 창설하는 인수·합병<br>• 핵심기술·인트라·개인정보(TID) 관련 사업에 대한 비지배적(Non-controlling) 투자<br>• 군기지 또는 민감한 국가안보시설 인근 부동산거래<br>• 외국인투자자의 권리 변화: 지배권이 생성되는 경우<br>• CFIUS 검토를 회피하기 위한 다른 유형의 거래 |

출처: 미국 외국인투자 심사제도(CFIUS) 가이드북, KOTRA, 법무법인(유)광장(2023)

---

7  CFIUS는 기술·노하우 접근권한 제한, 특정기술 및 정보를 허가 받은 직원으로 한정하는 내부통제, 미국 정부가 승인한 안보관리(security officer) 임명과 관련 위원회 구성 등을 포함하는 완화협정(mitigation arrangement)을 대상 기관과 체결할 수 있다. 다만, 중국으로 IP 이전, 중국정부기관의 참여 및 미국내 공급망 보전의 중요성 등의 경우에 대해서는 완화될 수 없는 국가안보 위험으로 규정했다.

8  White House (2013), Presidential Policy Directive - Critical Infrastructure Security and Resilience, Press Release, February 12, 2013, https://obamawhitehouse.archives.gov/the-press-office/2013/02/12/presidential-policy-directive-critical-infrastructure-security-and-resilience

관련 시설, 교통체제, 용수 및 하수체제 등 16개의 산업분야를 선정하였다.

이어 미 의회는 트럼프 1기 행정부 시절인 2018년 '외국인투자위험심사현대화법(FIRRMA, Foreign Investment Risk Review Modernization Act of 2018)'을 제정하였으며 이 법은 2020년 2월에 발효되었다. 이 법은 CFIUS의 권한을 더욱 대폭 강화한 것이다.

## 2.3 CFIUS 심사대상

2018년 FIRRMA 제정 이후 CFIUS는 외국인투자에 대한 미국의 국가안보 위험 여부를 판단함에 있어서 더욱 확장된 심사 대상에 대하여 더욱 엄격한 심사기준으로 검토하고 있다. 종전에는 외국인투자자가 미국 기업에 대해 '지배권'을 창설하는 '인수·합병'이 이 위원회의 심사대상이 되었으나, FIRRMA 제정에 따라 4가지 유형의 거래가 심사대상으로 추가되었다. (i) 핵심 기술, 핵심 인프라, 민감 개인정보(TID, technology, infrastructure, and data)와 관련 미국 사업에 대한 외국인의 비지배적(non-controlling) 투자, (ii) 군사시설 또는 항구, 공항 등 민감한 국가안보 시설 인근 부동산 거래, (iii) 외국인투자자에게 지배권이 생성되는 경우(외국인투자자의 권리 변화), (iv) CFIUS 심사를 회피하기 위한 다른 유형의 거래 등도 이 위원회의 심사를 받도록 한 것이다.

새롭게 추가된 CFIUS 심사 대상 4가지 유형의 거래 중 (i)항은 핵심기술, 핵심 인프라, 민감한 개인정보관련 사업을 외국인투자가가 인수하는 경우 비지배적 투자라도 CFIUS 심사대상이 된다는 것인데, 비지배적(non-controlling) 투자는 FIRRMA에서 정의되어 있지 않으나 외국인투자자가 해당 기업의 중요한 사항에 결정 및 지시 권한이 없는 것을 지칭하는 것으로 해석된다. 여기서 핵심기술은 2018년도 수출통제개혁법(ECRA, Export Control Reform Act) 제1758조상의 신흥·기반 기술(EFT, emerging and fundamental technologies)로 정의되어 있다. 상무부 산업안보국(BIS)은 반도체 소재용 산화갈륨과 다이아몬드, 반도체 전자 컴퓨터 설계 자동화 소프트웨어, 게이트올어라운드(GAAFET) 구조, 가스터빈엔진 가압연소 기술 등 관련 기술을 순차적으로 이 기술로 지정해 나가고 있다. 유형 (ii)와 관련 CFIUS의 심사 범위가 부동산 거래까지 확대됨에 따라, 투자가 수반되지 않은 경우라도 미국의 주요 군사 시설 및 기타 민감 안보시설에 인접한 토지에 대한 외국인의 사적 또는 공적인 매입·임대·양도 거래가 이제는 심사 대상에 포함되었다. 이와 관련, 미 군사시설 인근 지역의 토지를 중국 회사가 매입한 것에 대해 CFIUS가 관할권 없음을 결정한 사례나 CFIUS에 심사 요청을 하지 않고 토지를 매입한 사례에 대한 국내 비판이 제기되자, 미 재무부는 1마일 또는 100마일 이내에 위치한 부동산을 외국회사가 거래할 때 CFIUS가 심사 관할권을 행사할 수 있는 미국 전역의 특정 군사시설로 60개 이상을 추가하는 최종 규정을 2024년 11월 발표하였다.

CFIUS 심사는 원칙적으로 외국인투자자가 자발적으로 심사를 요청하는 경우 이루어진다. 또한 CFIUS는 필요한 경우 언제라도 직권으로 특정 외국인투자에 대한 심사를 개시할 수 있다.[9] 심사를 위한 신고가 강제되지 않더라도 기업입장에서는 투자 당시에 CFIUS의 심사를 받아 국가안보에 대한 위해 요소가 없음을 확인받으면 추후 CFIUS의 직권심사에 의해 뒤늦게 투자가 승인되지 않는 상황을 회피할 수 있어 안전장치(safe harbor)로서 신고를 자발적으로 할 유인이 있다. 최근에 특히 심사요청이 없었던 우려 투자 거래에 대한 CFIUS가 관심을 기울이고 있는 경향에 비추어 볼 때 자발적 신고를 할 유인이 더욱 커졌다고 할 수 있다. 특기할 것은 FIRRMA 제정에 따라 일정한 경우에는 의무적으로 신고해야 하는 투자 범주가 규정되었다는 것이다. (i) 외국 정부가 실질적 이해관계(substantial interest)를 갖는 해외 기관이 미국의 핵심 기술, 핵심 인프라, 민감 개인정보(TID) 사업에 투자하거나 (ii) 수출통제의 대상이 되는 핵심기술에 관여되는 미국의 TID 사업에 대한 투자를 하는 경우에는 CFIUS에 의무적으로 신고하여 심사를 받아야 한다.

---

9   CFIUS는 외국인투자 거래 종료 이후를 포함하여 어느 시점에라도 심사할 수 있는 권한을 가지고 있다. 이에 따라 CFIUS는 외국인투자 거래 종료 후 거래 유예, 중단 등의 조치를 취할 수 있으므로, 국가 안보 위험 등의 우려가 있는 거래의 경우에는 거래 종료 이전에 자발적으로 신고하는 것이 리스크 회피를 위해 필요할 수 있다.

## 2.4 CFIUS 심사절차

미국에 투자하고자 하는 외국 투자자는 정식으로 서면신고(written notice)하기 전에 사전 약식신고(declaration)를 CFIUS에 제출할 수 있는데, 이 경우 이에 대해 CFIUS는 30일 내에 조사대상 여부를 통지해준다. 정식 서면신고가 있으면 CFIUS는 초기심사(review period, 45일)를 개시한다. 초기심사 결과, 해당 투자거래가 미국 국가안보를 저해할 위험이 있고 그러한 위험을 완화할 수 있는 조치가 취해지지 않았거나, 외국 정부에 의해 통제되고 있거나, 미국의 핵심 인프라에 대한 외국의 통제로 귀결될 수 있다고 판단하는 경우 국가안보 영향에 대한 심층적인 조사(investigation period, 45일, 필요시 15일 연장가능) 단계로 들어간다.

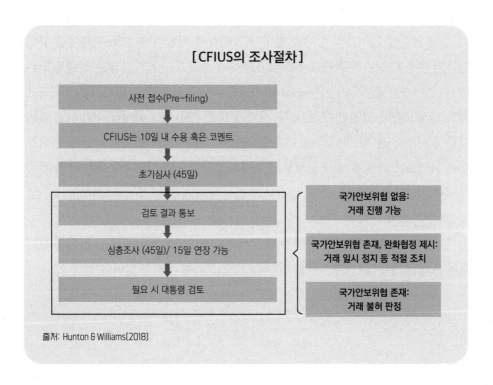

출처: Hunton & Williams(2018)

CFIUS는 리스크에 기반한 국가안보 심사를 실시함에 있어 외국인투자자의 위협요소, 미국 내 해당산업의 취약성, 해당 거래의 미국 국가안보에 대한 잠재적 영향을 평가한다. FIRRMA는 국가안보위험 여부 심사시 고려해야 할 요소로 기존

FINSA에서 규정한 12개 요소에 추가하여 6가지 새로운 요소를 추가하여 총 18개 고려요소를 예시적으로 제시하고 있다.

**[ FIRRMA의 국가안보 위험 심사시 고려 요소 ]**

| | | |
|---|---|---|
| FINSA | 1 | 예상되는 국방요건에 필요한 국내생산 |
| | 2 | 인적자원, 제품, 기술, 원자재 및 기타 공급물자와 서비스를 포함하여 국방 목적에 필요한 국내산업의 역량 및 능력 |
| | 3 | 외국인에 의한 국내산업 및 상업활동 통제 |
| | 4 | 군사 물품, 장비, 기술을 테러리즘 지지 국가나 미사일 기술 또는 생화학 무기 확산국에 판매할 잠재적 가능성 |
| | 5 | 미국의 국가안전에 영향을 주는 분야에서 미국의 기술적 우위에 대한 잠재적 효과 |
| | 6 | 주요 에너지 자원을 포함한 미국의 핵심 기간시설(critical infrastructure)에 대한 잠재적인 국가안보에의 영향 |
| | 7 | 미국의 핵심기술(critical technologies)에 대한 잠재적인 국가안보에의 영향 |
| | 9 | 대상이 되는 거래가 외국 정부에 의해 통제되는 거래에 해당되는지 여부 |
| | 10 | 외국정부에 의해 통제되는 거래의 경우, 이 외국정부가 반테러, 무기의 비확산, 수출통제에 있어 미국과 공조적 입장을 취하고 있는지 여부 |
| | 11 | 에너지 및 여타 핵심적인 자원과 물자에 관한 미국의 장기적인 수요 요건 |
| | 12 | 기타 대통령이나 위원회가 적절하다고 판단하는 요소 |
| FIRRMA (신설요소) | 13 | 미국의 기술 분야 리더십에 대한 영향 여부 |
| | 14 | 중요 기간산업 에너지 자원, 중요 자료 또는 중요 기술을 포함한 최근 거래 경향 또는 그 누적적 지배의 잠재적인 국가안보 관련 영향 |
| | 15 | 미국 국내 법령 준수 기록 |
| | 16 | 외국인투자자에 의한 미국 산업 및 상업활동에 대한 지배 여부 |
| | 17 | 미국 시민의 유전자 정보 등 민감정보의 외국인투자자 공개 여부 |
| | 18 | 사이버 안보상 미국을 위험에 처하게 하는지 여부 |

출처: FINSA 4조 및 FIRRMA 1702조c항

바이든 행정부는 2022년 9월 행정명령 14083호[10]를 통해 FIRRMA 상의 고려 요소를 더욱 명확히 하고 확장하였다. 이 행정명령은 CFIUS 투자 심사시 고려할 (i) 공급망 탄력성과 (ii) 미국의 기술 우위 유지라는 2개 기존 요소의 의미를 분명히 하는 한편, 해당거래가 (iii) 전반적인 산업투자동향 (vi) 사이버안보, (v) 미국인의 민감 데이터의 보호 등 3개 추가적인 요소에 미치는 영향을 주목하도록 하였다. 이 행정명령은 중국을 특정하지 않았으나, 중국제조 2025 등 중국의 산업정책이 우선순위를 두고 있는 전략부문에서의 중국 투자형태에 초점을 맞추고 있다.

CFIUS는 조사결과에 따라 투자거래의 승인 조치를 취할 수 있으며, 만약 이 과정에서 우려사항이 식별된 경우, 완화협정을 교섭하거나 조건을 부여할 수 있고 소관 부처가 동 준수 여부를 모니터링하는 책임을 맡게 된다. 최근 들어 CFIUS의 집행기능이 강화되고 있는 것이 주목된다. 재무부는 2022년 10월 미국내 외국인 투자심사에 대한 CFIUS의 집행 및 처벌에 대한 가이드라인을 최초로 발표하여 (i) 의무적 신고 위반, (ii) 완화협정 준수 위반, (iii) 허위정보 신고 등 3개 유형의 위반행위에 대한 CFIUS의 판단기준 및 처벌 등에 대해 비구속적 지침을 제시하였으며 2024년 4월 동 가이드라인을 업데이트하였다. CFIUS는 FIRRMA 발효 이후 최초로 2023년 중 4건의 완화협정 등의 집행 위반에 대한 벌금 처분을 내렸으며, 60개의 미신고 투자건을 조사하여 이 중 13건의 투자에 대해서는 신고토록 공식 요청하였다[11].

만약 CFIUS가 해당 투자에 대한 우려사항이 해소되지 못하였다고 판단하는 경우, 투자의 금지를 대통령에게 건의하고 대통령은 15일 안에 결정을 내려야 한다. 대통령의 결정은 공개된다. 현실적으로 CFIUS 절차가 여기까지 진행되는 경우는 많지 않은데, CFIUS 심사 단계에서 투자자는 검토 진행상황에 따라 승인이 어렵다고 판단될 경우 심사신청을 철회하는 것이 일반적이기 때문이다. 지금까지 대통령에 의해 외국인투자가 금지된 사례가 아래와 같이 8건 있는데, 대부분 중국의 투자거래에 대해 최근 10년내에 이루어진 결정이다.

---

**10** White House(2022), Executive Order 14083 on Ensuring Robust Consideration of Evolving National Security Risks by the Committee on Foreign Investment in the United States, September 15, 2022.

**11** CFIUS Annual Report to Congress for CY 2023, July 2024, p. 39.

## [외국인투자에 대한 미 대통령 불승인 사례]

| 연도 | 미국 기업 | 외국투자자 | 부문 |
|------|----------|-----------|------|
| 1990 | MAMCO | CATIC | 항공 |
| 2012 | 4 wind farms | Ralls Corp. (Sany Group) | 재생에너지 |
| 2016 | Aixtron SE | Grand Chip (China IC Fund) | 반도제 |
| 2017 | Lattice | Canyon Bridge Capital Partners | 반도체 |
| 2018 | Qualcomm | Broadcom | 반도체 |
| 2020 | StayNTouch | Shiji Information Technology Co. | 소프트웨어 |
| 2020 | Musical.ly | ByteDance | 디지털 플랫폼 |
| 2024 | Real estate | MineOne | 암호화폐 광산 채굴 |

출처: CRS, The Committee on Foreign Investment in the United States, In Focus(2024)

## 2.5 미국 외국인투자심사 제도 평가

미국 CFIUS 자료에 의하면,[12] 2017년부터 2020년 코로나19 팬데믹 시기를 제외하고는 CFIUS 외국인투자 신고(notice)가 급격히 늘어나는 추세인 것으로 나타나고 있다(2016년 172건이던 신고가 2017년 237건, 2022년에는 286건, 2023년에는 233건). 2022년 및 2023년의 경우 신고된 286건과 233건 중 심층적 조사(investigation)가 진행된 건이 163건과 128건이었는데, 이 중 절반 수준인 87건과 57건이 조사 전후로 신고를 철회한 것으로 집계되었다. 172건의 신고 중 79건에 대해 심층적 조사가 진행되고 이 중 21건이 신고가 철회된 2016년의 수치와 비교해 볼 때, 그 비율이 증가한 것은 CFIUS의 조사로 투자 검토가 강화되어 많은 우려투자가 무산된 것을 암시한다고 볼 수 있다.[13]

---

12  CFIUS Annual Report to Congress for CY 2023, 2024.7월, 이 통계에는 약식 신고(declaration)한 건은 제외하고 정식 신고된 투자건수만 포함한다.

13  과거에는 CFIUS 투자 검토제도가 도입된 이후에도 미 대통령이 대규모 M&A 케이스를 승인하지 않는 경우가 많지 않았다. 그러나 2012년 이후 대통령이 대규모 외국인투자를 승인하지 않는 경우가 확대되었다. 공식적으로는 오바마 행정부시 중국의 외국인투자 2건, 트럼프 1기 행정부시 4건의 외국인투자(중국 3건, 싱가포르 1건)가 공식적으로 불승인(바이든 행정부는 불승인 사례 없음)한 것으로

2023년도를 기준으로 신고 및 CFIUS 검토 결과를 좀더 살펴보자면, 총 233건의 신고(최초 신고되었으나 철회 후 다시 제출된 신고도 별건으로 계산)에 대해 모두 초기 심사(review)를 실시하였으며 이 중 128건이 심층 조사(investigation)로 넘어갔다. 이 중 35개 건에 대해서는 완화협정이나 안보우려 해소 명령이 내려졌으며, 57개 건은 철회되었다(이 중 43건은 다시 신고하였으나 14개건은 거래를 포기한 것으로 관측). 다만, 2023년 중 2건이 CFIUS에 의해 투자가 거부되었으며 대통령에 의한 투자 불승인 케이스는 없었다.

이처럼, FIRRMA의 시행으로 중국 기업이 인수·합병(M&A)을 통해 미국 주요 기업의 첨단 기술을 습득하는 등의 방법으로 미국의 주요기술을 습득할 수 있는 기회가 많이 상실될 것으로 평가된다. 실제로 2016년 최고 535억 달러에 달했던 중국의 대미 투자는 2023년에는 18억 달러로 급감하였다.[14] 이러한 중국의 대미 투자가 급감추세를 보임에도 불구하고, 지난 3년간(2021년에서 2023년까지) 중국 투자가 전체 CFIUS 신고건의 13.5%(115건)로서 외국의 대미 투자 중 가장 많은 건수를 차지하였다(이어 싱가포르(72건), 캐나다(69건), 일본(56건), 영국(56건) 등 순[15]). 이는 중국의 대미 투자에 대한 미 당국의 우려를 반영하고 있는 것으로 관찰된다. 이처럼 중국 기업의 미국내 투자와 기술 접근을 제한하는 동시에 전략적 중요성을 가진 산업의 공급망에서 중국을 배제하려는 움직임 강화되고 있는 것은 한국 기업에 기회와 도전 과제를 동시에 제시하고 있다. 미국이 탈 중국화하는 과정에서 미국 및 글로벌 공급망에서 한국이 중요한 대체 파트너로서의 역할을 강화할 수 있는 기회요인이 되는 한편, 중국내 생산 및 투자 비중이 높은 한국기업에게는 리스크 요인이 될 수도 있기 때문에 장기적인 경쟁력을 확보하기 위한 전략적 대응을 모색해야 한다.

---

알려져 있으나, CFIUS 검토과정에서 부정적인 판정 가능성에 비추어 신고를 자신 철회한 사안도 상당할 것으로 추측됨을 감안할 필요가 있다.

**14** AEI(American Enterprise Institute), Chinese investments in the United States, China Global Investment Tracker,
https://www.aei.org/china-trackerhome/#:~:text=The%20American%20Enterprise%20Institute's%20China,from%20January%202005%20through%202023.

**15** 이 중 우리 기업의 대미 투자거래에 대해 CFIUS에 신고(notice)한 건수는 이 기간 중 41건(2021년 15건, 2022년 16건, 2022년 10건)으로 나타나고 있다.

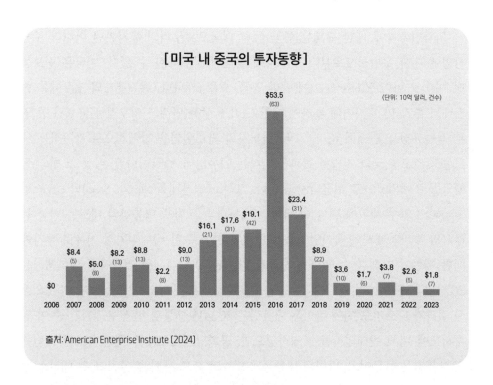

[ 미국 내 중국의 투자동향 ]

(단위: 10억 달러, 건수)

$53.5
(63)

$23.4
(31)

$19.1
(42)

$17.6
(31)

$16.1
(21)

$9.0
(13)

$8.8
(13)

$8.4
(5)

$8.2
(13)

$8.9
(22)

$5.0
(8)

$2.2
(8)

$3.6
(10)

$1.7
(6)

$3.8
(7)

$2.6
(5)

$1.8
(7)

$0

2006 2007 2008 2009 2010 2011 2012 2013 2014 2015 2016 2017 2018 2019 2020 2021 2022 2023

출처: American Enterprise Institute (2024)

　　현재로서는 외국 기업의 그린필드 투자는 원칙적으로 CFIUS 심사 대상이 아니다. CFIUS는 외국 투자자의 그린필드 투자에 대해서는 특정 공항과 항구, 군사시설 등 민감지역의 토지구매에 대해서만 심사할 수 있다. 이런 이유로 특히 공화당이 다수당으로 장악하고 있는 미국의 20여개 주정부를 중심으로 중국인이나 중국 기업을 포함한 우려국가 국적 외국인의 토지 구매를 제한하기 위해 새로운 법을 추진하거나 기존 법을 개정하고 있는 것으로 알려지고 있다.[16] 또한 2024년 11월 미 대통령 선거에 대비하여 트럼프 후보를 위해 헤리티지 재단이 작성했던 정책제언집 'Project 2025'는 중국 국영기업의 미국내 그린필드 투자에 대한 CFIUS의 심사 권한 확대 필요성을 주장하였다.[17]

**16**　Politico, "US states are cutting off Chinese citizens and companies from land ownership," April 3, 2024,
https://www.politico.com/news/2024/04/03/state-laws-china-land-buying-00150030

**17**　Heritage Foundation, Project 2025, Chapter 22, https://www.project2025.org/policy/

외국인투자에 대한 규제는 중국 등 적대국으로부터의 투자뿐만 아니라 주요 산업에 대한 우방국으로부터의 투자에 대해서도 취해질 수 있다. 미국은 정보동 맹 '파이브 아이즈'(Five Eyes)에 속한 영국, 호주, 캐나다, 뉴질랜드의 경우에는 비 지배적 투자 및 토지거래 투자에 대한 CFIUS 심사 면제와 의무적 신고요건 등 일 부 심사규정을 면제해 준다.[18] 외국인투자의 안보위험을 자체적으로 평가하는 제 도를 갖추고 미국과 긴밀한 협력을 한다는 이유인데, 한국이나 일본 등 그 밖의 동 맹국들은 예외국가로 취급되지 않는다. 그리고 일본제철(Nippon Steel)의 US 스틸 (US Steel) 인수 계획에 대한 미 바이든 대통령과 트럼프 대통령의 태도는 미국 동 맹국의 투자자에게도 국가안보를 표면적인 사유로 한 국내정치적 이유로 투자에 대한 제한이 가해질 수 있다는 사례로 간주된다. 세계 4위 철강사인 일본제철은 2023년 12월 149억 달러에 US 스틸을 인수하기로 했다고 발표했는데, CFIUS 심 사 결과가 나오기도 전에 바이든 대통령은 2024년 대통령 선거 유세기간 중 이 인 수시도에 대해 반대의사를 표명하였으며, 공화당의 2024년 대선 후보인 트럼프 전 대통령은 물론이고, 바이든 대통령의 민주당 후보 사퇴 후 후보가 된 해리스 부 통령도 동일한 입장을 표명하였다.[19] 2024년 11월 대선에서 승리한 트럼프 당선 인은 동 인수계획에 대한 반대를 재확인하였다. 바이든 대통령은 임기만료 직전인 2025년 1월 국가안보 및 핵심 공급망에 대한 위험을 근거로 일본제철의 US 스틸 인수를 거부하는 조치를 취했다.

트럼프 대통령은 2025년 2월 '미국우선투자정책(America First Investment Policy)' 제하의 각서를 발표하여, 미국을 세계 최대의 투자 종착지로 만드는 것이 트럼프 2기 행정부의 정책 방향임을 선언하면서 동맹국 기업의 미국 내 전략산업 투자는 적극 장려하는 한편, 중국 등 적대국의 대미 투자를 강력히 제한하는 정책 방향을 발표하였다. 이 각서는 동맹국 투자기업이 중국 등 적대국의 기업들과 연

---

**18** U.S. Department of the Treasury's Fact Sheet, January 5, 2022, https://home.treasury.gov/system/files/206/Fact-Sheet-Final-Rule-Revising-EFS-Definitions-2.pdf

**19** 이와는 별도로, EU 집행위는 이 인수가 EU 시장내 경쟁법상 문제가 없다는 판정을 내렸으나, 미 법무 부는 미국내 독과점 우려를 검토하였다.

계를 하지 않는다는 조건하에 첨단 기술 및 중요 산업 분야에 대한 투자를 확대하도록 CFIUS의 투자심사를 간소화하는 '패스트트랙' 제도를 도입하고, 모든 법적 수단을 동원하여 중국 기업의 미국 내 첨단 기술, 주요 인프라, 보건, 농업, 에너지, 원자재 등 전략 부문에 대한 투자를 제한할 예정임을 분명히 하였다. 또한 그린필드 투자에 대한 CFIUS 권한을 강화하겠다는 점도 포함되었다.

### ● 외국인투자 안보심사와 수출통제제도

FIRRMA와 수출통제제도의 강화를 내용으로 하는 수출통제개혁법(ECRA, Export Control Reform Act)은 모두 2018년 제정된 것으로서, 특히 중국이 군·민 융합(military-civil fusion) 전략과 중국제조 2025 등의 산업정책을 통해 기술 및 경제적 영향력을 확대하려는 움직임에 대응하여 미국의 국가안보를 강화하기 위한 광범위한 전략의 일환이라는 점에서 궤를 같이 하고 있다. 이 두 가지 법은 적용범위와 작용 메커니즘은 서로 다르나 중국의 위협으로부터 핵심적인 기술, 데이터 및 지적 재산권을 보호하기 위한 조율된 접근방식을 취하고 있다. 예컨대, 상무부의 산업안보국(BIS)은 수출통제개혁법 제1758조의 적용을 받는 통제대상 신흥·기반 기술(EFT, emerging and fundamental technologies)을 지정하고 이렇게 지정된 기술에 대한 수출통제 강화조치를 취하는 한편 (제5장 참조), 이렇게 수출통제개혁법에 따라 지정된 신흥·기반 기술은 FIRRMA법에 따라 CFIUS의 외국인투자 심사대상이 되는 '핵심기술'에 해당된다.

### ● 강화된 외국인투자 안보심사 확대 추세

한편, 미국은 FIRRMA 시행에 따라 외국인투자 안보 심사를 강화하면서 우방국들에게도 상응하는 외국인투자 안보심사 메커니즘을 도입할 것을 요구하고 있다. 이는 중국이 미국 기술기업에의 접근이 차단됨에 따라 다른 선진국 기업의 인수를 시도함으로써 대중 안보 투자 통제에 있어 사각지대가 생기는 것을 막기 위한 것이기도 하지만, 미국이 자국내 외국인투자에 대한 규제강화로 자국 기업이 여타국 경쟁기업에 대해 상대적으로 불리한 위치에 놓이게 하는 결과가 될 것이라는 점을 고려한 것이기도 하다. 이에 따라 EU는 2019년 EU 차원의 외국인 직접투자 심사규정을 도입하고 독일, 프랑스 등도 외국인 직접투자의 심사체제를 강화하였으며, 호주, 캐나다, 일본 등도 유사한 입법 조치를 취하였다.

우리나라의 경우에도 미국을 비롯한 주요 선진국들이 외국인투자에 대한 국가안보 심사를 강화하는 추세에 맞추어 외국인투자에 대한 안보심의의 실효성 제고를 위한 조치를 취하고 있다. 2022년 8월 외국인투자 안보심의 절차 운영규정을 제정하고 2024년 8월 외국인투자촉진법 시행령을 개정하여, 외국인투자에 대한 국가안보 심의 절차를 구체적으로 마련하고 국가안보 위해가 의심되는 외국인투자에 대해 직권으로 심의할 수 있는 제도적 장치를 마련한 것이 그 예이다.

## 2.6 자국민의 해외투자 (Outbound investment) 규제

미국은 대중 기술 패권경쟁 차원의 경제안보적 고려에 따라 중국 등 우려국에 대한 미국 기업의 해외투자를 규제하는 새로운 제도의 도입도 추진하고 있다. 앞에서 언급한대로, 미국 의회에는 2021년 5월과 2023년 5월에 걸쳐 '국가핵심역량수호법안(NCCDA, National Critical Capabilities Defense Act)'이 각각 상정되었다. 이 법안은 바이든 대통령이 취임 직후인 2021년 2월 발령한 행정명령 14017호[20]에 명시된 국가핵심역량의 제고와 맥을 같이 한다. 이 행정명령은 미국의 공급망의 회복성을 강화하는 것이 바이든 행정부의 정책방향임을 천명하면서 반도체, 고성능 배터리, 희토류 등 핵심 광물 및 여타 전략 재료, 의약품 및 의약품 재료 등 4개 품목에 대한 공급망 조사를 지시하는 것을 내용으로 하고 있다. NCCDA 법안은 이 4개 품목뿐만 아니라 인공지능, 양자 기술, 바이오 경제 등을 핵심·신흥 기술(critical and emerging technologies)을 대상으로 하면서, '국가핵심역량위원회(Committee on National Critical Capabilities)'를 설립하여 이러한 핵심산업 기술 및 제품과 관련된 해외투자의 기술유출 등 경제안보 위해 가능성을 심사토록 하여 중국 등 우려국가 또는 우려단체의 기술 경쟁력과 공급망 탄력성을 약화시키려는 것을 주된 내용으로 하고 있다.

해당 법안이 법제화된다면 중국에 이어 자국 기업의 해외투자에 대한 안보 심

---

20 White House(2021), Executive Order 14017 on America's Supply Chains, February 24, 2021.

사를 도입한 서방권의 최초의 입법례가 될 것이다. 앞에서 언급한 대로, 그간 외국인투자에 대한 안보심사 메커니즘은 미국을 비롯한 주요국에서 많이 찾아볼 수 있으나 자국 기업의 해외투자에 대한 안보심사를 도입하는 예는 매우 드물다.

한편, 2023년 8월 바이든 대통령은 첨단 기술 분야에서 중국에 대한 미국인의 투자를 규제하기 위한 행정명령 14105호를 발표하였다.[21] 이 행정명령은 국제긴급경제권한법(IEEPA, International Emergency Economic Powers Act)에 근거를 두고 있다. 바이든 대통령은 군사·정보·감시 또는 사이버 능력에 중요한 민감 기술과 상품에 있어서의 우려대상국의 진보가 미국의 국가안보에 비상한 위협이 되고 있음을 지적하면서 이러한 위협에 대처하기 위해 국가비상사태를 선포한다고 하였다. 바이든 대통령은 이 행정명령에서 우려대상국으로 홍콩 및 마카오를 포함한 중국을 지정하면서[22] 미 재무부가 우려대상국 및 우려대상국의 자연인이나 법인에 대한 국가안보 기술 및 상품관련 투자의 금지 범위와 여타 신고 내용에 관한 규정을 수립할 것을 명하였다.

해당 행정명령의 적용대상은 우려대상국의 군사·정보·감시 또는 사이버 능력을 향상시킬 것으로 보이는 민감한 3가지 첨단 기술 분야인 (i) 반도체 및 마이크로일렉트로닉스, (ii) 양자정보기술, (iii) 인공지능(AI)이다. 이 행정명령의 적용을 받는 인적범위는 미국인(자연인, 법인)이다. 미국인에는 영주권자도 포함된다. 미국인이 이 분야에서 특정지분 인수, 지분전환 가능한 채권금융, 그린필드 투자, 합작투자 등 대중국 투자를 진행하려는 경우 세부 기술 분야에 따라 투자가 금지되거나 사전에 재무부에 신고하여야 한다. 동 규정 위반시에는 민사소송 또는 형사기소의 대상이 될 수 있다.

미 재무부는 2024년 6월 이 행정명령을 이행하기 위한 규칙제정안을 발표하

---

21  White House(2023), Executive Order 14105 on Addressing United States Investments in Certain National Security Technologies and Products in Countries of Concern, August 9, 2023.

22  우려국가의 범위는 추후 확장 가능하나, 현재로서는 홍콩 및 마카오를 포함한 중국만 명시되어 있다. 즉, 중국에 대한 미국 자본의 최첨단 기술 분야 투자를 전면 통제하는 것이 골자이다. 이는 미국 바이든 행정부가 전반적으로 국가안보 위협을 중국과의 거래에서 오는 것에 초점을 맞추고 있는 것과 맥을 같이 한다.

고[23] 2024년 10월 업계 의견 접수를 거쳐 최종 규칙을 발표하였다.[24] 이 최종규칙은 재무부 투자안보국 산하에 새로 설립된 글로벌 거래 사무소(Office of Global Transactions)가 관리하며, 이 규칙 발효일인 2025년 1월 이후 완료되는 투자거래에 대해 적용된다. 이 규칙은 미국의 국가 안보에 특히 심각한 위험을 가하는 특정 기술 및 제품과 관련된 거래를 금지하는 한편(특정 거래 금지), 미국 국가 안보에 대한 위협에 기여할 수 있는 그 밖의 특정 기술 및 제품과 관련된 거래를 재무부에 통보(사전 통보 의무)하도록 하고 있다.

**[미국인 해외투자 금지 및 신고 의무 사항 개요]**

| 구분 | 금지 | 통보 |
|---|---|---|
| 반도체 및 마이크로 일렉트로닉스 | • 전자 설계 자동화 소프트웨어<br>• 특정 첨단 제조 및 패키징 도구<br>• 특정 첨단 집적회로와 슈퍼 컴퓨터의 설계 및 제조 | • 금지 거래 정의에 포함되지 않은 집적회로 설계, 제조, 패키징 |
| 양자정보기술 | • 양자컴퓨터의 개발 또는 주요 구성 요소의 생산<br>• 특정 양자 센싱 플랫폼의 개발 및 생산<br>• 양자 네트워킹 및 양자 통신 시스템의 개발 및 생산 | − |
| 인공지능 | • 군사, 정부 정보, 대량 감시 등 특정 용도(민감한 목적)로 독점 설계되었거나 사용될 AI 시스템 개발 | • 사이버 안보 애플리케이션, 디지털 포렌식 도구, 침투 테스트 도구, 로봇 시스템 제어를 위한 AI 시스템 사용 |

출처: 재무부 최종규칙 저자 요약·정리

---

23 U.S. Department of the Treasury, Treasury Issues Proposed Rule to Implement Executive Order Addressing U.S. Investments in Certain National Security Technologies and Products in Countries of Concern, Press Release, June 21, 2024, https://home.treasury.gov/news/press-releases/jy2421

24 U.S. Department of the Treasury, Treasury Issues Regulations to Implement Executive Order Addressing U.S. Investments in Certain National Security Technologies and Products in Countries of Concern, Press Release, October 28, 2024, https://home.treasury.gov/news/press-releases/jy2687

일견 바이든 행정부에서 제정된 미국의 해외투자 규제가 미국인 또는 미국 법인으로 한정되고 우리 기업들은 메모리 반도체를 제외한 AI, 양자컴퓨팅 분야에서 기술력이 상대적으로 우위에 있지 않으므로 국내 업계에 미치는 영향은 제한적이라는 것이 우리 정부의 판단이다.[25] 다만, 미국이 한국을 비롯한 다른 동맹국들도 대중국 투자제한 조치에 동참할 것을 요구할 가능성은 열려 있다. 미국 업계는 새로운 해외투자 안보심의 제도에 대하여 미국 정부가 동맹국들도 미국과 유사한 제도를 실시할 수 있도록 노력해야 하며, 그렇지 않을 경우 미국 기업만 손발이 묶여 대외 경쟁력이 약화되는 상황이 될 수 있다는 점, 제3국의 투자자들이 미국 자본의 투자를 대체함으로써 중국 등 우려국이 제3국의 기술에 접근할 수 있도록 허용하게 되어 미국의 안보이익을 해칠 것이라고 지적한다.[26]

실제로 미 정부 당국자는 자국민의 대중국 해외투자 규제 도입관련 동맹국들과 활발한 대화를 하고 있음을 공개적으로 밝혔으며,[27] 2023년 5월 발표된 히로시마 G7 정상회의 성명서에 부속된 경제회복성 및 경제안보에 관한 별도 성명서는 해외투자 위험 해소를 위해 적절한 조치를 취하는 것이 중요함을 강조하면서, 이러한 조치가 민감 기술이 국제평화와 안보를 위협하는 방식으로 사용되지 않도록 막기 위해 수출 및 외국인투자에 대한 기존의 목표지향적 통제장치를 보완할 수 있다는 점을 분명히 하였다.[28] 한편, 트럼프 2기 행정부가 2025년 1월 20일 출범하면서 당일 발표된 '미국우선통상정책(America First Trade Policy)' 각서는 재무부 장관이 국가안보 기술 및 제품에 대한 미국의 우려국가 내 투자와 관련된 기존 행정명령 14105호와 관련 재무부 규칙을 수정하거나 폐지·대체할 필요성이 있는지를 검토하고 이러한 검토결과에 기초하여 미국인의 해외투자 규제 프로그램의 수

---

**25** 기획재정부 등 관계부처 보도자료, 2023.8.10,
https://www.korea.kr/briefing/pressReleaseView.do?newsId=156584953#pressRelease

**26** Aidan Arasasingham and Gerard DiPippo (2022). Evaluating CFIUS in 2021. CSIS. August 9, 2022.

**27** 김동현, 미 당국자 대중국 투자규제 도입관련 동맹과 활발한 대화 밝혀. 연합뉴스. 2023.6.1.

**28** G7 Leaders' Statement on Economic Resilience and Economic Security, reference document to the G7 Hiroshima Leaders' Communique, May 20, 2023,
https://www.whitehouse.gov/briefing-room/statements-releases/2023/05/20/g7-leaders-statement-on-economic-resilience-and-economic-security/

정 여부를 포함한 권고안을 4월 초까지 마련하라고 지시했다. 이어 트럼프 대통령이 2025년 2월 발표한 '미국우선투자정책(America First Investment Policy)' 각서는 반도체, 인공지능, 양자컴퓨팅, 생명공학, 초음속 기술, 항공우주, 첨단 제조업 등 중국의 군·민 융합 부문에 미국인이 투자하는 것을 저지하기 위해 모든 법적 수단을 강구하겠다는 내용이 포함되어 있다. 이에 따라 특히 미국인의 해외투자, 특히 대중국 투자에 대한 규제가 더욱 강화될 것으로 예상된다. 앞으로 미국 정부의 관련 규정 제정 및 집행 상황과 동맹국과의 협의 동향에 대한 지속적인 모니터링이 필요하다고 할 것이다.

## 3 EU 및 영국의 외국인투자 규제

### 3.1 EU의 외국인직접투자심사규정

EU 내에서는 외국인투자 심사 및 투자인가에 대한 사항은 개별 회원국들이 최종적인 결정권한을 가지고 있으므로 EU의 회원국들은 개별 국가차원에서 외국인투자 심사 절차를 갖추고 있다. EU 집행위 자료에 의하면,[29] 2025년 1월 현재 27개 회원국 중 4개국(크로아티아, 그리스, 불가리아, 사이프러스)을 제외한 23개 회원국들이 외국인투자 심사 제도를 갖추고 있는 것으로 되어 있다. 이들 국가들은 최근 들어 자국내 외국인투자를 한 외국 기업에 의한 핵심기술 유출로부터 자국 기업을 보호하고 자국의 국가안보에 미치는 위험을 예방하기 위해 안보심사를 강화하는 방향으로 제도를 개선하고 있다. 2021년 EU를 공식 탈퇴한 영국도 외국인투자 심의 절차를 강화하고 있는 EU 회원국들과 동향을 같이 하고 있다.

한편, EU 집행위는 2019년 3월 EU 차원의 '외국인직접투자 심사규정(Regulation establishing a framework for the screening of foreign direct investments into the Union)'을 도입하여 2020년 10월부터 적용하기 시작하였다. EU 회원국

---

[29] European Commission, Investment Screening, https://policy.trade.ec.europa.eu/enforcement-and-protection/investment-screening_en

간 높은 통합수준에 따라 상호 연결된 공급망 및 공동의 인프라시설 등에 비추어 볼 때, 특히 중국 등 외국 정부가 소유하거나 통제하고 있는 외국인투자자를 포함한 외국인투자자에 의해 EU의 한 회원국에서 이루어진 투자가 해당 국가뿐만 아니라 다른 회원국의 안보 또는 공공질서에 위험을 초래할 수 있다. 이 제도는 이러한 우려를 반영하여 EU 회원국 간 상이한 외국인투자 심사절차와 규율을 EU 차원에서 일관성 있고 투명하게 만들기 위한 메커니즘이다.

외국인투자 심사 및 투자인가에 대한 사항은 EU 회원국들이 최종적인 결정권한을 가지고 있으므로 EU 투자 심사 제도는 EU 수준의 별도의 독립적인 심사절차를 상정하고 있지는 않다. EU의 외국인직접투자 심사규정은 EU 회원국이 심사대상이 되는 외국인투자 거래에 관한 정보를 EU 집행위와 관련 회원국에 사전에 공유하고 EU 집행위와 관련 회원국은 해당 외국인투자를 심사하는 회원국에게 비구속적 의견을 제시할 수 있도록 하고 있다. 특히, EU 집행위는 특정 투자가 복수의 회원국의 안보 또는 공공 질서를 위협하거나 EU 전체의 전략적 프로젝트나 프로그램을 저해하는 경우 의견을 제시할 수 있다. 즉, 정보공유절차가 이 제도의 골자라고 할 수 있다.

나아가 EU의 외국인투자 심사 제도는 회원국들이 외국인직접투자를 심사할 때 EU 차원의 안보 및 공공질서에 대한 일관성 있는 위험 심사가 가능하도록 하는 가이드라인을 제공한다. 이를 위하여 EU의 외국인투자 심사 제도는 EU 및 회원국이 안보 또는 공공질서를 이유로 외국인투자를 심사함에 있어 (i) 핵심 중요 인프라, 기술, 자원, 정보 등과 언론 자유 등 전략 분야를 예시적인 고려요소로 제시함과 동시에, (ii) 특히 해당 외국인투자자가 직·간접적으로 외국정부의 통제를 받고 있는지 등 해당 외국인투자의 맥락과 상황을 고려하여 개별사안별로 검토할 것을 주문하고 있다.

EU 집행위는 2023년 6월 발표한 경제안보전략(European Economic Security Strategy)에 따른 5개 정책 패키지의 일환으로 EU 외국인직접투자 심사 규정 개정안을 2024년 1월 발표하였다. 동 개정안[30]은 (i) 모든 회원국들이 외국인투자 심사제도를 갖추도록 의무화하고, (ii) EU 회원국 간 상호 조화로운 규칙을 채택함으로써 효과적인 상호 협력이 가능하도록 하며, (iii) EU차원의 주요 프로젝트(Trans-European Networks, European Defense Fund 등)와 반도체, 인공지능(AI), 핵심 약품, 이중용도 및 군사 장비 분야의 EU 기업에 투자가 이루어지는 경우, 개별 회원국이 투자심사를 반드시 실시하도록 하고, (iv) 종국적으로 제3국 기업 또는 개인에 의해 통제되는 EU 투자자가 행하는 EU 내 투자 거래까지도 규정의 적용대상에 포함되도록 확대하는 것을 내용으로 하고 있다. 또한 동 개정안은 안보 심사 기준으로 해당 투자가 핵심 인프라, 핵심 기술, 핵심 원료의 공급, 민감정보의 보호, 또는 언론의 자유에 미치는 영향을 반드시 포함하고 해당 투자자와 관련된 리스크도 고려하여야 한다고 규정하고 있다.

이렇게 EU 차원에서 개별 회원국 간 및 EU 집행위 간 외국인투자 심의에 대한 협조체제를 구축한데에서 더 나아가, EU 집행위는 이 제도의 도입과 함께 외국인투자 사전심사 제도가 마련되지 않은 회원국에 외국인투자 심사 제도를 조속 도입하도록 촉구하고 있다. 이에 따라 외국인투자 심사제도를 도입하지 않은 크로아티아, 그리스, 불가리아, 사이프러스 등 4개국도 이러한 제도를 머지않아 도입할 것으로 기대된다.

중국 기업들은 미국의 강력한 대중국 규제에 대응해 첨단 기술 분야나 재생 에너지 및 전력망 분야 등에서 EU 회원국 내에서 투자를 늘리려는 경향이 있었다. 그러나 최근 몇 년 동안 EU 회원국들은 국가 안보 및 기술 보호를 위해 중국의 투자에 대해 점차 신중한 태도를 취하고 있다. EU의 외국인직접투자 심사 제도를 보다 강화함으로써 유럽 내 주요 산업에 대한 중국의 영향력을 제한하려 하고 있는 것이다.

---

**30** European Commission, Factsheet: Economic Security - Proposal for a new regulation on the screening of foreign investments, January 24, 2024, ec.europa.eu/commission/presscorner/detail/en/FS_24_367

## 3.2 영국의 국가안보·투자법

영국은 전통적으로 외국인투자에 대해 상대적으로 관대하여 최소한의 규제를 하는 것으로 알려져 왔으나, 2016년 중국 자본이 투입된 대규모 신규 원전 사업이 승인된 이후[31] 외국인투자의 국가안보 위협을 제거하기 위한 법안 필요성이 대두되자, 외국인투자에 대한 국가안보 심사를 강화할 목적으로 2021년 4월 '국가안보·투자법(NSIA, National Security and Investment Act)'을 제정하여 2022년 1월부터 시행하였다.[32]

이 법은 투자·안보 부서(ISU, Investment and Security Unit)를 설치하여 외국인투자의 안보심사를 전담하도록 하고 있다. 투자안보 심사는 자발적 신고에 의하는 것이 원칙이나, 안보 리스크가 있는 모두 17개의 특정 민감분야(군용·이중 용도 기술, 컴퓨터 하드웨어 기술, 양자 기술, AI, 암호화 인증기술, 첨단 소재, 첨단 로봇공학, 민간 원자력, 통신, 정부 핵심 물품조달, 데이터 인프라, 위성 및 우주기술, 에너지 등)의 기업 인수의 경우에는 의무적으로 신고하도록 하고 있다. ISU는 신고된 대상 투자건에 대하여 영업일 기준 최대 30일간의 검토기간(review period)내 승인을 하거나 해당 투자거래가 국가안보에 대한 위험요소가 있다고 판단하는 경우 심층 검토(call-in) 절차를 밟도록 한다. 심층 검토 절차가 적용되면 다시 영업일 기준 30일간의 평가기간(assessment period)과 필요시 45일간의 추가기간(additional period)을 거친다. 검토가 완료되면 투자거래는 승인을 받거나, 위험이 있다고 판단되는 경우에는 거래를 중단하거나 위험 요인을 해소하기 위한 수정(조건부) 등을 하게 된다. 국가안보의

---

31  영국정부는 자국내 전력 수급안정을 위해 거의 30년만에 새로운 원자력 발전소 건설을 위해 프랑스 국영전력회사 EDF와 중국 국영 원자력 기업 CGN(China General Nuclear Power Group)을 파트너로 하는 힝클리 포인트 C 프로젝트(Hinkley Point C)를 추진하였다. 테리사 메이 총리가 이끄는 영국 정부는 총 지분의 33.5%를 CGN이 소유하는 이 프로젝트를 2016년 9월 승인했는데, 이 과정에서 일부 정치인과 전문가들은 중국의 참여가 영국의 국가안보에 미칠 잠재적 영향에 대한 우려를 제기하였다.

32  UK Cabinet Office, National Security and Investment Act 2021, Annual Report 2022~2023, July 2023,
https://assets.publishing.service.gov.uk/media/65c21672688c39000d334c12/
National_Security_and_Investment_Act_2021_annual_report_2022-23__PDF_.pdf

정의에 대해서는 법에 명시적으로 규정되어 있지 않으며, ISU는 평가기간 중 투자자의 신분, 인수대상 사업의 성격, 인수거래 자체의 리스크 등을 핵심요소로 고려하여 안보 위해 여부를 개별 건별로 심사한다. 정부는 투자거래 성립 이후 5년간 국가안보 위해 요소가 있는 투자에 대해서는 언제든지 직권으로 상기 심층 검토(call-in) 절차를 개시할 수 있도록 하여, 투자자의 자발적 신고를 유도하고 있다.

영국정부가 발표한 NSIA 연차보고서(2022-23)에 의하면,[33] 2022년 4월부터 2023년 3월까지 총 866건의 투자신고를 접수하였으며 이 중 671건(77%)은 주로 국방, 정부 핵심 물품 조달, 데이터 인프라, 군사 및 이중 용도, 인공지능(AI)등 5개 분야에 관한 의무적 신고이고, 180건(21%)은 자발적 신고였으며, 나머지 15건의 투자신고는 승인없이 이루어진 투자에 대한 사후적 투자승인 신청 건이었다. 신고된 866건 중 90% 이상은 초기 심사에서 승인되었으며, 심층 검토 절차를 밟은 65건 중 15건(심층 검토 절차로 넘어간 투자의 23%)이 조건부 승인(10건) 또는 금지(5건)되었다. 투자신고의 대부분은 미국, 프랑스 등 우방국 기업에 의한 것이었으며, 중국의 경우, 전체 신고의 5% 이내였으나 심층 검토 절차로 넘어간 투자신고의 42%를 차지하였고 조건부 승인 또는 금지된 15건의 투자 중 8건이 중국과 관련된 것이었다. 영국 정부가 2023년 NSIA에 따른 직권을 발동하여 안보위협을 이유로 중국 투자자 소유 넥스페리아(Nexperia)라는 회사가 보유하고 있던 영국 반도체 공장 뉴포트 웨이퍼 팹(Newfort Wafer Feb) 주식 86%를 매각하도록 명령한 조치를 취한 것이 대표적인 사례이다. 이러한 통계와 사례는 영국 정부가 중국 기업의 대영국 투자에 대해 안보심의를 강화하고 있음을 엿볼 수 있다.

## 3.3 EU의 해외투자 규제 도입 가능성

한편, EU는 지금까지 EU 기업의 해외투자(outbound investment)까지 제한하는 것은 기업의 상업적 활동을 지나치게 저해하는 것으로 보고 미국과 달리 EU 기업의 해외투자 규제에 대해서는 유보적인 입장을 유지하면서 해외투자 규제제도를

---

[33] UK Cabinet Office, National Security and Investment Act 2021: Annual Report 2022-2023.

도입할 동향을 보이지 않았었다. 그런데 이제 이러한 입장도 서서히 변화조짐을 보이고 있다. EU 집행위는 앞에서 언급한 2023년 6월의 경제안보전략(European Economic Security Strategy)에 따른 5개 정책 패키지의 하나로 해외투자의 위험성을 모니터링하고 평가하겠다는 계획을 제시하였다. EU 집행위는 현재까지 EU나 회원국 차원에서 해외투자에 대해 모니터링하거나 규제하지 않고 있는 상황임을 전제하면서 EU에 적대적이거나 국제 평화와 안보를 위협하는 행위자의 군사·정보 능력을 향상시킬 수 있는 좁은 분야의 선진 기술 분야에 초점을 두고 해외투자에 대해 모니터링과 평가를 하는 프로그램을 1년간 추진하여 해외투자에 대한 위험분석결과를 토대로 해외투자에 대한 정책 대응방안을 강구하겠다는 계획을 밝혔다.

## 4 중국의 외국인투자 규제 레짐

### 4.1 외국인투자 제한

중국도 외국인투자의 국가안보 위협에 대한 효과적인 예방과 방지를 목적으로 내세우면서 2015년 7월 제정한 국가안전법과 2019년 3월 제정한 외국인투자법에 근거하여 '외국인투자 안전심사 방법'을 제정하고 2021년 1월부터 시행하기 시작하였다. 중국의 외국인투자법은 외국인투자가 국가안보에 미치는 영향을 심사할 수 있는 법적 근거를 마련하고 있으나 구체적인 심사절차를 명시하지 않고 있었는데, 새로 제정된 '외국인투자 안전심사 방법'은 외국인투자 안보심사의 구체적인 절차를 명문화하였다.

이 '방법'에 따르면, 외국인투자 심사 당국은 국가발전개혁위원회(발개위)로서, 국가안전에 부정적 영향을 미치거나 미칠 가능성이 있는 모든 외국인투자가 심사대상이 된다. 심사대상 외국인투자는 외국투자자가 인수합병 방식으로 중국내 기업의 주식 또는 자산을 취득하는 경우 외에도 외국투자자가 단독 또는 공동으로 중국내 새로운 투자를 하거나 기업을 설립하는 그린필드(greenfield) 투자도 포함되는 것이 특이하다. 특히 (i) 국방관련 분야에 대한 투자와 (ii) 특정 중요부문(농산품,

에너지 및 자원, 중대 장비제조, 인프라시설, 물류서비스, 문화상품 및 서비스, 정보기술·인터넷 상품서비스, 금융서비스, 첨단 기술 등)의 비국방분야에 대한 실질적 지배권을 획득하는 투자에 대하여는 사전신고 의무를 부과한다.

안보심사는 외국투자자의 신고로 개시되며, 심사기준은 공개되지 않았으며, 심사는 초기심사, 일반심사, 특별심사의 3단계의 절차로 진행되는 것으로 되어 있다.
- 초기심사(15일간): 안보심사 시행 여부 결정
- 일반심사(30일간): 초기심사에서 안보심사 시행이 필요하다고 결정된 경우
- 특별심사(60일간): 일반심사를 통해 국가안보에 영향을 미칠 것으로 판정된 경우

이러한 절차를 거쳐 심사한 결과, 국가안보에 영향이 있는 경우, 투자 금지 조치가 내려지며, 경우에 따라서는 국가안보에 대한 영향을 제거하는 조건으로 심사를 통과시킬 수 있다. 중국 정부가 '외국인투자 안전심사 방법' 시행 이전에도 발개위(發開委)에서 국가안보를 포함하여 국가경제에 큰 영향을 미치는 외국인투자에 대해 심사절차를 시행해 왔으나, '외국인투자 안전심사 방법' 시행은 심사대상, 절차, 대상업종 등을 보다 명확히 하기 위한 것으로 평가된다.

중국의 외국인투자 심사 메커니즘은 중국 정부의 국가안보, 기술 자립 등 중국 정부의 전반적인 전략적 우선순위를 반영하고 있다고 할 수 있으나, 외국인투자자들에게 불확실성을 증가시킴으로써 중국에 대한 투자를 고려하고 있는 잠재적 외국인투자자들에게는 전반적인 투자환경의 악화를 초래하고 있다. '외국인투자 안전심사 방법'의 시행에도 불구하고, 국가 안보에 위험이 된다고 간주되는 기준이 광범위하고 모호하여 외국기업이 투자신청 결과를 예측하기 어려울 수 있기 때문이다. 중국은 소비재 및 유통부문 등 상대적으로 비민감한 부문이나 제조업, 재생에너지 등 중국정부가 적극적인 외국인투자 유치를 하고 있는 부문에서는 상대적으로 안보심사 메커니즘의 영향을 덜 받을 수 있으나, 특히 인공지능, 빅데이터, 반도체, 통신 등 첨단 기술 및 데이터 집약 산업의 경우에는 중국당국으로부터 투자승인을 받는데 어려움을 겪을 수 있다. 외국 투자자들이 중국의 외국인투자 안보심사 절차 강화로 인한 도전적인 환경을 극복하기 위해서는 민감한 부문에서 현지

파트너와의 긴밀한 협력관계 구축과 현지의 각종 규제환경 준수, 갑작스러운 규제 변화에 대응하기 위한 견고한 위험관리 전략, 대체시장 투자 다각화 등을 통해 이러한 위험 분산을 도모할 필요가 있다.

## 4.2 해외투자 제한

앞에서 언급한바와 같이, 중국은 국가 안보 등 이유로 자국 기업의 해외투자를 제한하고 있다. 중국은 2017년 8월 '해외투자 방향에 관한 추가 지도 및 규범 지침 통지'를 발표하여 중국기업의 해외투자 대상을 금지, 제한, 장려 등 세 가지 범주로 구분하였다. 이 '통지'는 사전에 비준을 받지 않은 군수산업, 핵심기술, 수출 금지한 기술 및 제품, 국가이익 및 안보를 위협할 가능성이 있는 분야에 대한 해외 투자를 금지하고, 부동산, 호텔, 영화, 엔터테인먼트, 스포츠 분야의 해외 투자를 제한한다는 내용을 담고 있다. 이러한 정책에 대해 표면적으로는 무분별한 해외투자를 막기 위한 관리감독 차원으로 설명하고 있으나, 실제에 있어서는 국가안보에 대한 고려와 외화유출을 통제하기 위한 목적으로 관측된다.

## 5 한국의 외국인투자 안보심의 제도

### 5.1 개관

한국은 1980년대 이후 1984년의 '외자도입법'의 전면개정 등 규제조치의 완화와 투자환경의 개선 등을 통해 외국인의 국내 투자를 장려하기 시작하였다. 당시에는 주로 경제 성장과 산업 발전을 목표로 외국인 자본 유입 촉진에 중점을 두었다. 1997년 외환위기를 겪으면서 외국인투자 제한을 대폭 완화하는 조치를 취하였으며 1998년 '외국인투자촉진법'이 제정되었다. 그러다가 2000년대에 들어서면서 특히 군사, 에너지, 정보통신 등 민감분야를 중심으로 외국인투자의 국가안보에 대한 영향이 정책적 관심사항으로 부각되면서 국가 안보를 위한 외국인투자 제한과 외국인투자에 대한 국가안보심의 제도가 본격화되었다. 한국의 '외국인투자촉진법'은 "국가의 안전과 공공질서의 유지에 지장을 주는 경우" 등 외에는 외국인투자가 제한받지 않는다고 규정하여 원칙적으로 외국인투자를 제한하지 않으나 특정 외국인투자가 국가안보 위해에 해당되는 경우 해당투자를 제한할 수 있도록 하고 있다.[34] 외국인투자촉진법상의 국가안보 심의는 다양한 국가안보 위해에 해당하는 외국인투자를 규제하기 위한 것이다. 이 중 외국기업의 한국내 투자를 통한 특정기술의 해외 유출은 국가안보 위해 요소의 하나이기 때문에 이러한 목적의 외국인투자도 외국인투자촉진법상의 안보심의 규제 대상에 포함되어 있다. 그러나 한국은 외국인투자촉진법상의 국가안보 심의에 더하여 산업기술보호법과 국가첨단전략산업법, 그리고 방위사업법에서 외국인투자를 통해 국가에 중요한 기술이 해외로 유출되지 않도록 하기 위한 별도의 절차를 규정하고 있다. 오늘날 각국이 연구개발(R&D)뿐만 아니라 이미 우수한 산업기술을 보유한 외국기업을 인수·합병(M&A)하는 방식을 활용하는 등 첨단 산업기술의 확보를 위해 다양한 노력을 기울이고 있는 것이 현실인 것을 감안한 것이다.

### 5.2 안보심의 절차

외국인투자촉진법 시행령에 의하면, 외국인투자가 (i) 외국인[35]이 이미 설립된 국내기업의 주식 등의 취득을 통해 해당 기업의 경영상 지배권을 실질적으로 취득하려는 경우로서 (ii) 아래의 하나에 해당되는 경우, 해당 외국인투자는 안보심의 대상이 된다.

① 방위산업물자(방위사업법 제3조 제7호)의 생산에 지장을 초래할 우려가 있는 경우,
② 군사목적으로 전용될 가능성이 높은 수출 허가 대상 물품이나 기술(대외무역

---

34 외국인투자촉진법은 기본적으로 외국인투자를 촉진하기 위한 목적이다. 이로 인하여 외국인투자를 규제하기 위한 안보심의 기준이나 절차를 명시적으로 규정하지 않고 있으며, 시행령이 이를 규정하고 있어 투명성과 예측가능성 측면에서 미흡한 측면이 있다.

35 외국인은 외국의 국적을 갖고 있는 개인이나 외국의 법률에 따라 설립된 법인 뿐만 아니라, 우리나라 국적자이나 외국의 영주권을 갖고 있는 사람도 포함된다(외국인투자촉진법 제2조 제1항 제1호, 시행령 제3조).

법 제19조),

③ 국가기밀(국가정보원법 제4조 제1항 제2호)로 취급되는 계약 등의 내용이 공개될 우려가 있는 경우,

④ 국제평화 및 안전유지를 위한 유엔 등의 국제적 노력에 심각하고 중대한 지장을 초래할 우려가 있는 경우,

⑤ 국가핵심기술(산업기술보호법 제2조 제2호)의 유출 가능성이 높은 경우, 또는

⑥ 국가첨단전략기술(국가첨단전략산업법 제2조제1호)의 유출 가능성이 높은 경우

이미 설립된 국내기업에 대한 인수·합병(M&A) 등 외국인투자자만 안보심의 대상 여부가 문제되므로 국내에서 공장 또는 사업장을 신설하는 그린필드형 외국인 직접투자는 해당되지 않는다. 외국인투자 신고는 수탁기관인 대한무역진흥공사(KOTRA)나 외환은행에 하게 되는데, 신고시 안보심의대상인지의 여부를 투자자가 신고서에 표시하게 되어 있다. 즉, 외국인투자자에게 스스로 안보심의 대상여부에 대해 확인할 의무가 부과되어 있다. 다만, 외국인투자자가 안보심의 대상여부에 대하여 사전에 주무장관이나 산업통상자원부장관에게 확인을 요청할 수 있고 이 경우 산업통상자원부장관이 30일내에 회신하도록 하는 절차가 마련되어 있다. 안보심의 대상으로 신고서에 기재되어 있는 경우 외국인투자 신고증명서 발급이 보류되고 수탁기관이 주무부장관과 산업통상자원부장관에게 통보함으로써 안보심의 절차가 개시된다. 2024년 8월부터는 개정 시행령에 따라, 외국인이 자발적으로 신고하지 않은 경우에도 주무장관이나 산업통상자원부장관이 국가안보 위해가 의심되는 외국인투자에 대해 직권으로 심의할 수 있다. 다만, 외국인투자자의 예측가능성을 제고하기 위해서 자발적으로 심의를 거친 외국인투자 건에 대해서는 원칙적으로 다시 심의하지 않는다.

산업통상자원부장관은 이러한 외국인투자에 대하여 135일 이내[36]에 외국인투자위원회(위원장: 산업통상자원부장관)의 심의를 거쳐 국가안보 위해 해당여부를 결정하고, 국가안보 위해에 해당될 경우 이를 불허하거나 필요시 분리매각 등 조건부

---

36  안보심의 전문위원회 심의기한 90일 + 외국인투자위원회 심의기한 45일(시행령 제5조의2 제4항 및 제5항)

허용을 할 수 있다. 외국인투자위원회의 심의에 앞서 전문분석기관(산업연구원, 대외경제정책연구원, 한국국방연구원 등)의 국가안보 위해 영향분석, 안보심의 전문위원회

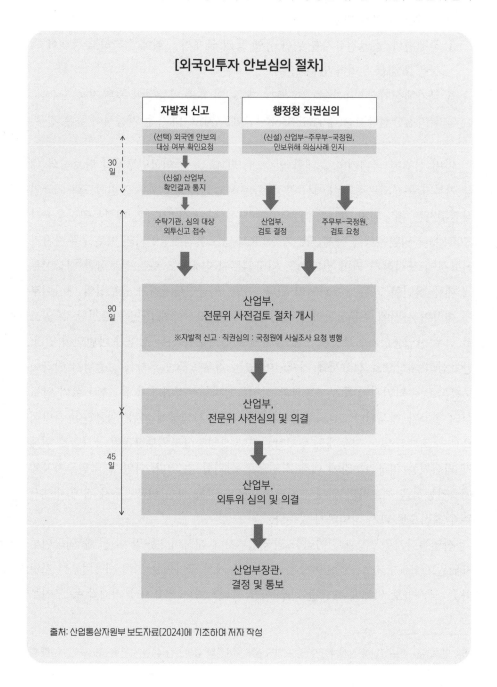

[외국인투자 안보심의 절차]

출처: 산업통상자원부 보도자료(2024)에 기초하여 저자 작성

(위원장: 산업통상자원부 무역투자실장)의 사전검토와 필요시 해당 외국인투자자 등 이해관계인의 의견청취를 거칠 수 있다.

2022년 8월 시행된 '외국인투자 안보심의 절차 운영규정'은 안보심의 전문위원회 위원이 해당 외국인투자 평가시 기준으로 국가안보위해 심의기준을 제시하고 있는데, 미국의 CFIUS나 영국의 ISU의 경우처럼 (i) 외국인투자자와 관련된 위협요인, (ii) 투자대상의 취약요인, (iii) 국가안보 위해 영향으로 각 항목을 나누어 평가하도록 하고 있다.

산업통상자원부장관은 안보심의 결과에 대하여는 당초 해당 외국인에 대한 통보와 함께 국가안보 위해 해당 여부, 결정 사유 등을 공표하게 되어 있었는데, 2024년 8월 개정된 시행령은 동 공포 절차를 삭제하였다.

## 5.3 기술분야 안보심의

앞에서 언급한 바와 같이, 우리나라의 경우, 기술분야에 대하여는 외국인투자촉진법상의 국가안보 심의에 더하여 산업기술보호법과 국가첨단전략산업법, 그리고 방위사업법에서 외국인투자를 통해 국가에 중요한 기술이 해외로 유출되지 않도록 하기 위한 별도의 절차를 규정하고 있다.

● **국가핵심기술의 보호**

우리나라 산업기술의 부정한 유출을 방지하고 보호하기 위한 법률은 2006년 10월 제정된 '산업기술의 유출방지 및 보호에 관한 법률(산업기술보호법)'이다. 이 법은 특히 '국가핵심기술'을 보호하기 위한 보호조치를 규정하는 한편, 국가핵심기술의 수출 및 국가핵심기술을 보유하는 대상기관의 해외인수·합병 등의 경우의 승인·신고 등의 절차를 규정하고 있다. 국가핵심기술이란 국내외 시장에서 차지하는 기술적·경제적 가치가 높거나 관련 산업의 성장잠재력이 높아 해외로 유출될 경우에 국가의 안전보장 및 국민경제의 발전에 중대한 악영향을 줄 우려가 있는 기술로 지정된 것을 말한다. 국가핵심기술은 산업통상자원부장관이 지정하여 고시하는데 기술발전 속도 등에 대응하여 수시로 업데이트되고 있다. 2024년 7월 고시에 의하면, 반도체(11), 디스플레이(2), 전기전자(4), 자동차·철도(10), 철강(9),

조선(8), 원자력(4), 정보통신(7), 우주(4), 생명공학(4), 기계(8), 로봇(3), 수소(2) 등 총 13개 분야의 76개 주요 기술이 지정되어 있다.

　국가핵심기술을 보유하고 있는 기관은 법에 따라 기술유출 방지를 위한 보호 조치를 취한 의무가 있다. 또한 국가로부터 연구개발비를 지원받아 개발한 국가핵심기술을 보유한 기관이 해당 국가핵심기술을 외국기업 등에 매각 또는 이전 등의 방법으로 수출하거나, 해외 인수·합병, 합자투자 등 외국인투자를 진행하려는 경우 미리 산업통상자원부장관의 사전 승인을 받아야 하며, 승인대상 외의 국가핵심기술의 경우에는 미리 산업통상자원부 장관에게 신고하여야 한다. 승인대상은 물론이고, 신고의 경우에도 산업통상부장관은 산업기술보호위원회(위원장: 산업통상자원부장관)의 심의를 거쳐 중지, 금지, 원상회복 등의 조치를 명할 수 있다. 다만, 국가핵심기술에 대해 산업기술보호법에 따라 수출 승인을 받은 때에는 해당되는 기술이 대외무역법상의 이중용도 기술이나 방위사업법상의 방산물자인 경우, 해당 법에 따라 허가를 받은 것으로 간주하여 이중의 절차를 거치지 않아도 되도록 하고 있다. 국가핵심기술 등 산업기술을 다루고 있는 기업들은 산업기술보호법에 따른 보호의무를 다하고 있는지, 그리고 국가핵심기술을 수출하거나 인수합병 등 외국인투자를 진행할 때 관련 절차를 준수하고 있는지 등 규제 사항에 대한 컴플라이언스 점검을 통해 예측하지 못한 불이익을 입지 않도록 주의할 필요가 있다.

### ● 국가첨단전략기술의 보호

　'국가첨단전략산업 경쟁력 강화 및 보호에 관한 특별조치법(국가첨단전략산업법)'은 비교적 최근인 2022년 2월에 제정되어 8월에 시행된 법으로서 국가첨단전략산업을 육성하고 보호하기 위한 목적으로 제정되었다. '국가첨단전략기술'이란 공급망 안정화 등 국가·경제 안보에 미치는 영향 및 수출·고용 등 국민경제적 효과가 크고 연관산업에 미치는 파급효과가 현저한 기술로 국가첨단전략산업위원회(위원장: 국무총리)의 심의·의결로 산업통상자원부장관이 지정한 기술을 말하며, '국가첨단전략산업'(이하 '전략산업')이란 그러한 기술을 연구·개발 또는 사업화하거나 이에 필요한 제품 및 서비스를 제공하는 산업으로 고시한 것을 말한다. 국가첨단전략산업위원회는 5년 단위로 국가첨단전략산업등의 육성·보호 기본계획을 수립하게 되어 있다. 2023년 5월 개최된 국가첨단전략산업위원회에서 확정된 제1차 국가첨단전략산업 육성 기본 계획(2023~27년)에 따르면, 550조 원 이상의 정부예산을 첨단 산업 프로젝트에 투자하고 산업입지 지원을 위한 국가산업단지(특화단지)를 조성하는 등 전략산업의 제조역량을 강화하기 위한 여러 가지 지원책이 강구될 예정이다.

국가첨단전략산업법은 보호조치에 있어서 이 법에 특별한 규정이 없는 경우 산업기술보호법에 따르도록 하고 있어 특별법적 성격을 띄고 있다. 정부는 반도체(8), 디스플레이(4), 이차전지(3), 바이오(2) 등 4개 분야의 17개 기술을 국가첨단전략기술로 2023년 6월 고시하였으며, 추후 미래차, 로봇, 방산, 원전 분야 기술의 추가 여부에 대해서도 검토할 예정으로 알려졌다. 국가첨단전략산업법상 '국가첨단전략기술'은 산업기술보호법상 '국가핵심기술'에 비하여 좀더 좁은 범위의 중요기술 분야를 포섭하고 있는데, 국가첨단전략기술로 지정된 경우 국가핵심기술로 지정된 것으로 간주된다. 국가첨단전략기술을 보유한 기관은 일정한 보호조치를 취할 의무가 있는 한편, 조세 감면 등 정부의 각종 지원 정책의 혜택을 받을 수 있다. 또한 이러한 기술의 수출이나 동 기술보유 기업의 인수·합병, 합작투자 등 외국인투자의 경우, 일반 국가핵심기술의 경우와는 달리 해당기술의 개발이 정부지원으로 이루어졌는지의 여부와 무관하게 산업기술보호위원회(위원장: 산업통상자원부장관)의 심의를 거쳐 산업통상자원부장관의 승인을 받도록 하고 있다. 즉, 국가첨단전략기술의 경우 산업기술보호법상의 국가핵심기술의 경우와 비교할 때 해당기술의 개발이 정부지원으로 이루어졌는지를 묻지 않고 심의 대상이 되도록 하는 반면, 별도의 위원회가 아닌 산업기술보호법의 산업기술보호위원회의 심의를 거치도록 하고 있다.

## 5.4 제도 개선 과제

외국인투자촉진법과 그 시행령은 외국인투자 안보심의에 관한 일반적 범위와 절차를 규정하고 있다. 앞에서 설명한대로, 핵심산업기술 전반을 보호하기 위한 산업기술보호법과 국가첨단전략기술을 육성하고 진흥하기 위한 국가첨단전략산업법도 이 법이 각각 관할하고 있는 기술의 수출이나 인수·합병, 합작투자 등 외국인투자에 대한 승인·신고 절차를 정하여 해당기술의 해외 유출을 방지하는 장치를 두고 있다. 한편, 대외무역법은 전략물자를 대상으로 수출허가 절차를 정하고 있다. 이들 법들은 대상 기술의 범위나 입법취지에 있어 서로 차이가 있으나, 모두 우리나라 기술을 해외유출로부터 보호한다는 기능을 포함하고 있다는 공통점이 있다. 다만, 이러한 제도의 영역이 서로 중첩되기 때문에 기업 입장에서는 이중적인 절차를 거쳐야 하는 경우가 있을 수 있다. 이러한 점을 감안하여 외국인이 외국인투자촉진법이 아닌 산업기술보호법이나 국가첨단전략산업법상의 심의절차를 거친 경우, 외국인투자촉진법상의 안보심의 절차를 생략할 수 있도록 하고, 국가첨단전략기술에 대하여 국가첨단전략기술법에 따른 승인이 이루어진 때에는 산업기술보호법에 따라 국가핵심기술의 수출 또는 인수·합병 등의 승인을 받거나 신고를 한 것으로 간주되도록 하여,[37] 이중의 심의절차를 거치는 부담이 없도록 하고 있다.

그러나, 우리나라의 안보심의 제도는 국가안보 위해 국가핵심기술이나 전략기술 등과 연결되어 있을 뿐, 선진국에서 규제하고 있는 인프라, 민감정보, 부동산 분야나 안정적인 공급망 확보 등을 포함하여 경제안보 확보 차원에서 외국인투자를 폭넓게 규제할 수 있는 제도적 장치가 결여되어 있다. 이 마저도 현재 관련 규정이 충분히 성숙하지 못하여 제도가 제대로 운영되기까지는 시간이 다소 걸리고 기업의 입장에서 불확실성이 큰 것으로 평가된다. 현재까지 안보심의 결과 외국인투자가 승인되지 못한 사례가 없는 것으로 알려지고 있다. 무엇보다도 관련법에서 정하는 기준과 적용대상이 서로 차이가 있고 구체적인 절차에 대한 투명성이 결여되어 있어 실무처리 절차에 혼선을 초래할 우려가 있다. 특히 국가안보심의 기준을 산업통상자원부 내부규정인 예규로 규정한 것은 투명성 차원에서 취약한 것으로 보인다. 또한 외국인투자자가 안보심의 대상여부를 신고서에 제대로 기재하지 못한 경우 신고서 허위 제출에 따른 책임, 제재 유형 등에도 불확실성이 있다.

---

37  국가첨단전략기술법에 따른 승인 절차는 산업기술보호법에 따른 승인·신고를 대체하는 효과를 가지나, 그 반대의 경우에는 그렇지 않음에 유의할 필요가 있다.

## 참고문헌

법무법인 광장 경제안보 TF(2023). 경제안보와 주요조치 분석 – 미국의 해외투자 (outbound FDI) 규제 조치를 중심으로. 광장 Issue Brief. 2023.11월.

전략물자관리원(2021). 미국 외국인 직접투자 심사 안내 가이드. 2021.12월.

정형곤, 김서희(2021). 주요 선진국의 외국인투자 경제안보 심사 정책 동향과 시사점. KIEP 오늘의 세계경제 Vol. 22 No.3, 2021.2.22.

코트라 & 법무법인 광장 국제통상연구원(2023). 미국 외국인투자 심사 제도(CFIUS) 가이드북. KOTRA 자료 23-040.

Arasasingham, Aidan; and Gerard DiPippo(2022). Evaluating CFIUS in 2021. CSIS. August 9, 2022.

CFIUS (2023), CFIUS Annual Report to Congress CY 2023, 2024.

CRS (2024). The Committee on Foreign Investment in the United States(CFIUS). CRS In Focus. Updated May 17, 2024.

CRS (2023). CFIUS Executive Order on Evolving National Security Risks and CFIUS Enforcement Guidelines. CRS In Focus. May 26, 2023.

DLA Piper (2024). Treasury issues proposed rule restricting US outbound investment in China, including Hong Kong and Macau. June 26, 2024.

GAO (2024). Foreign Investment in the U.S.: Efforts to Mitigate National Security Risks Can Be Strengthened. April 2024.

Grieger, Gisela (2019). EU Framework for FDI Screening. European Parliament Briefing.

Grieger, G. (2017). Foreign Direct Investment Screening: A debate in light of China-EU FDI flows. EPRS (European Parliamentary Research Service) Briefing.

Kirkegaard, Jacob Funk (2019). Chinese Investments in the US and EU Are Declining - for Similar Reasons. PIIE Policy Brief 19-12. September 2019.

Skadden (2018), US Finalizes CFIUS Reform: What It Means for Dealmakers and Foreign Investment. June 8, 2018.

UNCTAD. The Evolution of FDI Screening Mechanisms: Key Trends and Features. Investment Policy Monitor Issue 25. February 2023.

# 제 8 장

# 환경·노동 문제와 통상규제

## 1 환경 · 노동 문제와 통상규제

### 1.1 환경 · 노동규범과 무역규제

환경 보호나 노동자 권리 등은 일견 국제통상과 직접 연관이 없는 것처럼 보인다. 그러나, 환경보호 또는 인권·노동권 보장에 수반되는 비용 없이 생산한 제품을 수출하는 것이 글로벌 규범에 역행할 뿐만 아니라 불공정한 경쟁이라는 선진국의 시각과 높은 환경 및 노동 기준이 비관세장벽으로 남용될 수 있다는 개도국의 시각이 첨예하게 대립해 온 것이 사실이다. 또한 최근 미·중 간 전략적 경쟁이 격화되고, 중국의 열악한 환경 및 인권 여건하에서 생산·수출하는 관행을 견제하는 동시에 경쟁적으로 산업정책을 추진하는 과정에서 선진국들은 양자 및 다자간 통상협정에 환경, 인권보호와 노동 관련 기준을 강화해 왔다. 기후변화, 산림훼손 등과 같은 환경 이슈와 강제노동 금지, 노동자 권리 등 인권 이슈 등 비교역적 사안(non-trade concerns)들이 이미 정부와 기업의 경제안보와 비즈니스 활동에 새로운 도전과제가 된 것이다.

1980년대 냉전이 종식되고 세계화가 확산되면서 국제환경문제가 글로벌 어젠다로 부상하였고 다양한 국제환경협약이 성안되었다. 또한 인권보호와 노동권 보호를 위한 국제규범도 국제노동기구(ILO, International Labor Organization) 등 국제기구를 중심으로 강화되었다. 이런 규범들은 환경보호를 위해 생산, 소비 또는 무역 활동을 규제하고 인권과 노동권을 침해하는 행위를 규제하기 때문에 자연히 국제통상규범과의 마찰이 예고되어 있었다. 다시 말하면, 자유무역을 강조하는 국제통상규범과 환경 보호 및 인권보호를 중시하는 국제노동 규범이 충돌하는 상황이 발생할 수 있고 이런 경우 어느 규범이 우월한지에 대한 문제가 제기되었다.

1995년 출범한 세계무역기구(WTO)는 관세 및 무역에 관한 일반협정(GATT, General Agreement on Tariffs and Trade) 제20조 및 서비스무역에 관한 일반협정(GATS, General Agreement on Trade in Services) 제14조를 통해 인간 또는 동·식물의 생명이나 건강 보호를 위한 조치, 유한한 천연자원의 보존과 관련된 조치, 공중도덕의 보호를 위한 조치와 강제노동 규제 등 통상규범의 일반적 예외를 규정하고 있으나, 환경과 인권관련 규범과 통상규범과의 관계를 명확히 하는 규정은 없다. WTO 출범 후 '무역과 환경 위원회(CTE, Committee on Trade and Environment)'를 설치하여 WTO 규범과 다자간 환경협정 간의 관계 등 관련 문제를 논의했으나 결론도출에 실패했다. 노동이슈의 경우도 크게 다르지 않다. 1995년 WTO 출범 후 선진국을 중심으로 핵심 노동기준과 무역과의 관계를 연구할 작업반 설치제안을 했으나 개도국의 강한 반대로 진전이 없었다.

이런 여건에서 선진국들은 양자협정이나 복수국 간 협정을 통해 환경 또는 노동권 보호를 정당화하는 조항을 통상규범에 포함하기 시작하였다. 1994년 발효한 북미자유무역협정(NAFTA, North American Free Trade Agreement)이 최초사례로서 당사국이 공히 가입한 환경 및 인권협약상의 의무를 우선하는 소위 '트럼핑 조항(trumping clause)'을 포함하고 있다. 2012년 발효한 한·미 FTA에도 환경 및 노동에 관한 장(chapter)이 별도로 마련돼 있다. EU도 2011년부터 발효된 한·EU FTA를 시작으로 환경·노동관련 조항을 포함하기 시작하였다. FTA 환경·노동 조항은 처음에는 당사국간 협력과 국제협정의 이행을 포함하여 당사국의 국내 환경·노동법의 충실한 이행 등을 규정하는데 그쳤다. 그러나, 최근에 체결된 협정일수록 보다 실체적인 의무를 구체적으로 포함하고 분쟁해결 및 이행 메커니즘을 통해 상대국의 환경·노동 의무 준수를 강제하려는 경향을 보인다.

한편, 선진국들은 환경 및 인권보호를 위한 무역규제를 국내법을 통해 강화해 왔고 이런 국내법이 외국 수출자에게도 적용됨으로써 사실상 역외적용

(extraterritorial application) 효과를 내게 되었다. 미국과 EU의 환경 및 인권관련 다양한 국내 입법들은 권위주의적 정치체제와 비시장경제체제를 지속 유지하고 있는 중국을 견제하기 위한 정책적 목표를 포함하고 있는 점이 주목된다. 미국의 경우 기후변화 대응을 위한 인플레이션감축법(IRA, Inflation Reduction Act)과 위구르강제노동방지법(UFLPA, The Uyghur Forced Labor Prevention Act) 등 여러 이니셔티브를 취해왔다. EU 집행위도 2015년에 보편적 가치에 입각한 교역 및 투자정책을 위한 '모두를 위한' 통상전략 (Trade for All Strategy) 5개년 개혁에 이어, 2021년에는 개방되고, 지속 가능하며, 공세적인(open, sustainable and assertive) 통상정책을 추진하겠다는 내용을 담은 새로운 통상전략을 발표하였다. EU는 모든 자유무역협정(FTA)의 핵심원칙의 하나로 '지속가능발전'을 강조하고, 통상협정 교섭시 환경, 인권, 성평등, 소비자, 중소기업 보호를 강조하고, 탄소국경조정제도(CBAM, Carbon Border Adjustment Mechanism)과 핵심원자재법(CRMA, Critical Raw Materials Act), 강제노동 결부 상품 수입금지규정(Regulation on prohibiting products made with forced labour on the Union market) 등 구속력 있는 국내규범을 제정하였다.

## 1.2 ESG 실사요구

한편, 미국이나 EU 등 선진국들은 글로벌 공급망의 각 단계에 참여하고 있는 기업들이 자국의 입법에 따라 노동 및 환경 기준을 준수하고 있는지를 점검하는 실사체제를 강화하는 추세에 있다. 미국의 인플레이션감축법(IRA), 위구르강제노동방지법(UFLPA), EU의 기업지속가능성실사지침(CSDDD, Corporate Sustainability Due Diligence Directive), 강제노동 결부 상품 수입금지 규정 등은 엄밀한 실사를 요구하고 있다. 이러한 구속력 있는 법적 실사 의무와 함께, 민간차원에서도 사회적 가치를 담은 무역외적인 요소를 경영의 중요한 요소로 포함하는 환경·사회·지배구조 경영(ESG, Environmental, Social, and Governance)을 요구하는 것이 세계적인 추세가 되었다.

주요 선진국들은 통상·산업 정책에서 인권과 환경 이슈를 강조하면서 공정경쟁과 자국 산업의 경쟁력 확보를 추구하는 동시에 경제안보를 강화하는 수단으로도 활용하고 있다. 즉 환경과 인권 기준 준수 등 가치 기반 정책을 추구하면서 동맹국 및 우방국들과 공급망 안정화 및 경제협력을 강화하는 동시에 비민주적 거버넌스와 낮은 환경 및 노동 기준 등을 활용하여 가격경쟁력을 확보하는 중국 등 특정한 국가를 견제하는 효과를 노리고 있는 것이다. 한편, 선진국의 강한 환경 및 인권보호 조치는 우방국에게 기회와 함께 도전을 제공하고 있다. 중국 등 목표 국가를 겨냥한 조치로 인하여 우방국들은 반사적 기회를 얻기도 하고 부수적 피해도 받을 수 있기 때문이다. 특히 기업에게는 리스크 관리에 중대한 도전 과제로 부상하고 있다. 환경 및 인권보호를 위한 무역규제는 공급망 안정화 및 산업정책과도 직결된 사안이므로 제3장(초연결세계와 공급망 안정성) 및 제4장(자국우선주의적 산업정책의 확산)과 중복을 피하기 위해 제8장에서는 관련 입법과 정책의 환경 및 인권적 측면을 부각하여 기술하고자 한다.

## 2 환경과 무역규제

### 2.1 환경보전과 무역자유화

환경 파괴와 훼손은 대부분 인간의 경제, 산업 및 무역 활동을 통해 이루어지기 때문에 이런 활동을 적절히 규제해야 환경보호의 목적을 달성할 수 있다. 1980년대 후반 냉전종식과 더불어 EU의 통합, NAFTA 협상 및 우루과이 라운드 협상이 진행되면서 무역자유화가 확산되었다. 환경보호와 개발에 대한 수요도 급증하면서 소위 '브룬트란트 보고서(Brundtland Report)'로 알려진 '우리의 공동미래(Our Common Future) 보고서'는 처음으로 '지속가능한 발전(sustainable development)'의 개념을 도입하고 미래 세대의 환경수요를 훼손하지 않는 범위내에서 개발을 해야 한다는 것을 강조했다. 자연히 국제환경협약의 성안 노력이 가속화되면서, 멸종위기 종의 거래를 금지하는 CITES 협약, 오존층 보호를 위한 몬트리올 의정서, 유해폐기물의 국가간 이동을 규제하는 바젤협약, 기후변화협약 및 생물다양성협약 등 대표적인 환경협약이 성안되었다. 문제는 이런 협약들이 환경보호 목적을 위해 산업의 생산, 소비, 수출 및 수입을 금지하거나 규제하는 내용을 포함하고 있다는 것이다. 이러한 환경협약상 무역 및 경제활동 규제는 선진국과 개도국 간 대립을 유발했고 선진국 내에서도 업종 또는 정치적 그룹에 따라 상이한 입장을 보였다. 다시 말해, 지속가능한 경제발전 추구에는 공감하면서도 환경보호를 빌미로 개도국의 개발 잠재력을 제한할 수 있다는 우려가 표출된 것이다.

### [무역과 환경에 관한 WTO 논의]

1995년 출범한 WTO는 무역환경위원회(CTE, Committee on Trade and Environment)를 설치하여 WTO 규범과 무역규제조항을 포함하는 다자환경협정[1] 간의 관계 및 환경보호를 목적으로 취해지는 무역규제조치에 관해 검토했다. WTO 설립협정은 환경관련 무역조치를 사용할 수 있도록 상당한 범위(scope)를 제공하고 있다. 즉, GATT 제1조(최혜국대우), 제3조(내국민대우), 제11조(수량제한)와 무역기술장벽협정(TBT, Technical Barriers to Trade Agreement), 위생 및 식물위생 조치협정(SPS, Sanitary and Phytosanitary Measures Agreement), 그리고 GATT 제20조 (일반예외) 및 서비스 무역에 관한 일반협정(GATS) 제14조(일반예외) 등이 이에 해당된다고 할 수 있다.

핵심 쟁점은 다자 간 환경협정상의 환경관련 무역조치를 어떻게 다자 간 무역규범과 조화시키는지에 대한 것이었다. 또한 이러한 환경관련 무역조치가 현행 무역규범이 취급하는 일반적인 무역조치일 경우에는 무역규범 위반여부를 어떻게 판단할 것인지 하는 문제가 추가적 쟁점으로 부각되었다. 한편, 공정 및 생산 방식(PPMs; Process and Production Methods)에 근거한 무역조치, 관할권에 관한 문제, 오염자 부담의 원칙과 예방원칙 등 현행 무역규범으로 취급하기 어렵거나 불분명한 이슈의 경우 이를 다자 간 무역규범이 어떻게 다루어야 하는지의 문제도 또 다른 쟁점으로 부각되었다. 다자 간 통상체제는 참치-돌고래(Tuna-Dolphin) 사건, 새우-거북(Shrimp-Turtle) 사건 등 다양한 케이스를 통해 환경보호를 위한 일방적 무역규제조치에 대해서 분쟁해결체제를 통해 해석하기도 했다. 2001년 출범한 도하개발어젠다(DDA, Doha Development Agenda) 협상에서 WTO 규범과 다자 간 환경협정 간의 관계, WTO 사무국과 다자 간 환경협정 사무국 간 협력, 환경 상품 및 서비스 분야의 관세·비관세 장벽 제거 등에 관해 협상을 했으나 DDA 협상이 교착됨에 따라 결실을 보지 못하였다.

---

1 다자 간 환경협약(MEAs, multilateral environment agreements)에 관해 확립된 정의는 없다. 대체로 지구적 환경문제를 다루면서 교섭시 모든 국가의 참여가 허용되고 유엔이 관장하고 주요국이 포함되어야 한다고 본다. 이런 전제하에 무역조치를 포함한 MEAs는 오존층 파괴물질에 관한 몬트리올의정서(1986), 유해폐기물의 국가 간 무역규제에 관한 바젤협약(1989), 멸종위기에 처한 야생동식물의 국제무역에 관한 협약(1973), 생물다양성 협약(1992)과 후속 의정서, 기후변화협약(1992)과 후속 의정서, 파리기후협약 등을 들 수 있다.

특히 기후변화 방지를 위한 기후변화협약을 둘러싸고 선진·개도국 간은 물론, 선진국 간에도 극심한 갈등을 빚어 왔다. 기후변화협약은 탄소배출량을 축소하기 위해 화석연료의 사용을 규제하고 신재생 에너지 등 대체에너지로 전환토록 각국에 의무를 부과해야 하는데, 개도국은 현재의 기후변화의 책임은 산업혁명 이후 선진국의 과도한 화석연료 사용에 기인한다는 점을 들어 선도적 규제를 해야 하는 역사적 책임이 없는 점을 강조했다. 1992년 기후변화협약과 1997년 교토의정서의 시행착오를 거쳐 2021년 1월부터 파리기후협정(Paris Climate Agreement) 하의 신기후변화 체제가 본격화되었다. 그러면서 기후변화 등 환경보호를 위한 선진국의 규제조치가 국제무역 및 투자, 공급망, 산업정책에 직접적인 영향을 미치는 이슈로 등장했다.

그러나 WTO를 기반으로 한 다자통상제제는 전술한 바와 같이 환경, 특히 기후변화 관련 규범과의 관계설정에 실패하고 그간 체제의 강점이었던 분쟁해결체제도 작동하지 않음으로써 충돌하는 두 개의 국제규범은 마찰 잠재력을 안은 채 독립적으로 발전되어 가고 있는 실정이다.

다자통상체제가 환경과 무역규범 간의 연계성을 명확히 하지 못하자 이 이슈는 WTO를 떠나 FTA 등 양자 또는 복수국 간 무역협정을 통해 구현되게 되었다. 이러한 경향은 환경뿐만 아니라, 인권, 디지털 등 통상과 연계된 새로운 영역의 규범들이 WTO 규범과의 관계 설정이 어려워지자 FTA나 주요국의 국내법을 통해 규범화되는 경향과 궤를 같이 한다고 하겠다. 최근에 체결되고 있는 FTA는 일반적으로 별도의 환경 장(chapter)을 설정하여 환경관련 조항을 포괄적으로 포함하고 의무화의 정도도 강화되었다. 내용적으로는 대체로 당사국이 가입한 다자 간 환경협정의 의무를 국내법에 반영하는 등 국내적으로 이행할 의무를 재확인하면서 당사국 간 협력을 지향한다. 법적 의무 수준 및 집행과 관련, 대부분의 FTA 협정들은 당사국의 노력을 강조하는 선언적 규정에 그치는 경우가 많은 한편, 법적 구속력이 있는 의무로 규정하고 강제적 집행 메커니즘을 갖춘 FTA도 늘고 있는 추세이다. 미국 주도로 체결된 포괄적·점진적 환태평양경제동반자협정(CPTPP, Comprehensive and Progressive Agreement for Trans-Pacific Partnership)이나 미국·멕시코·캐나다 무역협정(USMCA)이 후자의 대표적인 예라고 할 수 있는데, 이

협정들은 당사국들이 다자 간 환경협정을 준수할 적극적 의무를 규정하고 환경 관련 조항이 협정상의 일반 분쟁해결제도의 적용을 받도록 하고 있다. EU가 추진하는 FTA도 유사한 규정을 포함하고 있다. 2009년 체결된 한·EU FTA를 시작으로 EU가 체결한 FTA들은 환경·노동 이슈를 묶어 지속가능발전에 관한 별도의 장(chapter)을 두고 대화·협력 메커니즘과 함께 협정상의 일반 분쟁해결제도와 구별되는 특별분쟁해결제도를 설치하는 것을 주요 내용으로 하고 있다.

우리나라의 경우도 앞에서 설명한 FTA상의 환경규범 진화과정과 크게 다르지 않다. 초기에 체결한 FTA에서는 지속가능발전을 언급하거나 환경협력 등 구속력이 없는 일반적인 내용만 포함했는데, 한·EU FTA, 한·미 FTA를 포함하여 그 이후에 체결된 FTA에서는 대체로 다자 간 환경협정 준수, 분쟁해결절차 등 법적 구속성과 실효성이 강화된 조항이 포함되고 환경규범의 범위와 수준이 지속적으로 강화됐다. 한·미 FTA의 제20장(환경)은 다자 간 환경협정[2]상의 의무를 이행하기 위한 "법, 규정 및 그 밖의 모든 조치"를 취할 의무를 규정하고 환경 장(chapter)의 의무 위반에 대해서도 여타 FTA 분야와 동일한 일반 분쟁해결절차를 적용하도록 규정하였다. 환경협약상 의무 이행을 위해 취하는 무역규제조치를 허용한 것이다. 실제로 미국은 2019년 9월 한·미 FTA상의 환경규정에 근거하여 우리 정부에 정식 협의를 요청, 우리 정부가 원양어선 등 선박의 '불법·비보고·비규제 어업(IUU, illegal, unreported and unregulated fishing)'에 대한 단속을 강화할 것을 요구하였다. 미국 정부는 특히 우리 원양산업발전법상 벌칙규정을 강화하여 IUU 어업을 제재할 것을 요구하였는데, 우리 정부는 2019년 12월 해당 법을 개정한 바 있다.

## 2.2 기후변화대응과 WTO·FTA 규범

환경문제 중에서도 경제, 산업 및 무역 분야의 파급효과가 큰 기후변화와 관련 대응정책에 관심이 고조되고 있다. 기후변화의 주범으로 알려져 있는 이산화탄소

---

2  멸종위기 야생동·식물 국제거래 협약(CITES), 몬트리올 의정서(오존층 파괴물질), 런던의정서(해양오염 방지), 람사르협약(습지 보존), 캔버라협정(남극해양생물자원보존), 국제포경규제협약, 전미열대참치위원회협약 등을 포함한다.

등 온실가스는 전력 생산부터 기계 가동까지 상품 생산 과정의 모든 단계에 걸쳐 발생하는데, 온실가스 배출을 감축하고자 하는 기후변화 대응조치는 결국 생산관련 산업활동과 상품의 국경 간 이동을 다루는 통상규범과 직간접적으로 연계될 수밖에 없기 때문이다.

## [기후변화 대응과 무임승차 문제]

탄소감축을 위해서는 에너지 체제를 개편하고 추가비용을 부담해야 한다. 그러나 파리기후협정하의 신 기후체제는 당사국들이 자발적으로 온실가스 감축목표를 설정하고 이행하는 체제로서 법적 이행 강제력이 없다. 이 때문에 기후위기를 해결하기 위한 전지구적인 공동의 노력이 절실함에도 불구하고 일부 국가는 자국의 감축목표를 낮게 설정하여 환경비용부담을 축소하면서 상대적 산업경쟁력을 확보하려는 시도를 하게 된다. 다시 말하면 '무임승차(free riding)' 문제가 야기되는 것이다.

파리기후협정 체제는 무임승차를 방지하는 장치가 부재하고, 다자통상체제 또한 환경협약상 무역규제조치에 대한 명확한 해법을 제시하지 못함에 따라 선진국은 자국 국내법을 통해 온실가스 감축을 추진하는 동시에 유엔 또는 G-20 등 다자 포럼 등을 통해 파리기후협약상 약속 이행을 압박해 왔다. 그러나 선진국의 엄격한 환경기준은 선진국 시장에 진출하거나 수출하려는 외국기업에게는 새로운 장벽으로 작용할 우려가 있다. 이런 선진국에 수출 또는 투자를 하려는 국가와 기업은 해당 국가가 요구하는 요건과 기준을 충족해야 한다. 소위 선진국 국내법의 역외적용을 수용할 수밖에 없는 것이다. 다시 말하면, 국제환경규제에 무임승차를 할 수는 있으나, 그럴 경우 선진국 시장에 접근할 수 있는 기회도 상실될 수 있는 것이다.

전술한 바와 같이 2021년 1월부터 파리기후협정 하의 신기후변화체제하에 온실가스 배출 감축을 위한 국제사회의 노력이 강화됐음에도 불구하고, WTO 차원에서는 기후변화협약상 의무이행을 위해 취하고 있는 탄소세, 국경세조정(BTA, border tax adjustment), 배출권 거래 등과 다자 간 통상규범과의 합치성에 대한 명확한 해법을 제시하지 못하고 있다. EU는 탄소국경조정제도(CBAM) 관련 법과 정책이 WTO 규범에 합치된다고 주장해 오고 있으나 많은 WTO 회원국들은 차별적 성격을 지적하면서 현행 WTO 규범에 불합치한다는 주장을 펴고 있다. 이런 상반된 입장과 주장에도 불구하고 WTO는 이 문제를 해결하지 못하고 있는 것은 불편한 현실이다.

양자 또는 복수국 간 무역협정에서도 '기후변화' 관련 구속력있는 의무가 명시적으로 언급된 무역협정은 많지 않다. 미국이 체결한 NAFTA 협정과 그후 트럼프 행정부가 추진한 후속 조약인 USMCA는 3개 회원국이 공히 참여한 환경협약의 의무 이행 규정을 포함하고 있을 뿐, 파리기후협약과 같은 신기후체제에 관한 구체적 규정은 없다. 이 때문에 USMCA가 2020년 말과 2021년 초 미 의회에서 표결에 붙여졌을 때 많은 민주당 의원들은 이를 비판하면서 반대표를 던졌다. 이후 미국이 협상에 참여한 환태평양경제동반자협정(TPP, 미국의 불참으로 CPTPP 형태로 2018년 12월 발효)에서도 저배출 경제로의 이행을 위한 공동조치를 강조하고 있는 수준에 머물고 있다. 한편, EU의 경우, EU·일 경제동반자협정(EPA), EU·캐나다 CETA, 한·EU FTA 등 EU가 주도한 다수의 FTA에서 기후변화 관련 규정이 포함되어 있다. 다만, 이 협정들도 기후변화에 대응하기 위한 당사국의 법적인 의무를 구체적으로 규정하지는 않고 기후변화에 관한 국제협정상의 약속 이행 또는 상호 협력 증진 등 선언적 공약 수준에 그치고 있다. 미국 주도로 2022년 5월 출범한 인도·태평양경제프레임워크(IPEF, Indo-Pacific Economic Framework) 협상의 4개 분야 중 무역 부문을 제외하고 타결된 3개 분야에는 에너지 문제, 기후변화 대응 등에 관한 '청정경제(clean economy)' 분야가 포함되어 있다. 청정경제 협정은 2024년 6월 참여국 14개국에 의해 서명되었으며 10월에 발효되었다. 청정경제 협정에는 기후변화에 대한 공동대응과 탄소중립 달성을 위해 산업·운송·경제클러스터에서의 온실가스 저감, 온실가스 제거, 탄소시장 활동 촉진, 저배출·무배출 제품 및 서비스에 대한 수요측면에서의 민관협력 등 관련 산업 전 단계에서 참여국 간 협력을 강화하는 내용이 담겼다. 다만, IPEF는 협정 이행에 강제성이 없다는 한계를 안고 있다.

　　원래 기후변화와 무역관계에서 발생한 사안은 아니지만, 관련국 협의과정에서 기후변화 측면에서 다루어지고 있는 사안으로 '지속가능한 글로벌 철강협정(GSSA, Global Arrangement on Sustainable Steel and Aluminum)' 협상이 있다. 미국 트럼프 1기 행정부가 2018년 3월 국가안보를 이유로 1962년 무역확장법(Trade Expansion Act) 제232조를 동원하여 수입산 철강 및 알루미늄에 관세(철강 25%, 알루미늄 10%)를 부과하고 이에 대해 EU가 보복관세 조치를 취하였다. 바이든 행정부가 들어서면서 미국과 EU는 2021년 10월 한시적으로 미국이 EU산 철강·알루미늄 수입에 대해 일정량의 관세할당 쿼터를 설정하여 무관세 수입을 허용하고 기존의 관세부과 조치는 상호 유예하기로 하는 대신, 비시장 철강 산업 국가로부터의 과잉공급 대응과 철강산업의 과도한 탄소집약도 해소를 위한 협정을 추진하기로 함에 따라 협상을 진행하였다. 기후변화 대응과 아울러 중국의 철강 과잉생산 능력을 견제하겠다는 구상이라고 할 수 있다. EU는 철강·알루미늄에 대한 미국의 제232조 조치를 영구 철폐할 것을 요구한 반면, 미국은 미국산 철강 및 알루미늄에 대해 EU의 탄소국경조정제도(CBAM)에 따른 부과금 면제를 요청하면서 환경기준이 느슨한 국가에서 생산된 철강 및 알루미늄 수입에 관한 관세를 부과하는 방안을 주장한 것으로 알려졌다. 이 협상은 당초 2023년 말까지 타결을 목표로 하였으나 2025년 3월까지 연장되었다. 그러나, 트럼프 2기 행정부 출범 후 트럼프 대통령이 2025년 2월 그간 EU를 포함, 일부 국가들에 대해 허용한 관세할당 쿼터 등 무역확장법 제232조에 따른 관세부과 예외조치를 3월 12일부로 일방적으로 폐지할 계획을 발표함에 따라 미국·EU 간 GSSA 협상 전망이 더욱 불투명해졌다.

기후변화 대응을 위한 무역정책을 지지하는 진영에서는 기후변화 대응과 친환경에너지 산업 육성을 위해서는 탄소배출량이 많은 외국산 제품을 차별하는 것이 불가피하다는 입장으로서 탄소배출량에 따라 제품을 차별할 수 있는 여지가 거의 없는 기존 통상규범상의 원칙들을 제고할 필요가 있다고 주장하고 있다. 반면, 기업의 입장에서 보면 이러한 기후변화 대응을 위한 무역규제 조치가 통상장벽으로 작용할 여지가 많은 것이 사실이다. 다만, 기후변화 대응의 당위성에 비추어 현존하는 다자통상규범과의 충돌 가능성에 대해 문제제기하고 분쟁화하기에는 실질적으로 어려울 것으로 예상된다.

## 2.3 기후변화와 국내법 대응

미국, EU 등 선진국은 온실가스 배출저감을 위한 국제적 합의를 이행하고 기후변화 방지를 위한 선제적 대응을 하기 위해 다양한 국내 정책과 입법을 추진해 왔다. 어느 나라든 기후변화 대응을 위해 국내정책을 수립·시행하고 입법을 할 수는 있지만 이런 국내법 규범이 합의된 국제규범에 기반하지 않고 제각각인 데다가 외국 및 수출자에게 차별적인 대우를 한다는 점에서 각국이 추진하는 국내법 규범은 결국 무역장벽으로 발전될 소지가 매우 크다. 특히 막대한 시장을 무기로 자국의 기후변화 방지 정책 또는 입법 규정을 지키지 않는 국가 및 기업으로 하여금 동 시장에의 접근을 제한하는 효과가 발생할 수 있는 것이다. 한국과 같이 무역의 대외의존도가 높은 국가들은 선진국의 환경규범 강화가 차별적이거나 불합리한 비관세장벽으로 작용되지 않도록 각별한 모니터링과 포괄적 대응을 해 나가야 한다.

### 2.3.1 미국의 국내법

미국은 EU와 같이 온실가스의 수량적 감축을 위한 입법을 하지는 않으나, 다양한 정책 및 입법을 통한 규제조치로 온실가스 감축을 유도해 오고 있다. 미국의 기후변화 대응을 위한 대표적인 정책은 바이든 행정부에서 도입된 인플레이션감축법(IRA)이다. 이 법은 북미지역에서 제조된 친환경 자동차(전기자동차)를 구매하는 소비자들과 태양광 및 풍력 발전장치 생산공장을 건설하는 기업에 세액공제 혜택을 주는 등 국내 친환경 에너지 산업 육성에 막대한 보조금을 투입하는 것을 내용으로 하고 있다. 다만, 트럼프 2기 행정부는 2025년 1월 출범하면서 바이든 행정부의 에너지 정책을 전면 재편하겠다는 대선 공약의 실천 의지를 밝혔다. 트럼프 대통령은 취임사에서 미국의 에너지 비상사태를 선언하고 파리기후협약 탈퇴를 발표했다. 또한 트럼프 대통령은 같은 날 '미국 에너지 해방(Unleashing American Energy)' 행정명령에 서명하였는데, 미국의 이용가능하고 신뢰할 수 있는 에너지와 천연자원을 탐사하고 생산하는 것이 국가이익으로서 미국의 번영을 복원시키고 미국의 경제 및 군사안보를 재건하는 것이라는 점을 분명히 하였다. 또한 전기자동차 우선구매(EV mandate)를 폐지하고 주별 배출규정 면책 권한 및 기타 전기자동차에 부여된 불공정한 보조금 등을 제거함으로써 소비자의 선택을 보장하겠다고 강조했다. 인플레이션감축법(IRA)의 주요 내용에 대해서는 제4장(자국우선주의적 산업정책의 확산)에서 자세히 설명하고, 트럼프 2기 행정부의 환경·기후·에너지 정책 방향에 대해서는 제13장(트럼프 2기 행정부와 통상 리스크)에서 다루고 있다.

한편, 미 의회에서 특정 에너지 집약 수입품의 탄소집약도(carbon intensity) 조사를 내용으로 하는 법안(PROVE IT Act), EU의 CBAM과 유사하게 탄소배출량이 높은 특정 제품에 대해 탄소세 내지 국경조정세를 부과하는 내용을 담은 법안 (Foreign Pollution Fee Act), 에너지 집약도가 높은 제품으로서 특정 탄소배출 집약도를 초과하는 국내외 제품에 대하여 탄소집약 요금을 부과하는 내용을 담은 법안 (Clean Competition Act), 외국산 철강제품에 국한하여 탄소배출도에 따른 관세를 부과하는 법안(Modern Steel Act) 등 다양한 내용의 법안이 제출되어 심의된 것도 주목할 만하다. 이런 법안들은 제118 회기가 종료되어 폐기되었지만, 일부 법안들은 차 회기에 다시 제출될 가능성을 배제할 수 없다. 이러한 법안 중 일부는 기후변화에 대응과 함께 대중국 견제 등 지정학적 고려와 미국 산업 보호를 염두에 둔 의회의 입장을 반영한 것으로 평가된다.[3] 다만, 이러한 법안들이 다분히 2024년 대통령 및 의회 선거를 의식한 측면이 있고 내용면에서도 민주당과 공화당이 각각 추구하는 상이한 기후정책의 조율이 지난할 뿐만아니라 화석 에너지 업계의 부정적인 입장도 만만치 않아 실제 입법화에는 넘어야 할 난관이 많은 것은 사실이다. 다만, 이들 법안들을 통해 기후변화 대응에 관한 전반적인 미 의회의 태도를 읽을 수 있다는 점에서 의미가 있다고 하겠다. 또한, 직접적인 국경조치는 아니지만, 미국 캘리포니아주가 2017년에 도입한 '청정구매법(Buy Clean California Act)'과 같이, 공공 인프라 조달계약에서 사용되는 소재 제품의 탄소배출량 기준을 설정하고 기준을 초과하는 고탄소제품이 공공 프로젝트에 사용되는 것을 금지하는 식의 저탄소 제품의 시장확대를 장려하는 정책도 취해지고 있다.

### 2.3.2 EU의 국내법

EU는 지속가능한 개발차원에서 환경보호관련 다양한 정책과 입법[4]을 추진해 왔다. 여기서는 탄소국경조정제도(CBAM), 탄소중립산업법(NZIA, Net-Zero Industry

---

3  Aron Cosbey (2023), The Proposed Foreign Pollution Fee Act, IISD Analysis, November 2023.

4  EU는 기후 변화와 환경 파괴 문제에 대응하기 위한 전지구적 노력의 선두에 서겠다는 비전을 가지고 2050년까지 세계 최초의 탄소 중립 대륙이 되겠다는 목표를 포함하여 다양한 환경대응 정책과 법적 수단을 추진해왔다. 그 일환으로 EU는 European Green Deal(2019), Circular Economy Action Plan(2020), Chemical Strategy for Sustainability(2020), Biodiversity Strategy for 2030(2020), European Climate Law(2021), Fit for 55 Package(2021) 등 대표적인 전략을 발표하고 이를 실행하기 위한 여러 법·규정 등을 제정해왔다.

Act), 에코디자인규정(ESPR, Eco-design for Sustainable Products Regulation), 배터리규정, 산림벌채규정 등 대표적인 입법 내용만 소개하고, 환경관련 실사규범들은 별도로 후술하기로 한다.

● 탄소국경조정제도(CBAM)

기후변화 대응 정책에 따라 온실가스 배출 감축을 목표로 새로운 형태의 무역조치를 독자적으로 도입한 대표적인 사례로 EU의 탄소국경조정제도(CBAM)가 있다. CBAM은 EU의 친환경 통상정책의 가장 핵심적인 제도 중 하나로서, 2030년 온실가스 감축목표를 1990년 대비 기존 40%에서 55%로 상향 달성하는 것을 목표로 하는 EU의 "Fit for 55" 정책 패키지(2021년 7월 발표)의 일부이다. 이 제도는 2021년 7월 처음 제안된 후 약 2년간의 논의를 거쳐 2023년 4월 EU 의회에서 채택, 2023년 5월 발효되었다. CBAM은 수입상품과 국내 상품 간 동등한 탄소가격을 실현하기 위해 시행된 세계 최초의 사례이다.

이 제도는 2026년부터 EFTA국가(아이슬란드, 노르웨이, 스위스, 리히텐슈타인) 이외의 세계 모든 국가로부터 철강, 알루미늄, 시멘트, 비료, 수소, 전력 등 6개 에너지 집약적 산업 품목군을 EU 회원국내로 수입하는 EU 기업은 해당 품목의 생산과정에서 내재된 탄소배출량(embedded emissions)에 상응하는 탄소가격에서 원산지에서 이미 지불한 비용을 공제한 금액을 CBAM 인증서 구매방식으로 납부할 의무를 부과하는 제도이다. 이런 방식의 국경조정을 통해 내국산과 수입산의 탄소가격의 균등화를 달성하게 된다. CBAM 제도 하에서 이러한 의무를 부담하는 자는 수입자로서 EU 회원국 관련당국의 승인을 사전에 받아야 한다. 원래 국가별로 온실가스 규제수준이 상이한 기후변화 대응정책은 기업의 생산비용에 차이를 발생시켜 규제가 약한 국가에서 생산하는 기업이 비교우위에 있게 된다. 그런데, 이렇게 국경에서 상품에 내재된 탄소량에 상응하는 가격조정 조치를 취하게 되면, 국내 생산자와 수입업자가 상응하는 탄소 가격을 부담하게 되어 자국 상품과 제3국 상품간 가격면에서 공정한 경쟁관계를 보장하게 된다. CBAM은 결국 엄격한 탄소배출 규제를 받는 EU 기업들이 상대적으로 규제가 느슨한 국가로 생산시설, 투자 등을 이전하는 소위 '탄소누출(carbon leakage)'을 방지함으로써 자국 기업들의 가격경쟁력이 약화되지 않도록 하면서 다른 나라들도 글로벌 기후 합의 사항에 적극적으로 참여하도록 유도하기 위한 것이 목적이다. EU는 그간 배출권거래제(ETS, Emissions Trading System)을 통해 ETS 대상업체 중 탄소누출이 큰 업종에 대해 배출권을 무상 할당하여 탄소누출이 발생하지 않도록 노력해 왔다. EU는 이를 대체하는 CBAM을 도입하면서 ETS 무상할당을 단계적으로 축소하여 2034년에는 완전히 폐지할 계획이다.

2023년 10월부터 공식 시행에 들어간 CBAM은 2026년 1월 본격적인 시행에 앞서 2023년 10월부터 2025년 말까지의 전환기간(transitional period) 동안에는 역외국 기업이 내재배출량 산정 및 인증서 제출 의무를 원활하게 준비할 수 있도록 수입허가, 검증의무, 인증서 매입 및 제출의무가 유예되며, 수입자는 2025년 말까지는 분기별로 해당 제품의 탄소배출량을 산출해 보고하는 의무만을 준수하면 된다[5]. 첫 보고서인 2023년 4분기 수입에 대한 보고서는 분기 직후 첫 달인 2024년 1월말까지 제출하여야 했다. 전환기간 중 보고의무를 준수하지 못할 경우 미보고된 내재배출량 1톤당 10~50유로의 과태료가 부과될 수 있다. CBAM의 적용을 받는 기업, 즉 EU의 수입업자는 공급망 내에 있는 EU내 및 제3국 기업들로부터 탄소배출량 등 필요한 정보를 충분히 수집하고, 내재배출량 정보를 측정, 보고, 검정(MRV, measurement, reporting and verification)하는 체제를 갖추는 것이 필요하다. 전환기간 종료 전에 적용대상 품목 확대여부에 대한 검토가 예정되어 있다.

2026년부터 CBAM이 본격 시행되면, 관할당국은 ETS 배출권 경매종가의 주간 평균 가격을 기준으로 CBAM 인증서 가격을 책정하여 판매하게 되며, EU 수입업자는 매년 5월 말까지 제품별 전년도 수입총량과 내재배출량을 관할당국에 신고하고 이에 상응하는 DBAM 인증서를 구매, 제출하여야 한다.

---

5  EU 집행위는 전환기간 시행을 위해 CBAM 법률에서 구체적인 사항을 위임한 하위법령 중 하나인 '전환기간 중 보고의무에 관한 이행규정'을 2023년 8월 제정·공포해 둔 상태이다.

한국무역협회의 분석에 따르면,[6] 2022년 기준 우리나라의 대 EU 수출액은 총 681억 달러인데, 이중 CBAM 대상품목 수출액은 51억 달러로서 대EU 수출의 7.5%를 차지한다. 대EU 수출 비중이 큰 철강(대상품목의 대EU 수출액 중 89.3%)과 알루미늄(10.6%)이 CBAM의 영향을 가장 많이 받을 것으로 예상된다. 앞으로 EU가 유기화학물, 플라스틱 등 탄소누출 가능성이 높은 품목으로 그 대상을 확대할 수 있어 이에 대한 대비도 필요하다. 다행히 한국은 탄소배출권거래제(K-ETS)를 시행하고 있고 철강의 탄소배출 집약도가 러시아, 우크라이나, 튀르키예 등 경쟁국과 비교해서 낮은 편이기 때문에 가격 경쟁력 면에서는 유리한 위치에 있다고 할 수 있다. 우리 정부당국이 EU측과 협의하여 우리가 EU에서처럼 K-ETS를 운영하고 있어 이미 탄소세를 부과하고 있는 만큼 이를 동동하게 인정받도록 협의할 필요가 있다.

EU의 CBAM은 기후변화 대응을 목적으로 무역규제적 조치가 실현되는 최초의 사례가 될 것이나, 탄소배출 규제는 EU뿐만 아니라 여타국에서도 강화될 움직임이 있음에 유의할 필요가 있다. 영국이나 캐나다도 최근 CBAM에 대한 논의를 본격화하고 있는 것으로 알려지고 있다. 2021년 1월 EU를 공식 탈퇴한 영국도 2050년까지 탄소중립(Net-zero)을 달성한다는 목표를 제시하는 등 적극적인 탄소중립 정책을 밝히고 있는데, 그 일환으로 2021년 5월 배출권거래제를 출범한데 이어 2027년까지 알루미늄, 시멘트, 세라믹, 비료, 유리, 수소, 철강 등 탄소 집약적 원자재를 대상으로 CBAM을 시행할 것이라고 밝힌 바 있다.[7] 영국은 또한 철강 등 특정 제품에 대하여 소비자들에게 제품별 탄소배출량을 밝히도록 하는 '자발적 제품표준(VPS, voluntary product standards)'을 도입하는 방안을 업계와 협의중이며,[8]

---

6  이정아, 감금윤, 한재완 (2023), 미리 보는 EU 탄소국경조정제도 시범 시행 기간 주요 내용 및 시사점, KITA 통상리포트 2023-10, https://kba-europe.com/wp-content/uploads/kboard_temp/66d4303695bbb/ KITA-%ED%86%B5%EC%83%81%EB%A6%AC%ED%8F%AC%ED%8A%B8-10%ED%98%B8_%EC%9B%B9.pdf

7  UK Department for Energy Security & Net Zeo, Factsheet: UK Carbon Border Adjustment Mechanism, Updated 18 December 2023.

8  UK Department for Energy Security & Net Zeo, Factsheet: voluntary standards and embodied emissions reporting, Updated 18 December 2023.

이에 더 나아가 제품별 탄소배출량의 상한을 설정하여 한도를 초과하는 제품의 거래를 금지하는 '필수제품표준(MPS, Mandatory Product Standards)'을 도입하는 방안도 거론되고 있다. 캐나다도 CBAM 제도를 도입하는 것을 검토하고 있는 것으로 알려져 있다.[9]

- ● 탄소중립산업법(NZIA)

한편, 미국에서 전기차 세액공제 제도를 도입한 인플레이션감축법(IRA)에 대해 EU는 배터리, 수소, 철강 등 부문에 대한 역내 신규 투자가 미국으로 빠져나갈 것을 우려하여, 자체적으로 친환경 보조금 정책을 계획하는 등 맞불 대응에 나서고 있다. 그 일환으로 EU는 탄소중립산업법(NZIA, Net-Zero Industry Act)을 추진하였다. 이 법은 EU가 확실하고 지속가능한 탄소중립 기술 제조역량을 확대하여 이러한 기술에 대한 접근을 보장하는 것을 목적으로 하고 있다. 2023년 3월 EU 집행위가 발의한 이 법은 태양광, 풍력, 원자력, 배터리, 탄소포집 및 저장 관련 기술 등 탄소중립과 관련된 19개의 탄소중립 산업기술에 대한 역내 제조역량을 2030년까지 40% 끌어올리고 2040년까지 세계시장 점유율을 15%까지 확대하겠다는 것을 목표로 하여 전략적 탄소중립 기술 제조사업(Net-Zero Technologies Manufacturing Projects)에 대하여는 보조금 지급을 완화하는 등의 내용을 담고 있다. 2024년 2월 EU 집행위, 이사회, 유럽의회 간 3자 협상을 타결하고 4월 유럽의회가 승인하여 2024년 6월 발효되었다.

- ● EU 에코디자인규정(ESPR)

EU 집행위는 지속가능발전 전략의 일환으로 자원의 순환 활용을 촉진하기 위한 정책에 따라 기존의 에코디자인 지침(Directive)을 대체하는 '지속가능한 제품을 위한 에코디자인 규정(ESPR, Eco-design for Sustainable Products Regulation)'안을 2022년 3월 발표하였다. 이 규정은 2023년 12월 EU 집행위, 유럽의회, 이사회

---

9  Government of Canada, Exploring Border Carbon Adjustments for Canada, Date Modified: 2023-06-02, https://www.canada.ca/en/department-finance/programs/consultations/2021/border-carbon-adjustments/exploring-border-carbon-adjustments-canada.html

의 3자 합의를 거쳐 2024년 5월까지 유럽의회와 이사회의 승인을 거쳐 2024년 7월 발효되었다. 이 규정은 제품의 생애주기 전반에 걸쳐 환경적 지속 가능성을 고려하기 위한 것으로서 이 규정을 준수하지 않는 상품은 EU 역내에서 제품을 판매할 수 없다. 모든 물리적 상품이 동 규정의 적용대상이 되는데, 대상품목에 대해서는 에너지 효율성, 내구성, 수리용이성, 유지보수·재가공 가능성, 탄소발자국 등이 요구된다. 조기 노후화 방지 조치가 요구되며, 미판매제품의 폐기시 연간 보고의무가 부과되고 의류·신발 등에 대해서는 폐기 금지 의무가 부과된다. 각 제품들은 원료의 구성, 원료 원산지, 제품에 포함된 재활용 원료구성, 자세한 공급망 정보 등 지속가능성 정보와 관리지침 등을 소비자 또는 상품 취급자가 쉽게 파악할 수 있도록 제품 전 주기에 대한 지속가능성 정보를 담은 '디지털 제품여권(DDP, digital product passport)'을 QR 코드, RFID 태그 형태 등으로 제공해야 한다.[10] DDP는 결국 제품의 전 주기에 관여하고 있는 경제주체와 소비자에 대해 공급망에 관한 정보수준을 높임으로써 지속가능성과 제품의 순환가능성을 높이기 위한 수단으로서 기능한다.

EU 집행위는 앞으로 철강, 알루미늄, 섬유, 가구, 타이어, 세제, 페인트, 윤활유, 화학물질, ICT 제품 등을 우선순위 품목군으로 정하여 이들 품목에 대해 품목별 이행규정을 제정할 예정이다. 빠르면 2027년 첫 품목별 이행규정이 시행될 것으로 예상되므로 우리 기업들은 하위 규정 제정 동향을 면밀히 모니터링하여 초기 제품 디자인 단계부터 에코디자인 요건을 고려하는 등 이에 대한 대비가 필요하다.

- ● EU 배터리규정

EU 배터리규정은 역내 유통되는 배터리의 지속가능성을 향상시키고 배터리 원재료에 대한 재활용을 촉진하기 위하여 기존 배터리 지침(Directive)을 규정(Regulation)으로 대체한 것이다. 2023년 발효되어 2024년 2월부터 세부규정별로 시행에 들어갔다. 전기차 배터리를 포함한 휴대용, 산업용, 경량운송용 등 모든 배

---

10  배터리의 경우, 2024년 2월부터 시행에 들어간 EU 배터리규정에 따라 디지털 배터리 여권이 2027년부터 시행될 예정인데, 동 디지털 여권은 여타 품목별 DPP의 벤치마크 역할을 할 것으로 예상된다.

터리가 적용대상이다. 회원국은 배터리 생산자 등록부를 구축하여야 하며, 생산자책임재활용(extended producer responsibility) 제도를 도입하여 생산자가 폐배터리 수거에 대한 책임을 지도록 하고, 공급망 상류(upstream)에 대한 실사 의무가 부여된다. 전기차 배터리, 산업용 배터리, 경량운송용 배터리 등에 대해 2027년 2월부터 배터리의 전생애주기 정보와 지속 가능성 정보를 담은 디지털 여권을 제공하여야 한다. 동 규정은 또한 배터리 종류별로 재활용 최소비율, 신품 배터리에 대한 재활용 원료 사용 최소비율, 배터리 폐기시 원료별 재활용 추출 달성 목표 등을 연도별로 제시하고 있다. 유럽시장에 배터리 또는 배터리 부품을 수출하는 기업이나 역내 투자기업은 EU 배터리 규정의 내용과 세부내용에 대한 EU 집행위의 하위입법 동향을 모니터링하고 배터리 전주기에 걸쳐 동 규정을 준수하기 위한 체제를 갖추어야 한다.

- 산림벌채규정(EU Deforestation Regulation)

EU의 산림벌채규정은 전세계적으로 산림벌채와 생물다양성 손실을 방지하도록 함으로써 탄소배출을 줄이는데 EU가 기여하기 위한 목적으로 제정되었다. 2023년 12월 발효된 이 규정에 따라 소, 코코아, 커피, 오일 팜(기름야자), 고무, 대두, 목재 등 7개 주요 상품분야와 관련된 제품의 대EU 무역에 종사하는 기업들은 해당 상품이 산림벌채 또는 산림훼손에 기여하지 않았다는 것, 원산지 국가의 관련 법규(환경, 토지사용, 노동, 조세 등)에 따라 생산되었다는 것, 적절한 실사를 거쳤다는 사실 등을 증명해야 한다. 위반시 EU내 해당 기업의 매출액의 4%에 이르는 벌금이 부과될 수 있다. 이 과정에서 특히 공급망의 각 단계에 대한 포괄적인 정보, 데이터, 문서 등이 요구되는 등 광범위하고 신뢰할 수 있는 실사가 요구된다는 점에서 주목할 필요가 있다. 당초 일정규모 이상 기업에는 2024년 12월부터, 중소기업에는 2025년 7월부터 적용될 예정이었으나, 미국을 비롯한 농산물 수출국들이 추가적인 준비기간이 필요하다는 강한 의견을 제시함에 따라 시행일이 2025년 12월, 2026년 7월로 각각 1년간 연기되었다.

## ③ 인권 · 노동권 보호와 무역규제

### 3.1 인권과 무역자유화

환경보호나 기후변화 이슈와는 달리, 인권, 특히 상품이나 서비스의 생산과정과 직접 관련된 노동 이슈의 통상의제화는 그 역사가 오래되었다.[11] 보편적 인권 개념은 1948년 '세계인권선언'을 통해 비로소 국제규범으로 확립됐지만, 19세기 초부터 국제교역이 활발해지면서 무역과 인권보호, 특히 노예무역이나 재소자 노동 등 강제노동 금지 목표를 동시에 달성하기 위한 새로운 규범이 도입되기 시작하였다. 영국이 1807년 노예무역을 금지한 후 포르투갈, 덴마크, 스웨덴 등과 노예무역을 금지하는 조약을 체결한 것이나 미국이 1890년 재소자 노동으로 생산된 상품의 교역을 금지한 후 영국, 호주, 캐나다 등이 유사한 금지조치를 취한 사례에서 무역과 인권 이슈의 연계를 발견할 수 있다. 1930년대 세계 대공황과 그로 인한 대규모 실업 및 빈곤이 전 세계적으로 중요한 문제로 대두되면서 노동자들의 권리보호와 노동조건 개선에 대한 요구가 급증하는 시대적 상황을 배경으로 국제노동기구(ILO)의 강제노동협약이 제정된 이후, 미국은 강제노동으로 생산한 상품의 수입을 금지하는 규정을 1930년 관세법 제307조에 포함하였다.

일반적으로 노동규범은 강제노동의 금지뿐만 아니라 단결권이나 단체교섭 등 기본 노동권 준수까지 포함하는 개념으로 이해된다. 무역협정에 노동규범을 포함하는 문제를 둘러싸고 선진국과 개도국은 첨예한 대립을 보여왔다. 개발도상국이나 권위주의적 정치체제에서는 무역협정에 노동을 포함시키고자 하는 선진국의 의도를 내정간섭 또는 보호무역주의로 간주하고 격렬히 반대해 왔다. 이러한 이유로 제2차 세계대전 후 미국을 비롯한 많은 서구국가들은 GATT-WTO 체제에서 강제노동 금지를 국제규범화하려 했지만 성공하지 못했다. 1947년에 제정된 GATT는 제20조 일반적 예외 조항으로 재소자 노동(prison labor)으로 생산된 상품을 금지할 수 있도록 규정하였을 뿐이다. 1995년 WTO 설립 이후 이 문제가 계속

---

11　Susan A. Aaronson (2010), "Is the Wedding of Trade and Human rights a Marriage of Convenience or a Lasting Union?" Human Rights and Human Welfare Volume 10-2010, pp. 1-2.

이슈가 되었으나 결국 WTO 회원국들은 노동기준을 보호무역주의의 목적으로 사용하는 것을 반대한다는 것과 노동관련 의제에 관해 WTO와 ILO 간 협력한다는 원칙에만 합의하는 수준에서 타협하였다. 또한 어족자원 보존을 위해 각국의 수산보조금을 억제하기 위한 최근의 WTO 협상에서도 미국 바이든 행정부는 원양어선에서의 강제노동 사례를 WTO에 통보토록 하는 등의 제안을 하였으나 중국 등 개도국의 반대로 합의에 이르지 못하였다.

특히 미·중 간 전략적 경쟁이 격화되고 러시아 등에 대한 제제가 강화되면서 인권유린을 이유로 한 경제제재와 수출통제 등 무역제한 조치가 강화되고 있다. 미국, EU가 강제노동을 근거로 중국산 상품에 대하여 수입규제를 강화하고 수입품의 실사를 강화하고 있는 것이 대표적인 사례이다. 또한 기업차원에서도 환경·사회·거버넌스(ESG) 경영을 기업가치와 직결함으로써 인권 문제는 국제무역 및 경제활동에서 간과할 수 없는 중요한 이슈로 부상하게 되었다. 인권 및 노동권 보호가 국제무역과 투자, 공급망 안정성 등에 직접적인 영향을 끼칠 수 있는 과제로 등장한 것이다.

### 3.2 노동 규범과 FTA

ILO가 2022년 9월 발표한 '현대판 노예의 세계적 동향 평가(Global Estimates of Modern Slavery)' 보고서에 의하면,[12] 2021년 기준으로 전 세계적으로 2,760만명이 강제노동에 시달리고 있고 그 숫자는 계속 늘어나고 있는 것으로 추산된다. 지역별로는 아시아·태평양 지역이 1,510만 명으로 가장 많은 것으로 밝혀졌다. 이러한 상황에서, 다자통상법 체제에서 무역과 노동의 연계를 포함하는 노력이 좌절되자 미국을 비롯한 선진국들은 이후 FTA 등 양자·지역 간 무역협정에 노동관련 규정을 포함하기 시작하였다. 1994년 발효된 NAFTA 체결을 기점으로 노동조항

---

12  ILO (2022), Global Estimates of Modern Slavery: Forced Labour and Forced Marriage, ILO Report, September 12, 2022,
https://www.ilo.org/publications/major-publications/global-estimates-modern-slavery-forced-labour-and-forced-marriage

이 반영된 무역협정의 수가 증가하였고, 협정에서 다뤄지는 노동권의 종류와 범위 또한 확대되었다.

미국은 트럼프 1기 행정부에서 기존 NAFTA를 개정하였는데, 이렇게 탄생하여 2020년 7월 발효된 USMCA를 통해 지금까지의 무역협정 중 가장 강력하고 광범위한 노동권 보호조항을 도입하였다. 이 협정에는 아동노동을 포함한 강제노동으로 생산된 상품의 수입금지는 물론이고, 노동자에 대한 폭력방지, 이주노동자 보호, 성별 차별금지 등의 의무를 포함하고 있다. 또한 이 협정은 노동환경이 상대적으로 열악한 멕시코가 동 조항들을 이행할 수 있도록 담보하기 위해 '특정 작업장 노동 신속대응 메커니즘(Facility-specific Rapid Response Labor Mechanism)'을 도입하였는데, 멕시코내 개별 사업장에서 USMCA에서 약속한 노동법이 준수되지 않는 것으로 보일 경우 미국 또는 캐나다의 노조, 비정부단체(NGO) 등 민간이 주체가 되어 자국 정부가 이러한 위반 행위를 조사하도록 청원할 수 있도록 한다. 이러한 청원이 있는 경우, 신속한 국가 간 협의를 통해 해결하도록 하되, 해결이 되지 않을 경우 신속한 패널 절차에 따라 패널의 결정이 내려지며, 패널의 결정에 따라 미국은 노동법을 위반한 멕시코 사업장으로부터 수입하는 상품 및 서비스에 대한 USMCA상의 특혜를 중지할 수 있고, 위반행위가 반복적으로 발생할 때에는 수입 자체를 금지할 수도 있다. 이 제도를 통해 멕시코내 기업의 노동 기준이 강화되면서 멕시코 내 투자 외국 기업 등 멕시코에서 활동하는 기업들은 현지의 노동법 및 국제적 노동 기준을 보다 철저히 준수해야 할 필요성이 커졌으며, 노동 분쟁이 빈번해질 경우 기업 운영의 불확실성도 증가하게 될 것이므로 멕시코내 사업장을 운영하는 기업들은 노동환경 개선 등 노력을 통해 안정적이고 지속 가능한 경영 환경을 조성하는 데 힘을 써야 할 것이다.

또한, 바이든 행정부가 2022년 5월 의욕적으로 협상을 개시한 인도·태평양경제프레임워크(IPEF, Indo-Pacific Economic Framework)에서도 강화된 노동기준 반영 문제가 논의된 것으로 관측된다. IPEF는 (i) 무역, (ii) 공급망, (iii) 청정경제, (iv) 공정경제의 4개 부문(pillar)으로 구성되어 있는데, 미국은 무역 부문에서 강력한 노동기준과 기업책임 조항을 확립할 것이라고 밝혔으나 참여국 간 노동관련 통상 규범 수용 정도가 다른 데다가 무역 부문 협상 자체가 2023년 말 이후 중단되어 실질적인 결과는 도출되지 않았다.

EU도 한·EU FTA를 시작으로 '무역과 지속가능발전(TSD, Trade and Sustainable Development)이라는 이름으로 환경보호와 함께 인권(노동권) 보호 규정을 FTA에 삽입하고 있고, 이 조항을 근거로 협정 상대국의 노동관련 의무 준수를 강제하려는 경향을 보이고 있다. 한·EU FTA는 결사의 자유와 단체교섭권의 효과적 인정, 강제노동의 철폐, 아동노동의 폐지, 고용 및 직업상의 차별 철폐 원칙을 확인하는 한편, 양 당사국이 비준한 ILO협약을 효과적으로 이행하고 여타 ILO 핵심협약 등을 비준하기 위해 "계속적이고 지속적인 노력(continued and sustained efforts)"을 다할 것을 규정하였다(제13.4조). EU는 우리나라에 대하여 이 조항을 원용하여 ILO 핵심협약 비준을 압박한 사례가 있다. EU는 2018년 12월 우리나라가 8개의 ILO 핵심협약 중 강제노동, 결사의 자유 및 단결권 보호, 단체교섭권, 강제노동 폐지 등에 관한 4개의 핵심협약을 비준하는데 충분한 노력을 기울이지 않았다고 주장하면서 양자 협의, 전문가 패널 등의 분쟁해결절차에 회부하였다. 이 사건은 우리나라에 대한 EU측의 무역제재로까지는 이어지지 않았으나 이를 계기로 우리나라는 ILO 핵심협약을 비준하고 노동법 일부조항을 개정하였다. 우리나라로서는 노동이슈가 통상분쟁으로 비화될 수 있음을 겪은 최초의 사례가 되었다.

## 3.3 인권보호와 국내법 규정

미국과 EU를 중심으로 노동자 보호 및 인권 증진 등을 명분으로 한 국내법을 제정하고 있다. 미국과 EU가 국내법을 통해 강제노동과 연계한 무역제재 조치를 취할 수 있도록 하고 있는 것은 한국 기업들에게 공급망 관리에 어려움을 제기한다. 글로벌 공급망 체계가 중국산 원재료나 소재·부품을 광범위하게 포함하고 있는 현 시점에서, 미국과 EU가 중국내 강제노동 관행을 염두에 둔 규제조치는 소량의 소재·부품까지 기업이 추적·관리할 것을 요구하고 있어 관련기업의 보다 강화된 공급망 실사 노력이 뒷받침되지 않을 경우 무역업무에 큰 장애가 초래될 수 있다. 여기에서는 강제노동과 연계된 상품의 수입 금지 및 수출입 기업들에 대한 공급망 실사조치를 요구하는 미국과 EU의 국내법을 일별해 보고, 실사관련 세부 규정은 다음 섹션에서 살펴보고자 한다.

미국은 다양한 국내법과 제도를 통해 인권기준을 무역정책에 반영하고 있다. 이러한 법률들은 주로 특정 국가나 산업에서 발생하는 인권 침해를 억제하고 이를 통해 인권을 보호하고 증진하는 것을 공식적인 목적으로 하고 있으며, 이러한 목적달성을 위해 특정 국가나 개인, 단체 등을 제재하는 수단을 활용한다.

개발도상국이 미국시장에 관세혜택을 받아 상품수출을 할 수 있도록 하는 일반특혜관세제도(GSP, Generalized System of Preferences)의 혜택을 받기 위해서는 해당 개발도상국이 인권상황 등 특정 기준을 충족해야 한다. 2013년 방글라데시에서 발생한 대형 공장 붕괴 사고 이후, 미국은 방글라데시의 노동조건과 인권 침해 문제를 지적하며 GSP 혜택을 중단한 바 있다. 미국은 연방 차원의 조달 활동에 있어서 인권을 중요한 고려요소로 삼고 있다. 연방 조달 규정(FAR, Federal Acquisition Regulation)은 미국 연방정부가 조달하는 물품이나 서비스가 강제노동, 아동 노동, 인신매매 등의 인권 침해와 연관되지 않을 것을 조건을 하고 있다.

2016년 제정된 미국의 글로벌 마그니츠키 인권 책임법(Global Magnitsky Human Rights Accountability Act)은 세계적으로 심각한 인권 침해나 부패에 관여한 개인이나 단체에 대해 미국 정부가 제재를 부과할 수 있는 권한을 부여한다. 1974년 무역법 제402조(일명 잭슨-배닉수정법: Jackson-Vanik Amendment)는 비시장경제국가가 해외이민의 자유를 구속하는 경우 정상무역관계(NTR, Normal Trade Relations) 지위를 거부하는 법이다. 홍콩에서 일어나는 인권 침해 문제에 대응하기 위해 2020년에 제정된 홍콩자치법(Hong Kong Autonomy Act)은 홍콩의 자치를 침해하거나 인권을 억압하는데 관여한 개인이나 단체에 대해 제재를 부과할 수 있도록 했다. 북한제재법(NKSPEA, North Korea Sanctions and Policy Enhancement Act)는 북한 인권침해에 관여한 인사나 단체에 대한 재산 동결, 미국내 금융 거래 금지 등의 조항을 포함하고 있다. 위구르강제노동방지법(UFLPA, Uyghur Forced Labor Prevention Act)은 아래에서 자세히 살펴본다.

한편, 인권, 민주주의, 법치주의와 같은 가치를 외교 및 무역 정책의 중심에 두고 있는 EU도 인권기준을 무역정책에 반영하는 다양한 법률과 제도를 도입해왔다. 미국의 GSP나 글로벌 마그니츠키법과 유사한 GPS+ 제도나 EU 글로벌 인권 제재 체제(EU Global Human Rights Sanctions Regime, 2020) 외에 EU 강제노동방지법(EU Forced Labour Instrument), EU 기업지속가능성실사지침(CSDDD, Corporate Sustainability Due Diligence Directive) 등도 이에 해당된다. 후자의 2개 규정에 대해서는 아래에서 자세히 살펴본다.

### 3.3.1 미국 위구르강제노동방지법(UFLPA, Uyghur Forced Labor Prevention Act)

미·중 간 갈등 속에서 미국은 강제노동이 광범위하게 행해지고 있는 것으로 알려지고 있는 중국 신장위구르자치구에서 전부 또는 일부라도 채굴, 생산된 모든 상품 및 부품의 미국내 수입을 1930년 관세법 제307조를 적용, 엄격히 금지하는 '위구르강제노동방지법(UFLPA, Uyghur Forced Labor Prevention Act)'을 2021년 12월 제정하여[13] 2022년 6월부터 시행에 들어갔다. 글로벌 공급망 내 중국 강제노동의 연루를 차단한다는 명분이나 사실상 중국 신장위구르산 제품을 글로벌 공급망에서 제외하는 조치이다. 이 법은 중국 신장위구르자치구에서 채굴, 생산, 제조된 상품이나 부품, 그리고 인권 침해 행위에 가담한 특정 중국 기업체(Entity List)[14]가 생산한 제품은 모두 강제노동에 의해 생산된 것으로 추정하고 동 상품의 수입을 금지할 뿐 아니라, 타 국가·지역에서 최종 생산된 상품도 신장위구르산 부분품이 조금이라도 사용될 경우에는 수입이 금지된다. 신장위구르산 상품이나 우려거래자 목록(Entity List)에 포함된 기업이 연루된 상품은 일단 수입금지 대상으로 보는 반박가능한 추정(rebuttable presumption) 원칙이 적용되므로 해당 수입품이 강제노동에 의한 생산품이 아님을 수입자가 공급망 실사, 효과적인 공급망 추적 및 공급망 관리 등을 통해 획득한 명확하고 확실한 증거를 제시하여 입증해야 하는 부담이 있다.

이 법의 집행기관인 미국 국토안보부 산하 관세국경보호청(CBP, Customs and

---

13  U.S. Department of State, The Signing of the Uyghur Forced Labor Prevention Act, Press Release, December 23, 2021.

14  UFLPA는 (i) 신장위구르자치구에서 강제노동으로 전부 또는 일부 생산, 제조된 상품, 물품, 제품을 채굴하거나 생산하는 기업, (ii) 신장 정부와 협력하여 강제노동 또는 위구르족, 카자흐족, 키르기스족 및 기타 박해받는 집단을 모집, 운송, 이송, 은닉, 수용하는 기업, (iii) 이러한 기업이 생산한 제품을 중국에서 미국으로 수출하는 기업, 그리고 (iv) 신장 생산건설병단(XPCC)을 포함하여, '빈곤 완화(poverty alleviation)' 프로그램, '평행 지원(pairing-assistance)' 프로그램 또는 기타 정부 주도 강제노동 계획을 통해 신장 또는 신장 정부 및 XPCC와 협력하는 자로부터 자재를 조달하는 시설 및 기업을 포함하도록 하고 있다.

Border Protection)에 의하면,[15] 2022년 6월 법 시행 이후 2022년 12월까지 총 6,700여 건, 23.8억 달러 상당의 수입이 통관 보류되었으며, 품목별로는 태양광 패널 등 전자 분야가 압도적으로 많은 비중을 차지하고 이어 의류·신발·섬유, 산업용 원부자재, 농산물 등이 통관 보류되는 것으로 나타나고 있다. 당초 CBP는 의류, 면화, 토마토, 폴리실리콘 등을 대표적인 고위험 강제노동 생산품으로 보았으나 이와 같이 최근에는 전기차 배터리, 알루미늄, 폴리염화비닐 등 차부품이나 산업용 원부자재도 대상이 되고 있다. 통관 보류된 수입품은 중국에서 최종 선적된 것뿐만 아니라 오히려 말레이시아, 베트남, 태국 등 동남아에서 선적된 상품의 비중이 더 큰 것으로 나타나고 있다. 실제로, 포르쉐, 벤틀리, 아우디 등 폭스바겐(VW) 그룹의 최고급 승용차 1만 4천여 대가 2024년 2월 미국 세관에서 억류되었는데, 하청업체에서 중국 신장위구르 지역에서 생산된 것으로 의심되는 구동제어 장치용 소형 전자부품을 사용했다는 의혹이 제기되었기 때문이었던 것으로 보도되었다.[16] 미국은 농산물, 식료품, 배터리, 전자제품, 가전제품, 플라스틱, 섬유 등 부문을 중심으로 100개가 넘는 강제노동 연루 의심 중국 기업체의 우려거래자 명단(Entity List)을 유지하고 있으며 이 명단을 계속 확대하고 있다.

이 법은 광범위한 범위의 공급망을 통해 중국과 밀접한 경제적 연계를 갖고 있는 우리 기업에 큰 영향을 미칠 수 있다. 미국으로 제품을 수출하는 모든 기업들은 자사 제품의 생산과정에서 사용되는 모든 원자재, 부품 등의 출처를 명확히 추적하여 중국내 신장위구르 지역에서 유래된 물품을 배제할 수 있는 시스템을 구축하고 시행해야 한다. 이 법은 강제노동 문제와 관련된 글로벌 공급망 규제 확산의 시작점이라고 할 수 있다. EU도 강제노동에 대한 규제를 강화하고 있으며, 일본, 캐나다 등도 유사한 제도를 준비중이다. 따라서 우리 기업들은 미국뿐 아니라 다른 주요 시장에서도 유사한 규제가 도입될 가능성에 대응할 필요가 있다.

---

**15** US Customs and Border Protection(CBP), Uyghur Forced Labor Prevention Act Statistics, https://www.cbp.gov/newsroom/stats/trade/uyghur-forced-labor-prevention-act-statistics

**16** Euronews (2024), "European car imports held up in US over banned Chinese part, February 15, 2024, https://www.euronews.com/business/2024/02/15/european-car-imports-held-up-in-us-over-banned-chinese-part

### 3.3.2 EU 강제노동 물품수입 금지 규정

EU도 강제노동을 통해 생산된 물품의 EU 수입을 금지하는 규정(Regulation on prohibiting products made with forced labour on the Union market)을 마련했다. EU 집행위는 원자재 채굴, 수확, 제조, 유통 등의 공급망에서 강제노동이 결부된 제품이 EU 역내로 수입되거나 역내에서 생산되어 유통 또는 수출되는 것을 금지하는 규정안을 2022년 9월 발표하였다. 이에 따라 EU 집행위, 이사회, 유럽의회는 2024년 3월 3자 협의를 통해 이 규정의 구체내용에 대해 합의하였다. 이 규정안은 유럽의회와 이사회의 승인을 각각 2024년 4월과 5월에 받아 EU 회원국의 별도 입법조치 없이 그대로 발효되었다. 이 규정은 발효 후 3년내 EU 회원국의 준비가 완료되는 대로 시행되도록 되어 있어 2027년 전면 시행될 것으로 전망된다.

이 규정은[17] EU로 수입되거나 EU 역내에서 생산된 특정 물품이 생산과정에서 강제노동이 관여된 것으로 의심되는 경우, 해당 품목이 EU 밖에서 생산된 경우 EU 집행위가, EU 역내에서 생산된 경우 각 회원국의 권한 있는 당국이 조사를 실시한다. 이 지침은 미국의 위구르강제노동방지법(UFLPA)과는 달리 기업 자신이 대상 품목이 강제노동을 사용하여 생산된 것이 아니라는 점을 입증할 책임은 없다. 강제노동 금지 위반 요소가 있어 조사가 필요한지 여부를 판단함에 있어 국가 관여 등 의심되는 강제노동 정도, EU 시장내 해당 품목의 수량, 최종 품목에서 강제노동으로 생산된 부품의 비중, 해당기업의 강제노동 관여 정도 등의 지표를 활용하는 '위험기반 접근방식(risk-based approach)'을 근간으로 하고 있다. EU 집행위나 개별 회원국의 조사결과, 해당 물품이 강제노동을 사용하여 생산된 것으로 판

---

17 European Council, Council and Parliament strike a deal to ban products made with forced labor, Press Release, March 5, 2024,
https://www.consilium.europa.eu/en/press/press-releases/2024/03/05/council-and-parliament-strike-a-deal-to-ban-products-made-with-forced-labour/
Paulette V. Schueren et al (2024), EU Political Agreement on Forced Labor Product Ban, Mayer Brown Insights, March 6, 2024,
https://www.mayerbrown.com/en/insights/publications/2024/03/eu-political-agreement-on-forced-labor-product-ban?utm_source=vuture&utm_medium=email&utm_campaign=%7Bvx:campaign%20name%7D

정된 경우, 이 물품은 EU 시장 전체에서 퇴출된다. 특정 부품이 강제노동으로 생산된 것이라면 해당 부품만 교체하면 된다. 강제노동으로 생산된 중요 물품이 공급 리스크가 있는 경우 그 상품의 처분을 명령하는 대신, 해당 기업이 자신의 공급망에 강제노동이 더 이상 없다는 것을 입증할 때까지 시장 출하를 보류토록 명령할 수도 있다. 이 규정은 상품의 원산지나 종류, 기업이 설립된 국가, 기업 규모와 무관하게 일반적으로 적용될 예정이다. 이 규정은 EU에서 생산된 제품과 EU로 수입되거나 EU 역외로 수출하는 제품 자체를 대상으로 하고 기업에 대해 직접적인 실사 의무를 부과하지는 않으나 결국 기업들이 리스크 최소화를 위해 공급망 실사를 강화할 유인을 제공한다.

## 4 공급망 실사 강화와 기업리스크

### 4.1 국제적 논의 배경

앞에서 살펴본 대로 미국과 EU 등 주요 국가들은 국내법을 통해 기업이 관여된 공급망 전반에 걸쳐 환경 및 인권 보호를 위한 공급망 관련 규제를 강화하고 이를 현실적으로 확보하기 위해 공급망 전반에 걸친 실사(due diligence)를 요구하는 법령을 도입하고 있다. 이처럼 공급망 관리 의무가 선진국들을 중심으로 법제화된 배경에는 액면 그대로 환경 및 인권 보호라는 비경제적 정책 목표가 명분으로 작용하고 있는 측면이 있으나, 비우호국에 대한 견제, 자국 산업의 보호, 자국 중심의 공급망 형성 등의 전략적 목적도 있다. 이로 인해, 공급망 실사법을 직접 적용받는 기업은 말할 것도 없고 이러한 기업과 거래하는 기업들에게도 선진국들의 공급망 실사법에 대응하는 것이 중요한 현안 과제가 되었다. 기업들이 이에 효과적으로 대응하기 위한 공급망 관리 시스템을 구축하지 못하는 경우 글로벌 공급망에서 제외될 수밖에 없는 것이 현실이다.

1976년 OECD는 기업지배구조, 근로자, 인권, 환경, 뇌물수수, 소비자 등이 기업활동에 부정적인 영향을 미칠 수 있다고 지적하며 'OECD 다국적기업 가이드라인'을 마련했다. 2011년 개정된 이 가이드라인은 개념 및 원칙, 일반정책, 정보 공개, 인권, 고용 및 노사관계, 환경, 뇌물공여, 뇌물청탁 및 강요 방지, 소비자 보호, 과학 및 기술, 경쟁, 조세를 포함한 기업 윤리 분야를 포괄하고 있으며, 최초로 기업 차원의 실사(due diligence)를 권고하였다. 2018년 OECD 기업책임경영 실사가이든스(OECD Due Diligence Guidance for Responsible Business Conduct)에 따르면, '실사'란 "개별기업이 자사의 운영은 물론, 자사가 관여된 공급망과 사업관계 내에서 실제로 발생하였거나 잠재적으로 발생가능한 부정적 영향을 식별, 예방, 완화하고 그 해결방안을 설명하기 위해 시행해야 하는 절차"를 의미한다. 환경 분야에서는 1987년 브룬트란트 보고서(Brundtland Report)로 알려진 '우리의 공동미래(Our Common Future)' 보고서에서 '지속가능한 개발(sustainable development)' 개념이 제시되어 친환경적 개발의 중요성이 강조되고 기업참여의 중요성도 함께 언급하기 시작했다. 2000년 7월 코피 아난 전 유엔 사무총장의 주도로 유엔 글로벌콤팩트(UN Global Compact)가 출범하게 되고, 참여 기업들에 환경, 노동, 인권, 반부패 4개 분야의 10대 원칙을 기업의 전략 및 운영에 내재화시키도록 권장하고 있다.

한편, '환경·사회·거버넌스 경영(ESG, Environmental, Social, and Governance)'이라는 개념은 2004년 말 유엔 글로벌 콤팩트(Global Compact)와 스위스 연방 외무성이 공동으로 작성한 'Who Cares Wins - Connecting Financial Markets to a Changing World' 보고서에서 처음 제시됐다. 기업의 자발적 참여에 의존하는 기업의 사회적 책임(CSR: Corporate Social Responsibility)과는 달리 ESG는 투자자의 관점에서 접근함으로써 투자자는 투자 대상 기업의 재무적 측면뿐 아니라 환경, 사회, 거버넌스 등 비재무적 지표도 함께 고려해야 한다는 것이다. 2017년 ILO는 1977년 '다국적기업에 관한 삼자선언(ILO Tripartite Declaration of Principles concerning Multinational Enterprises and Social Policy)'과 부속서를 개정하는 데 합의하여 다국적기업의 인권 및 노동권에 대한 실사 조항을 추가하기도 했다. 그리고 다국적기업이 맺은 사업관계를 통해 발생할 수 있는 부정적 영향도 식별 및 평가해야 한다고 규정함으로써 실사 절차가 공급망까지 확대된다는 것을 확인한 바 있다.

이제 ESG는 리스크 관리 측면에서 뿐만 아니라 투자자·거래처·소비자의 요구에 부응하여 기업의 대외 이미지를 제고하기 위해 경영의 핵심 요소로 삼지 않으면 안 된다. 기후변화 이슈에 부정적인 트럼프 전 대통령이 제47대 미국 대통령으로 재선됨에 따라 미국을 비롯한 세계 환경정책이 후퇴할 것이고 덩달아 ESG 경영 요구도 약화될 것이라는 관측도 있으나, ESG 경영 요구는 정치적 변화와 무관하게 투자와 소비측면에서 이미 거스를 수 없는 세계적인 대세로 자리잡았음에 유의할 필요가 있다.

공급망 실사는 결과적으로 국가 간 무역 장벽을 증가시키거나 글로벌 공급망의 재편성을 초래할 수 있어, 각국 정부와 기업들은 이러한 변화에 유연하게 대응할 필요가 있다. 글로벌 공급망에 참여하는 기업은 생산 및 판매의 모든 단계에서 국제적으로 인정된 노동 및 환경 기준에 배치되는 사례가 없는지 자체 점검을 강화하지 않을 경우 공급망의 안정성과 나아가 경제안보 확보에 실패할 수 있다. 기업 공급망 실사 규정의 강화는 기업들이 보다 윤리적이고 지속 가능한 방식으로 운영될 수 있도록 유도하는 긍정적인 효과를 가져오지만, 무역과 투자에 상당한 도전과 리스크를 부과하는 측면도 있다. 이런 점에서 글로벌 공급망에 참여하고 있는 기업으로서는 주요국들이 법적으로 요구하고 있는 요건에 따른 것이거나 ESG 경영 요구 측면에서 요구되는 것이든 상관없이 공급망 실사가 글로벌 공급망에 지속적으로 참여할 수 있도록 하는 중요한 키워드가 될 것이라는 점에 유의하여 적극적으로 대처할 필요가 있다.

## 4.2 미국의 공급망 실사법

미국의 2010년 '도드-프랭크법(Dodd-Frank Act)'은 금융체제의 책임성 및 투명성을 강화하기 위한 것으로서 2008년 금융위기를 계기로 제정된 방대한 법이다. 이 법 제1502조는 '분쟁광물(conflict minerals)'과 관련된 조항으로서 콩고 지역에서 발생하는 대규모 인권침해를 예방하기 위한 목적으로 기업들에게 '분쟁광물'을 이용하였는지 여부를 공개하도록 하였다. 이 법은 콩고산 분쟁광물의 이용을 직접 금지한 것이 아니고, 이를 이용했는지 여부에 대해서만 공개하도록 한데 그쳤지만, 처음으로 기업의 실사를 요구하였다는 데 의의가 있었다. 캘리포니아주의 2012년 '공급망투명성법(California Transparency in Supply Chains Act)'은 캘리포니아주 소비자들에게 제품 제조업체 공급망 내 강제노동과 인신매매를 근절하고자 한 것으로서, 캘리포니아주 내 총 매출액 1억 달러 이상의 제품 제조업체는 자신의 공급망에 대한 실사 여부에 대한 정보를 제공하도록 하고 있다.

2016년 오바마 행정부는 처음으로 '책임 있는 기업경영을 위한 국가행동계획(National Action Plan on Responsible Business Conduct)'을 발표하였다. 이 행동계획은 '유엔 기업과 인권 이행원칙'과 'OECD 다국적기업 가이드라인'을 이행하기 위한 것으로서 (i) 미국의 모범 역할, (ii) 이해관계자와의 협력, (iii) 기업의 역량강화, (iv) 긍정적인 경영성과에 대한 인정, (v) 구제에 대한 접근을 중심으로 관련 정책을 마련하였다. 2020년 7월 미 국무부는 미국 재무부, 상무부, 국토안보부, 무역대표부와 함께 중국 신장 공급망에서 발생하는 강제노동과 다른 인권침해에 연루될 수 있는 기업의 리스크를 알리고자 신장 지역의 공급망 사업 경보(Xinjiang Supply Chain Business Advisory)를 발표하였다. 그리고 2021년 6월 블링큰 미 국무장관은 더 높은 기준의 책임 있는 기업경영을 실행하기 위하여 국가행동계획(NAP)을 업데이트한다고 발표한 바 있다.

### 4.2.1 위구르강제노동방지법 실사

미국 위구르강제노동방지법(UFLPA)은 신장위구르산 상품은 일단 수입금지 대상으로 보는 반박가능한 추정(rebuttable presumption) 원칙이 적용된다. 미 관세국경보호청(CBP)은 신장에서 강제 노동으로 생산된 것으로 의심되는 관련 제품에 대하여 인도보류명령(WRO, withhold release orders)을 내릴 수 있다.[18] 미국 관세국경보호청(CBP)은 동 법 시행을 위해 수입자가 강제노역단속전담반(Forced Labor Enforcement Task Force, FLETF)의 지침과 규정을 완전히 준수하여 해당 물품이 생산되었음을 입증할 수 없거나, 수입 품목에 관한 미 관세국경보호청(CBP)의 모든 문의에 대해 완벽하고 실질적으로 응답할 수 없는 경우 또는 상품 전체 또는 일부가 강제 노동으로 채굴, 생산 또는 제조되지 않았다는 명확하고 설득력 있는 증거를 제출할 수 없는 경우 등에 대해서 신장에서 수출되는 물품에 대한 수입을 제한할 수 있다. 따라서 해당 수입품이 강제노동에 의한 생산품이 아님을 수입자가 공급망 실사, 효과적인 공급망 추적 및 공급망 관리 등을 통해 획득한 명확하고 확실한 증거를

---

**18** S.65 - Uyghur Forced Labor Prevention Act, U.S. Congress, July 14, 2021.

제시하여 입증해야 하는 부담이 있다. 이에 따라 기업들은 실사에 대비하여 채굴, 생산, 제조의 전단계 및 그 각각의 관여자에 대한 완전한 정보(지급, 선적, 제고, 수출입, 주문 등 제반 정보 포함), 전체 공급망에 대한 추적, 공급망관련 통신기록 등을 유지해야 한다. 한편, 대상 품목의 판단기준이 자의적이고, 보류, 압수 등 관련 집행절차에 모호성이 많아 제도 개선이 필요하다는 비판의 목소리도 높은 실정이다.

UFLPA의 시행으로 인해 기업들은 공급망 투명성 요구, 예상치 못한 제품 수입 중단 및 검사강화에 따른 물류 지연, 강제노동 사용 의심에 따른 기업 평판 리스크 등 다양한 측면에서 상당한 부담을 질 수 있으므로, 공급망 실사체제의 내실화 및 다각화를 포함한 다양한 대책을 모색할 필요가 있다.

### 4.2.2 해외우려기관(FEOC) 실사

미국 인플레이션감축법(IRA, Inflation Reduction Act)에 따른 세액 공제 혜택을 받기 위해서는 친환경 전기차가 2024년부터 해외우려기관(FEOC, Foreign Entity of Concern)에 의해 제조 또는 조립된 배터리 부품을, 2025년부터 FEOC에 의해 추출·처리·재활용된 핵심 광물을 각각 포함해서는 안 된다.[19] 2024년 5월 미국 재무부 및 에너지부는 IRA에 규정된 FEOC의 구체적인 정의에 대한 최종 규칙을 각각 발표하였다.

핵심광물 및 배터리 구성품이 FEOC 요건을 준수하는지 여부를 판단하기 위해 재무부가 마련한 절차적 규칙의 중요한 내용이 바로 실사의무이다. 구체적으로 전기차 제조업체는 2024년부터는 배터리 구성품에 대한 실사(due diligence)를, 2025년부터는 핵심 광물 및 관련 구성 소재에 대한 실사를 각각 수행해야 한다. 이러한 실사를 수행함에 있어서는 증명·인증 시점에 업계에서 사용가능한 배터리 소재에 대한 추적 표준을 통해 해당 핵심광물, 구성소재, 배터리 구성품의 출처를 물리적 추적을 통해 합리적으로 확실하게 입증해야 한다. 전기차 제조업체의 이와 같은 실사는 결국 각 핵심광물, 구성소재, 배터리 공급업체 및 제조업체 등을 대상으로 하게 될 것이므로 이들 업체들도 위 절차적 규칙의 내용을 숙지할 필요가 있다.

---

19  IRA 제13401조에 의해 개정된 美 내국세법 제30D(d)(7)조.

## 4.3 EU의 기업 지속가능성 실사지침(CSDDD)

EU는 핵심가치인 기업의 지속가능성 구현을 위한 법제화를 지속적으로 추진해 왔다. 기업 활동의 핵심요소로 유럽 그린딜 전략(2019년 12월)의 연장선상에서 탄소중립 달성, 친환경 경제전환, 유엔 지속가능개발목표(UNSDGs)의 이행을 구현하기 위한 목적이다. EU는 EU 차원의 규범 도입을 통해 글로벌 가치사슬로 얽힌 복합적 환경에서 운영되고 있는 역내 기업의 지속가능경영에 대한 법적 의무를 강화해 왔다.

2017년 프랑스는 실사의무화법(French Duty of Vigilance Law)을 제정함으로써 최초로 실사 자체를 의무화하였다. 2019년 네덜란드는 아동노동실사법(Dutch Child Labour Due Diligence Law)을 제정하여 해당 기업들은 제품이나 서비스가 아동노동으로 생산되었다는 합리적 의심이 있는지 판단하기 위한 실사를 하도록 했고, 2021년 독일도 기업공급망실사법(Supply Chain Act)을 발표하여 독일 내에서 활동하는 기업들에 대한 인권과 환경 관련 공급망 실사 의무를 부과하고 있다. 특히, 3,000명 이상을 고용한 기업을 대상으로 하고 있으며, 위반했을 경우에는 최대 800만 유로 또는 연 매출 2%의 과징금을 부과할 수 있다. 한편, 2017년 EU는 분쟁광물규칙(Conflict Minerals Regulation, Regulation (EU) 2017/821)을 제정하여 주석, 텅스텐, 탄탈륨, 금 등 분쟁광물을 EU에 반입하는 경우 OECD 책임광물 기준에 준하는 실사를 실시하도록 하고 있다. EU 차원에서 처음으로 분쟁광물을 다룬 법안이었다. 2021년 7월 EU는 EU 강제노동 인권실사 가이드(Guidance on Due Diligence for EU Companies to Address the Risk of Forced Labour in Their Operations and Supply Chains)를 발표하여 강제노동을 식별하고 관련 실사를 실행하는 방법에 관한 지침을 마련한 바 있다.

EU는 2020년 지속가능한 경제활동의 기준을 설정하는 EU 녹색분류체계(EU Taxonomy Regulation)를 도입했다. 2019년에는 지속가능금융공시 규정(SFDR, EU Sustainable Finance Disclosure Regulation)을 도입하고 2021년에는 기업활동의 사회·환경 영향을 비재무제표를 통해 공개토록 한 기존의 EU 비재무정보보고 지침(NFRD, EU Non-Financial Reporting Directive)을 개정한 기업 지속가능성 보고지침(CSRD, Corporate Sustainability Reporting Directive) 등을 제정했다. 또한 2020년

발표된 배터리규정은 2023년 8월 발효되어 2024년 2월부터 시행되고 있다.

2020년 4월 EU 집행위는 공급망 실사 의무화 법안 수립 계획을 발표하고 이듬해 유럽의회는 공급망실사 결의안을 채택하고 집행위에 법안제출을 요구했다. 이에 따라 2022년 2월 EU 집행위는 기업으로 하여금 공급망내 인권 및 환경 침해 위협을 제거하기 위한 목적으로 공급망 실사를 의무화하고 위반 기업에 대한 행정 제재 및 민사책임을 부과하는 '기업지속가능성실사지침(CSDDD, Corporate Sustainability Due Diligence Directive)' 초안을 발표했다. 이 지침은 2023년 12월 이사회와 유럽의회가 잠정합의했으나 적용대상기업의 범위 문제와 실사항목에 인권과 환경 분야 외 기후변화도 별도의 실사 영역에 포함할지의 여부에 대한 논란으로 2024년 2월 유럽의회에서 부결되었다. 그 후 2024년 3월 이사회에서 약간의 수정을 거쳐 승인되고 4월 유럽의회에서 가결되었다. 27개 EU 회원국들은 2년 이내에 CSDDD에 따라 국내법을 제정하여야 하며, 이후 2027년부터 5년에 걸쳐 해당 기업 규모에 따라 순차적으로 시행된다.

이 지침은 EU 역내 지속가능하고 책임 있는 기업 경영활동을 촉진시키기 위해 산업 공급망 전반에 걸쳐 강제노동이나 산림벌채 등 인권과 환경 침해를 방지하기 위한 EU 차원의 기업 실사의무를 강화한 것으로서, 현재까지 유지되어 온 회원국별로 상이한 인권·환경 실사제도를 EU 차원에서 일관성 있게 집행하겠다는 것이다. EU 내에서도 일부 회원국에서 이 지침(안)이 기업에 과도한 부담을 안길 가능성에 대해 우려의 목소리가 커 EU 이사회 통과 과정에서 진통을 겪었으나 적용 대상 EU 기업의 범위를 대폭 상향 조정한 끝에 최종 승인되었다. 이 지침은 EU내 설립 여부와 관계없이 EU에서 활동하고 있고 일정규모 이상의 기업이면 모두 적용 대상이 되며(EU 기업은 평균 근로자 수와 순매출액 기준을 동시에 충족하는 경우에만 적용되나, 역외기업에 대해서는 근로자 수와는 무관하게 순매출액 기준만 적용), 이 지침을 준수하는 것이 EU 정부조달 참여 자격요건이 되기 때문에 한국 수출기업도 광범위하게 영향을 받을 것으로 예상된다. 적용 기업은 다음과 같다.

**[실사지침 적용대상 기업]**

| 구분 | 평균 근로자 수 | 순매출액 |
|------|------------|---------|
| EU 기업 | 1,000명 초과 | 전세계 순매출액 4억5천만 유로 초과 |
| EU 역외기업 | (해당없음) | EU 역내 순매출액 4억5천만 유로 초과 |

출처: 저자 요약

　이 지침은 EU 및 역외의 일정 규모 이상의 기업에 대해 자사 사업장은 물론이고, 자회사 및 협력사를 포괄하는 공급망 전체에 걸친 기업 활동에서 인권과 환경에 미치는 실제적 또는 잠재적인 부정적 영향을 식별하여 예방 또는 완화·제거하는 조치를 시행할 의무를 부과하며, 실사의무 이행 내용을 공개하도록 하고 있다. 의무 위반 기업에 대하여 강제집행과 전세계 연매출액의 최소 5% 이상의 벌금 부과 등 벌칙을 가하도록 하고 있다. 공급망상의 인권침해 및 환경훼손 피해자는 해당기업에 민사상의 손해배상을 청구할 수도 있다. 이 지침은 근로자 및 자회사의 행동강령, 실사 접근방식, 이행절차를 기업정책에 통합하고 관련 규정을 매년 업데이트하도록 하고 있다. 또한, 기후변화 대응에 관한 사업계획을 수립·채택하도록 하고 있다. EU 역외기업으로서 동 지침의 적용범위 내에 있는 기업은 물론이고, 적용대상 EU 기업의 공급망 내에 있는 기업은 실사 대상 기업으로서 실사 요청에 응해야 하는 상황에 놓일 수 있음에 유의하여 이에 대비할 필요가 있다.

　우리나라의 경우에도, 2023년 8월 '기업의 지속가능 경영을 위한 인권·환경보호에 관한 법률안'이 21대 국회에 발의되었다. 이 법안은 일정 규모 이상의 기업의 인권환경실사 체제를 구축·이행토록 하는 한편, 기업에 의한 인권 또는 환경침해를 방지하기 위한 제반 절차와 벌칙 등을 규정하고 있다. 이 법안은 국회 상임위 논의단계에 머물러 있다가 21대 국회 회기가 종료되면서 자동 폐기되었다.

# 참고문헌

김호철(2021). "탄소국경조정 도입의 WTO 합치성 쟁점: GATT 제2조, 제3조, 제20조". 법무부 통상법률 2021-02.

설동근, 김홍균, 김상민, 김수연(2024). EU 공급망 실사지침(EU CSDDD)관련 최근 입법동향. 법무법인 광장 Newsletter. 2024.3.

설동근, 정기창, 김윤승(2022). EU 탄소국경조정제도(CBAM) 및 배출권거래제도(ETS) 입법 동향. 법무법인 광장 Newsletter. 2022.6.

설송이(2020). 미국으로 수출하는 멕시코 진출 기업이 유의해야 할 USMCA 노동 분쟁해결절차, KITA 통상 리포트 2020 Vol. 8.

이성범, 장정주, 최지원(2023). "미국의 위구르 강제노동방지법 시행 현황과 시사점", 산업통상자원부 통상법무정책 2023년 제2호(통권 제6호).

이은섭, 이양기(2005). "WTO체제하의 무역과 환경의 연계". 무역학회지 제30권 제3호. 2005.6월.

이정아, 강금윤, 한재완(2023). 미리 보는 EU 탄소국경조정제도 시범 시행 기간 주요 내용 및 시사점. KITA 통상리포트 2023-10.

이주관, 박지현, 김민성(2024). 기후-통상 정책의 새로운 연계: 그린경제협정의 확산과 시사점, KIEP 오늘의 세계경제 Vol. 24 No.13, 2024.9.23.

이천기(2022). 무역과 노동의 연계에 관한 글로벌 규범 현황과 시사점, KIEP 연구자료 22-09.

이천기, 이주관, 박혜리, 강유덕(2020). FTA 신통상규범에 관한 통상법적 쟁점과 경제적 영향: 환경과 노동을 중심으로. KIEP 연구보고서 20-30.

황준석(2022). 노동이슈의 통상의제화 분석 및 시사점. KITA 통상리포트 2022-07.

Aaronson, Susan Ariel (2010). "Is the Wedding of Trade and Human Rights a Marriage of Convenience or a Lasting Union?" Human Rights and Human Welfare Vol. 10-2010.

Benson, Emily; Joseph Majkut; William A. Reinsch; and Federico Steinberg (2023). Analyzing the European Union's Carbon Border Adjustment Mechanism. CSIS Briefs. February 2023.

Cosbey, Aaron (2023). The Proposed Foreign Pollution Fee Act. IISD Analysis. November 2023.

Hendrix, Cullen S. and Marcus Noland (2021). Assessing Potential Economic Policy Responses to Genocide in Xinjiang. PIIE Policy Brief 21-14. June 2021.

Hufbauer, Gary Clyde and Zhiyao (Lucy) Lu (2017). Border Tax Adjustments: Assessing Risks and Rewards. PIIE Policy Brief PB 17-3, January 2017.

ILO (2022). Global Estimates of Modern Slavery: Forced Labour and Forced Marriage. ILO Report. September 12, 2022.

WTO (2022). Climate Change in Regional Trade Agreements. Information Brief No.2, 2022.

Schueren, Paulette et al (2024). EU Political Agreement on Forced Labor Product Ban. Mayer Brown Insights. March 6, 2024.

Storey, Henry (2024). US sets trade policy sights on China's Xinjiang. Hinrich Foundation. March 19, 2024.

# 제 9 장

# 디지털 규범과 통상규제

## 1 디지털 경제와 경제안보

제4차 산업혁명이 진전됨에 따라 전세계적으로 경제의 디지털화가 가속화되고 있다. 세계경제포럼(World Economic Forum)에 의하면[1], 향후 10년간 창출될 세계 경제 부가가치의 70%는 디지털 기반의 플랫폼 비즈니스 모델에서 나올 것으로 전 망된다. 세계화 시대에서 경제의 디지털화는 자연스럽게 국경을 넘어서는 경제주 체 간의 거래로 변화됨으로써 디지털 통상이 등장하게 되었다.

'디지털 통상'의 정확한 의미에 대해 국제사회에서 명시적으로 합의된 정의는 없지만, 대체로 디지털 기술 또는 전자적 수단에 의한 상품·서비스·데이터 등의 교역과 이와 관련된 경제주체 간 초국경적 활동 전반을 의미한다고 할 수 있다.[2] 디지털 통상은 물리적 상품을 온라인 쇼핑몰 등 전자적 방식을 통해 거래하는 전 자 상거래(e-commerce)에서 시작하여 영화·음원의 스트리밍 등 디지털 재화 및 서 비스를 인터넷을 통해 전송·판매하는데 나아가 보다 광범위한 데이터의 국경간 이동 등 데이터 거버넌스로 영역이 점차 확대되어 왔다. 기존 재화를 디지털화하 고 이를 전자적으로 이동·거래할 수 있는 수단의 발달로 무역의 주요대상이 상품

---

1 World Economic Forum, *The Digital Economy*, 2024. intelligence.weforum.org/topics/ a1Gb0000001SH21EAG

2 산업통상자원부 및 한국표준협회, 사례로 손쉽게 이해하는 디지털통상의 기초, 2021.10월, p. 11.

에서 데이터와 서비스로 점차 이동하였을 뿐 아니라 종전에 없던 데이터 자체의 교역도 무역의 새로운 대상으로 등장하게 된 것이다. 특히 코로나19 팬데믹은 비대면 온라인 비즈니스와 디지털 대전환을 촉발하였다. 디지털 신기술로 인하여 제품의 생산과 공급 단계의 간소화가 이루어지고 이에 따라 무역비용이 절감되었다. 데이터 보유 및 처리능력은 국가간 비교우위의 변화를 초래하는 중요한 요소가 되었다.

디지털 경제의 발전은 기업에 대해 비즈니스 모델에 혁신을 가져오고, 효율성 및 생산성의 향상과 함께 지리적 장벽을 넘어 글로벌 시장에 접근할 수 있도록 해주는 한편, 경쟁환경이 더욱 치열해지고, 기술혁신과 인적자원 확보, 데이터 확보 등을 요구할 뿐 아니라 새로운 정책과 규제 변화에 민첩하게 대응해야 하는 도전과제를 던져준다. 이러한 글로벌 디지털 전환은 세계 각국의 통상정책과 경제안보 정책에 근본적인 변화를 가져왔다. 그간 디지털 경제의 발전에 따라 전자상거래의 활성화, 데이터의 국경 간 이동, 온라인 소비자 보호 및 서버의 지역화 등과 관련된 디지털 통상규범들이 전통적인 정책적 관심사항이었다. 그러나, 미·중 전략경쟁의 격화, 지정학의 귀환 등 국제정세의 구도가 근본적으로 전환되면서 경제안보가 국가안보의 핵심적인 요소로 부각되고, 미래의 국가경쟁력을 결정할 인공지능(AI) 등 데이터 처리 기술이 급속히 발전하면서 국가안보에서 디지털 경제가 차지하는 역할에 비상한 관심이 집중되기 시작했다. 디지털 경제의 발전은 우리 기업에게 큰 기회와 도전을 동시에 제공하고 있는 것이다.

다시 말해 국가안보에 핵심적인 데이터나 첨단 기술의 보호 및 관리, 사이버 보안을 비롯한 디지털 인프라 등 핵심자산들의 보호, 디지털 플랫폼의 규제, 인공지능(AI) 기술의 활용과 규제 등이 단순한 기술 또는 산업측면뿐만이 아니라 국가경쟁력 및 경제안보 차원에서 다루어지고 있는 것이다. 이 장에서는 전반부에서 세계무역기구(WTO)의 다자 차원과 자유무역협정(FTA) 및 디지털협정의 양자·복수국간 차원에서 발전되어 온 전자상거래, 데이터의 국경 간 이동, 개인정보 보호 및 서버 현지화 등 전통적인 디지털 규범의 논의동향을 먼저 살펴보고, 후반부에는 경제안보 관점에서 제기되는 중요한 이슈의 논의현황과 각국이 국내법을 통해 규제조치를 취하고 있는 상황을 차례로 살펴보고자 한다.

**파편화된 디지털 통상규범**

## 2.1 디지털 통상규범의 형성

데이터의 국경 간 이동은 종전의 상품과 서비스 무역에 대한 것과는 다른 관점과 접근 방식이 필요하다. 디지털 경제의 등장 이전에 성립된 다자무역규범체제로는 디지털 무역을 규율하기에 부적합하여 디지털 통상을 포괄할 수 있는 새로운 규범체제의 수립이 필요한 것이다. 그러나 각 회원국 간 상충된 이해관계로 새로운 규범 형성 작업은 실패를 거듭했다. 이에 따라 2000년 이후 양자 또는 복수국 간 FTA에 전자상거래 장을 포함시키거나, 디지털 통상규범에 특화된 협정이 미국, EU 등 주요국을 중심으로 체결·확산됨으로써 새로운 디지털 통상규범이 형성되고 있다.

1990년대 디지털 통상관련 규범의 형성 초기에는 전자상거래를 원활히 하는 데 장애가 되는 거래비용을 최소화하는 것이 규범 제정의 핵심내용이었다. 이를 위해 종이서류 없는 무역, 전자서명, 전자인증, 온라인 소비자 보호 조항 등 전자상거래의 절차를 원활하게 하고 관련 인터넷 환경을 효율적으로 관리하기 위한 조항을 포함하였다. 이후 2010년대부터는 데이터의 국경 간 이동을 자유화하여 장벽을 최소화하는 방향으로 데이터 거버넌스를 관장하는 형태로 확장되었다. 데이터의 저장, 관리, 이동, 활용 측면과 이동된 데이터의 개인정보 보호 등을 포함하는 데이터 거버넌스관련 조항들은 초기의 비구속적인 선언적 조항에서 최근 체결되는 협정에서는 당사국의 의무를 강화하는 형태로 진화해 오고 있다.

오늘날 미국, EU가 글로벌 디지털 통상규범 형성을 주도하고 있는 반면, 중국도 디지털 권위주의(digital authoritarianism)로 지칭되는 정부주도의 디지털 통상규범을 지향하고 있다. 이들 국가들은 FTA나 별도의 디지털협정을 통하여 상대국에게 자국의 디지털 정책 수용을 요구하거나 국내법을 제정하고 있다. 미국은 최근까지 시장에 의한 데이터 활용이라는 시장중심형 접근방식을 취해 왔다. 미국은 빅데이터 기반의 제품과 서비스를 개발하여 성공적으로 세계시장에 진출한 GAFA(구글, 애플, 페이스북, 아마존) 등 거대 기술(big tech) 기업들을 보유하고 있다.

미국은 이들 거대 기술기업들이 세계시장에서 우위를 유지할 수 있도록 디지털 보호주의에 대한 반대입장을 고수하면서 데이터의 국경간 이전에 대해 전반적으로 자유시장주의적 원칙을 주창해 왔다.[3] 일본, 싱가포르, 호주 등 디지털 교역의 자유화를 지향하는 국가들도 미국의 접근법에 동조하고 있다. EU는 개인의 권리와 기본 가치에 기반하여 규제주도형 접근방식을 지향하고 있다. EU는 개인에 대한 데이터 보호를 강조하고, EU의 기본 권리와 가치 수호를 위해 디지털 경제에 대한 엄격한 규제를 적용하고자 한다. 2018년 시행된 EU의 '일반개인정보보호규정(GDPR, General Data Protection Regulation)'이 대표적이다. 이 규정은 세계에서 가장 포괄적인 데이터 보호 법률로 개인정보의 역외 이전을 광범위하게 규제한다. EU에는 미국이나 중국 기업과 어깨를 나란히 할 수 있는 규모로 디지털 산업을 주도하는 대규모 기술기업이 없기 때문에 디지털 주권을 강조하며 단일 디지털 시장 통합 노력과 함께 개인의 정보접근 등을 강조하고 있는 것이다.

한편, 중국은 정부에 의한 데이터 통제라는 국가주도형 접근방식을 취하고 있다. 국가가 정치·경제 전반을 통제하는 권위주의적 체제를 유지하고 있는 중국은 개인정보 보호법, 네트워크안전법, 데이터보안법 등 데이터 3법을 도구로 하여 디지털 경제 전반에 적극적으로 개입하고 데이터의 국내·외 이전을 엄격하게 규제한다. 또 한편으로는 전략적 개입과 시장규제 수단을 동원하여 자국의 디지털 시장 규모를 확대하여 자국의 디지털 기업이 글로벌 기업으로 성장할 수 있는 환경을 조성하기 위해 적극 노력하고 있다. 예컨대, 중국은 데이터보안법이 발효된 지난 2022년 9월 이후 중국 사이버공간관리국(CAC, Cyberspace Administration of China)은 개인 신용정보, 온라인 판매기록 등의 데이터에 대한 해외전송 요청 수천 건 중 4분의1 정도만 승인하고 있는 것으로 알려지고 있다.[4]

---

3 미국의 이러한 시장지향적 입장은 바이든 행정부의 무역대표부(USTR)를 중심으로 공공정책적 목적에 대한 고려를 강조하는 방향으로 변화하였는데, 이러한 입장 변화는 추후 언급될 것이다.

4 문화일보, "중 새 보안법 이후 데이터 해외전송 승인 25%뿐", 2024.1.4.

# [WTO와 디지털 통상규범]

디지털 통상의 중요성에도 불구하고, WTO에서 글로벌 디지털 통상규범을 정립하기 위한 협상은 큰 진전을 이루지 못하였다. WTO를 출범시킨 우루과이라운드 협상(1986~94) 시에는 인터넷, 전자상거래, 디지털 통상이 시장성을 갖출 정도로 충분히 발전하지 못한 상황에 있었기 때문에 디지털 통상규범에 대한 별도의 논의가 없었다. WTO에서는 1998년 5월 '글로벌 전자상거래 선언(Declaration on Global Electronic Commerce)'에 기초하여 1998년 9월 작업반을 설치하고 작업계획을 수립하였으나, WTO 회원국 간에 근본적인 입장 대립으로 인하여 전회원국이 참여하는 디지털 통상규범을 수립하기 위한 협상은 개시되지 못하고 있다.[5]

다만, 2019년 5월 이후로 '전자상거래[6]에 관한 공동성명 이니셔티브(Joint Statement Initiative on E-commerce)'라는 이름으로 복수국 간 협상이 진행되어 안정화된 조문을 공개하였으나 미국의 최종 불참으로 협상의 미래가 불확실해졌다.[7] 한편, 1998년부터

---

**5** 1995년 WTO가 출범한 이후, 203개 정보통신제품 수입에 대한 주요국의 관세를 철폐하는 '정보기술협정(ITA-I, Information Technology Agreement)'이 1996년 타결되었고 2015년에는 ITA-II가 타결되어 무관세 적용 대상에 201개 품목이 추가되었다. 그러나 이 협정은 디지털 통상규범에 관한 합의가 아니고 상품무역 분야에서 정보통신 품목이라는 특정 품목군의 무역자유화에 관한 합의이다. 일각에서는 정보통신 분야에 관한 일부 국가들 간의 합의라는 비판도 있으나, 소위 critical mass 접근을 택함으로써 비당사국도 무조건적 자유화의 수혜를 받을 수 있도록 했다.

**6** WTO에서는 '디지털 통상(digital trade)'이라는 용어보다는 '전자상거래(electronic commerce)'라는 용어를 일관되게 사용하고 있다.

**7** 2023년 1월 현재 세계무역의 90%를 차지하고 개발정도 및 지역적 대표성이 있는 87개 회원국(우리나라, 미국, EU, 중국을 포함)이 참여하였다. 처음부터 참여국 간의 입장의 차이로 야심찬 디지털 규범 합의를 기대하기는 어려웠다. 이런 배경 하에서 전자서명, 전자계약, 온라인 소비자 보호, 개인정보 보호 등 전자상거래를 원활화하는 방향의 비교적 느슨한 수준의 규범으로서 2023년 말 협상의 실질적 타결이 선언되었으며 구체적인 조문화 작업을 진행하였다. 이 협상에서 가장 큰 쟁점은 데이터의 국경 간 자유로운 이동, 컴퓨팅 설비 현지화 요구 금지, 소스코드 및 알고리즘 공개 요구 금지 등에 관한 이슈였는데, 미국은 제한 없는 높은 수준의 규율을 추구한 반면, 중국을 비롯한 개도국들은 의무화에 반대하였으며, EU는 기본적으로 찬성입장이나 개인정보 보호를 위한 적절한 수준의 안전장치가 채택되어야 한다는 입장으로 대립하였다. 협상은 2023년 10월 미국이 강력하게 추진하였던 데이터의 국경 간 이전 자유화, 데이터 현지화 금지, 소스코드 공개 요구 금지 등 핵심 조항들에 대하여 입장을 철회함으로써 이들 조항이 포함되지 않은 채로 안정화된 합의문(stabilized text)을 도출하게 되었다. 그러나 미국이 최종 합의에 불참한 데다 일부 회원국만 참여한 협상을 통해 합의에 이른 소위 '복수국 간 협정(plurilateral agreement)'으로서 전체 회원국의 컨센서스를 요하는 WTO 협정집 편입 문제를 극복하지 못하고 있다.

전자적 전송물에 대하여 한시적으로 무관세를 적용하는 원칙(moratorium)에 합의하여 이 합의사항을 2년마다 열리는 각료회의시마다 갱신하여 오고 있다.[8] 결론적으로 WTO 차원에서의 포괄적인 디지털 통상규범 협상이 WTO 회원국들의 서로 다른 이해관계로 인해 뚜렷한 성과를 내지 못함에 따라 디지털 통상에 관하여는 전자적 전송물에 대해 관세를 (한시적으로) 적용하지 않는다는 규칙 외에는 글로벌 규범이 존재하지 않는다고 할 수 있다.[9]

이와 같이 디지털 기술 우위를 확보하고 글로벌 표준을 자국에 유리하도록 정립하려는 거대 경제권이 각각 상이한 접근방식을 취하고 있다 보니, 글로벌 디지털 통상규범은 단일규범으로 형성되지 못하고 주요국이 주도하는 FTA 등 양자·복수국 간 협정을 통해 지역적 디지털 통상규범으로 파편화되고 있다. 더구나 우리 정부도 아직은 디지털 통상정책의 방향성을 구체화하지 못하고 기존 디지털 규범 선도국들을 추종하는 수준에 머물고 있다.

## 2.2 FTA와 디지털통상협정

다자적 디지털 통상규범 형성이 지연되면서 각국은 양자 또는 복수국 간에 FTA 등 지역무역협정이나 별도의 디지털협정의 체결을 추진해 왔다. 최근에 체결

---

8  '전자적 전송물(electronic transmissions)'의 정확한 정의가 없다는 사실이 오히려 데이터 전송기술의 발전에 따라 소프트웨어 구독, 영화·영상물의 스트리밍, 디지털 지불, 온라인 교육 등 다양한 디지털 통상 활동을 포괄할 수 있는 장점이 있다. 기업의 입장에서는 디지털 무역활동에 있어서 무관세 적용이라는 원칙은 예측가능성을 제공한다는 측면에서 매우 중요한 규칙이다. 2021년 6월 개최된 제12차 WTO 각료회의에서는 이 원칙을 영구화하는 문제를 논의하였으나 관세 징수 포기가 세수에 미칠 수 있는 부정적 영향을 이유로 이 원칙의 영구화에 반대한 인도, 남아공, 인도네시아 등 개도국의 강한 입장으로 인하여 일단 영구화가 아닌 추가 연장으로 합의하되 제13차 각료회의에서 합의도달 실패 시 이 원칙을 종료하는 것으로 명시하였다. 이어 2024년 2월 UAE 아부다비에서 개최된 제13차 WTO 각료회의에서도 선진국과 개도국간 여전한 입장 대립으로 회원국간 합의를 보지 못하여 동일한 방식으로 제14차 각료회의까지 모라토리움을 연장하되, 이때까지 합의에 도달하지 못하는 경우 이 원칙을 종료하기로 하는 선에서 타협하였다. 이와 관련하여 일부 양자 간 또는 복수국 간 체결된 디지털 통상협정에서는 전자적 전송물에 대한 영구적 무관세 적용의무가 포함되어 있다는 점에 유의할 필요가 있다.

9  Deborah Elms, The missing dimension: Global rules for digital trade, Hinrich Foundation, April 16, 2024, https://www.hinrichfoundation.com/research/article/digital/global-rules-for-digital-trade/

된 대부분의 FTA 등 지역무역협정들은 전자상거래 또는 디지털 통상에 대한 별도의 장(chapter)을 두고 관련규정을 포함하여 왔으며, 시간이 지남에 따라 점차 그 범위와 내용을 광범위하고, 정교하게, 그리고 의무내용을 심화하는 방향으로 규정하는 경향을 보여왔다.

### 2.2.1 미국의 디지털통상협정

현재 디지털 무역의 규범화를 주도하고 있는 것은 아태지역 국가들이다. 미국의 경우, 2004년 체결된 미·칠레 FTA 이후 자국이 체결하는 모든 FTA에 전자상거래 장을 포함하였다. 디지털 통상의 규범화는 미국을 비롯한 12개국이 타결한 환태평양동반자협정(TPP, Trans-Pacific Partnership)에서 본격화되었다. 미국은 자국의 빅테크 회사들의 글로벌 경쟁력을 강화하기 위해 디지털 무역장벽을 제거하는 방향으로 역내 디지털 규범을 설정하는 것을 목표로 하였다. TPP는 협상 타결 후 트럼프 1기 행정부의 미국이 탈퇴함에 따라 잔여 11개국의 참여하에 포괄적·점진적 환태평양경제동반자협정(CPTPP, Comprehensive and Progressive TPP)이라는 이름으로 2018년 12월 발효되었다. TPP의 전자상거래 장에서 합의된 높은 수준의 규범은 CPTPP에서 수정없이 그대로 승계되었는데, 데이터의 국경 간 이전 자유화, 컴퓨터 설비의 현지화 요구 금지, 소스코드 공개 요구 금지 등 디지털 통상관련 핵심 자유화 규정을 의무사항으로 도입하는 한편, 소비자 보호, 반경쟁 관행, 정부 데이터 처리, 사이버안보, 국가 안보 등을 위한 정부의 규제권한에 일정한 제약을 두는 방식으로 규정되었다. CPTPP의 디지털 통상 규정은 참여국들이 이후 체결한 양자 무역협정에서 일종의 모범사례 역할을 함으로써 TPP의 전자상거래 규범이 지역적 범위를 확장하게 되었다.

2018년 미국은 기존의 북미자유무역협정(NAFTA, North American Free Trade Agreement)을 대체하는 미국·멕시코·캐나다 무역협정(USMCA)을 타결하였는데, 지금까지 무역협정에서 사용되어온 전자상거래(e-commerce) 장 대신 디지털 통상(digital trade) 장을 신설하여 TPP상의 규범에서 한걸음 더 진전된 수준의 자유화 규정을 담았다. 이어 미·일 간에 2019년 체결된 디지털통상협정(Digital Trade Agreement)은 디지털 통상규범을 독립적인 협정으로 다룬 최초의 협정이다. 이 협정은 아·태 지역에서 미국과 일본이 선도적인 규칙 제정을 주도함으로써 국가 주도로 데이터를 통제하는 중국을 견제하는 의미를 지닌다고 할 수 있다. 이 밖에 싱가포르, 뉴질랜드, 칠레가 디지털 통상규범을 담은 최초의 복수국 간 협정이라고 할 수 있는 디지털경제동반자협정(DEPA, Digital Economy Partnership Agreement)을 2020년 6월 체결하였다. 한편, 2022년 1월 발효한 역내포괄적경제동반자협정 (RCEP, Regional Comprehensive Economic Partnership)도 전자상거래 장을 두고 있으나, 중국 등 개도국의 입장으로 인해 미국 등 선진국이 체결한 규범과는 달리 폭넓은 예외규정을 도입하는 등 낮은 수준의 규범을 포함하고 있다.

### 2.2.2 유럽연합(EU)의 디지털통상협정

한편, EU는 디지털 무역 장벽을 제거하는 것보다는 개인정보 보호 등 디지털 통상에 대한 규제 협력을 주요 정책목표로 하고 있는 점에서 강조점이 아·태국가의 경우와 다르다. 이러한 맥락에서 EU는 역내 데이터 단일시장을 조성하고 데이터에 대한 공정한 접근과 활용 권한을 부여하기 위한 목적으로 데이터법(Data Act)을 2024년 1월 발효시켰고 2025년 9월부터 시행예정이다. 제품 생산과 사용 과정에서 제품 및 네트워크를 통해 수집·생성된 데이터에 대해 제조자가 사용자에게 데이터 접근관련 불공정한 계약을 요구하지 못하도록 함으로써 사용자와 서비스 제공업체의 접근 권한을 법적으로 보장코자 한 것이 핵심내용이다. 이 규정은 사용자가 제조사가 보유·활용해온 데이터에 접근할 수 있도록 하여 데이터 기반 서비스 분야의 발전과 효율적인 제품 수립 및 업그레이드가 가능하도록 하는 목적을 지닌다. 이와 함께, EU는 온라인 플랫폼상 공정한 거래를 위한 디지털시장법 (DMA)과 디지털서비스법(DSA)을 도입하는 등 빅테크 기업 독과점을 적극적으로 규제하는 법률을 갖추고 있다.

이에 앞서 EU는 EU 회원국에 직접 적용되는 선도적이고 포괄적인 개인정보보호법인 '일반개인정보보호규정(GDPR, General Data Protection Regulation)'을 2016년 5월 발효시켜 2018년 5월부터 적용하기 시작하였다. 이 규정은 데이터의 EU 내 자유로운 이동을 보장하면서도 개인정보를 보호하는 것을 목적으로 하는데, 기업이 개인정보를 제3국으로 역외 이전하려면 제3국이 EU로부터 적정성 결정

(adequacy decision) 승인을 획득한 경우이거나 해당 기업이 적절한 개인정보 보호 조치를 갖춘 경우로 제한하고 있다. '적정성 결정'이란 GDPR하에서 제공되는 도구로서 EU 내 개인정보를 EU와 상응하는 보호를 제공하는 경우에만 제3국으로 이전을 허용하는 제도다. EU 내에 사업장을 운영하는 기업뿐만 아니라 EU 밖에서 EU에 있는 정보주체에게 재화나 서비스를 제공하거나 EU 내에 있는 정보주체의 활동을 모니터링하는 기업에게도 이 규정의 적용대상이 된다.

유럽에서는 미국의 국내법들로 인해 데이터 전송이 개인정보 침해로 이어질 수 있다는 우려가 꾸준히 제기되었다. 이에 따라 양측은 2016년 프라이버시 쉴드 (Privacy Shield) 협정을 체결하여 미국 기업들이 자발적으로 개인정보 보호 원칙을 준수할 것을 요구하는 한편, 미국 정보기관의 데이터 접근에 대한 명확한 제한을 규정하였다. 그러나 이 협정은 유럽사법재판소(CJEU)에 의해 미국의 정보 수집 체제가 유럽 시민의 개인정보 보호 수준을 충족하지 못한다는 이유로 무효화되었으며, 이후 2022년 10월 미국이 '신호정보활동 세이프가드'에 관한 행정명령[10]을 발령함에 따라 EU는 데이터 프라이버시 프레임워크(EU-US Data Privacy Framework) 의 적정성 결정을 내렸다.

### 2.2.3 한국의 디지털통상협정

우리나라도 WTO 협상 참여와 함께 지역적·복수국 간 협정 체결에도 참여해 왔다. 우리나라는 2005년 최초로 전자상거래 조항을 포함하여 전자적 전송물에 대한 무관세 영구화, 디지털 제품의 비차별 대우 등을 규정한 한·싱가포르 FTA 이후 20여 개의 FTA를 체결하면서 기본적인 전자상거래 조항에 추가하여 (i) 데이터 교역 확대, 무역원활화(전자적 전송 무관세, 디지털 제품 비차별 대우, 개인정보 보호, 국경 간 정보 이전 자유화 등), (ii) 디지털 경제 신뢰환경 구축(온라인 소비자 보호, 사이버 안보, 온라인 안전 및 보안), 그리고 (iii) 디지털 신기술 협력(디지털 신원, 인공지능, 핀테크, 경쟁) 으로 규율 범위를 확장하여 점차 포괄적 범위의 강제력을 가진 디지털 통상규범을 규정하였다.

---

10  White House(2022), Executive Order on Enhancing Safeguards for United States Signals Intelligence Activities, October 7, 2022.

우리 정부는 또한 2023년 1월 한·싱가포르 FTA의 전자상거래 조항을 대체하는 새로운 디지털 통상규범을 규정한 '디지털동반자협정(DPA, Digital Partnership Agreement)'을 발효시킨데 이어, 2024년 3월에는 싱가포르, 뉴질랜드, 칠레 간 디지털경제동반자협정(DEPA, Digital Economic Partnership Agreement)에 가입하였다. 또한 미국 바이든 행정부가 주도한 인도·태평양경제프레임워크(IPEF, Indo-Pacific Economic Framework) 협상에 참여했다. 그러나 디지털 통상 이슈를 포함한 무역 부문은 최종 타결되지 못하였다. 또한 우리나라는 2021년 말 EU의 일반개인정보 보호규정(GDPR)에 따라 개인정보 보호를 위한 법적·제도적 보호체제(개인정보 보호법 및 개인정보위원회)를 갖추었음을 인증받았는데, 이렇게 EU로부터 적정성 결정을 받음으로써 한국 기업은 표준 계약 조항이나 구속력 있는 기업규칙 등 별도의 절차 없이 EU 회원국으로부터 한국으로 개인정보를 이전할 수 있게 되었다. 또한 EU와는 한·EU FTA의 전자상거래 조항을 업데이트할 디지털동반자협정 협상을 개시하였다.

이처럼 WTO에서 다자 간 디지털통상규범을 창설하지 못함에 따라 양자 또는 복수국 간 개별협정을 통해 디지털 규범이 확산되고 있는 실정이다. 자연히 협정의 범위와 내용 및 규제의 수준 등이 상이한 다수의 개별 협정들이 체결되어짐으로써 규범의 파편화가 확산되어 관련기업의 비용상승을 초래하고 소비자 복지가 축소될 우려가 있다.

## 2.3 디지털통상규범의 내용

### 2.3.1 전자상거래

각국이 체결한 FTA나 디지털통상협정에서 초기에는 전자상거래의 원활화와 디지털경제 신뢰구축 조항을 중심으로 규정되었다. 전자상거래 관련 규정은 물리적 상품과 서비스를 전자적 방식으로 국경을 넘어 거래하는 것을 규율하는 것으로서 주로 전자인증·서명, 종이없는 무역, 온라인 소비자 보호 등을 규정하는데, 물리적 상품과 서비스가 실제로 국경을 넘어 수출·수입되는 과정에서는 기존의 상품 및 서비스 관련 규범의 적용을 받는다.

이와 연관된 사안으로서, 최근 중국기업에 의한 전세계적 규모의 저가 과잉 공급과 관련하여 미국, 유럽에서 이슈가 되고 있는 규정은 관세부과를 위한 최소기준(de minimus)이다. 미국의 경우, 관세행정의 편의를 위해 국내 관세법으로 800 달러 이하의 단위 수입 선적분에 대해서는 관세를 면제하고 있다(2016년 200 달러에서 800 달러로 인상). 그런데 특히 1기 행정부 시절 트럼프 대통령의 대중 관세 대폭 인상 조치 이후 테무(Temu) 등 중국 전자상거래 업체로부터 전자적으로 직접 주문(직구)한 상품을 주문 쪼개기 방식 등을 통해 800 달러 이하로 미국으로 무관세 수입하는 사례가 많아 미 의회를 중심으로 이러한 관세회피 사례를 방지하기 위해 동 최소기준을 인하하는 등 방안을 논의 중에 있고 바이든 행정부도 최소기준에 따른 무관세 수입을 통제하기 위한 방안을 강구하였다.[11] 이코노미스트지(The Economist) 보도에 의하면,[12] 주문당 800 달러 이하의 미국 수입 패키지 물량은 2024년 중 총 140억 개, 금액으로는 최소 660억 달러에 이르는 막대한 금액이 될 것으로 예상되고 있다. EU의 경우에도 최소기준을 150 유로로 설정하여 그 이하 가격의 수입품에 대해서는 무관세 통관을 해왔는데, 중국의 테무(Temu), 알리익스프레스(AliExpress) 등 중국의 온라인 상점이나 의류 소매점 세인(Shein)으로부터 다량의 소액 패키지가 직구 형태로 EU 내에 무관세 수입되고 있는 것으로 파악된다. EU 집행위원회에 의하면, 2023년 한 해에만 23억 개의 패키지 물량이 수입되었다 한다. 이에 따라 EU 집행위원회도 해외로부터 EU 영역 내로 직접 수입되는 150유로 미만의 물품에 대해서도 관세를 부과하는 것을 검토 중인 것으로 알려지고 있다.[13]

### 2.3.2 데이터 거버넌스

전자상거래 관련 규정에 집중하였던 초기의 각국 체결 FTA나 디지털통상협정은 이제 협정 체결 사례가 축적되면서 대체로 데이터 거버넌스 중심으로 규율이

---

11  이에 관한 상세내용은 제4장(자국우선주의적 산업정책의 확산)을 참조할 것.

12  The Economist, "How Chinese goods dodge American tariffs," June 27, 2024.

13  Financial Times, "EU takes aim at China's Temu and Shein with proposed import duty," July 3, 2024.

강화되는 한편, 당사국의 접근방식에 따라 세부규정이나 강조점이 점차 다양화되는 모습을 보이고 있다. 빅테크 기업의 글로벌 경쟁력 유지 강화에 관심이 큰 미국은 디지털 통상에 대하여 상대적으로 전향적인 접근방식을 취해왔다. 미국은 자신이 참여하는 지역무역협정에서 디지털 통상에 대한 포괄적인 규정을 두고 데이터에 대한 규제보다는 데이터의 접근 확대와 국경간 이전의 자유화를 강력히 지지하는 규정을 포함하였다. 한편, 중국은 광범위한 디지털 통상에 대한 규정보다는 전자적 수단에 의한 상품교역을 증진하는 데 더 관심이 많으며 디지털 자유화보다는 국가안보 이익이나 콘텐츠 보호 등 데이터 통제를 더 중요시하는 입장에 따라 협정을 체결하였다. 한편, EU는 개인정보 보호 등 디지털 통상에 대한 규제 협력에 중점을 두고 있는 것으로 보인다. 이러한 강조점의 차이에도 불구하고 지금까

**[디지털통상규범의 주요 내용]**

| 구분 | 목적 | 주요 내용 |
|---|---|---|
| 시장접근<br>자유화 | 자유로운 디지털<br>비즈니스 환경 보장 | - 상대국 디지털 제품을 자국·제3국의 동종 디지털 제품에 비하여 불리하지 않게 대우<br>- 데이터의 국경 간 자유로운 이전을 허용<br>- 컴퓨터 현지화 요구 금지<br>- 소프트웨어를 국내 수입·유통·판매하기 위한 조건으로 그 소스코드·알고리즘의 이전·접근 요구 금지<br>- 암호화 ICT제품의 암호기법 이전·접근을 요구하거나 특정 암호 사용 요구 금지 등 |
| 디지털 통상<br>원활화 | 무역업무 전반의<br>거래비용 절감 등<br>효율성 향상 | - 전자적 전송물에 대한 무관세 부과<br>- 전자인증 및 서명의 법적 효력 인정<br>- 전자 무역 행정문서에 대해 종이문서와 동등한 법적 효력 인정<br>- 전자송장의 상호운용성 보장<br>- 국경간 전자지급 환경 발전<br>- 국내 전자거래 체계 유지·발전<br>- 인터넷 접근과 이용 및 상호접속 보장 |
| 디지털 경제<br>신뢰 구축 | 신뢰할 수 있는<br>디지털경제 환경 조성 | - 개인정보 보호<br>- 온라인 소비자 보호<br>- 스팸 메시지 방지·최소화 조치 및 구제수단 마련<br>- 사이버보안 역량강화 협력 |

출처: 저자 종합

지 주로 선진국을 중심으로 체결된 자유무역협정이나 디지털통상협정은 의무규정의 강제력 등에 있어서 세부사항에서는 다양한 형태를 보이고 있으나 아래와 같이 내용상 어느 정도는 유사한 흐름을 보여주고 있다.

이러한 여러 규정 중 우리 기업의 글로벌 시장 진출에 있어 직접적으로 영향을 미치는 조항은 자유로운 디지털 비즈니스 환경을 보장하는 시장접근 자유화 관련 규범으로서 이 조항들은 디지털통상규범의 핵심요소라고 할 수 있다. 대체로 의무사항으로 규정되나, 정부규제권한에 대한 예외가 수반된다. 정부규제권한에 대한 예외 정도는 협정마다 차이를 보이고 있는데, 자유화 규정은 허용되는 정부규제권한과의 연관 속에서 해석되어야 한다.

### 2.3.3 미국 바이든 행정부의 정책변화

그런데, 시장접근 자유화를 가장 야심차게 추진해온 미국 정부가 바이든 행정부에서 보여준 갑작스러운 정책변화는 충격적이다. 바이든 행정부 하의 무역대표부(USTR)는 2023년 10월 WTO의 전자상거래에 관한 복수국 간 협상에서 데이터의 국경 간 이동, 데이터 현지화 금지, 소스코드 공개 금지에 관한 자국의 지지입장을 철회하였다.[14] 그간 미국은 데이터의 국경 간 이동, 데이터 현지화 금지, 소스코드 공개 금지가 디지털 통상규범에 포함되어야 한다는 일관된 입장을 유지해 왔고, 이러한 입장에 따라 USMCA 협정에도 이를 반영한 바 있어 미 USTR의 입장변경은 갑작스럽고 놀라운 발표로 받아들여졌다. 미 바이든 행정부는 이와 함께 인도·태평양경제프레임워크(IPEF)의 무역부문 협상에서 의욕적으로 추진하고 있던 개방적인 디지털통상규범 협상을 중지하였다. 또한 USTR은 매년 3월에 발표해 오던 국별 무역장벽 보고서(NTE, National Trade Estimate Report on Foreign Trade Barriers)에서 "미국을 비롯한 각국이 공중의 이익에 따라 통치하고 정당한 공공정책 사유에 따라 규제할 주권적 권리를 인정"한다고 하면서 그간 역대 보고서에서 지적한 외국의 디지털 장벽의 상당부분을 무역장벽으로 보지 않는 태도를

---

**14** USTR Statement on WTO E-Commerce Negotiations, October 24, 2023.
https://ustr.gov/about-us/policy-offices/press-office/press-releases/2023/october/ustr-statement-wto-e-commerce-negotiations

보였다.[15] 미국 진보진영에서는 소비자 이익 우선과 빅테크 기업들에 대한 국내적 규제 필요성에 기반하여 이러한 입장 변경에 대하여 지지입장을 표명한 반면, 업계에서는 IT 산업에 중요한 디지털통상 이슈에 대한 미국의 지도력을 포기한 것이라면서 이러한 결정을 비판적으로 받아들였다. 이러한 정책 변화는 바이든 행정부의 노동자 중심 통상정책의 맥락에서 이루어진 것으로 관측되고 있으며, USTR은 이 문제에 대한 접근방식에 관하여 국내적 검토를 위한 정책 공간(policy space)이 필요하다고 하면서 이러한 입장변경을 발표하였을 뿐, 그 대안적 입장에 대해서는 밝힌 바가 없어 미국의 입장에 대한 불확실성이 해소되지 않았다. 트럼프 1기 행정부에서는 데이터의 국경 간 이동, 데이터 현지화 금지, 소스코드 공개 금지에 대해 분명한 입장을 취하였던 점을 감안할 때, 트럼프 2기 행정부가 바이든 행정부가 취한 입장을 다시 되돌릴 가능성은 여전히 열려 있는 것으로 보인다.

### ③ 디지털 규범과 경제안보

자유무역주의 관점에서는 국경 간 데이터의 자유로운 이전을 촉진하는 것이 디지털 통상규범의 핵심내용이었다. 반면, 데이터는 국경 간 자유로운 이동과 소비활동을 통해 후생복지를 증진시키는 일반적인 상품이나 서비스와는 달리 국가의 핵심자산으로서 보호해야 할 대상이기도 하다. 글로벌화된 경제에서는 데이터의 자유로운 이동이 필수적이라고 할 수 있지만, 경제안보적 관점에서는 디지털화된 세계에서 데이터, 첨단 기술, 관련 인프라의 안전은 국가 경제의 발전과 경쟁력 우위 유지에 핵심적인 역할을 하기 때문에 많은 국가들은 자유로운 데이터 흐름을 보장하면서도 민감부분에 있어서 데이터가 외국에 노출되거나 악용되어 안보에 위협이 되지 않도록 민감부분 등에서 있어서는 데이터 국지화(localization) 등 규제

---

15 USTR Press Release, USTR Releases 2024 National Trade Estimate Report on Foreign Trade Barriers, March 29, 2024,
https://ustr.gov/about-us/policy-offices/press-office/press-releases/2024/march/ustr-releases-2024-national-trade-estimate-report-foreign-trade-barriers

를 마련하고 있는 것이 현실이다.

## 3.1 정당한 공공정책 목적

데이터의 국경 간 이동 등 데이터 거버넌스에 관한 규정에 중심을 둔 기존의 FTA나 디지털협정에도 무역자유화 내지 시장접근만을 일변도로 추구하는 것은 아니었고, '정당한 공공정책 목적(LPPO, legitimate public policy objective)'에 의한 규제를 허용하는 조항이 일반적으로 포함되었다는 점은 앞에서 지적하였다. 디지털통상규범의 특징 중 하나는 디지털 무역의 자유화와 함께 정부의 규제권한이라는 두 가지 서로 상반된 가치를 두고 양자 간 적절한 절충점을 모색하는 것이다. FTA의 디지털 통상관련 장이나 디지털협정들이 정당한 공공정책 목적이 구체적으로 무엇인지에 관해 명시적으로 규정하는 경우는 드물지만, 대체로 사이버보안, 개인정보 보호, 소비자 보호, 공정거래 등 건전한 디지털 경제환경 구축과 관련한 각국 정부의 정책이 그 대상이 된다고 볼 수 있다.

WTO를 비롯한 일반적인 통상협정의 경우에도 무역자유화를 기본으로 하고 공공질서, 천연자원 보존, 국가 안보 등 그 밖의 무역외적인 가치 보전을 위한 조치를 예외적으로 취할 수 있도록 하였는데, 디지털 통상을 다루는 협정에서는 이에 한 걸음 더 나아가 정부의 규제권한을 보전하려는 의도를 더욱 분명히 한 것이 특기할 만하다. 즉, 디지털 통상을 다루는 협정은 관세 및 무역에 관한 일반협정(GATT, General Agreement on Tariffs and Trade), 서비스 무역에 관한 일반협정(GATS, General Agreement on Trade in Services) 등 기존 통상협정에서와 마찬가지로 공공질서 유지, 소비자 및 개인정보 보호, 환경 보호 등 비교역적인 공익적 가치와 국가안보를 위해 기본적인 의무와 원칙으로부터의 일탈을 허용하는 일반적 예외나 안보적 예외 규정을 두는데 추가하여, 국가의 규제권한을 확보하기 위한 별도조항을 규정하는 경우가 있다는 특징이 있다.

## 3.2 규제권한의 폭과 영향

디지털 무역의 자유화와 함께 각국의 규제권한 확보라는 때때로 상반될 수 있는 가치를 절충하는 지점은 협정 체결국에 따라 다소 차이가 있다. 미국, 싱가포르, 호주 등이 주도하는 디지털관련 협정들은 데이터의 자유로운 이동 보장에 중점을 두면서 각국의 규제권한을 상당히 제한하려는 경향을 보여 왔다. 미국이 규범 확립과정에서 참여한 포괄적·점진적 환태평양경제동반자협정(CPTPP), 미국·멕시코·캐나다 무역협정(USMCA), 미·일 디지털무역협정의 경우 국경 간 정보이동이나 현지 컴퓨터설비 설치 관련 의무에 대해 정부의 규제권한 행사의 범위를 가급적 제한적으로 인정하려는 태도가 보인다. 반면, 전통적으로 가치중심의 통상협정을 추구해온 EU가 주도하는 디지털관련 협정은 당사국들의 규제권한을 폭넓게 인정하는 경향을 보이고 있다. EU가 참여한 디지털관련 협정에서는 개인정보뿐만 아니라 환경, 안전, 공공보건·교육, 문화다양성, 사회서비스 등 폭넓은 범위의 규제권한상의 정책 목표를 예시하고 있다.[16] 이와는 대조적으로 중국이 주도한 RCEP 등에서는 개인정보 보호 등 사회적·개인적 가치가 아닌 국가안보 등을 위해 당사국들의 규제권한을 폭넓게 인정하고 있다.

이처럼 협정 참여국가 간에 강조점에 차이가 있음에도 불구하고, 디지털 무역의 자유화와 정부의 규제권한 확보라는 이 두 가지 가치는 원칙적으로는 서로 배타적인 관계가 아니라 상호 보완, 병렬적 적용이 필요한 것으로 이해된다. 예컨대, 개인정보는 국경간 이동되는 데이터에서 중요한 비중을 차지하며 데이터가 국경간 자유롭게 이전되기 위해서는 개인정보 보호가 중요하다. 또한 이러한 정보의 국경간 이동은 인터넷 등 사이버 공간에서 이루어지므로 사이버 안전 또한 중요하다고 할 수 있다.[17] 그런데, 문제는 이러한 정부의 공공목적에 따른 데이터의 제한 조치가 기업의 비즈니스 활동에 예측 가능성을 제한한다는 것이다. 정부의 재량이 커질수록 기업의 데이터관련 비즈니스 활동이 제약을 받을 수 있으므로 개인정보 보호나 사이버 안전을 확보하기 위한 정부 규제권한이 과도하지 않도록 입법과정에서 균형잡힌 접근방식이 확보될 필요가 있다.

---

16  디지털통상연구회(2024), 디지털통상론, 박영사, p. 306~7.

17  박노형(2023). 개인정보 보호법(제2판). 박영사, p. vii. ; p. 34.

## 3.3 개인정보 보호

정보의 국경 간 자유로운 이전이 보장되려면 해당 국가가 정부차원 또는 민간 기업 차원에서 개인정보 보호체제가 완비되어 있는 것이 중요한 전제가 된다. 특히 EU는 개인정보의 국외이전 허용에 대해 매우 소극적 입장으로서 일반개인정보 보호규정(GDPR)을 제정하여 다른 국가들도 EU 역내의 개인정보 보호 법제도의 수준을 따르도록 요구하고 있다.

우리나라의 경우, 아시아태평양경제협력체(APEC)의 '국경 간 프라이버시 규칙 시스템(CBPR, Cross-Border Privacy Rules system)'에 참여하고 있다. CBPR은 APEC 프라이버시보호원칙에 따라 개별 기업의 개인정보 보호체계를 평가하여 인증하는 제도인데, 인증을 취득한 기업은 CBPR 참여국으로부터 정보주체의 동의나 표준계약 등 별도의 절차 없이 개인정보를 이전받을 수 있다. 2024년 5월 현재 APEC 21개 회원국 중 9개 회원국(한국, 호주, 캐나다, 일본, 멕시코, 필리핀, 싱가포르, 대만, 미국)이 참여하고 있다. 역외국으로 영국이 참여하기로 했으며 UAE도 가입할 가능성이 큰 것을 알려지고 있다. 또한 우리나라는 한·싱가포르 디지털동반자협정(DPA)을 체결하였는데, 이 협정은 각 당사국이 개인정보 보호를 규정하는 법체계를 유지하도록 의무화하고 있고 양 당사국이 APEC의 CBPR 체제에 참여하고 있어 개인정보의 국경 간 자유로운 이전이 현실적으로 보장될 수 있는 장치가 마련되었다고 볼 수 있다. 한편, 우리가 참여한 역내포괄적경제동반자협정(RCEP)에서는 데이터의 국경 간 이전 자유화 원칙을 규정하고 각 당사국이 개인정보 보호를 보장하는 법적 틀을 유지하도록 규정하면서도 다른 당사국으로부터 이전된 개인정보 보호를 위해 가능한 한 한도에서 협력하도록 규정하는데 거쳐 RCEP 당사국들 사이의 개인정보가 국경 간 이전하는데는 현실적으로 제한을 받을 수밖에 없는 구조로 되어 있다.

앞에서 언급한 대로 디지털 규범에서 차지하는 '정당한 공공정책 목적'에 대한 미국 바이든 행정부의 태도는 주목할만하다. 바이든 행정부는 노동자 중심의 무역정책을 시행한다는 기치하에 첨단 기술 대기업의 비즈니스를 지원하는 데이터의 자유로운 국경간 이동을 중시하던 종전의 입장에서 개인정보 보호 등을 위한 정책을 중시하는 방향으로 선회하였다. 이와 함께, 미·중 패권경쟁의 맥락에서 미국인의 개인정보가 중국으로 이전되어 중국기업의 영업활동에 사용되거나 중국 정부의 군사적 목적으로 사용되는 것을 방지하기 위한 여러 조치들을 취하였다. 생물보안법안(BIOSECURE Act)이 2024년 1월 미 의회에서 상정되었는데, 이 법안은 미국인의 바이오·유전자 정보 보호를 명목으로 특정 중국 바이오업체들을 미국 안보에 우려되는 생명공학회사로 규정하고 이들 기업과 이들의 제품 및 서비스를 이용하는 기업에 대해 미국시장 접근(메디케어, 메디케이드 등 건강보험)을 막는 내용을 담고 있다. 다만, 미국 내 바이오 의약품의 갑작스러운 공급 단절을 방지하기 위해 2031년까지는 적용이 유예된다는 내용이 포함되어 있다. 의회 내 초당적 지지를 받고 있는 이 법안은 2024년 9월 하원을 통과하였으나 제118회기 중 최종 통과되지는 못하였다. 또한 바이든 행정부는 중국, 북한, 이란, 쿠바, 러시아, 베네수엘라 등 우려국으로부터 무더기로 접근가능한 개인식별정보, 지리적 위치 데이터, 생체인식 데이터, 개인 건강 데이터 등 미국인의 개인 민감 데이터 및 미국 정부관련 데이터를 보호하기 위한 행정명령 14117호를 2024년 2월 발표하였다.[18] 이 행정명령은 법무부장관에게 미국인의 개인 데이터가 우려 국가로 대규모로 이전되는 것을 방지할 수 있는 권한을 부여하고 민감 정보의 거래 금지 또는 제한관련 규정을 마련하도록 하였는데, 법무부는 일정한 수량기준을 넘는 개인 데이터 6종(개인 식별자, 개인 금융 데이터, 개인 건강 데이터, 정확한 위치 정보, 생체 인식 데이터, 인간 유전자 데이터)과 정부 데이터 2종(위치 정보, 현직 또는 전직 공무원의 민감한 개인정보)을 거래금지 또는 제한 적용대상 정보로 하는 최종 규정을 2024년 12월 발표하고 대량 데이터 거래에 관여하는 해당 기업에 실사, 보고, 자체 감사 의무를 부과하였다. 법무부는 또한 위반 행위에 대한 조사와 위반자에 대한 민사·형사상 벌칙을 가할 수 있는 권한을 갖는다. 이어 미 의회는 데이터 브로커가 개인의 민감 데이터를 적국에 판매·이전하는 행위를 금지하는 법(Protecting Americans' Data from Foreign Adversaries Act of 2024)을 2024년 4월에 통과시켰으며 바이든 대통령은 이에 즉각 서명, 발효시켰다.

---

**18** White House(2024), Executive Order 14117 on Preventing Access to Americans' Bulk Sensitive Personal Data and United States Government-related Data by Countries of Concern, February 28, 2024.

또한 미국 바이든 행정부는 미국 내 운행중인 커넥티드 차량[19]에서 중국 또는 러시아산 소프트웨어와 하드웨어의 사용을 금지하는 계획을 2024년 9월 발표하고 2025년 1월 관련 규정을 확정하였다.[20] 미국 정부는 중국, 러시아산 소프트웨어나 하드웨어를 사용한 커넥티드 차량이 운전자·탑승자 행동, 지리적 위치, 생체인식 데이터 등을 수집할 수 있을 뿐 아니라 전력·통신·교통 등 미국의 중요 인프라 시스템에 접근하여 공격이 가능하기 때문에 국가안보에 위협이 된다고 우려해 왔다. 동 규정에 의하면, 커넥티드 차량에 사용되는 중국 등 우려국가의 소프트웨어는 2027년식 차량모델부터, 하드웨어는 2030년식 차량모델부터 또는 차량모델이 없는 경우 2029년부터 미국 내 수입이나 판매를 금지할 예정이다. 트럼프 2기 행정부는 2025년 1월 20일 취임 당일 발표한 '미국우선통상정책(America First Trade Policy)' 각서에서 상무부장관이 동 최종 규정을 검토해서 규제 확장을 포함한 적절한 조치를 대통령에게 건의하도록 하고 있어 규제가 더욱 강화될 가능성이 있다. EU, 캐나다 등도 중국산 커넥티드 차량에 대한 규제를 검토 중인 것으로 알려지고 있다. 미국 등 해외에서 판매되는 자동차의 대부분이 커넥티드 차량의 개념에 포함될 가능성이 크다는 점에서 커넥티드 차량을 규제하는 규정이 발효되면 자동차 공급망에 상당한 영향을 미칠 것이며 자동차 생산자들과 관련 하드웨어 및 소프트웨어 공급자들에게 상당한 컴플라이언스 및 실사 의무가 발생하게 될 것으로 예상된다. 대미 수출하는 우리 커넥티드 차량에 현재로서는 중국산 소프트웨어가 거의 없고 하드웨어 공급망 다변화에 시간적 여유가 있다 하더라도 관련 규제 대상이 확대될 수 있으므로 우리 관련 기업들은 규제 대상 품목을 정확하게 파악

---

19  미 상무부는 주로 공공 도로에서 사용되는 차량으로서 전용 단거리 통신, 셀룰러 통신 연결, 위성통신 또는 기타 무선 스펙트럼 연결을 통해 다른 네트워크나 장치와 통신하기 위하여 차량탑재 네트워크 하드웨어와 자동차 소프트웨어 시스템을 통합한 차량을 커넥티드 차량으로 정의한다.

20  Department of Commerce, Commerce Announces Proposed Rule to Secure Connected Vehicle Supply Chains from Foreign Adversary Threat, DOC Press Release, September 23, 2024; Commerce Finalizes Rule to Secure Connected Vehicle Supply Chains from Foreign Adversary Threats, DOC Press Release, January 14, 2025, https://www.bis.gov/press-release/commerce-finalizes-rule-secure-connected-vehicle-supply-chains-foreign-adversary

하여 공급망 다변화 등 대책을 수립하는 것이 요구된다.

이와 함께, 바이든 행정부는 2025년 1월 중국이 세계 시장을 장악한 드론 (unmanned aircraft systems)이 원격 조정 및 데이터 유출을 통해 미국에 안보위협이 될 가능성을 지적하고 중국, 러시아 등 적대국 정부의 소유·통제·관할·지시 대상인 개인과 기업이 디자인, 개발, 제조, 공급한 무인기용 정보통신 기술 및 서비스(ICTS)의 공급망에 대한 규제를 추진할 계획임을 밝히면서 민간업계 의견수렴 절차에 들어갔다.[21] 동 계획의 구체적인 내용과 시행 여부는 트럼프 2기 행정부로 넘어 가게 되었다.

## 3.4 사이버안보(Cybersecurity)

인공지능(AI), 사물 인터넷, 클라우드 컴퓨팅 등의 확장에 힘입어 디지털 전환이 가속화됨으로써 통신, 전자상거래, 정보접근성이 늘어나고 인터넷을 비롯한 네트워크 간 글로벌 연결성이 높아지면서 사이버 위협에 한층 노출되게 되었다. 여러 가지 형태의 사이버 위협은 디지털 통상에 대한 기업 및 소비자의 신뢰를 훼손함으로써 디지털 전환의 장애요인으로 작용한다. 디지털로 연결된 세계에 대한 신뢰를 보호하기 위한 노력의 일환으로 사이버안보 강화를 위한 국가차원에서의 조치가 강구되고 더 나아가 사이버안보 증진을 위한 국가 간 협력을 장려하는 규범이 강화되고 있다.

미국은 사이버 위협에 보다 기민하게 대응하기 위해 행정명령, 정책지침, 국가안보메모렌덤 형식의 대통령 포고를 통해 연방기관 네트워크 보안 강화, 주요기반시설 보안 향상, 국가안보시스템의 사이버안보 개선 등의 노력을 경주하고 있다. 2013년 주요기반시설에 대한 사이버안보 개선에 관한 행정명령, 2017년 연방정부 네트워크와 주요 기반시설에 대한 행정명령, 2021년 국가 사이버안보 개선을

---

21  Department of Commerce, Bureau of Industry and Security, Commerce Issues Advance Notice of Proposed Rulemaking to Secure Unmanned Aircraft Systems, DOC Press Release, January 2, 2025. https://www.bis.gov/press-release/commerce-issues-advance-notice-proposed-rulemaking-secure-unmanned-aircraft-systems

위한 행정명령 등이 대표적인 예이다. EU 집행위원회는 2021년 11월 EU 차원에서의 사이버방어 정책을 발표하여 전력·에너지망, 네크워크, 운송 인프라 등 사이버공간에서 민·군 간 공동대응 체제를 마련하고자 하였다. 이러한 노력은 미국, 유럽뿐만 아니라 주요국의 중요한 정책과제가 되고 있다.

우리나라도 2024년 2월 발표한 국가사이버안보전략의 후속조치로 (i) 공세적 사이버 방어활동 강화, (ii) 국가사이버 공조체계 구축, (iii) 국가 핵심 인프라 사이버 복원력의 강화, (iv) 신기술 경쟁우위 확보, (v) 업무수행기반 강화 등을 포괄하는 사이버안보기본계획[22]을 같은 해 9월 발표했다. 정부는 국가사이버안보전략의 비전과 목표를 달성하기 위한 구체적 실천방안으로서 14개 부처별 개별과제와 공동과제 등 총 100개의 실천과제를 상정했다.

이렇게 주요국은 자국의 정책과 입법을 통해 사이버안보 개선을 추구하는 한편, 유엔 등에서는 GGE(Group of Governmental Experts, 전문가 그룹) 및 OEWG(Open-ended Working Group, 국가 대표 그룹)가 사이버 공간에서의 국제법 적용 가능성, 사이버 공간에서의 국가책임의 규범과 원칙, 신뢰구축조치, 사이버 공격 대처능력 등과 관련한 연구를 진행하고 있는 등 사이버안보를 확보하기 위한 국제협력 문제를 토의하고 있다.

이와 함께, 주요국은 자국이 체결하는 FTA나 디지털협정에서 국가별로 강화되고 있는 사이버안보 조치 및 규제에 맞추어 디지털통상규범의 맥락에서 국제협력을 강화하기 위한 규범을 수립하기 위한 노력을 경주하고 있다. 사이버공간은 국가 간 경계가 없으므로 사이버공간에 있어서의 공격에 대처하기 위해서는 국가 간의 협력이 필수적이다. 국가간 공동의 접근방식은 사이버안보를 증진하고 디지털 무역을 보호할 수 있다. 디지털통상규범의 맥락에서 사이버안보에 관한 국가간 규범으로 규정된 것은 비록 구속력이 없으나 협정 당사국 간 협력의 중요성을 규정

---

22  국가사이버안보센터, 정부 합동 '국가 사이버안보 기본계획' 발표, 2024.9.2,
    https://www.ncsc.go.kr:4018/main/cop/bbs/selectBoardArticle.do?bbsId=Notification_main&nttId=147016&menuNo=010000&subMenuNo=010300&thirdMenuNo=

한 형태로 TPP에 포함되어 CPTPP로 발효된 것이 효시라고 할 수 있다.[23] 이어 체결된 USMCA에서는 TPP에 포함된 협력 조항을 강화하는 한편, 사이버안보 강화를 위한 당사국의 규제방식에 관하여 위험기반 접근방식(risk-based approaches)을 사용하도록 노력해야 하는 의무를 추가하였다.[24] 이후 미국이 체결한 미국·일본 디지털무역협정뿐만 아니라, 영국·호주 FTA, 영국·싱가포르 디지털경제협정 등에서도 사이버안보 강화를 위한 협력을 강조하고 위험기반 접근방식의 사용 노력을 의무화하는 규정이 포함되었다. 중국이 참여한 RCEP의 경우에는 전자상거래 장에서 위험기반 접근방식에 대한 언급 없이 당사국 간 협력의 중요성을 인정하는 수준에서 사이버안보를 규정하고 있다.

사이버안보 강화를 위해 데이터 및 네트워크에 대해 정부가 과도한 정도의 제한조치를 취하는 것은 디지털 무역에 부정적 결과를 초래하고 데이터의 국경 간 이동 자유화로 경제성장을 이끌 수 있는 잠재력을 저해할 수 있다. 따라서 새로운 디지털 통상규범 제정은 위험에 기반을 둔 효과적인 사이버안보 보장을 위한 규정과 함께 디지털 무역에 대한 장벽도 최소화되도록 하는 균형 잡힌 규범을 도출하는 방향으로 나아가야 할 것이다. 기업의 입장에서 볼 때, 디지털 전환은 방대한 양의 고객 데이터를 수집, 저장하고 분석하는 작업을 동반한다. 디지털 전환 과정에서 고객의 신뢰를 확보하고 긴밀한 고객관계를 유지하기 위해서는 사이버안보에 우선순위를 두고 사이버안보에 대한 자체 역량을 강화하여 이를 고객들에게 확실히 보여줄 수 있어야 한다. 그러나, 사이버안보 문제를 1개 기업 차원에서만 다룰 수 없다. 사이버안보 제공기업, 자국 정부는 물론, 관련 외국 정부의 유관기관과 업계협회, 소비자 단체 등 다양한 이해관계자들과 위협정보, 우수관행, 업계

---

**23** CPTPP 전자상거래에 관한 제14장은 "컴퓨터 보안 사고 대응을 책임지는 국가기관의 역량을 구축"하는 것과 "당사국들의 전자적 네트워크에 영향을 미치는 악성 침입 또는 악성 코드의 확산을 식별하고 완화하기 위해 기존 협력 메커니즘을 활용"하는 것이 중요함을 인정한다고 규정하였다(제14.16조).

**24** USMCA 디지털 통상에 관한 제19장은 CPTPP에서 규정한 국가기관 역량 구축 및 기존 협력 메커니즘 활용에 대하여 노력할 의무를 규정하는데 나아가, "사이버안보 위협의 진화적 특성에 비추어 위험기반 접근방식(risk-based approaches)이 처방적 규제(prescriptive regulation)보다 효과적"임을 인정하고 당사국뿐만 아니라 당사국 기업들이 이러한 접근방식의 사용을 장려하도록 노력할 의무를 규정하였다(제19.15조).

표준 등의 공유를 통해 사이버안보 탄력성을 제고하기 위한 노력을 강화할 필요가 있다.

## 3.5 플랫폼 규제

정보통신기술 발전에 따라 구글, 애플 등 플랫폼 기업들이 일상생활에 중요한 서비스 제공 인프라로 자리잡으면서 사회·경제적 영향력이 커지고 있다. 플랫폼은 그 속성상 많은 이용자를 확보할수록 방대한 데이터의 수집·이용이 가능하게 되어 더 다양하고 더 많은 맞춤형 서비스 제공이 가능하다(네트워크 효과). 또한 특정 플랫폼을 선택한 이용자가 해당 플랫폼을 지속적으로 이용하는 경향이 있다(고착효과). 이로 인해 플랫폼 기업의 시장독점이 손쉽게 이루어지는 특성이 있어 공정경쟁 문제가 발생할 수 있다. 이와 함께 플랫폼에 탑재되는 유해 콘텐츠의 관리책임 문제 등도 발생한다. 이에 따라 온라인 플랫폼상 공정거래 문제와 플랫폼 공급자의 책임문제가 뜨거운 감자가 되고 있다. 국가별로 주요국의 플랫폼 규제 태도나 방식에 다양한 동향이 관찰된다. 미국의 경우, 온라인 플랫폼 공급자들에게 과도한 책임을 묻지 않는 자율화에 가까운 국내법을 유지하고 있는 반면, EU의 경우, 온라인 플랫폼상 공정한 거래를 위한 디지털시장법(DMA)과 디지털서비스법(DSA)을 도입하는 등 빅테크 기업 독과점을 적극적으로 규제하고 있다.

### 3.5.1 미국

세계적인 영향력을 지닌 다수의 빅테크 기업을 거느린 미국은 그동안 플랫폼 규제에 적극적이지 않았으나, 이들 기업들의 영향력이 커짐에 따라 바이든 행정부 초기에 의회에서 플랫폼 규제 법안이 다수 발의되었다. 그러나 이들 글로벌 플랫폼 기업의 규제 여부에 대한 다양한 의견으로 인해 이들 법안들은 통과되지 못하여 플랫폼 규제 논의가 상대적으로 소강상태에 있다. 다만, 공정경쟁 이슈 외 온라인 유해 콘텐츠에 대한 플랫폼의 책임성 강화논의는 지속 중이다.

미 의회는 2024년 4월 중국계 동영상 공유 플랫폼인 틱톡(TikTok)의 미국 내 사업권을 강제 매각하도록 하는 법안(Protecting Americans from foreign Adversary Controlled Applications Act)을 통과시켰으며 바이든 대통령의 서명으로 바로 발효하였다. 이 법은 틱톡 모회사인 중국기업 바이트댄스(ByteDance)가 270일 안에(대통령이 1회에 한해 90일 연장가능, 이 경우 360일 안에) 틱톡의 미국 내 사업권을 매각토록 하며, 기간 내 매각하지 않을 경우 미국 내 서비스를 금지하는 내용이다. 2024년 미국 대통령 선거를 앞두고 미·중 전략경쟁의 맥락에서 대중 여론이 강경해지는 가운데 입법화된 이 조치는 중국 정부 또는 공산당이 중국계 기업인 틱톡을 통해 미국 선거와 여론 형성 등에 영향을 미칠 수 있거나 미국인들의 개인정보 데이터를 취득하는 것을 방지한다는 목적을 내세우고 있다.[25] 글로벌 경계가 없던 소셜미디어 산업에서도 이제는 국적 개념에 기초한 국가안보가 핵심 고려요소로 등장한 것이다.[26]

### 3.5.2 EU

반면, 미국과 달리 플랫폼 기업이 취약한 상황에 있는 EU는 대규모 외국 플랫폼 기업으로부터 역내 산업을 보호하기 위해 포괄적인 플랫폼 사전규제 방안을 담은 '디지털시장법(DMA, Digital Markets Act)'과 '디지털서비스법(DSA, Digital Service Act)'을 제정하였다. 디지털시장법(DMA)은 일반 플랫폼 사업자와 빅테크 플랫폼 사업자로 구분하여 규율강도를 달리하는 이원적인 접근법을 추구하고 있는데, 빅테크 플랫폼 사업자에 대해서는 일반 플랫폼 사업자와는 다르게 높은 강도의 사전규제를 적용하는 방식으로 핀셋규제를 시행하고 있다. 규정(regulation)의 형태로서 EU 이사회 및 유럽의회 통과 후 회원국의 별도 입법 조치없이 EU 영역에서 그대로 적용된다. 2022년 11월 발효되어 2024년 3월 법 전체가 시행된 이 법은 거대 플랫폼 기업을 '게이트키퍼(gatekeeper)'로 지정하여 시장 지배력 남용방지를 위한 사전 규제를 적용한다. EU 집행위는 당초 구글과 안드로이드의 모회사인 알파

---

25 이 법에 따른 틱톡 서비스 금지는 법 발효일 270일이 되는 2025년 1월 19일에 유효하게 되었으나, 그 하루 뒤 취임한 트럼프 대통령은 행정명령을 통해 법무부가 이후 75일간 동 법을 집행치 않도록 지시하고 이 기간 중 틱톡 서비스가 제기하는 국가안보 우려에 대해 검토하고 미국인 1억 7천만 명이 사용하는 이 서비스가 갑자기 중단되는 상황을 피할 수 있도록 향후 조치 방향을 결정하는 기회를 갖겠다고 하였다. 틱톡이 종국적으로 미국 내에서 계속 사용될 수도 있도록 길을 연 이러한 결정은 선거 유세기간 중 자신의 지지자들 중에 틱톡을 사용하는 사람들이 많았던 것과도 관련이 있는 것으로 평가된다.
26 특기할 사항은 틱톡은 중국에서는 서비스되고 있지 않다는 사실이다. 사실 구글, 페이스북, 유튜브 등 미국의 데이터 플랫폼이나 소셜미디어 앱들도 중국 내에서 접근이 불가능하다.

벳(Alphabet), 아마존(Amazon), 애플(Apple), 페이스북과 인스타그램 등의 모회사인 메타(Meta), Linkedln의 모회사인 마이크로소프트(Microsoft) 등 5개 미국 기업과 1개 중국기업 바이트댄스(ByteDance, 틱톡의 모회사)를 게이트키퍼로 지정하고 이들 기업이 운영하는 22개 핵심 플랫폼 서비스를 타겟으로 한데 이어, 2024년 5월에는 유럽의 여행 플랫폼인 부킹닷컴(Booking.com)을 게이트키퍼로 지정하였다. 이들 기업은 자신이 운영중인 검색엔진, 비데오공유 플랫폼, 브라우저, 운영체제, 통신서비스, 광고서비스 등에 있어서 사용자 프라이버시 증진 및 디지털시장에서의 공정경쟁을 보장하기 위하여 상호운용성 및 비차별, 데이터 이전 및 접근, 투명성 등에 관한 다양한 의무를 부담한다. 디지털 플랫폼에 대한 사전규제적 경쟁정책을 담은 디지털시장법(DMA)은 우리나라를 비롯하여, 영국, 브라질, 인도, 일본, 사우디아라비아, 튀르키예 등에 대해 유사한 법령을 제정하도록 하는 벤치마크 역할을 하였다.[27]

한편, 2022년 11월 발효되고 2024년 2월 법 전체가 시행된 디지털 서비스법(DSA)은 온라인서비스 이용자의 기본권리를 보호하고 불법 콘텐츠를 규제하기 위한 목적으로 초대형 온라인 플랫폼에 대해 불법 콘텐츠 및 허위정보 유포 방지 조치를 마련할 것을 의무화하는 등 엄격한 의무를 부과하고 있다.

### 3.5.3 중국

중국은 2020년 하반기부터 플랫폼 기업을 대상으로 반독점 및 데이터 통제관련 강화된 규제를 적용하기 시작하였다. 알리바바 등 특정 거대 플랫폼의 독점성과 정치·경제·사회 전반에 대한 영향력 증가가 체제위협으로 부상함에 따라 이에 대한 정부의 통제 필요성이 제기된데 따른 것이다. 이에 따라 2022년 반독점법을 개정하여 플랫폼 기업에 대한 관리·감독을 강화하고, 네트워크안전법, 데이터 보안법, 개인정보보호법 등 데이터관련 법 제정을 통해 플랫폼 기업의 독점적 데이터를 국가안보 차원에서 관리, 통제하고 있다.

국가안보적 관점에서 자국 국민의 데이터에 대한 관리를 중시하는 최근의 경

---

[27] Kati Suominen (2024), The Spread of DMA-like Competition Policies around the World, CSIS, July 2024, p. 1.

향은 미국과 중국 간 패권경쟁 등 적대국 간의 관계에서만 이슈화되고 있는 것은 아니다. 일본도 사이버 안보를 명분으로 하여 한국기업 네이버에 일본 내 메신저 서비스인 라인야후의 지분을 매각할 것을 압박한 사례가 있다. 보도에 의하면,[28] 2024년 5월 일본 정부는 라인야후의 개인정보 유출사건이 네이버에 과도하게 의존하여 사이버보안 대책이 충분치 않은데 원인이 있다고 보고, 우방국인 한국의 기업을 겨냥해서 자국내 사업권·경영권을 팔고 떠나라고 요구하였다. 사이버 보안이나 국가안보를 명분으로 다른 나라 기업의 기술발전과 시장점유율 확대를 막는 '신보호주의'는 상대방 국가가 적대국인지 여부를 불문하고 확산되고 있는 추세라고 할 것이다.

### 3.5.4 한국

우리나라의 경우, 공정거래위원회의 주도로 플랫폼 공정경쟁을 촉진하기 위한 공정거래법 개정을 추진하고 있는 가운데, 국회에서는 다수의 의원입법안으로 온라인 플랫폼 시장 독점 규제에 관한 법률안이 상정되어 있다. 공정거래위는 당초 매출액, 이용자 수, 시장점유율 등에 따라 국내·외 소수의 거대 플랫폼 기업을 '지배적 플랫폼 사업자'로 사전 지정하고 지정된 사업자들이 자사우대, 끼워팔기, 경쟁플랫폼 이용 제한, 최혜대우 요구 등 기존 전자상거래법 등에서 제외되어 있던 4가지 공정거래 저해 행위들을 하지 못하도록 하고 이러한 행위들에 대해 신속하게 제재함으로써 빠른 시장경쟁 회복이 가능하도록 플랫폼 공정거래촉진법을 제정하고자 한 것으로 알려졌었다. 이에 대해 국내 거대 플랫폼 기업뿐만 아니라 기업혁신을 저해할 것으로 우려한 국내 벤처 기업들이 반대한 데다가[29] EU의 디지털시장법(DMA)처럼 구글, 애플 등 미국의 거대 기술 기업들이 주요 규제 대상이 될 것을 우려한 미 상공회의소 등 외국 업계와 미 의회의 비판이 있었다. 이에 따라 공정거래위는 2024년 9월 규율대상인 지배적 플랫폼 사업자를 '사전 지정'하는

---

**28** 헤럴드경제, "우리도 '플랫폼 경제안보' 적극 대응해야", 2024.4.25.

**29** 한편, 추진 중인 플랫폼법이 매출 기준으로 지배적 사업자를 정하기 때문에 해외 직구방식 특성상 국내에서 제대로 점유율을 확인할 수 없는 알리 익스프레스나 테무 등 중국 플랫폼이 규제대상에서 빠지고 네이버, 카카오 등 한국 기업들만 비대칭적으로 규제대상이 될 수 있다는 지적도 있다. 문화일보, "거꾸로 가는 '플랫폼법' 한 기업 옥좨 경쟁력 약화," 2024.4.22.

당초 방침을 변경하여, 법 위반행위가 발생한 경우 시장 영향력이 압도적인 지배적 플랫폼을 사후 추정하는 방식으로 특정하도록 기존 공정거래법을 개정할 예정임을 밝혔다.[30] 공정거래위 발표에 의하면, 규율대상은 시장 영향력이 압도적인 지배적 플랫폼으로서 구체적 추정요건은 현행 공정거래법상 시장지배적 사업자 추정기준보다 강화하여 '독점력이 공고한 경우'로 한정하되, 신생기업(스타트업) 등의 규제부담 등 우려를 고려하여 연간 매출액 4조 원 이하 플랫폼은 제외할 계획이라 한다. 또한 규율분야와 내용은 중개, 검색, 동영상, 사회관계망(SNS), 운영체제, 광고 등 6개 서비스 분야에 대해, 자사우대, 끼워팔기, 멀티호밍 제한, 최혜대우 요구 등 4대 반경쟁행위를 금지할 계획이라 한다. 한편, 공정위가 당초 구상한 바와 같이, 시장지배적 플랫폼을 사전 지정하고 이들 플랫폼에 의한 일정한 공정거래 위반 행위를 금지토록 하는 것을 내용으로 하는 법률안을 포함하여 다수의 의원입법안이 국회에 제출되어 공청회 등 검토작업이 이루어지고 있다. 트럼프 2기 행정부의 무역대표(USTR)로 지명된 재미슨 그리어(Jamieson Greer)는 상원 재무위 인사청문회에서 한국을 포함한 외국이 온라인 플랫폼 규제 움직임을 보이고 있는 것에 대해 적극 대응하겠다고 밝혔다. 트럼프 2기 행정부도 미국 거대 기술기업의 우려를 반영하여 한국이 추진하고 있는 플랫폼 규제에 대해 강경한 입장을 보일 것으로 예상된다.

플랫폼 시장은 국가마다 사정이 다르다. 빅테크의 종주국인 미국은 혁신적 플랫폼의 육성에 중점을 두고 정책을 시행해왔다. 반면, 미국 빅테크 기업에 시장을 완전히 내어주어 역내 플랫폼 기업이 거의 전무하다시피 한 EU로서는 독점적 플랫폼 기업을 규제하기 위한 강력한 정책을 도입하는데 중점을 둘 수 있는 여건이다. 우리나라는 세계에서 미국의 빅테크 기업이 점령하지 못한 몇 안 되는 국가이다. 외국 빅테크 기업과 경쟁하면서도 검색, SNS, 쇼핑 등 시장에서 선전하고 있는 국내 플랫폼 기업이 다수 존재한다. 따라서 우리나라는 규제일변도의 정책보다는 공정하고 균형 잡힌 플랫폼 정책을 통해 국내 플랫폼 기업의 혁신 노력을 저해하

---

30  공정거래위, 플랫폼 공정경쟁 촉진 및 티몬·위메프 사태 재발방지를 위한 입법방향, 공정거래위 보도자료, 2024.9.9.

지 않으면서 국내외의 거대한 플랫폼 기업들의 불공정 행위를 규제하는 정책을 펴 나가야 한다.

## 3.6 디지털세

'디지털세(digital tax)'란 고정사업장 소재지와 상관없이 글로벌 디지털 기업이 다른 나라에서 디지털화된 경제활동을 통해 얻는 직접 매출액에 대해 해당 국가가 일정 세율로 부과하는 조세를 말한다. 디지털세는 주로 빅테크 플랫폼 기업을 겨 냥한 것으로서 고정사업장에 기초한 법인세와 별도로 세금을 부과하기 위한 조세 제도이다. 다국적 디지털 기업은 외국에서 고정사업장 없이도 네트워크 시스템을 통해 사업활동을 할 수 있으며, 이 때문에 현행 제도상으로는 수익창출에 기여한 국가가 과세권을 갖지 못하는 것이 현실이다. 더구나 글로벌 IT 기업들은 법인세 율이 낮은 국가로 서버와 본사 소재지를 두는 방식으로 법인세를 회피하는 경향을 보이고 있다. 우리나라의 경우를 보면, 현재 국내 온라인 서비스 기업은 국내 소비 자를 대상으로 얻은 수익에 대해 우리나라 정부에 법인세를 납부하지만, 넷플릭스 등 다국적 온라인 서비스 기업은 국내 소비자를 대상으로 얻은 소득에 대해 법인 세를 납부하지 않고 있다.

이렇듯 수익창출과 과세권의 불일치 문제는 최근 디지털 경제가 심화되면서 국제적 이슈로 부상하게 되었다. 이에 따라 EU와 경제협력개발기구(OECD)를 중심 으로 디지털 경제 여건에 맞는 새로운 조세 기준을 수립하기 위한 논의가 본격화 되었다. EU는 디지털세 도입에 가장 적극적인 입장을 보였다. EU 집행위는 디지 털세를 본격적으로 도입하기 전 임시 조치로 '디지털 서비스세(Digital Service Tax)' 의 도입을 제안했으나, EU 일부 회원국의 반대로 유럽연합(EU) 차원의 디지털세 도입 시도가 무산되고, 이후 프랑스, 이탈리아, 스페인 등 EU 일부 회원국은 독자 적으로 디지털 서비스세를 도입하기 시작했다. 디지털세 도입에 관한 국제적 합 의가 없다 보니, 국가 간 갈등이 발생하였다. 프랑스가 2019년 디지털 서비스세를 도입하는 법안을 발표하자, 트럼프 1기 행정부 하에 있던 당시 미국은 프랑스산

와인, 치즈, 핸드백 등에 대해 추가 관세를 부과하겠다고 맞섰다.[31]

2016년 6월 디지털세를 포함한 다국적기업의 조세회피를 방지하기 위한 대책[32]을 국제적 차원에서 논의하기 위해 OECD/G20 주도로 140여 개 국의 참여하에 포괄적 이행체제(IF, Inclusive Framework)라는 이름의 협의체가 출범하였다. 수년 간의 다자 협의를 거친 끝에 IF는 일부 회원국이 불참한 가운데 (i) 디지털 경제 하에서 종래의 물리적 실체에 기반한 국가 간 과세원칙과 다른 실질과세원칙에 근거하여 물리적 고정사업장이 없더라도 매출이 발생한 시장 소재지국의 과세권을 강화하는 접근법(Pillar 1), (ii) 세원 잠식 및 조세 회피를 방지하기 위해 다국적 IT 기업에 대한 법인세율이 글로벌 최저 법인세율보다 낮게 과세되는 것을 방지하기 위한 글로벌 최저한세율 설정(Pillar 2)을 중심으로 최종 합의안을 도출하기로 했다.

논의 결과, OECD/G20에서 일부 국가를 제외하고 2021년 10월 디지털세와 최저한세율에 최종 합의하게 되었다. 미국과 오스트리아, 프랑스, 이탈리아, 스페

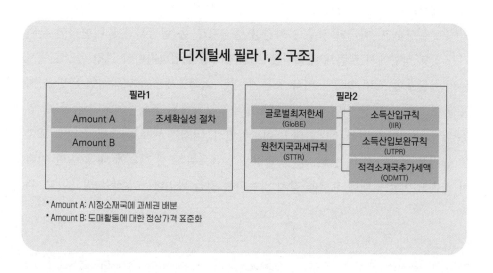

[디지털세 필라 1, 2 구조]

---

31  프랑스, 이탈리아, 오스트리아, 스페인, 영국의 디지털 서비스세 도입동향에 대하여 미국은 제301조 조사를 개시하였으나 양측은 OECD 합의가 도출·시행될 때까지 동 과세 도입을 보류하는 대신, 제301조 조사를 중단하기로 2021년 10월 합의하였다.

32  'BEPS(Base Erosion and Profit Shifting) 프로젝트'라고 불린다. 세원잠식과 소득이전이라는 뜻으로 다국적기업이 국가별로 상이하게 규정된 조세제도의 차이를 악용하여 세금 납부를 회피하는 전략을 말하며, BEPS 프로젝트는 이러한 조세회피를 방지하기 위해 OECD 주도로 추진된 공동대응전략을 지칭한다.

인, 영국, 튀르키예는 별도의 합의를 통하여 Pillar 1의 디지털세에 관한 국제적 합의가 완결될 때까지 한시적으로 다국적기업을 대상으로 한 개별 국가별 단독 과세는 하지 않고 미국도 이에 따른 대응조치를 하지 않기로 하는 정치적 타협을 이루었다.[33] 합의된 조세개혁안은 연간 매출액 200억 유로, 이익률 10% 이상인 다국적기업의 매출에 대한 과세권의 일부(초과이익의 25%)를 시장소재국에 배분한다는 내용(필라 1의 Amount A)과 조세회피를 방지하기 위해 연 매출 7.5억 유로가 넘는 다국적기업에 대해 글로벌 최저한세율 15%(특정 국가에서 다국적기업의 실효세율이 글로벌 최저한세율 15%에 미달하는 경우 다른 국가에 추가 과세권 부여)를 도입(필라 2)하는 내용을 담고 있다.

디지털세 합의(필라 1의 Amount A)의 발효시기는 계속 연기되었는데, 2025년 이러한 합의내용이 다자협정 형태로 정식 채택될 수 있다면[34] 2026년 또는 2027년 각국이 시행에 들어갈 수 있을 것으로 전망된다. 그런데 필라 1의 국제적 적용을 위해서는 적용대상 다국적기업의 다수를 보유하고 있는 미국의 참여가 필수적임에도 불구하고, 미국의 경우 공화당을 중심으로 동 협상결과에 비판적인 분위기가 있던 상황에서 트럼프 대통령은 2025년 1월 취임하자마자 그간 OECD에서 논의된 글로벌 조세 합의가 미국 소득에 대한 외국조세법의 역외적인 관할을 허용할 뿐 아니라 미국 기업과 노동자의 이익에 부합하는 조세정책을 수립할 수 있는 미국 정부의 능력을 제약한다고 비판하면서, 의회가 글로벌 조세 합의에 포함된 규정을 채택하지 않는 한, 종전 행정부가 글로벌 조세 합의에 대해 취한 어떠한 약속도 미국에 대해 효력을 갖지 않는다는 것을 확인하는 입장을 발표하고, 외

---

**33** U.S. Department of the Treasury, Updated Joint Statement from the United States and Türkiye Regarding a Compromise on a Transitional Approach to Existing Unilateral Measures During the Interim Period Before Pillar 1 is in Effect, Press Release, March 12, 2024, https://home.treasury.gov/news/press-releases/jy2170
다만, 캐나다 등 일부 국가들은 이 합의에 참여하지 않았다. 캐나다는 디지털 서비스세를 도입할 의사를 천명하였다.

**34** 지금까지의 양자 조세조약은 원천지국에 물리적으로 고정사업장이 없으면 사업소득에 대한 과세권이 없는 것으로 규정하고 있는 것이 일반적이므로, 필라 1 합의에 따라 원천지국에 과세권을 부여하기 위해서는 기존 양자 조세조약을 일괄적으로 대체하는 별도의 다자조약이 필요하다.

국이 미국과 체결한 조세조약을 위반하거나 해외영업 중인 미국의 기업에 대해 역외적·차별적 조세를 부과하는 사례가 있는지를 재무부가 조사하여 60일 이내에 대응방안을 보고하도록 하였다.[35·36] 트럼프 대통령은 더 나아가 2025년 2월 서명한 각서를 통해, 미국 기업에 차별적이거나 미국 기업의 활동을 제약하는 디지털 서비스세나 그 밖의 규제를 시행하고 있는 국가에 대해 관세 또는 여타 보복조치를 취할 것임을 밝히면서, 무역대표(USTR)가 프랑스, 오스트리아, 이탈리아, 스페인, 영국, 튀르키예, 캐나다를 포함하여 미국 기업에 대해 디지털 서비스세 등을 부과하는 외국에 대해 제301조 조사를 재개하거나 개시하는 방안을 검토하여 대통령에게 보고하도록 지시하였다. 이에 따라 디지털세 합의사항이 다자 협정 형태로 채택될 수 있을지가 불확실하게 되었다. 종국적으로 디지털세가 도입되면 미디어 분야에서 넷플릭스와 같은 글로벌 스트리밍 플랫폼에 대한 과세 형평성 논란이 어느 정도 수그러들게 될 것이다. 이와 함께 디지털세 도입으로 확보되는 세수를 기반으로 국내 미디어 사업자를 지원하거나 콘텐츠 제작 기금을 조성하는 등 디지털세 도입이 국내 미디어 산업 육성의 계기가 되어야 한다는 주장도 제기되고 있다.

한편, 글로벌 최저한세(필라 2)의 경우, 조약형태가 아닌 국내세법 개정으로 도입이 가능한데, 우리나라는 2022년 12월 '국제조세조정에 관한 법률'을 개정하여 세계 최초로 글로벌 최저한세를 입법했으며, EU, 영국, 캐나다, 호주, 일본 등도 글로벌 최저한세를 도입하였다. 다만, 트럼프 2기 행정부가 OECD 글로벌 조세 합의에 구애받지 않는다는 입장을 취하고 미국 기업에 대해 역외적·차별적 과세를 하는 외국 관행을 조사하겠다고 하여 경우에 따라서는 글로벌 최저한세를 부과하는 외국에 대해 보복할 가능성도 있어 여타국이 미국 기업에 대하여 글로벌 최저한세를 원활하게 적용하는 것이 어려울 수 있을 것으로 예상된다. 우리 기업으로서는

---

35  The White House, The Organization for Economic Cooperation and Development (OECD) Global Tax Deal, Memorandum, January 20, 2025; America First Trade Policy, Memorandum, January 20, 2025.

36  전문가들은 이러한 외국정부의 관행에 대해 미국은 해당 국으로부터 수입되는 상품에 대해 관세를 부과하거나 해당 국의 미국 내 기업이나 개인에 대해 2배 세율까지 보복 조세를 부과할 수 있는 방안이 있을 수 있다고 지적한다.

글로벌 최저한세 도입과 관련한 미국 및 여타 주요국의 동향을 예의주시하여 세부담 최적화를 위해 필요한 대비책을 강구할 필요가 있다.

# 4 AI 규제

## 4.1 기회와 위험

ChatGPT나 자율주행자동차 등을 통해 인공지능(AI, Artificial Intelligence)이 대중 앞으로 성큼 다가왔다. AI 기술은 고대역폭 메모리 반도체(HBM)와 대용량 데이터 처리 프로세서의 등장, 대량의 데이터 생성과 이용가능성, 그리고 학습 및 예측 알고리즘의 개발 등에 힘입어 급속한 속도로 발전하고 있다. 디지털화 진전에 따라 AI 기술의 활용은 글로벌 공급망을 촉진·최적화하고 디지털 상품과 서비스의 국경 간 이동을 촉진하고 있다. AI 기술이 경제전반에 걸쳐 디지털화를 촉진함으로써 우리의 일상생활뿐만 아니라 미래 경제활동의 판도를 바꿀 것이라는 기대가 커지고 있다. 그러나 AI가 행한 행위에 대한 책임의 귀속, 학습된 데이터의 편향성과 허위정보의 양산, AI 기술의 인간생활 침투성 및 프라이버시 등 인권 침해 등 위험성을 최소화하여 AI 기술과 제품의 안전성을 확보하기 위해서는 일정한 정도의 규제가 필요하다는 인식이 커지면서 각국이 규제에 나서고 있고 국제적 협력도 강화되고 있다. 극단적인 경우로 AI 기술에 기반을 둔 치명적 자율무기 시스템(LAWS, lethal autonomous weapon system)은 무기 스스로 자율성을 갖고 인간의 지시와 입력 없이 그 기능을 수행하기 때문에 이에 대한 국제적인 규제가 없는 상황에서 이러한 시스템의 설계, 개발, 사용이 인권과 인류의 기본적 자유에 대한 직접적인 위협을 제기할 수 있다는 문제 의식하에 유엔을 중심으로 이러한 무기를 금지하기 위한 논의를 하고 있다.[37]

---

37 United Nations Office for Disarmament Affairs, Lethal Autonomous Weapons Systems (LAWS), https://disarmament.unoda.org/the-convention-on-certain-conventional-weapons/background-on-laws-in-the-ccw/

OECD는 AI 윤리기준에 대한 논의를 바탕으로 2019년 각료회의에서 AI에 대한 OECD 원칙을 채택하였다. 이 원칙은 (i) 포용적 성장, (ii) 공정성 등 인권 및 민주적 가치, (iii) 투명성, (iv) 안전성, (v) 책임성의 원칙을 확인하고 (i) AI 연구개발에 대한 투자, (ii) 포용적인 AI촉진 생태계 조성, (iii) AI를 위한 상호운용적 거버넌스 및 정책 환경 형성, (iv) 인적 능력 개발, (v) 신뢰가능한 AI를 위한 국제협력 등을 권고하였다. 국제사회는 이러한 논의를 시작으로 2023년 G7의 '히로시마 프로세스'를 통해 AI의 신뢰성 확보를 위한 거버넌스 원칙을 마련하기 위한 논의를 지속해 왔다. 히로시마 프로세스는 기존 OECD의 AI 원칙에 기반하여 AI 기술의 활용과 함께 그에 따른 위험과 과제에 대처하기 위한 AI 개발자에 대한 국제지침과 행동규범을 도출하였다.

2023년 11월 영국에서 우리나라와 미국, 일본 등 G7 국가를 중심으로 한 세계 28개 주요국들과 EU가 참석한 가운데 '제1차 AI 안전성 정상회의(AI Safety Summit)'가 개최되어 AI에 대한 국제규제를 위한 협력방안이 논의되었다. 그 결과, 국제적 협력을 통해 AI의 잠재적 위험을 객관적으로 평가하고 관리하여 AI를 안전하게 활용할 필요성을 확인한 '블레츨리 선언(Bletchley Declaration)'이 발표되었다. 후속회의로 2024년 5월에는 우리나라에서 'AI 서울 정상회의'가 개최되어, AI의 안전성뿐만 아니라 혁신을 촉진하고 포용과 상생을 도모하는 AI 발전방향을 논의하였다. 또한 2024년 3월에는 미국 주도로 우리나라를 포함하여 EU, 일본, 중국 등 120여 개 국가가 공동 후원국으로 참여하여 각국의 효과적인 안전장치 마련과 글로벌 규제 조정을 통해 '안전하고 신뢰할 수 있는 AI 시스템(safe, secure and trustworthy AI systems)'을 촉진하기 위한 결의안을 유엔 총회에 제출, 컨센서스로 통과시켰다.[38] 2025년 2월에는 'AI 행동 정상회의(AI Action Summit)'라는 이름으로 세 번째 정상회의가 프랑스에서 개최되어 포괄성, 윤리성, 안전성, 신뢰성 및 지속가능성에 기초한 AI 기술의 개발과 규제에 관한 국제적 협력강화를 지향하는 성

---

38　Joint Statement on the Proposed UNGA Resolution on Artificial Intelligence Systems for Sustainable Development,
https://www.eeas.europa.eu/delegations/un-new-york/joint-statement-proposed-unga-resolution-artificial-intelligence-systems-sustainable-development_en

명을 채택하였다.[39] 이러한 동향에도 불구하고, 현재로서는 AI 규제에 관한 국제적 논의는 아직 초기단계라고 할 수 있다. 그러나 앞으로 국제적 규범 조화와 국제공조 모색을 위한 논의는 지속적으로 이루어질 것으로 기대된다. 다만, AI 기술에서 가장 앞서 있는 미국이 트럼프 2기 행정부에서 AI 기술의 신뢰성이나 안정성 확보보다는 자국 거대 기술기업들의 혁신을 통한 AI 기술 발전 지원에 중점을 두고 있어 국제적 규범 조화를 위한 공조에 소극적인 입장을 보일 가능성이 있다.

## 4.2 AI 기술 · 제품 보호조치

AI 기술 개발 경쟁은 미래 기술패권을 장악하기 위한 주요국 간 경쟁의 핵심이되고 있다. 각국은 미래 지정학적 권력의 핵심 원천인 AI 분야에서 비교우위 요소를 확보하여 선도적 위치를 선점하려고 한다. 각국은 자국 디지털 경제의 촉진을 위한 기술보호를 통해 글로벌 AI 경쟁에서 우위를 확보한다는 지정학적 목적 달성을 위해 AI의 기술과 제품에 대한 보호조치를 서두르고 있는 것이다.

미국의 경우, 2022년부터 2024년까지 세 차례 수출관리규정(EAR)을 대폭 개정하여 특히 중국에 대한 AI관련 반도체 수출통제를 강화하고 2024년 2월에는 미국민 및 미국정부에 대한 민감한 데이터가 중국 등 우려국으로 이전되는 것을 금지한 행정명령 14117호를 발표한바 있다.[40] 미국은 또한 2022년 9월 외국인투자위원회(CFIUS)가 미국내 외국인 직접투자 심사시 고려할 국가안보요소로 AI를 명시한 행정명령 14083호를 발표한 바 있고, 2023년 8월 첨단반도체, 양자컴퓨팅, AI 등 분야에서 미국인의 대중국 투자를 사전에 신고하도록 하고 일정한 경우에는

---

**39** 동 성명에는 중국, 인도를 비롯한 60개국이 서명에 참여하였으나, 미국과 영국은 불참하였다. AI 기술 규제보다는 혁신적 발전에 중점을 두는 정책을 표방한 트럼프 2기 행정부는 EU의 AI 기술 규제 정책이 과도하다고 비판하고 국가안보 차원에서 중국과의 협력에 대한 회의적 입장을 취하면서 이에 동조한 영국과 함께 동 성명에 불참한 것이다. 딥시크(DeepSeek)를 비롯하여 국가가 지원하는 대형 기술기업들을 통해 AI 기술 분야에서 미국을 추격하고 있는 중국은 미국 견제 차원에서 성명에 참여한 것으로 관찰된다.

**40** White House(2024), Executive Order 14117: Preventing Access to Americans' Bulk Sensitive Personal Data and United States Government-Related Data by Countries of Concern, February 28, 2024.

이를 금지하는 행정명령 14105호도 발표하였다. 한편, EU의 경우에도 첨단 반도체 제조 장비 능력을 갖춘 네덜란드가 2023년 미국의 수출통제에 동참하는 한편, 2024년 1월 모든 EU 회원국이 외국인투자 심사제도를 도입하고 안보심사 대상에 AI를 포함하도록 하는 외국인투자심사규정 개정안을 발표하는 등 AI에 대한 보호조치에 나서고 있다.

## 4.3 AI 규제

### 4.3.1 EU: 인공지능법

미국, EU가 각자의 전략적 목표를 갖고 AI 기술과 제품을 우려국으로부터 보호하기 위한 조치를 모색해 왔다는 점에서는 유사점이 있지만, 여타 디지털 부문에서와 마찬가지로 자국내 AI 규제에 대한 미국과 EU의 접근방식은 자국 산업의 위치에 따라 서로 다른 점이 많다. AI에 대한 규제를 가장 적극적으로 모색하고 있는 쪽은 EU이다. EU는 미국처럼 AI 산업을 주도할 수 있는 거대 기업이 없어 자국 산업 보호 측면과 개인정보 보호 및 개인의 권리 침해 방지 차원에서 높은 수준의 사전 AI 규제를 마련하려는 의도가 강하다.

EU 집행위는 이미 2021년 4월 인공지능법(AI Act)의 제정을 제안하였다. 이후 출시된 ChatGPT 등 생성형 AI 모델 규제 문제를 둘러싼 회원국 간 의견 대립이 있었지만, 결국 EU의 인공지능법은 당초 집행위가 제안한 법안에 생성형 AI 규제를 포함한 형태로 유럽의회와 이사회를 각각 통과하여 2024년 8월부터 발효하였다. 세계 최초로 AI에 대한 포괄적인 규제법이 탄생한 것이다. 각 회원국의 입법절차를 거쳐 2026년경에는 전면 시행될 것으로 예상된다.

이 법은 '리스크 기반 접근방식(risk-based approach)'을 채택하여 AI 시스템의 위험도를 (i) 수용불가 리스크(unacceptable risk), (ii) 높은 리스크(high risk), (iii) 제한적 리스크(limited risk), (iv) 최소 리스크(minimal risk)의 4단계의 위험도로 분류하고 이에 따라 개발자, 이용자, 수입업자, 유통업자들에 대한 AI 규제에 차등을 두고 있다. 특히 사람의 잠재의식을 조작하거나, 특정 그룹의 취약성을 악용하거나, 사회적 점수 매기기를 목적으로 사용하는 AI, 그리고 공공장소에서 실시간 가동되는 원격 생체인식 시스템(일부 범죄대응 목적 제외) 등 인간의 기본권을 침해할 가능성이 있는 AI기술은 수용불가 리스크(unacceptable risk)로 분류되어 이용이 금지되며, 그 밖의 3단계 위험도에 대해서는 위험도에 비례하여 리스크 관리, 투명성, 영향평가 등 차등적인 의무를 부과하고 있다. ChatGPT를 비롯한 범용 AI에 대해서는 AI학습과정에서 사용된 콘텐츠를 명시해야 하는 등의 의무가 부과된다. 수용불가 리스크 범주에 속하는 AI 기술 금지는 발효일로부터 6개월 이후, 범용 AI관련 의무규정은 발효 12개월 뒤부터 적용된다.

EU 역외에 설립된 회사도 EU 역내에 AI 시스템이나 AI 서비스를 제공하는 경우 법 적용대상이 될 수 있다. 이러한 의무를 위반한 기업에 대해서는 최대 3,500만 유로 또는 세계 매출 3%(의무규정위반)~7%(금지된 AI애플리케이션 사용)에 해당하는 거액의 과징금을 부과할 수 있도록 하고 있다. EU 인공지능법은 세계 최초의 AI 규제법으로서 강화된 규제 조치를 글로벌 기업으로 확장 적용하여 국제 규범을 선도하려는 의도가 있는 만큼, 글로벌 AI 생태계에 적지 않은 영향을 미칠 전망이다. 애플(Apple)이나 메타(Meta) 등이 EU의 규제의 불확실성을 이유로 새로운 제품 출시를 보류하겠다고 발표한 것도 이러한 규제 영향을 받은 것으로 보인다.[41]

영국의 경우에도 AI 규제체제를 정립하기 위해 활발한 준비동향을 보여왔다. 영국 정부는 2021년 9월 AI 생태계 투자, AI 사용 혜택 증진, 그리고 혁신 친화적 규제환경 조성을 위한 10년 계획을 담은 국가 AI 전략(National AI Strategy)을 발표한데 이어, 2023년 3월에는 AI 규제 백서를 발간하고 유관기관과의 협의를 진행하여 그 결과를 담은 AI 규제에 대한 혁신 친화적 접근방식 제하의 정부답변서[42]를 통해 2024년 2월 AI 규제의 청사진을 제시하였다. 한편, 영국은 2023년 11월 제1차 AI 안전성 정상회의(Safety Summit)를 통해 '블레츨리 선언(Bletchley

---

**41** 한편, 국가적 차원의 지원을 통해 딥시크(DeepSeek)를 필두로 AI 기술 혁신에 박차를 가하면서 미국을 바짝 추격하고 있는 중국의 AI 혁신에 자극을 받아, EU 내에서도 지나친 규제가 유럽의 AI 경쟁력을 약화시킬 수 있다는 의견도 최근 대두되고 있는 것이 주목된다.

**42** GOV.UK, A pro-innovation approach to AI regulation: government response, February 6, 2024, https://www.gov.uk/government/consultations/ai-regulation-a-pro-innovation-approach-policy-proposals/outcome/a-pro-innovation-approach-to-ai-regulation-government-response

Declaration)' 발표를 주도함으로써 AI 규제분야의 국제협력을 강화하여 왔다.

### 4.3.2 미국: 행정명령

미국의 경우, 자국 AI 기업에 대하여 과도한 규제를 하게 될 경우 전략경쟁 관점에서 기술혁신 속도가 뒤쳐질 우려가 있으므로 EU와는 달리 AI 규제에 관하여 연방차원의 포괄적인 입법 시도는 없는 대신, 기술혁신의 혜택을 극대화하면서 AI의 위험요인을 제거하기 위한 방안, 즉 기업의 자율규제를 유도함으로써 진흥과 규제 사이에서 균형을 찾기 위한 방안을 모색하고 있다. 산업혁신과 기술패권 경쟁에 방점을 두고 있는 것이다.

미국은 트럼프 1기 행정부 시절인 2020년 12월 행정명령 13960호[43]를 통해 연방정부의 인공지능 사용 신뢰성을 높이기 위한 조치를 시작한데 이어, 바이든 행정부는 2023년 10월 또 하나의 행정명령 14110호를 발령하였다.[44] 이 행정명령은 미국 15개 주요 AI 기업의 자발적 공약 등 기존 조치를 바탕으로 하여 AI 선도 기업에 크게 부담을 주지 않으면서 안전하고 책임감 있는 개발 및 사용을 목표로 한 지침을 마련하겠다는 것이다. 이 지침에는 국가안보, 경제안보, 공중보건 안전에 중대한 위해를 가할 수 있는 AI 모델을 개발하는 기업은 이를 연방정부에 보고하고 안정성 검증 결과를 공유하도록 하겠다는 내용으로 구체화된다. 이와는 별도로 콜로라도, 유타 주 등 개별 주 차원에서 AI를 규제하는 법률 제정을 진행 중에 있다.

또한 AI 기술을 선도하고 있는 미국은 바이든 행정부에서 AI 규범 및 거버넌스에 관한 국제적 논의도 주도하겠다는 의지를 갖고 있었다. 이러한 맥락에서 미국 바이든 행정부가 2024년 10월 AI에 대한 국가안보전략과 정책을 담은 'AI 국가안보 각서(Memorandum)'를 발표하여 (i) 안전하고 신뢰할 수 있는 AI의 국제적 개발 선도, (ii) 인권과 민주적 가치의 보호, (iii) AI에 대한 국제 합의 및 거버넌스 발전

---

43　White House(2020), Executive Order 13960: on Promoting the Use of Trustworthy Artificial Intelligence in the Federal Government, December 3, 2020.

44　White House(2023), Executive Order 14110: on the Safe, Secure, and Trustworthy Development and Use of Artificial Intelligence, October 30, 2023.

이라는 세 가지 목표를 제시한 것이 주목된다.[45] 미국은 AI 안전성을 점검하기 위한 기술적 협력을 추진하는 것을 골자로 한 협정을 영국과 체결하였다. 한편, 지금까지 마이크로소프트(Microsoft), 오픈AI(Open AI) 등 미국 기업들은 정부의 간섭 없이 전 세계에 AI 모델을 판매할 수 있었으나, 미국 정부는 이들 회사들이 개발한 AI 소프트웨어의 중국 수출을 미·중 패권경쟁 차원에서 제한하는 가드레일 마련을 검토 중인 것으로 알려지기도 했다.[46]

한편, 트럼프 2기 행정부는 2025년 1월 출범 직후 AI의 안전성과 신뢰성에 중점을 둔 바이든 행정부의 AI 행정명령 14110호가 AI 혁신을 저해하고 기업들의 AI 개발에 대해 과도하고 불필요한 정부 통제를 가하였다고 비판하면서 이를 폐기하고, 시장자유, R&D, 기업가 정신을 통해 인간 번영, 경제적 경쟁력 및 국가안보를 증진하기 위한 목적으로 AI 혁신에 대한 미국의 글로벌 리더십을 유지하는 것이 미국의 정책 방향임을 천명하면서, 향후 180일 내에 AI에 관한 행동계획을 수립할 것을 명하고, 폐기된 바이든 행정부의 행정명령 14110호에 따라 취해진 조치 중 이러한 정책방향과 맞지 않은 조치를 식별하여 수정·폐기 등의 조치를 취하도록 하는 행정명령을 발하였다. 트럼프 대통령은 이와 함께 오픈 AI 등 민간 회사들이 미국 내 데이터센터 등 AI 인프라에 대해 5천억 달러 규모의 투자를 할 계획임을 공개하였다.

### 4.3.3 한국: 진흥과 규제

한국도 AI 산업의 진흥과 규제를 위한 적절한 법적 제도 마련을 목표로 한 다양한 입법안이 21대 국회 및 22대 국회에 발의되어 논의된 끝에, 2024년 12월 "인공지능 발전과 신뢰 기반 조성 등에 관한 기본법"(인공지능기본법)이라는 이름으로 22대 국회에 발의된 19개의 법안들을 통합·조정한 대안을 통과시켰다. 이 법은 시행준비 기간을 감안하여 공포 후 1년이 경과한 날로부터 시행될 예정이다.

---

**45** 다만, 바이든 행정부가 발표한 이 각서는 트럼프 2기 행정부 출범에 임박하여 발표된 것으로 실제 이행여부는 불확실한 것으로 평가된다.

**46** Reuters, "US eyes curbs on China's access to AI software behind apps like ChatGPT," May 9, 2024 https://www.reuters.com/technology/us-eyes-curbs-chinas-access-ai-software-behind-apps-like-chatgpt-2024-05-08/

이 법은 대통령 직속으로 국가인공지능위원회를 설치하여 AI 기술 및 산업의 진흥과 국가경쟁력 강화를 위한 3년 단위의 AI 기본계획을 수립토록 했다. 이 법은 또한 정부가 인공지능정책센터를 지정하거나 인공지능안전연구소를 운영할 수 있으며, AI 표준화 및 전문인력 양성을 위한 사업을 추진할 수 있도록 했다. 한편, 정부가 AI의 안전성·신뢰성, 접근성, 인간 삶에 대한 공헌 등을 포함한 AI 윤리원칙을 제정하고 민간의 자율적으로 윤리원칙을 준수하기 위한 검증·인증 활동을 지원할 수 있도록 하는 한편, 고영향 AI[47] 또는 생성형 AI을 이용하여 제품 또는 서비스를 제공하는 사업자는 AI 이용 사실을 이용자에게 고지토록 하고 고영향 AI의 경우 위험관리방안 및 이용자 보호방안 수립·운영 등 안전성·신뢰성을 확보하기 위한 조치를 이행토록 하는 등 일정한 의무를 부과하였다. 다만, 이 법은 EU의 인공지능법과는 달리 특정 범주의 AI를 금지하는 등의 제재조항을 두지는 않았으며, 인공지능사업에 대한 형사처벌이나 과징금 등 조항을 배제하고 필요한 최소한의 규제를 도입하고 있는 것으로 평가된다.[48] 이로써 한국은 EU에 이어 두 번째로 AI 산업관련 법제를 갖춘 국가가 되었다. 인공지능사업자들은 제공하려는 제품 또는 서비스가 고영향·생성형 AI에 기반한 것인지를 미리 점검하고, 고영향·생성형 AI의 사전고지 의무, 고영향 AI에 대한 안전성·신뢰성 확보조치 등 이 법의 의무

---

**47** 인공지능기본법에 따르면, '고영향 AI'이란 사람의 생명, 신체의 안전 및 기본권에 중대한 영향을 미치거나 위험을 초래할 우려가 있는 인공지능시스템으로서 에너지 공급, 먹는물의 생산공정, 보건의료·의료기기, 원자력시설의 안전관리 및 운영, 범죄수사 등을 위한 생체인식 정보, 교통체계, 공공기관 의사결정, 정규 교육에서의 학생평가, 이밖에 사람의 생명·신체의 안전 및 기본권 보호에 영향을 미치는 영역에서 활용되는 것을 의미한다(법 제2조 제4호).

**48** 21대 국회에 제출된 일부 법안들의 대안으로 소관 상임위(과학기술정보방송통신위원회) 법안심사 소위에서 마련된 법률안은 AI 기술의 연구개발과 제품 또는 서비스 출시를 허용하는 것을 원칙으로 하되, 국민의 생명·안전이나 공공 질서 유지 등을 위한 제한할 수 있도록 하는 원칙(우선허용·사후규제)을 채택하면서 고위험 AI 사용시에 이용자에 대한 사전 고지와 신뢰성, 안전성을 확보하기 위한 조치를 취할 의무를 부과하는 것을 내용으로 하였다. 그러나 이 대안 법률안은 생성형 AI 등에 대한 규제 등 규제가 충분치 못하다는 시민단체 등의 반대의견에 따라 더 이상 진전되지 못하고 21대 회기 종료로 자동 폐기되었다. 22대 국회에서는 이에 더하여 공정성, 책임성, 투명성, 윤리의식 등을 강조하고 고위험 AI에 대한 개발·이용 금지를 규정하는 등 책임과 규제를 강조하는 다수의 법안들이 추가되었으나, 본회의를 통과한 소관 상임위의 최종 대안은 고위험 AI에 대한 금지 규정 등은 포함되지 않고 전반적으로 진흥과 규제 측면을 고르게 반영한 형태로 되어 있는 것으로 평가된다.

사항을 준수하기 위한 체체를 갖출 필요가 있다.

## 4.4 AI 규제와 국제통상규범

이렇듯 각국이 경쟁적으로 자국의 사정에 맞는 AI 규제 체제를 도입하고 있어 점점 더 고도화되고 있는 AI 기술이 투입되는 반도체, 전자제품, 자동차 등 우리나라의 주력 수출품들이 미국, EU 등 규제의 적용을 받을 가능성이 커지고 있다. AI 기술의 발전과 이에 대한 정부의 규제는 국제통상규범에도 적지 않은 영향을 줄 것으로 보인다. AI는 데이터를 빠른 속도로 처리할 수 있는 반도체 등 첨단 하드웨어뿐만 아니라 다량의 데이터 자체를 필요로 하는데, 데이터의 국경 간 원활한 이동을 보장하기 위한 체계와 AI의 안전성 등 정당한 공공목적을 위한 규제 필요성이 동시에 제기된다. 그런데, AI를 특정적으로 다루는 국제통상규범은 아직까지 존재하지 않는다. 기존의 국제통상규범은 AI 시대 이전에 수립된 것으로서 AI 기술의 개발과 발전에 대한 정부의 규제를 규율하기에는 규범적 한계가 있다.[49] 예컨대, AI는 소프트웨어와 물리적 상품이 결합되는 경우가 많은데, 이렇게 기술 서비스가 융합된 상품을 상품과 서비스에 관한 기존 WTO 규범 중 무엇으로 볼 것인지 등의 문제를 야기할 수 있다. AI를 내재한 제품·서비스에 대해서는 디지털 제품의 경우와 마찬가지로 기존 통상규범의 상품/서비스 간 이분법적 규율은 더 이상 유효하지 않다. 상품표준을 다루는 WTO의 무역에 대한 기술장벽에 관한 협정(TBT)이나 오래전 유엔에 의해 개발된 서비스 분류체제에 기초한 서비스무역 양허 등 기존의 WTO 규범들은 AI 기술이 접목된 새로운 형태의 상품이나 서비스에 대한 정부의 규제를 규율하기에는 적합하지 않을 수 있다.

다만, AI에 대한 통상규범이 태동단계에 있는 현 상황에서는 주요 선진 국가들은 AI에 특화된 구체적인 규범을 FTA나 디지털통상협정에 담으려고 하기보다는 디지털경제파트너십협정(DEPA)에서 천명한 바와 같이,[50] 국제적으로 인정된 관련

---

49  Neha Mishra (2022), Regulating artificial intelligence through digital trade agreement, Hinrich Foundation, August 2022, p. 6.

50  Digital Economy Partnership Agreement (DEPA), Article 8.2(Artificial Intelligence).

원칙이나 가이드라인을 고려하면서 신뢰성, 안전성, 책임성이 보장된 AI 기술의 활용을 촉진하는 방향으로 각국의 AI 거버넌스 프레임워크를 개발하는데 서로 협력한다는 원칙 수준의 접근방식을 취하는 것으로 관찰된다. 이러한 원칙에 기초한 협력방식은 각국이 국제적으로 형성되고 있는 최적관행과 일치하지 않는 일방적인 접근법을 취하지 않도록 제어하는 역할을 할 것으로 기대된다.

그런데 기존 통상규범의 이러한 한계에도 불구하고, AI 기술이 작동되기 위한 핵심 구성 요소라고 할 수 있는 컴퓨팅 파워, 데이터, 알고리즘 등에 대해 최근 FTA나 디지털통상협정을 통해 파편적으로 형성되고 있는 디지털 통상규범들이 AI 기술 발달을 지원하고 이에 대한 정부의 규제를 규율할 수 있는 적절한 준칙의 역할을 할 수 있다는 점에 주목할 필요가 있다.[51] 디지털 통상규범들의 핵심 사항인 데이터의 국경 간 자유로운 이동 보장과 전자적 전송물에 대한 무관세 약속, 알고리즘 및 소스코드의 공개요구 금지, 컴퓨팅 시설의 현지화 금지 등 디지털 통상규범들은 AI 기술 개발과 보급을 촉진하는데 긍정적 역할을 할 수 있는 규범적 요소가 된다. 이와 함께, 개인정보 보호, 국가안보 등 정당한 공공정책적 목표(LPPO)에 관한 규정들은 신뢰할 수 있고 안전한 AI 기술을 확보하기 위한 국가 규제에 대한 규범적 기준으로 작용할 수 있다. 이런 측면에서, 최근 발달되어 온 디지털통상규범들이 AI관련 부문에서의 표준이나 최적관행 등에 관하여 OECD 등에서 그간 국제적으로 논의되어 온 이니셔티브 등을 포괄하게 되면 각국에 AI 기술에 대한 균형 잡힌 접근법을 제공할 수 있을 것으로 전망된다. AI 기술과 관련된 기업은 이러한 규범형성 동향에 대한 면밀한 모니터링과 함께 국가 간 규범 형성 과정에서 정부와의 지속적인 소통이 필요할 것이다.

---

51  Joshua P. Meltzer (2018), The Impact of Artificial Intelligence on International Trade, Center for Technology Innovation at Brookings, December 2018, pp. 4~6.

## 참고문헌

김지은(2022). "해외 주요국의 디지털 통상 정책 및 무역 협정 규범 동향". 한국전자통신연구원 전자통신동향분석(제37권 제5호). 2022.10월.

김호철(2023). "산업의 디지털 전환, 글로벌 지정학과 통상협상 신의제 검토". 법무부 통상법률 2023-01.

김호철(2023). "인공지능 거버넌스와 통상규범의 과제". 국제경제법연구 제21권 제3호. 2023.11.30.

디지털통상연구회(2024). 디지털통상론. 박영사.

박노형(2023). 개인정보 보호법 (제2판). 박영사. 2023.10월.

산업통상자원부 & KSA 한국표준협회(2021). 사례로 손쉽게 이해하는 디지털 통상의 기초. 2021.10월.

유아름(2024). "주요국(EU.미.일.중) 플랫폼 규제 논의동향". 외교부 경제안보 Review 2024. Vol.1.

이규엽, 강민지(2021). WTO 전자상거래 협상 전망과 한국의 과제. KIEP 오늘의 세계경제 Vol. 21 No. 3. 2021.3.10.

이효영(2021). 디지털 무역 관련 국제규범의 동향과 쟁점. 외교부 국립외교원 주요국제문제분석 2021-14.

정찬모(2022). "디지털 통상법의 형성과정과 특징: 한국 관련 FTA를 중심으로". 인하대학교 법학연구 제25권 제2호. 2022.6.30.

정해영(2023). 인도-태평양 경제 프레임워크(IPEF) 참여국의 디지털 통상규범 분석 및 시사점. KITA 통상리포트 2023 Vol. 05.

CRS (2024). Digital Trade and Data Policy: Key Issues Facing Congress. Updated July 30, 2024.

Du, Runqui; Yann Duval; Maria Semenova; and Natnicha Sutthivana (2023), Multilateral and Regional Cooperation on Digital Trade Rules and Agreements in Asia-Pacific, UN ESCAP Working Paper No. 227, 2023.

Elms, Deborah (2024). The missing dimension: Global rules for digital trade. Hinrich Foundation. April 16, 2024.

Jones, Emily; and Christopher Adam (2023). "New Frontiers of trade and trade policy; digitalization and climate change," University of Oxford, Oxford Review of Economic Policy 2023, 39.

Kilic, Burcu (2021). Shaping the Future of Multilateralism - Digital trade rules: Big Tech's end run around domestic regulations. Heinrich-Boll-Stiftung. May 2021.

Meltzer, Joshua P. (2018). The Impact of Artificial Intelligence on International Trade. Center for Technology Innovation at Brookings. December 2018.

Meltzer, Joshua P. (2024). APEC digital economy and trade. Hinrich Foundation. March 12, 2024.

Mishra, Neha (2022). Regulating artificial intelligence through digital trade agreement. Hinrich Foundation. August 2022.

Mishra, Neha; and Andrew D. Mitchell (2020). Future of Digital Trade Rules Consultation. National University of Singapore and Monash University. August 19, 2020.

OECD (2021). Digital Trade Inventory: Rules, Standards and Principles. OECD Trade Policy Paper No. 251. June 2021.

OECD (2022). Cross-Border Data Flows: Taking Stock of Key Policies and Initiatives. OECD Background Report for the G7 Digital and Technology Track. 2022.

Schweitzer, Frank; Ian Saccomanno, and Naoto Saika (2023). The Rise of Artificial Intelligence, Big Data, and the Next Generation of International Rules Governing Cross-Border Data Flows and digital Trade. White & Case. September 14, 2023.

Suominen, Kati (2024). The Implementation of the CPTPP's E-commerce Chapter in 2023 and towards CPTPP 2.0. A report of the CSIS Scholl Chair in International Business. February 2024.

Suominen, Kati (2024). The Spread of DMA-like Competition Policies around the World. CSIS. A Report of the CSIS Scholl Chair in International Business. July 2024.

World Economic Forum (2024). The Digital Economy. 2024. https://intelligence.weforum.org/topics/a1Gb0000001SH21EAG

# 제 3 부

# 리스크와
# 대응전략

# 제10장

# 리스크의 특징과 영향

## 1 지정학적 리스크와 경제적 강압

### 1.1 미·중 전략적 경쟁

미·중 전략경쟁의 격화로 자유민주주의에 기반을 둔 시장경제체제와 국가자본주의 체제 간의 대립이 장기화되고 첨단 기술의 발달로 군사기술과 산업기술의 경계가 더욱 모호해지면서, 국제 정치경제 지형의 거대한 전환이 가속화되고 있다. 각국은 자국 산업 보호와 차별적 대외정책을 경쟁적으로 추진하고 있고, 글로벌 경제의 초연계성으로 인하여 공급망의 복잡화되고 있을 뿐 아니라, 디지털화 및 환경변화에 대한 대응이 강화되고 있는 한편, 심화된 상호의존의 비대칭성을 악용하여 정치적 목적 달성을 위한 경제적 강압조치도 증가해 왔다. 제2차 세계대전 이후 확립되었던 다자 간 국제통상질서가 와해되면서 일방주의와 보호주의가 확산되는 추세는 앞으로도 상당기간 지속될 것이다.

이러한 상황을 배경으로 경제의 안정성과 복원력을 확보하는 경제안보가 국가 안보의 핵심 요소로 부상하고 있다. 전쟁이나 무력분쟁 위협으로부터 자국을 지키는 전통적 안보 개념과는 차원이 다르다. 경제안보를 확보하거나 위협하는 정책수단은 무역, 투자, 산업, 공급망, 기술 분야 등 다양하다. 국가들은 외부 변동성에 의한 피해를 예방하기 위해 대외의존도 축소와 다변화, 인프라·데이터 및 기술의 보호 등 방어적 조치를 취하거나 핵심기술의 대외유출방지, 외국인투자 안보심사 강화, 초격차 유지를 위한 산업 및 기술 육성, 보조금 지급과 관세부과, 수출통제, 제재 등 보다 공세적인 정책수단을 동원하고 있다. 미국, 중국, EU, 일본은 물론, 우리나라도 경제안보 정책과 추진방향을 제시하는 동시에 다양한 입법을 통해 이를 제도화하고 있다. 이런 시대사적 전환은 변동성과 불확실성을 고조시키고 국가와 기업에게 심각한 위협이 되고 있다.

글로벌 씽크탱크인 경제평화연구소(Institute for Economics and Peace)는 국제적 갈등이 글로벌 경제에 미치는 영향은 구매력평가기준 19.1조 달러, 즉 세계 GDP의 13.5%로 인구 1인당 2,380달러의 경제적 손실을 야기하고, 특히 지정학적 경쟁에서 수자원, 항구, 에너지와 같은 자원통제가 중요한 영향을 미친다고 보고했다.[1] 수에즈 운하, 호르무즈 해협, 대만 해협, 말라카 해협 등 글로벌 해상요충지에서의 갈등은 기업들의 물류비용 증가와 운송지연을 초래해 공급망 안정성을 저해하고 있어 기업들은 대체공급망 구축 등의 리스크 대응전략이 필요하다.

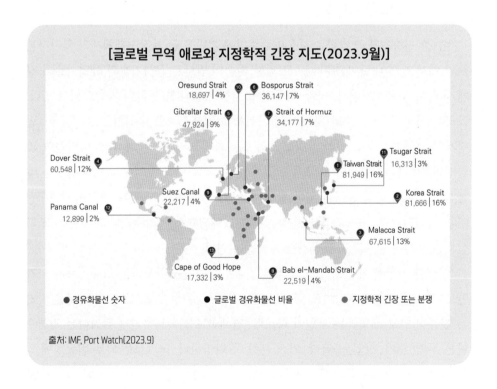

**[글로벌 무역 애로와 지정학적 긴장 지도(2023.9월)]**

Oresund Strait 18,697 | 4%
Bosporus Strait 36,147 | 7%
Gibraltar Strait 47,924 | 9%
Strait of Hormuz 34,177 | 7%
Dover Strait 60,548 | 12%
Tsugar Strait 16,313 | 3%
Taiwan Strait 81,949 | 16%
Suez Canal 22,217 | 4%
Korea Strait 81,666 | 16%
Panama Canal 12,899 | 2%
Malacca Strait 67,615 | 13%
Cape of Good Hope 17,332 | 3%
Bab el-Mandab Strait 22,519 | 4%

● 경유화물선 숫자　　　● 글로벌 경유화물선 비율　　　● 지정학적 긴장 또는 분쟁

출처: IMF, Port Watch(2023.9)

---

1　Institute for Econimics & peace(2024), Global Peace Index 2024, pp. 38~48.

## 1.2 통상 리스크 확대

글로벌 대전환시대에 정부와 기업은 다양한 위험에 노출돼 있다. 다자 간 무역규범이 지배하던 시기에 정부와 기업들은 경제적 효율성과 이윤 극대화를 추구하면서 노동력, 기술 및 자본 등 경제요소의 결합을 최적화하는 방식으로 무역·투자 활동을 했다. 자연히 국가 간 자유무역협정과 투자보장협정 등 정부 간 협정이 활성화되었고 기업들은 해외 생산기지 이전(off-shoring)과 국제 분업이 활성화되었다.

그러나 대전환시대에는 국제적으로 합의된 질서가 작동하지 않고 미국이나 중국 등 강대국의 국내법 또는 정책이 역외적인 영향을 미친다. 달리 말하면, 중소국가와 기업들은 강대국의 정책과 입법을 면밀히 관찰하지 않으면 심각한 피해를 입을 수 있는 것이다. 정부로서는 이런 강대국과의 교역관계가 경제안보는 물론, 국가안보에도 직결됨을 감안하여 포괄적인 해결책을 마련하여 양국간 교역 또는 투자의 안정성을 확보하는 것이 관건이다. 기업들은 지정학적인 변수와 기술혁신 동향을 주시하면서 효율성보다는 안정성 추구에 방점을 두는 포괄적 기업전략을 입안하고 시행하지 않으면 안 된다. 당연히 각국이 취하는 보호주의적 정책과 입법동향을 모니터링하고 신축적으로 대응하는 능력을 갖춰야 한다. 복잡다단해진 국제정세 변화에 전략적으로 대응하기 위해서는 CEO를 중심으로 한 글로벌 전략팀의 활성화가 긴요하고, 기업 내 모니터링 체제, 컴플라이언스 체제를 강화하고 조직재편과 인력 훈련에 중점을 두어야 한다.

특히 트럼프 2기 행정부는 출범 초기부터 강경한 미국우선주의 정책을 추진하고 통상 및 투자 분야에서도 미국의 힘에 기반한 강압적 통상정책을 추진하고 있다. 불법 이민과 펜타닐(Fentanyl) 유입 규제 등 특정 비경제적 목적 달성을 위해 고율관세 부과를 동맹국에게도 들이대고, 자국 산업 보호를 위해 철강과 알루미늄에 대한 품목별 보편관세를 부과할 계획을 발표했다. 또한 상호 무역 또는 균형 무역을 강조하면서 무역 상대국의 관세 및 비관세 장벽을 자의적으로 관세상당치로 환산하여 일방적 관세 부과를 하겠다고 엄포를 놓고 있다. 트럼프 대통령의 강압적 통상정책이 얼마나 오래 지속할지는 두고 봐야 하겠지만, 현재의 일방적이고 보호주의적인 태도는 새로운 국제질서의 근본적인 변화과정으로 자리매김할 가능성이 크다.

## 2 분야별 리스크

### 2.1 무기화된 상호의존과 강압조치

신자유주의에 기초한 세계화의 진전은 상호의존성을 심화시켰고, 이런 의존성은 경제적 강압에 취약한 상황을 연출했다. 경제적 강압조치는 대개 강대국의 전유물이며, 글로벌 공급망에서 비대칭적인 우위를 악용하여 대상 국가와 기업에게 치명적인 영향을 끼칠 수 있다. 강압조치는 무역, 투자 및 금융 분야의 제재, 수출통제, 기술유출 통제 등 경제적 조치와 사이버 공격, 자의적 구금 및 개인에 대한 제재 등 비경제적 조치를 포함한다. 미국과 중국은 국가이익 또는 전략적 목표를 위해 강압조치를 많이 취해 온 대표적인 국가다. 특히 2010년대 초반부터 중국이 취하는 자의적 강압조치가 확대되어 오고 있다. 미국의 경제적 강압조치는 입법과 행정명령을 통해 공개됨으로써 사전에 알 수 있고 의견을 전달할 수 있는 채널도 열려 있는 반면, 중국의 경우 대부분의 경제적 강압조치가 매우 불투명하게 취해지는 경우가 많기 때문에 정부와 기업에 끼치는 통상 리스크가 훨씬 크다. 경제적 강압조치가 특정 정치적 목적 달성을 위해 임시적, 제한적으로 그리고 조용히 진행되기 때문에 광범위한 거시경제적 충격을 주지는 않는다는 일부 견해도 있으나 경제적 강압조치는 관련 국가와 기업들에게 심리적 '충격효과(chilling effects)'를 준다는 것을 간과한 분석이라 본다.

과거 한국의 사드(THAAD, Terminal High Altitude Area Defense) 배치에 대하여 중국이 취한 경제적 강압조치가 광범위하고 장기간 지속되어 한국 정부 및 기업들에 심각한 타격을 입힌 것은 주지의 사실이다. 사드(THAAD) 배치라는 한국의 국가안보 이익 추구에 중국이 경제적 강압조치를 통해 한국의 행동을 변경시키기 위한 목적으로 굉장히 포괄적인 수단을 장기간 동원했다는 점에서 경제적 강압조치의 전형으로 평가된다. 중국의 강압에 의한 피해를 수량적으로 환산하는 것은 어렵지만, 사드 배치를 위한 부지를 제공한 롯데를 필두로, 삼성, LG, CJ, 현대 등 대기업, 관광, 면세점을 비롯하여 중국에 투자하거나 교역하는 다양한 기업들이 막대한 피해를 입었다. 경제적 강압조치가 특정 기업을 주된 대상으로 할 경우, 정부가 국가안보 이익을 훼손하면서까지 기업의 이익을 대변하거나 상대국에 대항조치를 취하는데 한계가 있다. 다시 말하면 경제적 강압조치의 최대 피해자는 강압을 당하는 기업이 될 수밖에 없다는 이야기다. 물론 기업의 피해가 결국 국가경제에 피해를 주겠지만, 정부입장에서는 기업 피해를 회피하기 위해 국가의 주권이 훼손되거나 영토를 침탈당하는 상황을 묵과할 수는 없는 것이 딜레마다.

중국의 강압조치를 경험한 국가들이 이에 어떻게 대응했는지에 대한 심도 있는 검토가 필요하다. 한국의 경우, 중국의 강압으로 인해 상당한 피해를 장기간 받았음에도 그 자초지종을 철저히 분석한 자료가 별로 없다. 중국의 강압조치에 대항하여 호주정부가 취한 조치의 내용뿐 아니라 사후에 사건전개와 대응 전반을 철저히 분석한 사례와는 상당히 배치되어 안타깝다. 트럼프 2기 행정부에는 자국 산업의 경쟁력 강화, 미국중심의 공급망 구축 및 이민, 마약 등 국내 정치적 문제 해결이라는 대명제 하에 동맹국이든 우방국이든 구별치 않고 관세 및 기타 수단을 동원하여 압박을 해 올 것이다.

## 2.2 공급망 안정성 교란

공급망 안정 및 복원 능력을 강화하고 자국의 산업경쟁력을 강화하는 것은 경제안보의 핵심이다. 특히 첨단 기술, 장비, 서비스 및 데이터 등의 공급망과 산업경쟁력이 국가안보에 직접적인 영향을 끼침에 따라 이러한 정책은 어느 국가든 정책의 최우선 순위로 부각되었다. 미·중 간 전략적 경쟁과 우크라이나·러시아 전쟁 등 지정학적 리스크, 자국우선주의를 비롯하여 경제적 강압조치, 제재 및 수출통제, 투자심사, 탄소중립 및 친환경 에너지 전환목표 달성을 위한 환경규제, 노동 및 인권 규범, 기술발달 등이 공급사슬과 산업정책에 직간접적인 영향을 미친다. 특히 우리나라는 자원·원자재 수입의존도가 높고 수출주도형 제조업 국가로서 정부든 기업이든 공급망 리스크에 매우 취약한 구조를 가지고 있다. 경제안보를 위한 포괄적 전략을 갖추고 그 기반 위에서 공급망 안정화를 위한 선제적 대응과 준비를 하는 것이 긴요한 이유다.

무엇보다도 미·중 간 구조적 갈등과 우크라이나·러시아 전쟁 등 지정학적 리스크가 글로벌 공급망 리스크가 확대되게 된 큰 요인으로 작용하고 있다. 미·중 간 전략경쟁 하에서 각국은 국가경쟁력, 경제안보, 기술혁신을 위해 보조금 지급, 세액공제 확대 등 정부의 직접적 개입을 확대하고 있고 이런 추세는 상당기간 지속될 것이다. 우리나라로서는 주요국에서 보호주의적 산업정책이 확산되는 것은 결코 바람직하지 않다. 예를 들어, 반도체과학법(CHIPS and Science Act), 인플레이션감축법(IRA) 및 인프라투자·일자리법(IIJA)의 지원규정과 해외우려기관(FEOC) 규정 등 규제조항관련 미국의 입법과 탄소국경조정제도(CBAM), 핵심원자재법(CRMA), 역외보조금규정(FSR) 등 EU의 입법 동향과 시행을 면밀히 모니터링하지 않으면 현재와 미래 리스크에 대비하기 어려울 수 있다. 특히 중국의 대규모 보조금 지급과 과잉생산능력에 기반한 저가 수출공세는 경쟁 국가 및 기업에게는 치명적이다. 또한 중국의 불공정 거래를 감시하고 대응하기 위해 미국이 징벌적 관세를 부과하고 이에 맞대응해 중국이 보복관세를 부과하는 현실은 우리나라를 비롯한 제3국 및 기업의 경제활동에 불확실성을 가중시키고 있다. 기업의 매출과 비용에 직간접적인 영향을 미치는 지정학적 리스크는 변수가 아닌 상수가 된 것이다.

지정학적 리스크는 다면적이며 리스크 요인별로 미치는 영향이 산업 및 공급사슬의 특성에 따라 상이하므로 각 산업별로 특화된 대책을 강구해야 한다.[2] 아래 표에서 보듯 다양한 리스크 중 통제되지 않은 인공지능(AI)과 중국의 성장둔화가 전산업에 걸쳐 큰 영향을 미치고 있음을 보여준다. 스톡홀름국제평화연구소는 2023년 세계 군사비 지출은 전년대비 6.8% 증가한 24억 달러 이상으로 최고치를 기록했고 에너지와 천연자원 분야는 지정학적 갈등과 무역경쟁으로 재생에너지 구축과 중공업의 탈탄소화가 위협받고 있으며 공급망 보호관리 및 대체, 투자지연 등 전반적으로 부정적인 영향을 미친 것으로 보고했다.

중국의 생산 및 공급 과잉과 이에 대한 각국의 대응도 공급망 리스크를 증대시키는 요인으로 작용하고 있다. 중국의 생산과잉 또는 공급과잉에 대해 각국은 반덤핑, 상계관세 및 세이프가드 등 전통적 무역구제조치, 대통령에 위임된 수입규제권한 활용, EU 및 G-7 등 우방국과의 협력강화 등 다양한 대응을 해오고 있다.

---

2 KPMG(2024), Top risks forecast, Bottom lines for business in 2024 and beyond, KPMG international.

## [지정학적 위험의 분야별 노출강도]

| | 미국대선 | 중동위기 | 우크라이나사태 | AI관리체제실패 | 악의축의도발 | 중국의성장하락 | 핵심광물분쟁 | 경제불황지속 | 기상이변 | 기업문화전쟁 |
|---|---|---|---|---|---|---|---|---|---|---|
| 소비자/포탈 | 상당한 영향 | 위기상황 | 제한적 영향 | 위기상황 | 제한적 영향 | 위기상황 | 제한적 영향 | 위기상황 | 상당한 영향 | 위기상황 |
| 에너지/자원 | 제한적 영향 | 위기상황 | 상당한 영향 | 제한적 영향 | 위기상황 | 상당한 영향 | 위기상황 | 상당한 영향 | 제한적 영향 | 제한적 영향 |
| 금융서비스 | 제한적 영향 | 상당한 영향 | 상당한 영향 | 상당한 영향 | 상당한 영향 | 상당한 영향 | 제한적 영향 | 위기상황 | 상당한 영향 | 제한적 영향 |
| 정부 | 위기상황 | 위기상황 | 상당한 영향 | 제한적 영향 | 위기상황 | 상당한 영향 | 제한적 영향 | 상당한 영향 | 위기상황 | 제한적 영향 |
| 인프라 | 위기상황 | 제한적 영향 | 제한적 영향 | 위기상황 | 제한적 영향 | 제한적 영향 | 제한적 영향 | 상당한 영향 | 위기상황 | 제한적 영향 |
| 산업/제조 | 제한적 영향 | 상당한 영향 | 상당한 영향 | 상당한 영향 | 상당한 영향 | 상당한 영향 | 상당한 영향 | 상당한 영향 | 제한적 영향 | 제한적 영향 |
| 기술/통신 | 위기상황 | 상당한 영향 | 제한적 영향 | 위기상황 | 상당한 영향 | 위기상황 | 제한적 영향 | 상당한 영향 | 제한적 영향 | 위기상황 |

위기상황 　 상당한 영향 　 제한적 영향

출처: KPMG(2024)

미국의 경우 산업계의 요청에 따라 미국의 전세계 수입상품에 대한 반덤핑과 상계관세 신규 조사 개시 건수가 급증하고 세이프가드 조치 발동도 증가추세다. 또한 1962년 무역확장법 제232조, 1974년 무역법 제301조를 원용한 고율 관세부과가 확장되고 있다. EU도 반덤핑, 상계관세 및 세이프가드 등 무역구제조치를 활발하게 활용하고 있는 한편, 역외보조금규정(FSR)에 근거한 보조금 조사를 추진하고 있다. 이에 대해 중국도 다각적인 대응을 해오고 있다. 우선 미국과 EU의 관세 폭탄 및 견제를 피하기 위해 현지에 설비투자를 확장하여 보조금 수혜와 현지 시장접근을 확대하고 있다. 물론 중국의 이러한 접근은 상대국으로부터 상당한 반발을 일으키고는 있으나 투자유치를 받아 수혜를 받는 지역은 다소 다른 입장을 취하고 있는 것도 특징적이다. 또한 중국은 자국 제품에 고율관세를 부과한 국가의 상품에 동등한 관세를 부과하거나 직간접적인 보복조치를 취해 오고 있다. 중국은 2024년 12월 '중화인민공화국 관세법'을 제정하여 대응관세를 부과할 수 있는 법적 근거를 명시적으로 마련함으로써 맞대응 의지를 분명히 하였다. 중국의 공급과잉과 불공정 거래가 향후 지속될 가능성이 높기 때문에 미국과 EU의 대중국 대응조치는 계속 강화되고 이에 대한 중국의 맞대응도 반복될 것이다. 이런 추세는 우리나라를 비롯한 제3국에도 직간접적인 피해를 끼치기 때문에 사전 대비가 필요하다.

## 2.3 경제제재와 수출통제 강화

미·중 전략경쟁, 대량살상무기의 개발, 영토침략, 테러, 부패, 자금세탁, 마약, 인권유린 등 다양한 이유에서 실행되는 제재와 전략 물자 또는 기술의 군사용도 사용규제를 위한 수출통제는 최근 빈도나 내용 면에서 과거보다 대폭 강화되는 추세다. 최근 국가안보 등을 근거로 자국법에 기반한 경제제재 및 수출통제를 활용하는 사례가 증가하고 있다. 과거 재래식무기, 이중용도 품목, 생·화학무기, 미사일 등의 비확산을 위해 4대 국제수출통제체제를 중심으로 다자적인 협조체제를 통한 수출통제가 이루어졌으나, 특히 미·중 간의 패권경쟁을 배경으로 하여 반도체, 통신장비 등 신흥·첨단 기술에 대해 미국이 대중 수출통제를 독자적으로 취하고 있고 러시아의 우크라이나 침공을 배경으로 미국 및 서방국가들이 대러 수출통제를 도입하고 있는 등 수출통제의 범위와 강도가 확대되고 있다. EU의 경우에도 회원국 간의 통일된 수출통제 정책을 운영하면서 러시아 등 특정 국가와 기업에 대한 수출통제를 강화하고 있다. 미국의 2차 제재 또는 해외직접생산품규칙(FDPR)에 따른 수출통제와 같이 국내법의 역외적용도 확대되고 있다. 당연히 정부와 기업의 활동에 상당한 리스크 요인으로 부상하였다. 정부나 기업이 제재나 수출통제 규정을 위반했을 경우 과징금을 포함한 처벌 수위가 대단히 높기 때문에 사전예방 조치를 강구해야 한다.

특히 미국은 자국의 외교적, 경제적 목적 달성을 위해 금융제재와 수출통제 관련 국내법을 광범위하게 적용하는 점에 비추어, 제3국 간의 무역활동이라 하더라도 거래하는데 미국의 금융시스템이 관여되는 경우 혹은 거래 품목이 미국산이거나 미국산 물품, 소프트웨어, 기술이 특정 비율 이상으로 포함되어 있거나 생산과정에서 이를 활용하는 등 미 수출관리규정(EAR)의 적용 대상품일 경우, 수출통제 및 금융제재 관련된 미국 법령에 적용을 받게 될 우려가 크므로 국제무역과 금융 관련 기업은 유의해야 한다. 실제로 미국이 특정 해외기업이나 개인에게 경제제재 또는 수출통제 부과 시 여러 국가의 기업들은 제재 위험을 회피하기 위해 제재대상국 혹은 제재대상목록(Entity list) 등재자와 거래를 중단하기도 한다. 이에 따라 EU나 중국은 제재 법령의 역외적용을 저지하기 위한 대항입법을 제정하였는데, 이는 미국의 경제제재 법령의 역외적용과 충돌하게 된다. 그러므로, 제재국가나 대항입법을 한 국가들과 무역활동을 하는 기업들은 양측 국가와의 거래 관계 및 공급망을 철저히 점검해야 한다.

2022년 우크라이나를 침공한 러시아에 대해 가해진 포괄적이고 복잡한 제재와 수출통제 강화조치는 글로벌 기업에게 제재의 위험과 컴플라이언스의 필요성을 각인시켜 주었다. 금융기관에 국한된 제재라 할지라도 제재의 이행조치가 연관된 비금융 부분에까지 확대되고 거래기업으로부터 제재 준수를 보장하라는 압박을 받기 때문에 내부통제시스템과 자율준수체제를 도입하는 것이 긴요하다. 기업은 고객, 유통업자를 포함한 공급사슬 전체 관계인의 컴플라이언스를 고려하지 않으면 제재 또는 수출통제 규정 위반의 위험에 직면할 수 있다. 제한된 예산 범위 내에서 최적화된 컴플라이언스 체제를 갖춰야 하기 때문에 우선 잠재적 리스크를 확인하고 이에 집중적으로 대응해야 한다. 컴플라이언스는 법적인 의무지만, 실제 법적 의무 준수를 위한 컴플라이언스 체계를 어떻게 수립하느냐 하는 문제는 그 기업의 경영환경과 문화의 지배를 받기 때문에 해당 기업 CEO의 비전과 지도력이 필수적이다.

## 2.4 첨단 기술 및 산업 투자제한

외국인직접투자는 원래 그 경제적 효과로 인해 각국이 유치경쟁을 벌이는 분야이다. 지금도 미국을 위시한 주요국들은 산업정책의 관점에서 반도체, 배터리 등 미래 기술분야에서 경쟁력을 가진 외국 기업의 자국내 투자를 장려하고 있다. 그러나 한편으로는 기존의 외국인투자 유치정책에 더하여 안보상 위해가 될 수 있는 적대국의 자국내 투자에 대한 규제를 강화하고 있다. 미국에서는 외국인투자

위험심사현대화법(FIRRMA) 제정에서 보는 바와 같이 트럼프 1기 행정부 이후 현재까지 수출통제뿐 아니라 핵심기술·인프라·정보(TID: technology, infrastructure, data)와 관련된 투자나 국가안보시설 인근 부동산 거래 등 광범위한 분야에서 외국인투자위원회(CFIUS)의 외국인투자에 대한 안보심사 등을 통해 대중 경제안보 조치를 진행하고 있다. 미국 외에도 EU, 캐나다, 호주, 일본 등 주요국들은 외국인투자에 대한 국가안보 심사제도를 운영하고 있는데, 경제안보를 중시하는 현재의 기조가 변화되지 않는 한, 이러한 경향은 지속 확대될 것으로 전망된다.

미국을 비롯한 주요국의 국가안보와 관련한 일련의 투자관련 법·제도 강화는 당초 중국을 타깃으로 했지만 이런 제도는 중국뿐만 아니라 제3의 외국이나 외국기업에도 적용될 수 있다. 이 때문에 기존에는 국가안보측면에서 고려할 필요가 없었던 해외투자에 대해서도 국가안보 측면에서의 재검토를 요구받게 됨에 따라 불확실성 증대에 따른 투자 리스크가 발생할 가능성이 있다.

우리나라 기업이 해외투자를 하는 경우, 지금까지는 대체로 인건비 절감 등을 위하여 개도국에 생산설비를 마련하는 유인이 컸으나, 이제는 상당수가 자국 산업을 육성하기 위한 주요국의 보호주의에 대처하고 원천기술 또는 핵심기술을 취득하거나 규제 혜택 또는 보조금 수혜 등을 위하여 미국 등 주요시장에 진출하는 사례도 많아지고 있다. 따라서 우리 해외투자자는 주요국을 중심으로 확대·심화되고 있는 외국인투자 규제 및 원산지 기준 강화 추세를 감안하여 투자 실행 전에 투자유치국의 관련 규제를 확인하고 절차에 따라 필요한 정부 승인을 취득해야 한다는데 주목하여야 한다.

또한, 자국내 외국인투자에 비하여 자국민의 해외투자에 관한 규제는 그동안 체계적으로 관리되지 않은 상황이나 미·중 전략경쟁이 지속되면서 첨단 기술의 해외유출을 방지하기 위해 이러한 규제가 확대될 가능성도 염두에 두는 것이 좋다. 미국에서는 자국민의 대중국 투자를 제한하기 위한 목적으로 국가핵심역량수호법안(NCCDA)이 제118회기 의회에 이미 제출된 바 있고 행정명령을 통해 관련 규제를 도입하였다.

미국 재무부가 행정명령 14105호에 따라 2024년 10월 발표한 대중국 첨단 산업 투자제한 최종 규칙은 미국인의 대중 첨단 반도체, 인공지능 및 양자기술 투자를 사실상 금지에 가까운 수준으로 규제하고 있다. 트럼프 2기 행정부는 이러한 규제를 더욱 강화할 것이다. 우리 기업이 외국인투자를 통하여 미국에 설립하는 자회사들의 경우, 설립지 기준상 '미국인(법인)'으로 간주되므로 이러한 제도의 규율대상이 된다는 데에 주의를 요한다. 또한 우리 기업이 중국에 설립한 중국 현지 법인의 경우 설립지 기준 원칙에 따라 중국 기업이기 때문에 이 현지 법인이 미국 기업과 거래를 할 때 미국 기업의 상대 법인으로서 규제 대상 외국 기업이 될 수 있음에 유의할 필요가 있다. AI 등 첨단 산업 분야에서 한국기업이 미국에 법인을 두거나 미국자본의 투자를 받은 사례가 많고 반대로 양자분야 등에서는 중국과의 통상적인 협력이 이루어지고 있는데, 이러한 활동이 모두 차질을 빚을 우려가 있다. 결국 미국의 대중 투자규제 대상과 우려기관의 정의에 따라 한국과 같은 미국의 우방국도 부수적인 피해를 입을 개연성이 있기 때문에 민관 합동으로 선제대응을 해야 한다.

## 2.5 ESG 정책과 실사 강화

국제적으로 경제안보가 강조되면서 기업차원에서의 책임경영의 중요성이 부각되고 있다. 기업의 책임경영은 기업이 지속 가능성과 사회적 책임을 경영 전략에 포함하는 환경·사회·지배구조(ESG) 경영 측면에서 요구되는 요소이다. 그런데, 인권, 노동권과 기후변화 등 환경보호를 위해 통상규제가 강화되는 경향에 따라 인권, 환경 등 경제 외적인 요소들을 기업경영의 중요한 고려요소로 포함하는 일은 이제 지속가능하고 책임 있는 경영활동을 촉진하는 의미가 있을 뿐 아니라, 통상법적 의무를 준수하기 위해서라도 긴요하다. 예컨대, 기업이 필요한 전력량의 100%를 2050년까지 태양광, 풍력 등 친환경 재생에너지원을 통해 발전된 전기로만 충당하겠다는 기업들의 자발적 약속인 RE100에 대한 참여는 ESG 경영 요구를 만족시킬 뿐 아니라 미국과 유럽을 중심으로 CBAM 등과 같이 기후변화 대응을 위한 각종 규제법안이 도입되고 있는 점에 비추어 볼 때 통상법적인 장애를 극복하는데 있어서도 핵심적인 역할을 하게 되었다고 할 것이다.

반부패, 소비자 보호, 인권과 환경 보호 등에 대한 기업의 책임경영은 이제 기업 내부뿐만 아니라 해당 기업이 관여하고 있는 글로벌 공급망 전체까지 포괄하여 요구되고 있다. 기업이 관여되어 있는 공급망 전체를 분석하고 평가하여 인권, 환경 등과 관련된 부정적 요소를 식별하고 관리하는 공급망 실사(due diligence)는 기업의 책임경영을 통한 리스크 관리에 필수적인 요소가 된 것이다. 세심한 공급망 리스크 강화를 통한 평소의 ESG 경영 강화는 공급망 내 강제노동이나 지속가능발전에 배치되는 기업관행으로 인한 통상법적 리스크에 선제적, 체계적으로 대비하는 길이다. 중국 신장위구르産 상품은 일단 수입금지 대상으로 보는 '반박가능한추정 원칙'을 적용하는 미국의 위구르강제노동방지법(UFLPA)이나 중국 기업 등 해외우려기관(FEOC)으로부터 조달된 배터리 부품이나 핵심광물을 포함한 배터리를 장착한 전기차에 대해서는 세액공제 혜택을 부인하는 미국 인플레이션감축법(IRA), 그리고 공급망 전반에 걸쳐 강제노동이나 환경법 위반사실이 연루될 경우 수입을 금지하는 EU의 기업지속가능성실사지침(CSDDD)의 요건을 만족시키기 위해서는 기업이 공급망 전반에 걸친 엄밀한 실사 능력을 갖춤으로써 리스크를 관리할 수 있어야 한다.

우리 기업들이 미국, EU 등 선진국의 공급망 실사 지침에 대응하기 위해 방어 전략적 측면에서 접근할 것이 아니라 차제에 오히려 적극적으로 나서서 기업의 신뢰를 획기적으로 제고할 수 있는 수단으로 삼는 자세가 필요하다. 따라서, 중국이나 아세안 국가에서 공장을 가동하여 생산한 제품을 미국이나 유럽으로 수출하는 우리 기업들의 경우, 공급망 내의 연관기업이 강제노동 등 인권 위반 사례가 없는지, 여타 지속가능발전 목표와 배치되는 사례가 없는지 철저히 실사하는 시스템을 갖추어야 할 필요가 있고 이를 위해 기존 공급망의 리스크 요소를 점검하고 재정비하여야 할 것이다.

## 2.6 디지털, 사이버안보, 기술 보호

세계적으로 급속도의 디지털 전환이 이루어지고 있으나 WTO를 중심으로 한 다자적 디지털 규범체제는 형성되지 못하고 있고, 개별국가 간 FTA나 디지털 통상협정을 통해 디지털 규범을 형성함으로써 디지털 규범이 파편화하고 있다. 전자적 전송물에 대한 무관세 관행을 지속한다는 약속이나 디지털 제품에 대한 비차별 대우, 데이터의 국경 간 이전 보장, 컴퓨터 현지화 요구 금지, 소스코드·알고리즘의 공개요구 금지 등 자유로운 디지털 환경을 보장하는 장치가 국제적으로 아직 완전히 정착되지 못한 현재의 디지털 규범환경은 기업들에게 많은 불확실성을 안겨주고 있다.

이와 더불어 플랫폼 공급자 규제, 개인정보 보호, 소비자 보호, 사이버 보안, 공정거래 등 정당한 공공정책 목표(legitimate public policy objectives)를 위한 정책 재량에 따라 각국이 취하는 규제조치나 EU의 인공지능(AI) 법 등 AI의 안전한 사용을 위한 각국의 규제도 기업의 경영활동에 도전을 안겨주고 있다. 특히 AI의 경우, AI를 통한 경제적 경쟁력 확보노력과 안전한 사용을 위한 규제 동향이 중첩되고 있는 가운데, AI 기술이 군사, 정보 수집, 민감 데이터의 축적과 활용 등 국가 안보적 중요성을 띠게 됨에 따라 경제안보적 관점에서도 리스크 관리가 강화되는 경향에 대응할 필요도 있다. 기업은 데이터, AI 기술 등을 포함한 디지털 통상협정과 각국의 디지털 규제를 철저히 분석하고, 이에 맞춘 리스크 관리 전략을 수립하여 규제 준수와 비즈니스 연속성을 확보하는 노력을 지속하는 것이 중요하다.

또한 경제안보 측면에서 각국은 수출통제, 외국인투자심사 등 다양한 방식을 통해 자국의 첨단 기술을 보호하기 위한 조치를 강화하고 있다. 미국은 외국인투자위원회(CFIUS)를 통해 외국인투자자에 대한 국가안보 심사를 수행하여 첨단 기술 관련 자국 기업의 인수·합병을 제한하고, 상무부 수출관리규정(EAR) 및 국무부 국제무기거래규정(ITAR)을 통해 이중용도 기술이나 군사 기술의 수출에 대한 엄격한 통제를 시행하고 있다. EU의 경우에도 유럽 내 전략적 중요성을 지닌 첨단 기술 분야에 대한 외국인투자자에 대해 심사를 강화하고 있다. 기업들은 이러한 각국의 첨단 기술 보호를 위한 규제환경을 이해하고 적절한 대응전략을 마련하여 리스크를 관리해야 한다.

미국은 커넥티드 자동차나 드론에 대한 규제에 착수하였다. 이 계획은 커넥티드 자동차나 드론의 하드웨어적 측면과 운영시스템의 소프트웨어적 측면에 대해 향후 수년 내 중국 및 러시아산을 규제하는 것을 목표로 하고 있는데, 관련 법적·기술적 동향 파악이 긴요하다.

# 제11장

# 정부의 경제안보전략

## 1 포괄적 전략 수립

### 1.1 국가안보전략의 일부

복합대전환 시기에 포괄적이고 체계적인 국가안보전략을 수립하는 것이 긴요하고 경제안보는 국가안보전략의 핵심요소가 되어야 한다. 강대국의 힘에 의한 지배가 확산되면서 중견국가들의 입지가 축소될 우려가 있으나 독자적인 국가안보전략을 수립하여 가치를 공유하고 신뢰할 수 있는 국가와의 협력을 확대해 나가야 한다. 경제안보관련 정책과 입법 및 조직 강화를 위해 우리나라도 발 빠른 대응을 해 왔다. 2023년 6월 국가안보전략 보고서를 발표하고 글로벌 경제안보[1] 대응체제 확립을 중요한 챕터로 배치했다.[2] 사실상 첫 포괄적 국가안보전략 보고서임에 비추어 변화하는 국제환경과 우리의 경제안보 대응을 포함한 보고서를 앞으로 주

---

1  국가안보전략보고서는 경제안보를 "국내외 변수에도 불구하고 국가 및 국민의 경제활동에 필수적인 품목 등이 원활히 유입되고, 부적절하게 유출되지 않도록 함으로써 국가 안전보장이 유지되고 경제활동에 지장이 초래되지 않는 상태"라는 공급망기본법의 정의를 원용했다.

2  내용을 보면, 첫째 우방국과 협력, 공급망 복원성 강화 에너지·디지털전환 등 능동적 경제안보외교를 추진하고, 둘째 양자·다자협력을 통한 공급망 구축, 에너지·식량안보 등 핵심공급망 위기대응능력 확보, 셋째 핵심·신흥기술 보호와 협력, 전략적 파트너십 강화, 국제교범·기술표준 선도 등 핵심·신흥기술보호와 협력강화, 넷째 국제사회 논의에 동참, 미국·EU와 선제적 대응, 국제협력 참가 및 개도국의 녹색경제전환 지원 등 기후변화와 저탄소경제 전환 가속화 추진을 포함하고 있다.

기적으로 업데이트해야 한다.

경제안보전략은 국가안보전략에 관한 기본지침과 포괄적 방향 하에서 짜는 것이 당연하다. 가장 기본적인 전략적 가치에 대해서는 분명한 가치판단과 정책지향점을 공표하여야 한다. 투명하고 일관성 있는 외교정책을 표방함으로써 동맹과 파트너 국가의 신뢰를 확보하고 깊은 협력관계를 구축할 수 있기 때문이다. 경제안보는 대한민국의 초석을 이루는 자유민주주의와 시장경제체제의 가치 및 국익우선원칙을 지켜 나가며 한·미 동맹과 한·미·일 협력을 강화하는 데 주저해서는 안된다. 또한 경제적 상호의존성 때문에 핵심 전략에 대한 선택의 폭을 강요당하는 우를 범하지 않도록 대책을 강구해야 한다. 예를 들어 사드(THAAD) 보복과 같은 정치적 목적을 위한 경제적 강압조치가 국가안보와 자존을 훼손하는 경우 소극적 대응으로 일관하는 것은 국격을 훼손하는 일임에 비추어 강력히 저지하는 실효적인 대책을 마련해야 한다.

그간 글로벌 공급망이 단기적 비용절감을 위해 세계화 및 외주화를 추진했다면 앞으로는 신뢰와 안정성을 기반으로 지역화·내재화를 지향하고 역외보다는 역내 공급망의 강화로 재편될 것이다. 이중용도 품목, 기술 및 장비의 수출통제, 외국인투자 심사강화, 외국인의 토지거래규제강화 및 자금조달 규제, 공급망 교란과 차별적 조치가 확산됨을 감안, 우리의 경제안보전략은 국내외 공급망의 안정성과 복원력 강화, 특히 반도체, 배터리, 5G, AI 등 전략산업과 희토류 등 특정국에 편중된 공급망의 다변화, 우주와 사이버보안 등 첨단 기술 개발 및 보호를 포괄해야 한다.

## 1.2 구체적인 정책 방향

구체적으로 살펴보면, 국가의 기간 인프라 건설 절차 간소화, 핵심 산업에 대한 보조금 지원과 세액공제의 확대, 이공계 교육·훈련 확대, 원자력의 비중 증대를 통한 에너지 믹스의 안정성 증대, 디지털 및 AI 등 첨단 기술 개발, 수출통제와 제재 레짐의 재점검 등 공세적 조치가 마련되어야 한다. 아울러 공급망 실사, 지속가능성 실사 등 ESG 요구사항과 외국보조금 규칙, 반도체 가드레일(guardrail) 조항, 확인된 최종사용자(VEU) 등 외국의 경제안보조치에 효과적으로 대응하는 방어적 대응조치도 포함하여야 한다. 또한 우방국과의 협력을 통해 공급망의 복원력을 강화하고 경제안보관련 정보교환, 모니터링 및 정책조정 등 협력을 해야 한다. 특히 산업기술보호법 개정과 국가첨단전략산업법 제정에도 불구하고 기술유출, 탈취 행위에 대한 처벌조항이 미흡하고 외국인투자의 국가안보심사 사례도 전무한 점 등도 개선할 사항이다.

회색지대인 경제적 강압에 대해 효과적으로 대응하기는 굉장히 까다롭다. 그간 중국의 경제적 강압조치를 당한 국가들이 취한 대응조치에 대해 그 실효성에 대한 논란이 여전한 이유다. 경제적 강압조치를 행사하는 국가는 고도의 정치적 목적을 가지고 추진하기 때문에 대응 또한 전략적으로 접근해야 한다. 정부와 기업은 "거부에 의한 억지(deterrence by denial)"와 "처벌에 의한 억지(deterrence by punishment)"로 대별되는 억지 기제를 선택하거나 동시에 활용할 수도 있다. 우선 취할 수 있는 조치는 의존성 축소와 다변화, 공동대응 등 거부에 의한 억지력을 확보하는 것이 기본이다. 처벌에 의한 억지는 압도적 우위에 있는 정부 또는 기업이 아니고서는 행사하기 어렵기 때문이다. 그럼에도 공세적 입장에서 취할 수 있는 선택지를 개발하고 이를 전략적·전술적으로 운용할 수 있어야 한다. 이런 대항조치는 개별국가가 취할 수도 있지만 보다 효과적으로 대응하기 위해서는 복수국 간 또는 다자간 합의를 기반으로 하는 것이 바람직하다.

정부 정책은 공급망의 안정화 및 복원력 제고를 위한 전략과 핵심기술 개발·지원 및 기술보호조치, 그리고 우방국과의 협력 강화를 추진하고, 이를 위해 경제안보 품목·기술 조사(mapping), 대외의존도 감축, 공급망 다변화 및 긴급대응체제와 대항조치 등에 대한 포괄적인 정책을 추진해야 한다. 공급망의 의존성 축소, 다변화 및 비축을 위해서는 정책과 입법을 통해 특정 품목에 대해 언제까지 의존성을 어느 정도까지 축소해 나간다는 목표를 명확히 밝혀야 한다. EU의 핵심원자재법(CRMA)의 경우, 그런 수량적 감축 목표가 정해져 있어 회원국과 각 분야의 기업들도 대응전략과 정책을 수립, 시행할 수 있다. 반면 한국의 경우, 공급망 안정을 위한 경제안보 품목으로 300여 개의 핵심 품목·서비스를 지정하고 대외의존도 축소를 지향하고 있다고 발표했지만, 구체적인 내용이 대외비로 되어 있어 연관된 공급사슬의 업체들이 이향하기 어려운 여건이다. 기업으로서도 소관 제품 또는 서비스의 모든 공급망을 점검하고 경제적 강압에 대해 취약한 급소(choke points)를 해소하는 대책을 세워야 할 것이다. 또한 의존도 축소, 다변화 및 비축을 위한 정부 지원이 필수적이므로 관민 협력을 추진해 나가야 한다.

공급망 안정화 및 복원력 유지를 위해 공동대응은 필요하지만 어떻게 실효적으로 구상하고 시행할지가 관건이다. 우선 가치와 원칙을 공유하는 동맹 및 우방국과의 연대와 협력 체제를 구축하는 것이 긴요하다. CPTPP, APEC, G-7, 핵심광물 안보 파트너십(MSP) 등 다자 간 협력체제는 물론, 미국 주도로 아태지역 14개국이 합의한 IPEF 등 프레임워크를 활용하는 방안과 함께 정상회의 등을 통해 양자간 협력체제를 구축하여 운영할 수도 있다. 이런 양자·다자 협력체제에서는 경제적 강압조치가 취해질 경우, 관련 정보교환, 모니터링, 공동대응방안을 비롯하여 국제회의 등을 통해서 규범위반 또는 일방조치를 규탄하며 강압을 행사하는 국가를 압박할 수도 있다. 또한 방어적·소극적 대항을 넘어, EU가 취한 반강압법(ACI, Anti-Coercion Instrument)의 경우와 같이 강압을 취한 국가에 대해 저항하고 처벌하는 공세적 대응에 대한 옵션을 미리 검토해 두어야 할 것이다.

## 2 컨트롤 타워와 제도

정부는 경제안보 강화를 위해 강력한 컨트롤 타워를 운영하면서 조직과 예산을 확보하고 특정 국가에 대한 공급망 안정성, 인프라 보호 및 첨단 기술 발전 등을 위한 적극적 정책과 입법을 추진해야 한다. 경제안보전략의 컨트롤 타워는 대통령실이 돼야 한다. 공급망의 안정성, 핵심산업의 육성, 첨단 기술의 개발, 무역 및 투자규제 등 경제부처가 관장하는 영역이 많은 부분을 차지하고 있지만, 근본적으로 국가안보와 국방 및 국가정보에 관한 민감한 정책이 복합적으로 연계되어 있기 때문에 대통령실 국가안보실장이 관장하고 기획재정부, 외교부, 산업통상자원부가 소관 분야를 담당하는 형식이 타당하다. 대통령실 국가안보실 내에 경제안보를 담당하는 부실장 직을 신설하여 주도하고 경제부처 업무를 담당하는 정책실과 유기적인 협조체제를 구축해야 한다. 정책조정 및 관계부처 간 경쟁과 갈등을 방지하기 위해 정례회의, 상설위원회 설치는 물론, 비공식 고위급 조정체제 부활도 고민할 필요도 있다. 당연히 외교부, 기획재정부, 산업통상자원부 등 유관 부처는 소관분야에 대한 대응조직을 신설하고 전문인력을 충원해야 한다. 특히, 외교부는 국가안보전략의 수립 및 대외교섭을 수행하는 부서로서 경제안보전략 추진을 위해 본부의 안보조직과 경제협력 조직을 재정비하고 재외공관의 기능과 역할도 강화해야 한다. 또한 미국, EU, 중국, 일본 등 주요 교역 파트너국가의 국내입법 동향 파악과 입법조치가 추진되는 과정에서 한국이 불이익을 받지 않도록 해당국가 내 규정과 절차에 합치된 범위내에서 로비를 포함한 아웃리치 활동을 보다 체계적으로 강화해야 한다.

과거 국무총리실이 총괄해야 한다는 의견도 있었지만 탁상공론이다. 외교 및 국방전략의 조정을 총리실이 하는 데 한계가 있고 국가원수의 통제 하에 경제안보 업무를 관장하는 상대편 국가와의 소통과 대응에도 문제가 발생할 수 있기 때문이다. 정치권 일각에서 제기되는 '작은 대통령실', '책임총리제'는 매력적으로 들리지만 극히 비현실적이고 위험한 실험이라 본다. 지난 정부에서 신설한 대외경제안보전략회의는 임시방편으로서 중장기적인 경제안보전략을 수립하고 시행을 모니터링하기에는 한계가 있다. 또한 소위 공급망 3법의 관리체계가 기획재정부 중심으로 경제부처 중심으로 구성되고 안보부서인 외교부와 국정원 등의 입지가 없는 구조다. 이런 구조가 과연 과거 사드(THAAD) 배치로 중국의 보복이 광범위하게 이루어진 긴급상황이 재연되는 경우 긴급하게 경제이익과 안보이익을 형량하는 데 최선인지 여부도 검토해야 한다.

현재 산업통상자원부의 하부 조직으로 있는 무역위원회의 독립과 권능을 강화해야 한다. 무역위원회는 외국의 덤핑과 불법보조금을 감시하고 상응하는 조치를 취하는 중요한 무역구제 기관이다. 그럼에도 그 구성원의 전문성과 독립성이 미약하다는 지적이 오래전부터 제기됐다. 특히 외국의 불법보조금에 대한 조사가 개시된 적이 한 번도 없었다. 조사능력이 없을 뿐만 아니라 대상 외국과의 관계악화 가능성에 대한 정부의 입김도 작용한 것으로 보인다. 한국의 경제규모가 커짐에 따라 외국기업의 시장접근이 확대되고 있음에 비추어, 외국 기업의 불법 덤핑과 보조금을 적발하고 적절한 대응조치를 취하지 못할 경우, 그 피해는 고스란히 우리 기업과 국민들에게 돌아갈 것이다. 또한 대외무역법에 따라 2007년 출범한 산업부 산하 무역안보관리원(전략물자관리원의 후신)은 최근 전략물자의 수출통제 업무의 효율적 추진을 위해 조직, 인력을 일부 보강했다. 그러나, 국제질서의 변화에 선제적으로 대응하기 위해서는 그 기능과 조직을 보다 전략적 차원에서 확대 개편해야 한다.

## ③ 포괄적 정책과 입법

### 3.1 현행 정책과 입법 평가

정부는 수출통제 대상 확대 및 이행체계 강화를 비롯하여 국제적인 기술안보 논의에 적극 참여하는 등 포괄적인 기술안보 정책을 추진해 왔고, 첨단전략산업과 공급망 핵심업종의 국내복귀를 활성화하기 위해 유턴보조금을 대폭 증액할 계획이다.[3] 정부는 2024년 6월 공급망 안정화 핵심대상품목 확대, 위기대응을 위한 조기경보시스템 구축, 핵심기술개발·보호와 유출시 처벌강화 및 정부 컨트롤 타워와 조직정비 등 4대 정책방향을 포함한 공급망 안정화 추진전략을 발표했다. 경제안보 관련입법도 상당히 빠른 속도록 추진되어 왔다. '소재·부품·장비산업 경쟁력 강화 및 공급망 안정화를 위한 특별조치법(소부장산업법)', '경제안보를 위한 공급망 안정화 지원 기본법(공급망안정화법)', '국가자원안보 특별법' 등 공급망 3법을 통과시키고, 대외무역법을 개정하여 수출통제를 강화하고 외국인투자유치법을 개정하여 외국인투자에 대한 국가안보심사절차를 강화했다. 국가전략기술과 산업기술의 유출방지와 보호를 위한 '산업기술의 유출방지 및 보호에 관한 법(산업기술보호법)'을 개정하고 국가첨단전략산업을 육성하고 관련기술의 대외유출방지를 위한 '국가첨단전략산업 경쟁력 강화 및 보호에 관한 특별조치법(국가첨단전략산업법)'을 제정했다. 대체로 경제안보 소관 분야별 입법이 상당부분 이루어진 것으로 보인다. '산업기술보호법', '부정경쟁방지 및 영업비밀보호에 관한 법률', '외국인투자촉진

---

3 관계부처 합동(2024), 연대·공조를 통한 국익극대화 통상정책 로드맵(2024. 8), 산업통상자원부 보도 참고자료, 2024. 8. 22.

법' 등에서 이미 규율하고 있는 사항과 일부 중복되는 부분도 있어 향후 관련 법률의 이행을 살펴볼 필요가 있다.

## 3.2 전략적 검토 필요

정부가 포괄적 정책을 도입한 것은 환영할 일이고 앞으로 보다 강화된 정책추진을 기대한다. 그러나 국가안보와 연계된 좀 더 전략적 검토가 요구된다. 먼저 소부장산업법에 따르면, 기획재정부의 컨트롤 타워 하에 외교부와 국정원이 보조적 역할인 것으로 보이는 바, 경제안보의 국가안보 함의를 고려한다면 대통령실과 외교부의 실질적 개입과 역할이 긴요하다. 둘째, 파편화된 입법의 문제를 개선해야 한다. 일본의 경우와 같이 포괄적인 경제안보 특별법 형태의 입법이 제정되어야 경제와 안보의 광범위한 연계성과 그 파급효과를 체계적으로 예방하고 해결할 수 있기 때문이다. 셋째, 공급망 3법, 핵심기술 보호관련 법과 전략 등이 마련되어 과거보다는 법적 장치가 강화되었으나, 이런 법령의 실효적 이행을 담보하는 것이 긴요하다. 공급망 3법은 조기경보, 비축, 예산지원 및 인프라 구축 등을 목표로 하고 있는데, 실제로 핵심 품목·서비스의 대외의존도와 리스크에 대한 전수조사 (mapping)를 바탕으로 의존도의 실효적 감축일정 등 구체계획이 미비된 것처럼 보인다. 마지막으로, 핵심기술의 대외유출 방지 및 처벌에 관한 규정도 기존의 관련 입법에 약간의 수정을 가하는 형식으로 보인다. 국가첨단전략산업법은 국가첨단 전략기술을 외국에서 사용하거나 사용되게 할 목적으로 부당한 행위를 한 경우에는 5년 이상 20년 이하의 유기징역, 20억 원 이하의 벌금형을 병과하도록 강화됐으나 실제 징벌적 판결이 내려진 사례는 없다. 그간 너무 관대한 판단을 해온 사법부의 태도가 변화될지 주목할 일이다. 또한, 우리 국회는 급변하는 국제정세에 아랑곳없이 끝없는 정쟁에 몰두하면서 국회의 입법기능이 마비되어 첨단 산업 세제지원 일몰 연장법안, 국가전력망 확충법안 등 경제안보의 핵심 입법안들이 국회에서 잠자고 있는 실정이다.[4]

---

4  중앙일보. "트럼프 폭풍에도... 반도체 공장 돌릴 '전력방법' 이별한 그들", 2024.11.13.

## [기술유출과 처벌 규정 관련 기사]

2024년 7월 국가정보원에 따르면, 2023년도 산업기술의 해외 유출 적발 건수는
23건에 달하고 그 중 국가 핵심 기술도 5건이나 포함됐다.[5] 국내 산업기술이 해외로
빼돌려지다 적발된 사례만 96건으로 3분의 1(33건)이 국가 핵심 기술이었다. 특히
기술 유출 시도는 반도체 분야에 집중됐다. 5년 동안 해외 산업기술 유출 적발 사례
중에도 반도체 분야만 38건으로 40%에 육박했다. 국가 핵심 기술도 10건이나 포함돼
있었다. 기술 유출 사건이 끊이지 않으면서 해마다 재판에 넘겨지는 피고인도 30명을
웃돌고 있다. 2023년 산업기술보호법 위반 혐의로 기소된 피고인은 31명이다. 2021년
39명과 2022년 34명에 이어 30명대 수준을 기록 중이다.

### 산업기술보호법 위반사건 처분 현황

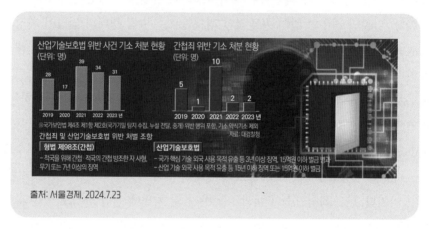

출처: 서울경제, 2024.7.23

문제는 해외로 국내 핵심 기술을 빼돌리는 국부 유출 행위가 빈번하게 발생하고 있지만
처벌 수위는 높지 않다는 점이다. 산업기술보호법에서는 국가 핵심 기술을 사용할
목적으로 해외로 빼돌린 경우 3년 이상(15억 원 이하 벌금)의 유기징역에 처하고,
산업기술을 외국에서 사용하려고 유출한 때에도 15년 이하(15억 원 이하 벌금)에
처하고 있다. 처벌 양형은 강화됐으나 실제 대법원에서 확정된 역대 최고 처벌 수위는
징역 5년에 불과하다. 1심 기준으로도 징역 6년이 가장 높은 수준의 처벌이었다. 국가
핵심 기술의 경우 최대 18년까지 처벌하게 한 새 양형 기준이 수립되어 법원 내에서도
'엄벌' 기류가 흐르고 있다고 전해지고 있지만, 간첩죄 적용 등 특단의 조치가 필요하다는

---

5   서울경제, "기술유출 65%가 반도체...'국가안보와 직결', 간첩죄로 처벌해야", 2024.7.23.

지적이 제기되고 있다. 탈(脫)냉전 등 시대 변화로 이미 유명무실해진 간첩죄를 적용해 '기술 보호 우산'을 한층 강화해야 한다는 것이다. 형법 제98조(간첩)는 '적국을 위해 간첩하거나 적국의 간첩을 방조한 자는 사형, 무기 또는 7년 이상의 징역에 처한다'는 내용을 담고 있다. 또 군사상의 기밀을 적국에 누설한 자도 동일하게 처벌하고 있으나 시대의 변화를 따라가지 못한다는 지적이 적지 않다. '적국'이라는 개념이 글로벌 시장 경쟁이 치열해지고 있는 현 시대에 맞지 않는 탓이다. 실제로 우리나라에서 2023년도에 간첩죄로 재판에 넘겨진 피고인은 단 2명에 불과했다. 기술 발달에 따라 정보의 질이 달라지고 있는 데다 시대 변화로 적국을 딱히 지칭할 수 없는 만큼, 미국 등 해외와 같이 기술 유출을 사실상 간첩죄로 적용·처벌해야 한다. 미국의 경우 경제스파이법(EEA)과 영업비밀보호법(DTSA)으로 피해 규모에 따라 징역 30년 이상으로 가중처벌하고 있다. 영국도 2023년 국가안보법을 제정했다. 대만은 2022년 국가안전법을 개정해 경제·산업 분야 기술 유출을 간첩 행위로 규정했다.

방어적 정책과 함께 외국의 공세적 정책과 압박에 대한 다각적 대응책도 강구 되어야 한다. 중국의 수출통제와 경제적 강압에 대비하여 공급망 안정을 위한 선 제적 대책이 필요하다. 특히 중국의 경제적 강압조치 등 정치적 목적 달성을 위해 취해지는 일방조치에 대해서는 사전에 단계별 대응방향을 마련해 두는 것이 유사 시 대응에 긴요할 것이다. 예를 들어 EU의 반강압법(ACI)과 같이 대응절차를 입법 을 통해 마련해 두면 정부가 바뀌더라도 일관성 있는 대응을 하기 용이할 것이다. 또한, 미국과 EU의 무역, 투자, 보조금, 산업, 공급망 정책이 직간접적으로 우방국 에 악영향을 미칠 위험성에 선제적으로 대응해야 한다. 즉, 중국 등 기업과 거래시 해외우려기관(FEOC) 해당 여부 확인, FEOC 요건관련 실사 의무,[6] 확인된 최종사 용자(VEU: validated end-user) 프로그램, EU의 공급망 실사제도 등에 대한 종합적 대응체제 구축이 필요하다. 또한 미국, 멕시코, 캐나다, EU 등 주요국의 원산지 정

---

6  미국의 UFLPA에 대응하여 대상품목이 아니라는 점을 입증하고 실효적 실사, 공급망 추적 및 공급망 관리 규정을 입증할 필요가 있다. 다시 말하면, 실효적 실사를 위해서는 이해관계자 및 파트너 관여, 위험과 영향분석, code of conduct 수립, 모니터링과 컴플라이언스, 독립적 검토 관련 제도를 갖추고 공급망 추적관련, 원재료의 시작부터 최종품목에 이르기까지 전체 공급망에 대한 조사(mapping), 채굴, 생산, 제조의 전단계 및 그 각각의 관여자에 대한 완전한 정보(지급, 선적, 제고, 수출입, 주문 등 제반 정보 포함)를 확보해 두어야 한다. 또한 강제노동 위험을 방지하고 경감할 수 있는 대책, 공급자에 대한 점검, 시정조치의 요구 및 위반시 대응조치도 마련해야 한다.

보 요구에 대응해야 한다. 서방국가들이 경제제재로 중국의 수출선 봉쇄와 중국의 초국경보조금 규제는 물론, 중국의 제3국에서의 생산·수출 확대 및 중국의 우회덤핑 등을 사전 차단하는 방안을 강화하고 있기 때문이다.

수출통제제도는 리스트 품목에 따른 규제와 캐치올(catch-all) 제도가 핵심이다. 품목, 장비 및 기술을 대상으로 하는 한국의 수출통제제도는 비교적 양호하게 운영되고 있는 것으로 평가된다. 다만, 민감기술의 해외유출 또는 탈취방지를 위해 기존의 입법을 보다 포괄적으로 개정할 필요가 있다. 미국의 수출통제개혁법(ECRA)은 특허를 확보한 기술은 물론, 제품화 정도는 낮지만 군사전용 가능성이 높은 신흥기술(emerging technology)의 수출통제를 규정하고 있는 점을 주목할 필요가 있다. 또한 외국인투자자의 사전심사제도와 외국인의 토지거래규제를 강화하고 중국의 화웨이와 ZTE의 5G 통신장비와 중국산 드론을 대상으로 정부조달 금지조치를 취한 미국과 일본의 사례로 면밀히 살필 필요가 있다. 또한 미국이 기술분야별로 자국에 상응하는 수준의 수출통제체제를 갖춘 나라에 대해서는 해당 기술을 미국 정부의 별도 허가없이 그 나라에 수출하거나 그 나라가 수출할 수 있도록 하는 수출통제 시행국 허가면제(IEC, License Exception Implemented Export Controls) 제도를 시행하고 있는 점을 유의해야 한다. 우리나라는 미국의 동맹국이면서도 IEC 제도의 수혜를 받지 못하고 있어 안타깝다. 우리의 수출통제체제를 업그레이드할 필요가 있는 것이다. 그러지 않을 경우, 우리 기업들은 건건이 미국 수출허가를 별도로 취득해야 하는 부담을 피할 수 없는 것이다.

또한 효과적인 수출통제제도 시행을 위해서는 수출통제 위반에 대한 실제 처벌수준이 합리적인 수준으로 집행될 필요가 있다. 대외무역법상으로는 전략물자나 상황허가 대상인 물품 등에 대해 허가를 받지 않고 수출, 경유, 환적, 중개를 하거나 미수에 그친 경우 그러한 행위를 한 개인과 해당 법인에 대하여 7년 이하의 징역 또는 해당 물품 가격의 5배에 해당하는 금액까지 벌금을 처할 수 있도록 규정되어 있으나(제53조), 다음 사례에서 보는 바와 같이 실제에 있어서는 처벌 수준이 매우 낮으므로 적절한 양형기준을 마련할 필요가 있다.

또한 외국의 악성 영향력 활동에 대한 대응 법령이 조속히 마련되어야 한다. 한국형 외국대리인 등록법의 필요성이 제기되는 것이다. 최근 많은 국가들이 미국의 외국대리인등록법(FARA, Foreign Agents Registration Act)과 유사한 법제를 강화하고 있다. 그러나 한국 법제는 아직도 형법상 간첩죄와 국가보안법 등 주로 국가기밀 및 군사기밀을 보호하는 낡은 수준에 머물러 있다. 현행 법제에서 외부 세력의 악성 영향력 활동을 규제하거나 처벌할 수 있는 법령은 없다. 다행히 제22대 국회에서 형법 제98조의 간첩죄의 적용범위를 '적국'에서 '외국'으로 확대하는 형법 일부개정안이 발의되어 국회 법사위 법안심사소위원회를 통과했으나 2025년 초까지 본회의 상정이 보류된 상황이다. 1953년 형법 제정 이후 처음으로 개정될 이 법규정에 따라 산업 스파이 활동 등이 강력히 규제되기를 바란다. 한편, 외국대리인 등록에 관한 법률 제정안은 제22대 국회에서 발의되었으나 여전히 국회에 계류 중이다. 이미 한국의 이익을 대변하여 외국에서 활동하게 될 인사들은 그 국가에 등록해야 하고 그에 따른 평가를 받는 반면, 그러한 입법이 불비한 한국에서는 외국의 이익을 대변하여 활동하는 모든 행위자들이 그 진의와 배후를 숨긴 채 자

유롭게 우리의 국가안보 및 국익에 반하는 활동을 할 수 있게 되어 있는 구조는 문제가 아닐 수 없다.[7]

## 4  적극적 산업정책 추진

### 4.1 국내산업경쟁력 강화지원

우리 산업정책은 국내 산업의 경쟁력을 강화하고 타국의 보호주의적 산업정책 피해를 극소화시키는 방향으로 수립, 시행되어야 한다. 먼저 국내 산업 경쟁력 강화를 위한 정책은 첨단 기술 R&D 지원, 핵심산업 육성을 위한 세제 및 보조금 지원, 생산시설 확대지원 등 공세적 조치와 함께 기술유출 방지 제도 강화, 외국인투자심사 강화, 해외투자심사 강화 등 방어적 조치를 포괄해야 한다. 정책이행의 강도와 일관성을 높이기 위해서는 입법조치가 필요할 것이다. 국내에서는 대기업에 대한 특혜라든지 형평에 어긋난다든지 하는 논쟁도 있으나, 국가 미래를 위한 대국적 시각에서 취하는 정책인 점을 감안하여, 정치인 및 관료들의 적극적인 대국민 설득과 아울러 수혜기업도 사회적 책무 수행에 최선의 노력을 해야 한다.

또한, 외국의 보호주의적 산업정책에 선제적으로 대응해야 한다. 우리 기업이 미국이나 EU 산업정책 및 입법의 수혜를 받기 위해 정부가 적극적인 지원을 해야 한다. 예를 들어 미국의 산업지원을 위한 제반 입법 제정과정에서 우리 기업에 대한 차별이 없도록 하거나 수혜의 폭을 확대할 수 있도록 적극적인 대미협상과 로비활동을 해야 한다. 미국의 대표적 산업정책인 반도체과학법(CHIPS and Science Act)은 우리에게 기회이자 동시에 위기다. 우리 반도체 제조기업이 미국의 자금지원과 인센티브 수혜를 받을 수 있기 때문이다. 그러나 중국에서 반도체 생산을 하고 있는 우리 기업은 반도체과학법의 해외우려기관(FEOC) 규정과 가드레일 조항

---

7  신소현(2024), 외국의 악성 영향력 활동에 대한 대응: 한국형 외국대리인등록법의 필요성, 아산정책연구원 이슈브리프 2024-36.

에 따라 미국의 인센티브를 수혜하기 어려워질 수 있다는 점에 유의해야 한다. 일례로 중국 우시 D램 공장에 극자외선(EUV) 장비 반입을 추진하며 미세공정 투자를 예고했던 SK하이닉스는 계획을 보류[8]한 바 있었다. 물론 2023년 3월 발표된 세부 규정이 반도체과학법 가드레일 조항의 요건상 '실질적 확장'의 개념이 '양적인' 생산능력 확대로만 규정되었고 (생산역량 5% 이상 증가), 생산량의 85% 이상이 중국 내수시장에서 소비되는 경우 10% 이상의 설비 투자나 공장 신설도 가능하다고 명시한 덕분에 삼성전자와 SK 하이닉스에게는 일시적으로 숨통은 트였다. 그러나 이런 유예조치가 언제까지 유효할지 미지수다. 또한, 반도체과학법상 수혜기업들은 수익성 지표와 재무계획 등 자료 제출과 연구·생산 시설 공개 의무가 추가된다. 특히, 1억 5,000만 달러(약 2,000억 원) 이상 지원을 받은 반도체 기업은 전망치보다 실제 수익이 많으면 초과 이익을 미국 정부와 공유해야 한다.[9]

## 4.2 자국우선주의 산업정책 대응

미국 인플레이션감축법(IRA) 수혜를 받기 위해서는 핵심광물 및 배터리 부품 요건을 충족하고 북미지역 현지투자, 현지 투자시 입지선정, 주정부 인센티브 및 국세청(IRS)상 세액공제를 받기 위한 요건을 충족해야 한다. 또한 중국과 합작투자를 한 한국기업이 미국에 진출하여 IRA 수혜를 받으려면 FEOC 규제를 회피해야 한다. 세부적인 규정의 이행은 수혜를 받고자 하는 기업이 해야 할 사항이지만, 정부로서도 이러한 미국의 규정이 우방국 기업을 과도하게 옥죄는 일이 발생하지 않도록 필요한 협의를 해야 할 것이다. 한편, 이 법의 수혜기업은 상응한 책임성(accountability)이 있다는 점을 유의해야 한다. 미국의 세금규정이지만 해외기업이 관련 법령준수의 책임을 공유함으로써 IRA에 대한 정확한 이해를 해야 하고 FTA와 유사하게 원산지 기준(부가가치기준)에 대한 충분한 이해도 필요하다. 또한 수혜

---

8   인베스트 조선, "반도체 지원법 앞에서 미중(美中) 딜레마 빠진 SK하이닉스", 2023.3.6.
    http://www.investchosun.com/m/article.html?contid=2023030580061

9   이코노미스트, "반도체 지원금 파티? "공짜는 없다"…美, 기업 기밀까지 공개 요구", 2023.3.2.
    https://economist.co.kr/article/view/ecn202303020031

요건을 증명하기 위한 증빙서류의 보관(record keeping)에 유의하고, 향후 미국 국세청(IRS)의 직간접적인 조사에 연루될 가능성에도 대비해야 한다. 이와 관련, 우리 업체로서는 자동차 딜러, 완성차 업계, 배터리 업계 및 후방산업 간 정보공유, 책임분산 등 체제 구축을 추진해 나가야 한다. 또한 평소 미국우선주의, 미산업경쟁력 강화, 고관세정책 및 외국인투자자 혜택 폐지 등을 공약한 트럼프가 2024년 11월 대선에 재선되면서 미국 산업정책과 외국 기업에 대한 지원 및 혜택에 상당한 변화가 예상된다. 이론적으로는 반도체과학법이나 인플레이션감축법을 무력화시키는 방안이 없는 것은 아니지만, 이미 시행중인 법을 완전히 폐기하기는 어려울 것이다. 그러나, 상하 양원을 장악한 공화당이 동 법의 심의시 제기했던 문제를 수정할 수도 있고, 대통령의 재량하에서 취할 수 있는 산업정책의 폭이 굉장히 넓다는 점을 유의하여 백악관 및 의회 동향을 면밀히 모니터링하고 아웃리치도 적극적으로 추진해야 한다.

EU의 대표적인 산업정책인 탄소국경조정제도(CBAM)도 EU의 엄격한 기준을 외국기업들에게도 적용하기 때문에 우리 수출기업에게는 리스크 요인이 될 수 있다. 정부로서는 우리나라 기업이 CBAM의 피해를 입을 가능성이 높고, 배출권거래제(K-ETS) 등 탄소가격정책을 선도하고 있는 점 등을 고려할 때, 내재배출량 산정 등 제품단위 탄소배출량 산정과 관련한 표준 마련, 저탄소 생산기술 개발 등 실리 위주의 국제협력을 추진해 나가야 할 것이다. 한편, CBAM 전환기간 중에는 하위법령의 입법 추이를 면밀히 살피고, 동시에 CBAM이 추구하는 전세계적 지구온난화 목표 달성과 WTO 합치성 유지라는 원칙에 충실하면서 우리 국익에 부합되게 운영되도록 EU 집행위원회에 적극적으로 의견 개진을 해야 한다. 그 밖에 내부적으로는 K-ETS의 개편 및 자체적인 탄소누출 방지 제도의 도입을 검토 등 선제적으로 대응할 필요가 있다.

또한 EU의 배터리 규정은 배터리 생산·폐기·재활용까지 생산자 책임 강화, 배터리 관련 정보제공 의무 강화, 모든 역내 판매 배터리에 대한 적합성 평가 및 EU 표준 등 적용, 환경, 노동, 인권 등 광범위한 분야에서 기업의 실사의무 등 광범위한 의무를 부과하고 있음에 유의해야 한다. 정부와 기업은 EU의 기본법과 하위법령에 대한 모니터링을 물론, EU 배터리 규정에 차별적 조치는 없는지 검토를 해야 하며 배터리 규정 요건 준수를 위한 제품 디자인, 생산공정 등을 조정해 나갈 필요가 있다.

　　중국의 생산과잉은 전세계적인 공급과잉과 가격하락을 유발하고, 이에 맞대응하여 미국, EU가 반덤핑, 상계관세 및 세이프가드 등 무역구제조치를 강화하는 결과를 초래함으로써 국제시장에서 경쟁하는 우리나라에도 심각한 도전을 제공한다. 주요 무역상대국의 산업보호주의 강화는 우리 기업에게는 불리한 여건을 제공하지만, 이런 정세변화 속에서 반사적 이익도 챙길 수 있다는 점을 염두에 두고 종합적·포괄적 대응을 해야 한다. 특히 정부 차원에서는 중국의 과잉공급으로 저가 수출공세가 강화되어 이미 국내중소기업은 심각한 위기상황이라는 점을 인지하고 무역구제 시스템의 강화, 외국인투자심사 강화, 기술유출에 대한 처벌 강화 등 종합적인 대책을 서둘러 강구해야 한다. 이런 조치들은 정부 단독으로 추진할 수도 있지만 입법을 요하는 사안들은 국회의 협조와 이니셔티브도 절실히 요구된다고 하겠다. 또한, 1962년 무역확장법 제232조에 따라 2018년 미국이 수입철강에 대해 고율관세를 부과하려 하자 울며 겨자 먹기로 미국과 체결한 철강 쿼터 합의를 기회가 되는 대로 합리적으로 개정하는 협상을 해야 한다. 또한, 미국이 강화된 반덤핑 및 상계관세 조사권한으로 인해 우방국인 한국 기업이 부수적인 피해를 입지 않도록 미국측과 긴밀한 협력관계를 구축해야 한다.

## 5 중층적 국제협력과 아웃리치 강화

### 5.1 중층적 국제협력

　　경제안보는 가치에 기반을 둔 외교정책이기 때문에 동맹국 및 파트너 국가와의 연계성을 강화하고 다양한 협력체제를 구축해야 한다. 인태지역에서도 다양한 소다자협의체가 구축되고 있으나 한국의 참여는 일관성과 적극성 면에서 아쉬운 점이 있다. 전략적 모호성보다는 미래지향적 전략의 부재에 기인한다고 봐야 한다. 미·중 갈등에서 파생되는 위험을 분산하고 공급망의 안정성을 포함한 경제안보를 확보하기 위해서는 가치와 원칙을 지키면서 다양한 역내협력에 참여해야 한다. 필요하면 역내협력 이니셔티브를 구상하고 설득하는 노력도 펴 나가야 한다.

한국은 FTA 네트워크를 확대하면서 신통상 규제에 적극적으로 대응해 왔다. 또한, 핵심광물, 자원 및 성장 잠재력 등 전략적 가치가 큰 신흥국과의 경제동반자협정(EPA) 체결을 본격화하고 있다. 비록 미국이 참여하고 있지는 않으나 포괄적·점진적 환태평양경제동반자협정(CPTPP)에 조기가입을 해야 한다. 우리가 이미 참여하고 있는 역내포괄적경제동반자협정(RCEP)은 자유화 수준이 낮고 상품분야에 치중된 협정이라는 태생적 한계가 있으나 역내 공급사슬의 다변화라는 상징적 의미가 있으므로 우리 정부의 적극적 역할이 기대된다.

한국은 인도·태평양경제프레임워크(IPEF) 출범 멤버로서 참여하였으며, 공급망협정(필라 1), 청정경제협정(필라 2) 및 공정경제협정(필라 3)이 2024년 4월, 10월에 순차적으로 발효되었다. 한국은 IPEF 공급망 협정에 따라 위기대응네트워크(CRN, Crisis Response Network)에 주도적으로 참여하면서 미국, 일본 및 호주 등과 공급망 교란의 확산을 사전 억제하고 교란시 위기 네트워크를 가동하여 사후 대응하는 협력체제를 가동해 오고 있다. 또한 한-호주 공급망 이니셔티브를 통해 개도국 공급망 역량강화를 지원해 오고 있다. 또한 싱가포르 등 핵심협력국과 준비(readiness), 복원력 제고(resilience), 교란조치 복구(restoration) 등 3Rs 분야의 협력조치를 규정한 공급망 파트너십합의(SCPA, Supply Chain Partnership Arrangement)를 확대할 계획이다. 디지털 통상협력관련, 한국은 2023년 1월 싱가폴과 디지털협정을 체결한 바 있고, 2024년 5월 DEPA 협정[10]에 가입하고 현재 EU와 협상을 추진 중이다. 앞으로도 한국은 G-7, G-20 등 정상급 포럼은 물론, 역내에 확산되는 디지털협정, 에너지, 환경, 첨단 기술, 수출통제체제에도 적극 참여하고 국제협력에 필요한 국내입법을 재정비해야 한다.

## 5.2 아웃리치 강화

정부차원의 협력 강화와 아울러 주요 통상 파트너 국가의 이해당사자(stakeholders)들과 네트워킹과 관계를 강화하는 데에도 진력해야 한다. 각국의 통

---

10  디지털경제동반자협정: 싱가폴·뉴질랜드·칠레 간 디지털 통상규범 정립과 협력을 위한 통상협정, 2021년 1월 발효

상정책이 입법과 국내정치 역학에 따라 강화되고 변화되고 있음에 비추어, 평소에 주요국의 행정부 관리는 물론, 의회 지도자와의 관계 강화와 함께 씽크탱크(think tank), 경제단체 및 부문별 산업단체 등에 대한 아웃리치를 해두어야 한다. 아웃리치 대상은 집권당에 국한하지 말고 야당 인사들과의 관계증진도 절실하다. 국내에서는 로비활동에 부정적 선입견이 있어 정부 또는 기업차원에서 아웃리치 활동에 소극적인 경향이 있는 것은 사실이나 합법적인 로비활동은 적극적인 경제외교가 될 뿐 아니라 비즈니스 활동의 연장이라고 생각해야 한다. 또한 아웃리치 활동은 중장기적 안목을 가지고 지속적으로 추진되어야 한다. 시간을 두고 신뢰를 축적하면서 높은 수준의 정보교류를 할 수 있는 시스템을 구축하여야 한다. 한편, 미국은 로비 활동이 합법화된 나라지만 로비스트와 로비활동의 공개 등 강력한 투명성 규정이 작동하고 있다는 점에 유의해야 한다. 즉, 외국대리인등록법(FARA, Foreign Agents Registration Act)과 로비공개법(LDA, Lobbying Disclosure Act) 등에서 규정한 요건을 충족해야 한다. 1930년에 제정된 FARA법은 외국대리인의 등록의무를 규정하고 미국의 국익을 훼손하는 활동을 하지 못하도록 규정하고 있다. 2024년 7월 한국계 미국인인 수미테리(Sue Mi Terry)가 FARA법 위반 및 미등록 혐의로 기소된 사건은 미국내 로비활동을 하는 정부와 기업에게 경종이 되고 있다.[11]

---

11  U.S. Department of Justice(2024), Former Government Official Arrested for Acting as Unregistered Agent of South Korean Government, Press Release, July 17. 2024, https://www.justice.gov/opa/pr/former-cia-and-white-house-official-sue-mi-terry-arrested-acting-unregistered-agent-south

# 제12장

# 기업의 리스크 관리

## 1  포괄적 대응체제 구축

### 1.1 선제적 대응

각국의 경제안보 강화 조치의 확대로 불확실성이 고조되고 있는 오늘의 현실은 당연히 정부와 기업에 구조적 도전요인으로 부상되었다. 국제 무역과 투자활동을 통해 기업들이 참여하고 있는 글로벌 공급망은 지정학, 팬데믹, 미·중 갈등, 경제적 강압조치와 보호주의적 정책과 입법 등 다양한 변수에 영향을 받는다. 특히 팬데믹으로 인한 공급망 교란은 물론, 러시아의 우크라이나 침공에 따른 대러시아 제재와 이스라엘-하마스 분쟁으로 촉발된 수에즈 운하의 이용차질 등과 같은 지정학적 위기와 그 파급효과는 예견하기 어렵다. 2022년 우크라이나를 침공한 러시아에 대해 가해진 서방국가들의 포괄적이고 복잡한 제재와 수출통제는 글로벌 기업에게 제재와 수출통제의 위험과 컴플라이언스의 필요성을 각인시켜 주었다. 기업은 정부보다 훨씬 더 선제적이고 정교한 대응체제를 구축해야 한다.

지정학적 리스크는 기업의 매출과 비용에 영향을 미치므로 기업은 기업운영, 계획 및 투자에 영향을 미치는 리스크 요인을 평가하고 리스크 노출에 따른 영향, 수익에의 영향 및 비용 등을 종합적으로 조사(mapping)해야 한다. 기업들은 주요 무역 및 투자 대상 국가의 산업·기술 정책과 입법을 모니터링하고 수집된 정보를 분석한 뒤 회사 내 관계자에게 효과적으로 전파하는 시스템을 갖추어야 한다. 제재의 경우, 금융기관에 국한된 제재라 할지라도 제재의 이행조치가 연관된 비금융 부분에까지 확대되고 거래기업으로부터 제재 준수를 보장하라는 압박을 받기 때문에 내부통제시스템과 자율준수체제를 도입하는 것이 긴요하다. 다만, 제한된 예산 범위 내에서 최적화된 컴플라이언스 체제를 갖춰야 하기 때문에 잠재적 리스크를 기반으로 우선순위에 따라 집중적으로 대응해야 한다. 이를 위해서는 사내에 CEO 중심으로 글로벌 전략을 지휘하는 컨트롤 타워가 확립되고, 하부구조로서 전문인력과 조직 그리고 대외 정보수집과 분석 활동 기능들이 보강되어야 한다.

## 1.2 대내외 조직개편

최근 삼성, 현대, SK, LG 등 국내 대기업을 중심으로 글로벌 공공정책(global public affairs) 부서를 신설하여 지정학적 변수에 대한 검토 분석을 토대로 그룹의 전략방향을 설정하고 있다. 이런 결정은 늦었지만 바람직하다. 이런 조직은 국제적 정책과 입법 과정에서 자사의 이익을 반영할 수도 있고 동 정책과 입법의 운영에 대해서도 의견을 제시하는 기능을 가질 수 있다. 또한 이 조직은 국내의 정책과 입법 과정에도 필요한 의견을 개진하고 특정 사안에 대한 정부의 대외 교섭을 지원하거나 정부의 협조를 요청할 수도 있을 것이다.

또한 미국, EU, 중국 및 글로벌 사우스(Global South) 등 글로벌 공급망에 영향을 끼치는 국가에 대한 동향 파악이 긴요함에 비추어 워싱턴, 브뤼셀, 북경, 뉴델리, 자카르타 등에 이런 기능을 수행할 수 있는 지역거점을 확보하고 운영할 필요가 있다. 이미 워싱턴에는 상당히 많은 대기업들이 지사를 두고 있지만, 브뤼셀을 포함하여 그 외 지역에는 판매기능을 제외하고는 전략적 정보수집 기능과 로비 기능을 가지고 있지는 않은 것으로 파악된다. 해외 거점을 확보하고 관리하는 것은 대기업에게도 부담이 가는 일이지만 중소기업에게는 현실적으로 실현 불가능한 옵션일 수 있다. 이에 비추어 정부 또는 협회 차원에서 유사한 산업부문의 이익을 대변할 수 있는 지원조치를 해야 한다. 예를 들어, 한국경제인협회, 대한무역협회, 대한상의 및 중소기업연합회 등이 지역 거점에 사무소를 운영하거나 강화하는 방안도 있고, 해외 규제조치 또는 법률 문제에 대한 원스톱 자문서비스를 제공하는 인프라를 정부 또는 협회 차원에서 구축하면 중소기업 입장에서는 제한된 재원을 가지고 국제동향 파악 및 대응의 이익을 극대화할 수 있을 것이다.

경제안보관련 정부의 정책과 입법과정에서 기업의 필요사항이 반영될 수 있도록 적극적인 산관협력을 강화해야 한다. 이를 통해 글로벌 공급망 안정성 확보, 첨단 산업 및 기술의 개발과 보호를 통한 국내 산업의 경쟁력 강화, 외국의 불법적 기술탈취 내지는 기술 유출에 대한 보호 등 우리 기업의 이익을 보호하는 노력을 강화할 수 있다.

## 2 공급망 안정성과 복원력

### 2.1 개관

기업에 있어 공급망의 안정성과 복원력을 확보하는 것은 사활이 걸린 문제다. 또한 대상 산업부문 또는 제품이 국가안보에 직간접적인 영향을 미치는 경우 공급망 교란은 바로 국가안보 위기와 직결될 수 있다. 기업들은 팬데믹과 미·중 갈등의 광범위한 파급효과를 겪으면서 공급사슬의 교란에 대비하기 위한 전략, 조직, 활동의 재검토에 박차를 가했다. 공급망 안정성을 위해서는 적정재고 확보, 공급망 모니터링, 공급자의 재편과 공급자 다변화, 내부소싱(수직적 통합)의 확대가 필수적이다. 공급망은 특정 산업 및 품목군에 따라 다르기 때문에 각 분야에 특화된 공급망 정책을 추진해야 한다. 예를 들어 반도체 분야와 배터리 분야의 공급사슬과 애로점(choke points)은 완전히 다르며 각국이 취하는 규제의 강도와 내용도 천차만별이다.

맥켄지는 "공급망 복원력을 보장하기 위해서는 첫째, 소싱, 생산, 물류창고, 수송, 배송 및 환불 등 전체 공급사슬의 각 단계를 실시간으로 추적할 수 있는 기술과 시스템을 확보하고, 둘째, 공급망의 교란에 대비하여 기업의 핵심 데이터의 정확성, 일관성 및 최신성을 유지하고 강한 데이터 관리와 감시 시스템을 이행하고, 셋째, 잠재적 교란이나 가능한 시나리오를 사전에 검토하고 리스크를 경감하고 기업활동의 연속성을 확보할 수 있는 대안 전략을 수립해야 한다[1]."라고 했다.

## 2.2 경제적 강압조치 대응

강압조치를 실효적으로 취할 수 있는 국가는 미국, 중국 등 강대국이며, 특정국에의 의존도가 높은 국가는 취약할 수밖에 없다. 다시 말해 미국, 중국 등에 의존도가 높은 국가와 기업은 이런 의존성으로 인한 취약성에 노출되기 쉬운 것이다. 경제적 강압은 국가와 정부를 대상으로 할 수도 있지만 개별 기업을 지목하여 취해지는 경우도 많다. 미국이 화웨이를 비롯한 특정 개인과 기업 등을 제재 대상으로 지정하는 것이든가, 중국이 한국정부와 한국의 특정기업에 압박을 가하는 경우가 대표적이다. 기업으로서는 정부와 협력을 해야 하겠지만 자체적인 예방조치와 대응방안을 강구해야 한다.

한국의 사드(THAAD) 배치에 대한 중국의 보복관련 무역협회가 신고센터를 개설하고 중국의 강압조치의 피해를 접수했는데, 피해사례를 종합해 보면 대체로 통관지연, 대금결제 지연, 계약 파기 및 보류, 전시 등 행사개최 금지, 불매운동, 청산(liquidation) 지연, 한국 관광 금지, 한류 단속 강화, 보조금 지급 배제, 투자허가 지연 등 광범위한 유형에 걸쳐 있음을 알 수 있다. 이런 피해가 장기화되는 경우, 대기업도 상당한 피해를 받지만 중소기업은 그 피해를 감당하기 어려워 도산하거나 극도의 경영악화를 겪을 개연성이 무척 크다. 그럼에도 경제적 강압조치를 사전에 예상하기 어렵기 때문에 잠재적 취약 지역에 집중된 공급망 의존도를 낮추고 공급망 다변화 및 전략적 비축 능력을 확보해 두어야 한다.

트럼프 2기 행정부가 2025년 1월 출발하면서 대중국 강경조치를 비롯하여 다양한 일방조치가 예상되기 때문에 예방조치의 면밀한 모니터링이 필수적이다. 고관세정책, 제재 및 수출통제 강화 등 경제적 강압조치를 취하는 경우, 대상국가도 보복을 하거나 공급망을 우회하는 등 대응을 하기 때문에 국제적인 공급사슬에도

---

1  McKinsey & Company, "Tech and regionalization bolster supply chains, but complacency looms," 2023.11.3, https://www.mckinsey.com/capabilities/operations/our-insights/tech-and-regionalization-bolster-supply-chains-but-complacency-looms#/

상당한 교란이 일어나게 된다.

## 2.3 규제동향 모니터링

기업은 무역 및 투자 상대국의 산업정책과 외국인투자 규제 동향을 면밀히 모니터링하고 분석하는 기능과 능력을 강화해야 한다. 미국의 경우, 인플레이션감축법(IRA), 반도체과학법(CHIPS and Science Act), 인프라투자·일자리법(IIJA) 등을 통한 국내산업의 경쟁력강화를 꾀하는 동시에 1962년 무역확장법 제232조와 1974년 무역법 제301조 등에 따른 대중국 관세인상 등 무역규제조치를 통해 중국 등을 배제하기 위한 정책을 구사해 오고 있다. 우리 기업들은 이런 여건에서 반사적 이익을 얻을 수도 있지만, 미국의 보호주의라는 틀에서 자칫하면 희생양으로 전락할 위험도 배제할 수 없다. 정부와 긴밀한 협조가 필요하고 동시에 기업차원에서 대미국 조야 및 이해당사자들에 대한 합법적인 로비활동이 긴요하다.

미국의 보조금이나 세액공제를 받는 기업은 상응한 책임성(accountability)이 있다는 점을 유의해야 한다. 예를 들어, 인플레이션감축법(IRA)의 세부규정에 대한 정확한 이해와 FTA와 유사하게 원산지 기준(부가가치기준)에 대한 충분한 이해도 필요하다. 또한 수혜요건을 증명하기 위한 증빙서류의 보관(record keeping)에 유의하고, 향후 미국 국세청(IRS)의 직간접적인 조사에 연루될 가능성에도 대비해야 한다. 이와 관련, 우리 업체로서는 자동차 딜러, 완성차 업계, 배터리 업계 및 후방산업간 정보공유, 책임분산 등 체제 구축을 추진해 나가야 한다.

미국 또는 중국에 투자나 무역활동을 하는데 불이익을 받지 않으려면 반도체과학법(CHIPS and Science Act), 인플레이션감축법(IRA), 인프라투자·일자리법(IIJA) 등에서 중국을 겨냥하여 규정한 해외우려기관(FEOC)에 대한 규제내용을 면밀히 살펴야 하고 확인된 최종사용자(VEU)에 관한 규정도 최대한 활용할 수 있어야 한다. 중국과 합작투자를 하여 미국에 진출한 한국기업이 미국의 IRA 관련 보조금과 세액공제를 받으려면 FEOC 규정을 준수해야 하는 데, 먼저 중국측의 지분율을 25% 미만으로 낮추고, FEOC의 범위에 "실효적인 통제권" 개념이 포함된다는 점을 명심해야 한다. 확실히 "실효적인 통제권" 조항이 적용되지 않도록 하려면 추가지침에 명시된 면책조항(safe harbor provision)에 의존하는 것이 안전하다. 따라서 합작투자 추진 시 생산수량과 시기, 광물 또는 부품의 사용과 판매와 관련하여 결정할 권리, 생산시설 접근과 감독에 관한 권리, 생산에 중요한 모든 장비를 독립적으로 운영, 유지 관리 및 수리할 수 있는 권리, 생산에 중요한 지적 재산, 정보 및 데이터에 접근하고 사용할 수 있는 권리 등을 모두 한국기업이 보유하도록 계약서에 규정해 두는 것이 필요하다.

한편, 미국이 환경, 노동, 인권, 테러, 마약, 불법이민 등 비무역적인 요인을 위해 무역제한적인 조치를 취하는 경우가 확대되고 실사의무와 규제의무 준수의 입증 책임을 기업들에게 부과하고 있다는 점에 대해서도 유의해야 한다. 이런 경향은 국제법 위반소지가 있는 '국내법의 영토외적 적용'을 사실상 정당화시키고 있다. 그렇지만, 다자간 규범이 쇠락하고 일방조치 또는 양자간 합의가 우선시되는 현실을 직시하고 선제적 대응을 해 나가야 한다.

또한 EU도 탄소국경조정제도(CBAM) 또는 핵심원자재법(CRMA) 등 입법을 통해 산업경쟁력 강화와 환경보호라는 두 가지 가치를 추구하는 바, 이런 정책들이 외국의 수출자 및 투자자들에게는 상당한 부담으로 작용할 수밖에 없는 구조이므로, 각 입법의 불리한 조항에 대한 해석 또는 이행방식을 개선하는 활동을 전개하고 정부와도 협력해야 한다. 특히, EU의 역외보조금규정(FSR)은 (i) 기업결합 사전신고, (ii) 공공조달 참여 사전신고, (iii) 직권조사를 통해 역외보조금을 규제하면서 신고요건, 심사절차, 절차 위반시 제재 및 시정조치 등에 관한 세부사항을 제시하고 있는데, 대상 기업이 이 규정의 피해를 줄이기 위해서는 역외 정부보조금에 대하여 철저한 이력 관리를 해야 한다.

## 2.4 중국의 과잉생산과 불공정 무역

중국의 과잉생산과 불공정무역이 전세계적인 문제를 유발하고, 이에 대한 미국과 EU 등의 대응이 보다 강화될 추세임에 비추어 우리 기업의 대응도 중장기적 측면에서 기민하고 포괄적으로 이루어져야 한다. 전통산업인 철강과 석유화학은 물론, 중국이 집중적으로 육성해 온 전기차, 배터리 및 태양광 등 3대 신산업에 대한 중국의 생산능력이 단기간에 축소될 가능성이 적고, 이에 대항한 미국과 EU의 대중국 조치들이 지속적으로 강화될 전망이다. 우리 기업으로서는 최종 수출지인 미국과 EU의 강화된 무역구제 규정의 희생양이 되지 않도록 생산 전과정을 관리할 필요가 있다. 또한 중국을 타깃으로 하는 철강, 석유산업, 전기차, 배터리 및 태양광 등에 대한 미국의 고율관세로 얻을 수 있는 반사이익을 형량하고 사전에 대비하여야 한다.

## 2.5 정부 간 협의동향 모니터링

기업 입장에서는 정부 간 협의 동향도 모니터링하고 대응해야 한다. FTA 협정, 투자협정, 디지털 협정 등 법적 구속력 있는 정부 간 합의는 물론, 정부 간 선언적 합의사항도 살펴야 한다. 예를 들어, 미국과 EU는 철강 및 알루미늄 관세분쟁을 해결하고 비시장경제국에 대한 무역규제를 위해 '글로벌 지속가능 철강·알루미늄 협정(GSSA)'을 추진해 왔는데, 트럼프 2기 행정부 출범으로 타결 가능성이 적어졌지만, 만약 합의가 이루어지면 우리 철강, 알루미늄 기업에는 물론, 전세계적 파급효과를 줄 것이다. 에너지, 경제적 강압조치, 공급망 안정성, 글로벌 인프라 투자 등 관련 G-7 정상회의 선언 또는 합의사항도 법적 구속력은 없지만 글로벌 무역·투자 활동에 일정한 방향성을 제시한다. 광물안보파트너십(MSP), 인도·태평양 경제프레임워크(IPEF) 등 정부 간 합의도 기업활동에 직간접적인 영향을 미칠 수 있다.

## 3 국제제재 컴플라이언스 체제

### 3.1 컴플라이언스 체제 구축

외국의 제재조치는 무역의존도가 높은 우리나라 기업에게 직간접적인 영향을 끼치고, 제재위반의 처벌 수위가 높기 때문에 철저한 대응책이 필요하다. 글로벌 경영을 하는 기업은 유엔 및 각국의 제재조치 대상과 내용을 파악하여야 한다. 특히 이란, 북한, 러시아, 중국 및 쿠바 등과 연관된 금융 및 무역활동을 하는 기업은 미국, EU 또는 우리나라[2]의 제재조치의 세부적인 내용과 이행 동향을 면밀히 살펴야 한다. 예를 들어 미국 등의 경제제재 법령에 대해 지속적인 모니터링을 하면서 고객 확인(KYC, Know Your Customer), 취급품목의 미국 재무부 해외자산통제국(OFAC)의 통제 대상 품목 여부 확인 등 최대한 주의 의무를 다할 필요가 있다. 미국 제재가 미국 내 외국기업에게 적용되는 경우(primary sanctions)와 미국의 관할권 이외에도 적용되는 경우(secondary sanctions)에 대비할 필요가 있다. 장기적으로는 기업 차원에서의 공급망을 점검하고 각 공급망에서 준수해야 할 국내외 법령들에 관해 유의할 필요가 있다.

기업들의 컴플라이언스 프로그램은 기업마다 특화된 리스크에 기반하여 마련해야 한다. 기업마다 공급망의 특성이 다르고, 중소기업의 프로그램이 수많은 고객과의 거래를 관리하고 감시할 능력이 있는 대기업과 같을 수는 없기 때문이다. 제재를 받기 전에 정책, 절차, 고객관리 시스템, 임직원 훈련, 거래 모니터링 등 중요한 예방적 조치를 취하는 것이 긴요하다. 미국의 제재조치를 예방하고 준수하기 위해서는 재무부 해외자산통제국(OFAC), 법무부, 영국 금융제재이행사무소(OFSI, Office of Financial Sanctions Implementation) 등 제재 당국이 제공하는 제재 준수 프로그램에 관한 지침과 안내를 참조할 필요가 있다. 조직 구성원에 대한 제재관련 정보제공, 자문 및 훈련, 리스크 분석, 준수 및 감사시스템, 구제조치와 위반에 대한 제재 등 기능을 강화하고, 반부패, 반독점, 데이터 보호, 고객관리, 자금세탁 및 거래 컴플라이언스 등을 담당하는 조직을 효과적으로 운영하여 미 재무부 해외자산통제국(OFAC)을 포함한 규제기관 및 집행기관의 제재 준수 프로그램 요건을

---

2  한국의 대러시아 제재조치: 한국 정부는 2022년 러시아의 우크라이나 침공 직후 러시아산 수출입에 대한 미국과 유럽의 제재를 이행하기는 할 것이나, 한국이 독자적인 제재 조치를 취하지는 않을 것이라고 발표했다. 금지대상이 되는 전략물자 품목은 전자, 반도체, 컴퓨터, 정보통신, 센서 및 레이저, 항법 및 항공전자, 해양 및 항공 우주 장비가 포함된다. 한국은 미국, 캐나다, EU가 러시아 은행들을 국제금융통신망인 SWIFT에서 배제하는 금융 제재에도 동참하기로 했다. 한국의 기획재정부는 러시아의 주요 7개 은행(Sberbank, VEB, PSB, VTB, Otkritie, Sovcom and Novikom) 및 자회사들에 대한 금융거래를 중단할 것을 결정하였다.

충족시키려는 노력을 강화하여야 한다.[3]

## 3.2 OFAC의 규정준수 프로그램

2019년 5월, 미 재무부 해외자산통제국(OFAC)은 관련 규정 준수 프로그램의 필수 구성요소를 설명하는 "OFAC 규정준수 약속을 위한 프레임워크"를 발표했다.[4] OFAC는 (i) 경영진의 의지(Management Commitment), (ii) 리스크 평가(Risk Assessment), (iii) 내부 통제(Internal Controls), (iv) 테스트 및 감사(Testing and Auditing), (v) 훈련(Training) 등 컴플라이언스의 5대 요소와 세부지침을 제시한다. 이 지침은 미국 기업만 대상으로 하는 것이 아니라, 미국에서 사업을 하거나 미국인과 미제 상품이 관련된 외국회사 및 외국인에게도 적용된다. OFAC의 지침 준수를 위해서는 '일률적인(one-size-fits-all)' 리스크 평가가 없을 지라도 상부에서 하부로 조직을 전체적으로 검토하고 외부와의 접점을 평가하는 실습(exercise)이 필요하다. OFAC 프레임워크에 따르면, 효과적인 리스크 평가 및 제재 규정 준수에 중요한 것은 소유권 및 지리적 위치 등 요소를 고려하여 고객, 공급망, 중개자 및 상대방에 대한 실사를 수행하는 것이다. OFAC는 기업들의 OFAC 제재준수 실패의 근본원인 중 하나로 '고객들(customers/clients)에 대한 부적절한 실사'를 꼽고 있다.

기업이 특정 제품 또는 서비스를 외국과 거래하고자 하는 경우, 제재위반을 회피하기 위해 일반적으로 두 가지 조치를 취할 수 있다. 첫째 거래하기 전에 무엇을(what), 어디로(where), 누구에게(who), 왜(why) 등 4개 질문에 관한 사실관계를 파악하고, 둘째, 이 사실에 기초하여 대상 거래관계가 특정국가에 대한 제재 및 제재대상자(SDN) 리스트에 의한 제재를 위반하는지 여부를 차례로 검증해 나가는 것이다. OFAC는 기업이 스스로 검증할 수 있도록 검증도구(tool)를 웹사이트[5]에 올려놓았다. 실제로 기업의 업무가 복잡하고 여러 부서에 분산되어 있어 해당기업이

---

3  Morrison & Foerster LLP, "Lessons Learned from OFAC's 2021 Enforcement Actions So Far," JD Supra, July 15, 2021.

4  "Office of Foreign Assets Control - Sanctions Programs and Information," U.S. Department of the Treasury.

5  https://sanctionssearch.ofac.treas.gov/

경제제재 위험에 노출되었는지 여부를 파악하는 일은 쉽지 않다. 대응체제를 효율적으로 가동하기 위해서는 컴플라이언스 총괄부서의 주도하에 자가진단 체크리스트를 작성하여 관련부서와 긴밀히 협의하는 작업이 긴요하다. 예를 들어, 북한, 이란 등 제재대상 국가와 거래관계가 있는지 여부, 결제 및 선적과정에서 문제점은 없는지 여부, 최종사용자는 누구인지 등에 대한 질의를 통해 제재 규정에 위배될 수 있는 초기징후를 포착할 수 있기 때문이다.

제재의 과징금과 처벌이 징벌적이기 때문에 비용이 들더라도 예방조치를 취하는 것이 훨씬 유용하다. OFAC의 처벌규정[6]을 보면, 고의적 위반에 대한 형사처벌은 2천만 달러의 벌금과 최대 30년 징역형을 부과하고 민사처벌의 경우 위반거래당 또는 거래금액에 기반한 벌금형을 부과한다. 몇 가지 국내외 케이스를 들어 본다. British American Tobacco(BAT)는 북한과 대량살상무기 확산자에 대한 미국제재를 위반하여 5억 달러 지불에 합의했다.[7] 이 케이스는 제재 컴플라이언스에 있어 고위 경영진의 중요성이 크다는 것을 보여준다. BAT 고위경영진이 북한에 소재한 합작회사에 대한 BAT의 소유권과 지배권을 고의적으로 불분명하게 처리했고 이런 고의성 때문에 처벌이 가중된 케이스다.

2020년 4월 한국의 ○○은행은 미국 검찰 및 뉴욕 주 은행 규제당국과 자금세탁방지(AML, anti-money-laundering) 준수 프로그램에 대한 조사를 해결하기 위해 8,600만 달러의 과태료를 지불하기로 합의했다. 미국 법무부 보도자료에 따르면, ○○은행은 미국의 제재 조치를 위반하며 10억 달러 이상의 거래를 처리했는데, 특히 뉴욕 지점의 관련 전문인력 부족 등을 포함하여 자금세탁방지(AML) 규정이 준수되지 않았음이 지적되었다. 연방 검사에 따르면, ○○은행 뉴욕 지점은 한국 기업에서 이란으로 지불한 미화 1천만 달러를 처리했다. 거래의 대부분은 ○○은행의 현지 지점과 적어도 다른 하나의 국책은행(state-regulated bank)을 포함한 뉴욕의 금융기관들을 통해서 이루어졌다.[8] ○○은행은 과태료 납부와 함께, 재발

---

6  https://www.treasury.gov/resourcecenter/sanctions/Documents/fr82_10434.pdf

7  https://ofac.treasury.gov/media/931666/download?inline

8  Samuel Rubenfeld, "Industrial Bank of Korea Agrees to Pay $86 Million to Settle Money Laundering Probes," The Kharon Brief, April 21, 2020.

을 막기 위해 관련 제재 조치에 대한 규제 준수 기능을 강화했다. AML 및 규제 준수 여부를 감독하는 두 개의 부서를 신설했고, 뉴욕 지점은 본사의 최고 준법책임자에게 직접 보고하는 규제 준수 담당자(compliance officer)와 차장(deputy) 및 9명의 직원을 추가 고용했다. 또한 ○○은행은 새로운 규제 준수 테스트 프로그램을 마련하여, 규정의 준수 여부를 보고, 추적, 그리고 평가하기 위한 방법론을 개발했으며, 거래 모니터링 프로세스 및 시스템을 구축했다. 이 조치들은 AML 규정 준수를 위한 적절한 자원, 직원 및 교육 제공 등을 포함하여 효율적이고 효과적인 제재 관련 규정 준수 프로그램의 구축과 지원이 중요함을 보여주고 있다.

## ④ 수출통제 컴플라이언스 체제

### 4.1 기업의 리스크 요인

수출통제제도와 같이 수출·입을 제한하는 통상조치는 무역의존도가 높은 대외의존형 경제통상구조를 갖고 있는 우리나라의 경우, 기업에 부담이 되는 것이 사실이다. 그러나 국가 안보 목적의 전략물자 수출통제제도는 수출통제제도가 현실적으로 기업의 생존과 경제활동에서 피할 수 없는 국제무역질서의 일부분이라는 사실을 인식하고 이에 적극적으로 대처하는 것이 중요하다.

본의 아니게 기업이 전략물자 불법수출에 연루되는 경우, 기업의 경영활동에 여러 가지 위험부담과 실제적인 손실이 발생하게 된다. 국제수출통제절차를 준수하지 않을 경우 형사처벌이나 벌금, 외국의 제재를 받게 되며, 기업의 명성에 타격을 줄 수 있고 이는 고객 신뢰도 하락과 신용손실, 매출 감소 등으로 이어질 수 있다. 또한 수출제한으로 인해 공급망 차질, 생산 지연, 제품 출하 문제 등이 발생할 수 있고 외국의 제재로 인해 특정 시장 접근이 제한될 수도 있다. 더 나아가 수출통제 위반은 국가 간 외교문제로 비화될 수도 있다. 이처럼 국제수출통제절차를 준수하지 않을 경우 다양한 유무형의 손실을 입을 수 있기 때문에 경영상 리스크 예방과 기업 이미지 제고 등 기업의 장기적 안전보장 확보 차원에서 이중용도 물품 등의 수출입에 관여하는 기업의 경우, 관련 리스크를 최소화함으로써 국제 시장에서 경쟁력을 유지할 수 있도록 하여야 한다.

우선 수출통제 위반 위험을 최소화하기 위해서는 사전 예방조치를 보장할 수 있는 체제를 기업 내부에 구축하는 것이 중요하다. 이중용도 물품 등의 수출입에 관여하는 기업은 수출통제 업무를 기업경영의 일부분으로 통합하고 수출규제를 자율적으로 준수하기 위한 내부통제시스템을 도입하는 것이 필요하다. 현재 주요 이중용도 품목을 수출하는 선진국 기업들은 대기업 또는 중소기업을 막론하고, 대부분 내부통제체제를 운영하고 있다. 우리의 관련 기업들도 이를 참고하여, 기업 규모, 수출품목의 성격, 수출지역 등 여러 가지를 고려하여 이러한 자율적인 내부 통제체제를 구축하고 이를 지속적으로 운영, 개선해야 한다. 이를 위해서는 기업의 경영진이 수출통제 준수의 중요성을 인식하고 이러한 체제를 구축, 운영하려는 강력한 의지를 표명하는 것으로부터 출발해야 한다.

## 4.2 BIS의 규정준수 프로그램

2017년 1월 미 상무부 산업안보국(BIS, Bureau of Industry and Security)은 효과적인 수출통제 규정 준수 프로그램의 핵심 요소를 설명한 "수출규정준수지침 (Export Compliance Guidelines: The Elements of an Effective Export Compliance Program)"을 발표한 바 있다.[9] 이 지침은 수출관리규정(EAR)에 따라 기업들이 수출 활동을 운영할 수 있도록 지원하기 위한 것으로, "BIS 미니멈(BIS de minimis)" 규정을 포함하여 최근 미국과의 대러시아 수출 규제에 대해 조율했던 한국기업들은 이 지침에 근거했었다.

BIS는 효과적인 규제 관련 준수 프로그램에 중요한 8가지의 필수 구성요소들을 명시하고 있다. 이는 (i) 경영진의 책임(Management Commitment), (ii) 리스크 평가(Risk Assessment), (iii) 수출 승인(Export Authorization), (iv) 기록관리 (Recordkeeping), (v) 훈련(Training), (vi) 감사(Audits), (vii) 수출위반 처리 및 시정 조

---

**9** U.S. Department of Commerce Bureau of Industry and Security, Export Compliance Guidelines: The Elements of an Effective Export Compliance Program, January 2017.

치(Handling export violations and taking corrective actions), (viii) 수출 준수 프로그램(ECP) 구축 및 유지 관리(Build and maintain your Export Compliance Program) 등을 포괄한다. BIS의 지침서는 위의 구성요소들이 효과적인 수출규제 관련 규정 준수 프로그램을 위한 기본 구조를 제공하지만, 이것이 완벽한(exhaustive) 목록은 아니라는 점을 강조하고 있다. 기업들은 각기 고유한 수출 업무 및 무역 활동을 고려하여 규정 준수 프로그램을 개발하고 조정해야 한다. 효과적인 준수 프로그램 개발은 수출 위반을 방지할 뿐 아니라, BIS가 개별 직원 차원의 위반과 더 큰 규모의 기업 차원의 위반을 구분할 수 있게 하기 위해서도 필수적이다.

이중용도 품목에 대한 내부자율통제제도를 운영하는 기업은 전담조직과 인원을 배치하고, 책임자 지정, 전략물자 등의 거래관련 기록 및 자료의 보관·유지, 적절한 내부 보고절차, 위반시 제재 조치 등을 포함한 수출절차관리지침을 제정·시행하여야 한다. 이와 함께 내부통제제도 운영에 관한 기본방침을 기업 내에 공지하고 수출통제와 관련된 최신 법규와 규정, 그리고 내부 통제제도의 작동상황을 이해할 수 있도록 임직원에 대한 정기 및 수시 교육을 실시하는 것이 필요하다. 내부통제체제가 제대로 운영되기 위해서는 이를 감독할 내부감사제도를 수립해야 한다. 정기적으로 내부 감사를 실시하여 규제 준수 상태를 모니터링하고, 모니터링 시스템을 통해 수출 활동을 실시간으로 추적하고 관리하여 잠재적인 위반 사항을 사전에 발견하여 조치해야 한다. 이 과정에서 최고경영자 이하 기업 내 모든 관련 직원들이 수출통제와 관련된 준법경영의 필요성을 충분히 인식하도록 하여야 한다.

이러한 내부통제체제가 구축되면 거래 상대방에 대한 검증 절차를 도입하여야 한다. 고객확인(KYC, Know Your Customer) 원칙에 따라 고객, 파트너, 거래처 등에 대한 철저한 검증 절차를 도입하여 제재 대상자나 고위험 거래 상대방과의 거래를 사전에 차단할 수 있도록 해야 한다. 이를 위해 거래 상대방의 신원, 경영진, 소유구조 등을 검토하고, 국제 제재 리스트와 대조하여 확인해야 한다. 또한 수출품의 도착지, 최종 사용자나 용도 파악 등에 가능한 한 노력을 다할 필요가 있다. 또한, 수출통제 대상 기술 및 제품의 목록을 작성하고, 이를 체계적으로 관리해야 한다. 특정 기술 및 제품의 수출이 규제 대상인지 여부를 파악하기 위해 제품 분류 및 평가 작업을 수행해야 한다.

## 4.3 위기대응 시스템 구축

　나아가 수출통제 관련 정부 기관, 전문가, 법률 자문과 긴밀히 협력하여 최신 규제 정보를 습득하고, 규제 변화에 신속히 대응해야 한다. 필요시, 외부 전문가의 자문을 받아 복잡한 규제 사항을 정확히 이해하고 대응방안을 마련해야 한다. 이처럼 수출통제 제도를 이행하기 위한 사전 예방조치가 중요하나, 만약의 경우 수출통제 위반 상황이 발생할 경우를 대비하여, 신속한 대응을 위한 위기 대응 계획을 수립해 두어야 한다. 이러한 대응계획에는 법적 대응, 커뮤니케이션 전략, 비즈니스 연속성 계획 등이 포함되어야 한다. 우리나라는 수출통제시스템의 법적 근거가 되는 대외무역법 제25조에 따라 자율준수무역거래자 제도를 운영하고 있다. 전략물자 통제 관련 업무를 자율적으로 수행할 수 있는 내부 자율준수관리규정과 전담조직을 갖추어 전략물자 수출업무를 모범적으로 수행하는 기업이나 대학·연구 기관을 정부가 지정하고 이에 대해 특례규정을 두어 포괄수출허가 신청자격 부여, 서류 면제, 허가 면제, 허가 처리기간 단축 등의 우대조치를 부여하고 있다. 기업은 가능하다면 자율적인 내부통제시스템을 정부가 요구하는 수준으로 발전시켜 자율준수무역거래자로 지정되도록 하여 비용과 리스크를 줄이는 노력을 기울이는 것이 바람직하다.

　이중용도 품목의 수출에 관여하는 기업은 우리나라의 수출통제 시스템만을 준수대상으로 하여 업무를 처리하는 것으로는 충분치 않다. 전통적인 국제수출통제체제가 변혁을 겪고 있으나 아직 국제적으로 새로운 수출통제 공조시스템이 확립되지 않은 현 시점에서 기업들은 미국을 위시하여 각 국가가 시행하는 독자적인 수출통제 조치에 노출되어 있다. 미국의 경우, 품목이 미국산이 아니고 영업활동도 미국과 관련되어 있지 않더라도 해외직접생산품규칙(FDPR)에 따라 미국의 통제품목을 일정 비율 이상 편입하거나 미국의 기술 및 소프트웨어를 활용하여 제3국에서 생산된 품목에 관하여 미국의 수출통제규정의 적용을 받을 수 있으므로 기업들은 한국 이외 미국 등 다른 국가들의 수출통제 규정의 적용을 받을 가능성을 고려하여 내부통제시스템은 한국뿐만 아니라 해당기업의 영업이 속할 수 있는 전후방 공급망을 관할하는 국가의 수출통제 규정의 준수를 위한 시스템을 구축할 필요가 있다. 투입된 원재료, 기술 및 소프트웨어의 공급망을 파악하는 것은 수출통제 목적 이외에도 환경·인권 등 또 다른 경제안보 맥락에서 미국, EU 등이 요구되는 공급망 실사를 위해서도 필요하다는 점에 유의할 필요가 있다.

주요국의 수출통제 제도가 강화됨에 따라 중장기적 대책으로 특정국가에 대한 수출 의존도를 줄이고 공급망을 다변화하는 것도 중요한 대책이 된다. 또한 수출통제관점에서 규제가 상대적으로 덜한 비민감 신흥시장 공략과 현지화 전략, 수출통제 규제의 영향이 덜한 서비스 및 비기술적 분야에 대한 시장 모색 등 수출통제 규제에 따른 리스크 관리·대응 차원에서 시장 다변화 정책을 구사하는 것도 고려 가능하다. 그러나 무엇보다도 CEO를 비롯한 최고경영진의 수출통제와 관련된 리스크 관리 필요성에 대한 이해와 인식이 출발점이 되어야 한다.

## 5 외국인투자의 안보심사 대응

중요한 기술 및 인프라 분야에 대한 미국내 외국인투자는 외국인투자위원회 (CFIUS, Committee on Foreign Investment in the United States)의 심사를 의무적으로 받도록 하는 등 국가 안보를 이유로 한 외국인투자 심사 규제를 강화하고 있는 미국은 물론이고, EU도 외국인투자로 인한 국가 안보 및 공공질서에 대한 우려를 반영하여 2019년 새로운 외국인투자 심사 체계를 도입하고 있고, 중국, 일본 등 아시아 국가들도 외국인투자 규제를 강화하고 있다. 미국의 경우, 최근 몇 년간 중국 기업에 대한 심사가 강화되었으며, 이는 다른 국가 기업에도 영향을 미치고 있다. 특히, 그동안 미국·멕시코·캐나다 무역협정(NAFTA/USMCA)이 제공하는 대미 무관세 시장접근을 활용하기 위해 멕시코 및 캐나다에 대한 투자가 활발하였으나 중국 기업 등의 우회수출에 대한 대응 차원에서 미국이 원산지 규정 강화, 엄격한 검증 절차 및 세관 단속, 반덤핑 및 상계관세 조치 등 조치를 강화하고 있으므로 멕시코 및 캐나다를 통한 우회적 미국시장 접근 전략은 잠재적 리스크를 내포하고 있다. 또한 USMCA 폐기 또는 수정을 예고한 트럼프 2기 행정부 출범에 즈음하여 관련 동향을 예측하고 대응해야 한다. 특히, USMCA의 연장 여부를 2026년 7월까지 심사하는 과정에서 자동차 원산지 규정 등 협정의 일부가 수정될 가능성이 커지고 있기 때문에 USMCA의 혜택을 받기 위해 멕시코 및 캐나다에 진출한 우리 기업은 상당한 불확실성에 노출된 셈이다.

한편, EU는 역외보조금규정(FSR)에 근거하여, 제3국내 투자에 대한 정부 보조금을 받은 기업에 대하여 EU내 인수합병 승인 거부 또는 정부조달 참여 배제 등 제재조치를 취하는 경우가 있어 EU 내에서의 투자나 인수 합병, 정부 조달 참여를 계획하고 있는 기업들은 제3국내 투자에 내포된 이러한 법적, 행정적 리스크를 면밀히 분석하고 대응해야 한다.

이러한 동향에 비추어, 외국의 투자규제 변화에 대한 지속적인 모니터링이 필수적이다. 이를 위해 가능하다면 각국의 규제 변화에 대한 최신 정보를 수집하고 분석할 수 있는 내부 전담부서를 마련하거나 외부 법률 자문을 활용해야 한다. 이 부서는 각국의 투자규제에 맞춰 투자 전략을 조정하고 필요한 서류 및 절차를 준비하는 역할을 담당할 수 있다. 또한 현지 기업이나 정부와의 전략적 파트너십을 통해 투자 리스크를 줄일 수 있는 방안을 강구할 수도 있다. 현지 기업과의 합작투자(Joint Venture)나 전략적 제휴를 통해 규제 리스크를 분산하고, 현지 시장에 대한 접근성을 높일 수 있다. 또한 첨단 기술 및 데이터와 관련된 투자에서 기술 유출 방지를 위한 내부 통제 시스템의 강화, 기술 이전에 대한 명확한 정책 마련, 그리고 기술 보호를 위한 투자유치국의 법적 조치 이행 등의 조치를 취하거나, 현지에서의 사회적 책임(CSR) 활동을 통해 지역사회와의 유대감을 강화하는 등 조치를 통해 규제 당국의 호의적인 시각을 유도함으로써 규제 대응에서 유리한 위치를 차지하는 데 도움을 받을 수 있을 것이다. 장기적인 관점에서는 특정 국가에 대한 과도한 의존을 피하고, 투자를 다변화하는 전략도 필요하다. 여러 국가에 분산 투자함으로써 특정 국가의 규제 강화로 인한 리스크를 줄일 수 있고 글로벌 시장에서의 기회를 극대화하고 다양한 시장에서의 성장을 도모할 수 있을 것이다.

# 6 ESG와 공급망 실사

FTA 등 무역협정과 선진국을 중심으로 한 국내법을 통해 환경 및 인권보호를 명분으로 한 통상규제가 강화되어 기업들에게 새로운 법적·사회적 책임을 요구함으로써 중요한 리스크 관리요소가 되고 있다. EU와 같이 기업에게 공급망 전반에 걸쳐 인권 실사를 의무화하는 규정을 도입한 사례들은 기업 운영에 있어서 인권 리스크 관리의 중요성을 부각시키고 있다. 또한 EU의 그린 딜 정책하의 탄소국경조정제도(CBAM)나 FTA 등 국제 무역협정들도 지속가능한 경제로의 전환 차원에서 기업들에게 공급망 전반에 걸쳐 엄격한 환경 기준을 준수할 것을 요구하고 있다. 또한, OECD 가이드라인이나 유엔의 '기업과 인권 이행 원칙(UNGPs, UN Guiding Principles on Business and Human Rights)' 등도 기업들에 대해 인권을 존중하고 보호하는 역할과 책임을 명시하고 있다. 환경·사회·거버넌스 경영(ESG, Environmental, Social, and Governance) 요구에 따라 투자자는 투자 대상 기업의 재무적 측면뿐 아니라 환경, 사회, 거버넌스 등 비재무적 지표도 함께 고려한다. 이에 따라 기업은 리스크 관리 측면뿐만 아니라 투자자·거래처·소비자의 요구에 부응하여 기업의 대외 이미지를 제고하기 위해서는 ESG를 경영의 핵심 요소로 삼아야 되는 것이다.

2026년 본격시행을 앞두고 있는 EU의 탄소국경조정제도(CBAM) 시행과 관련, 대상 물품을 수출하는 기업들의 우선 과제는 제품에 내재된 탄소배출량을 측정하는 체계를 갖추는 것이다. 이와 관련, 저탄소 제품의 정의나 측정방법 등에 관해 진행되고 있는 글로벌 표준 등에 관한 국제적 논의를 감안하면서, 자신이 수출하는 제품에 내재된 탄소배출량을 측정하는 체계를 갖추는 것이 필요하다. 기업은 제품의 내제 배출량에 대한 측정, 보고, 검증(MRV, monitoring, reporting and verification) 체계를 엄밀히 구축해야 한다. 특히 EU CBAM은 앞으로서 여타국에서 도입될 유사제도의 모델이 될 전망이므로 공급망 내 협력업체와 함께 탄소배출에 대한 정보를 측정하고 관리할 수 있는 체계를 마련할 필요가 있다. 물론, 장기적 관점에서 기후변화가 만드는 통상질서에서 경쟁우위를 갖기 위해서는 기술개발을 통해 저탄소 제품을 생산하여 세계시장을 공략하는 것이 필요할 것이다.

EU 외에도 주요국들의 탄소 관련 규제가 점차 강화될 것으로 전망되므로 탄소 집약 산업의 기업 및 수출 업자는 상대국의 탄소정책을 지속적으로 모니터링하고 전략적으로 대비하는 것이 필요하다. 또한 국가들이 탄소중립정책을 가속화하면서 향후 저탄소 배출 상품으로 공급망이 재편될 것으로 예상되는 만큼, 우리 기업들은 장기적으로 탄소경쟁력을 강화하기 위한 기술개발과 투자가 필요하다.

강제노동 규제 동향과 관련, 현재로서는 대체로 미국이나 EU 등 일부 선진국에 제한되어 있는 것으로 관찰되나, 이러한 동향은 앞으로 더욱 확산될 것으로 전망되며, 이는 강제노동에 대한 글로벌 통상규제 강화로 귀결될 가능성이 크다고 할 수 있다. 이에 따라 기업 차원에서 대비가 필요한데, 무엇보다도 강제노동 이슈가 기업에 대한 인권·윤리 차원의 요구수준을 넘어 통상규제의 범위에 포함될 수 있다는 데에 기업경영자들이 확실한 인식을 가질 필요가 있다. EU의 강제노동 물품 수입 금지규정이나 기업지속가능성실사지침(CSDDD)도 일정 규모 이상의 기업에 대해 자사 사업장은 물론이고, 자회사 및 협력사를 포괄하는 공급망 전체에 걸친 실사를 통해 인권과 환경에 대한 부정적 영향을 완화·제거하도록 하고 있고 위반 기업에 대해서는 강제집행과 벌금 부과 등의 제재를 가할 수 있도록 하고 있어, 이에 대한 기업의 리스크 관리 전략을 강화하는 것이 긴요하다. 미국의 위구르강제노동방지법(UFLPA)은 실제 강제노동에 의해 생산되었는지의 여부와 상관없이 제품이 신장위구르 지역에서 생산되거나 그 지역에서 생산된 부품을 사용할 경우에 일단 미국으로의 수입금지 대상이 된다. 신장위구르 지역에서 생산된 제품이나 부품이 강제노동에 의한 것이 아니라는 입증책임은 수입자가 부담하나 생산자 또는 수출자가 관련 정보를 수입자에게 제공하는 것이 필요하다. 따라서 공급망 상류에 있는 원료공급업체에 대해서까지 원산지증명 서류 제출을 철저히 요구하여야 한다. 해당 지역에서 생산된 것으로 의심되는 원부자재를 사용하는 기업은 미 관세국경보호청(CBP)이 높은 수준의 공급망 추적을 요구하는데 정작 중국으로부터는 필요한 자료를 협조받기가 어려워 공급망 실사에 어려움이 있을 수 있다. 따라서 이 경우 공급망 전환 등 리스크 관리를 위한 대안을 강구할 필요가 있다.

미국-멕시코-캐나다 무역협정(USMCA)에 규정된 멕시코 대상 특정 작업장 노동 신속대응 메커니즘은 멕시코의 노동법 준수 이행을 위해 도입되었지만 멕시코 수입으로부터 미국 산업을 보호하기 위한 수단으로 남용될 소지도 있다. 멕시코에 진출했거나 앞으로 진출해서 미국으로 수출을 계획하는 우리 기업들은 불필요한 분쟁에 휩싸이지 않도록 USMCA의 규정에 따라 멕시코 노동법 준수 및 관리·감독을 강화할 필요가 있다.  또한 노동권 보장 요구가 국가별로 상이하므로 장기적인 관점에서 인권 공급망 리스크 관리체계를 점검하고 개선할 필요가 있다. 바이든 행정부하에서 미국 주도로 추진된 인도·태평양경제프레임워크(IPEF)의 무역부문에서도 노동이 핵심의제로 다뤄진 것으로 알려지고 있는데, 당분간 협상이 중단된 상태이나 추후 어떤 형태로든 협상진척 상황이 전개될 경우, USMCA와 유사한 집행 메커니즘 도입 가능성을 예의 주시할 필요가 있다.

이처럼 인권, 노동권과 기후변화를 비롯한 환경보호를 이유로 한 통상규제가 더욱 강화될 것으로 보이므로 기업들은 관련된 공급사슬 내에서 노동권 및 환경보호관련 리스크 관리 전략을 강화해야 한다. 이를 위해 지속 가능성을 위한 구체적인 목표와 전략을 마련하여 인권 및 환경 실사 시스템을 구축하고, 공급망의 가시성(visibility), 투명성(transparency)과 책임성(accountability)을 높여야 한다. 기업이 수출·투자 대상국의 규제를 단순히 준수한다는 차원을 넘어, 지속 가능한 경영을 위한 필수적인 요소로서 ESG 통합 관리와 이해관계자 참여를 통해 전반적인 관련 리스크를 줄일 때 글로벌 시장에서의 경쟁력을 강화할 수 있을 것이다.

## 7 디지털 규제환경 대응

경제의 급속한 디지털 전환과 함께 디지털 통상규범이 발전되어 왔는데, 특히 국경 간 자유로운 디지털 비즈니스 환경을 보장하는 시장접근 자유화 관련 규범은 여러 디지털 관련 규정 중 우리 기업의 글로벌 시장 진출에 있어 직접적으로 긍정적 영향을 미치는 핵심 조항이라고 할 수 있다. 그러나 이러한 규범들은 글로벌 차원에서 보편적으로 적용되는 규범으로 아직 정착되지 못하고 디지털 통상에 관한 각국의 다양한 입장을 반영하여 FTA나 디지털 통상협정 형태로 파편적으로 형성되어 있는 상황에 있다. 우리 기업 입장에서는 글로벌 비즈니스에 불확실성을 제기하는 요소라고 할 수 있다. 예컨대, 데이터 현지화 요구 금지가 일부 디지털 통상규범에 반영된 경우가 있으나 아직 보편화된 규범은 아니므로 나라에 따라서는 데이터 현지화를 요구하는 경우도 있을 수 있다. 이 경우, 현지에 데이터 센터를 구축하는 방안 등을 검토할 필요가 있을 수 있다.

이와 더불어 디지털 통상규범에는 정당한 공공정책 목적(LPPO)의 정부규제권한이 내재되어 있어 디지털 자유화 규정은 허용되는 정부규제권한과의 연관 속에서 해석되어야 한다. 정부규제권한에 대한 인정 정도는 협정마다 차이를 보이고 있는데, 대체로 데이터 보호 및 개인정보 관리, 사이버 안보 강화 등 디지털 분야의 목적뿐만 아니라 공정경쟁, 세무행정상의 형평성 등 여타 공공목적을 반영한다. 경우에 따라서는 디지털 보호무역주의 목적에 따라 이러한 규제가 남용될 수도 있다. 따라서 기업들은 변화하는 글로벌 디지털 통상규범 동향과 함께 각국에서 적용되는 디지털 규제 체제의 변화를 지속적으로 모니터링하여 관련 제도를 명확히 파악하여 이에 대처함으로써 기업의 비즈니스 연속성을 확보하는 방향으로 리스크 관리를 하여야 한다.

한편, 디지털 분야에서 중요한 새로운 변화 중의 하나는 인공지능(AI)에 대한 각국의 규제동향이다. EU의 AI 법 제정에서 보는 바와 같이 각국 정부는 AI 기술의 빠른 발전에 대응하기 위해 다양한 규제방안을 모색하고 있으므로, 기업들은 이러한 규제환경 하에서 AI 기술을 활용하여 기업의 혁신과 성장에 긍정적인 효과를 가져올 수 있도록 노력하여야 한다. 주요국의 관련 산업상황에 따라 AI 규범이 규제와 혁신에 관하여 다양한 형태를 지니고 있다. 관련 기업들은 각국의 규제 법규나 지침을 지속적으로 모니터링하고, AI 기술과 관련된 법적, 윤리적 문제를 다룰 수 있는 전문가를 확보하여 AI 영향평가체제 수립, AI 윤리강령 제정 등을 통해 규제 준수 전략을 구축하는 등 체계적인 리스크 관리 전략을 수립하는 것이 중요하다.

최근 미국 내 커넥티드 차량에 대한 규제강화 동향에도 대응해야 한다. 미국은 미국내 운행중인 커넥티드 차량에서 중국 또는 러시아산 소프트웨어와 하드웨어의 사용을 금지하는 계획을 2024년 9월 발표하였다. 동 계획에 의하면, 커넥티드 차량에 사용되는 중국 등 우려국가의 소프트웨어는 2027년식 차량모델부터, 하드웨어는 2030년식 차량모델 또는 2029년부터 수입이나 판매를 금지할 예정이다.

EU, 캐나다 등도 중국산 커넥티드 차량에 대한 규제를 검토 중인 것으로 알려지고 있다. 자동차 업계와 연관 산업계는 관련 동향을 면밀히 주시해 나가야 한다. 하드웨어관련 기업은 물론, 소프트웨어 관련 기업들은 데이터 수집 및 관리와 사이버 보안에 대한 높은 투명성과 보안성 강화 등 향후 제정될 가이드라인에 부합하는 수준의 시스템을 개발하기 위한 투자 확대 등을 통해 관련 리스크를 관리하여야 한다.

## 제13장

# 트럼프 2기 행정부와 통상 리스크

## 1 트럼프 2기 행정부 출범의 의의

### 1.1 트럼프 2기 행정부의 출범

2024년 11월 미 대선에서 승리한 도널드 트럼프가 2025년 1월 제47대 미국 대통령으로 취임했다. 역대급 박빙 선거라는 예측과 달리 트럼프는 7개 경합주에서 전승을 거뒀고 전국적인 득표수에서도 과반수를 확보했다. 대선의 핵심 쟁점은 경제문제, 낙태이슈, 국경안보와 이민문제, 기후변화와 에너지, 보건·의료 및 성소수자(LGBT)의 권리 인정여부 등 민감한 국내이슈와 러시아·우크라이나와 중동 전쟁 등 국제분쟁, 민주주의와 외교이슈 등 국제이슈에 광범위하게 걸쳐 있었으나 유권자들을 움직인 것은 이념이나 국제문제보다는 역시 국민의 삶과 직결된 경제문제였다.

트럼프는 선거공약과 공화당의 정강정책을 통해 대중 강경노선 견지, 첨단 산업 보호, 다양한 관세조치, 수출통제 및 외국인투자 제한 강화를 공약했다. 또한 바이든 행정부의 국내외 정책의 대대적인 철회를 언급하고, 러시아·우크라이나 전쟁 조기종식, 동맹국에 대한 방위비 부담 증대, 대이란 강경책 등 중동지역에 대한 외교정책 변화, 이민통제 강화, 광범위한 감세조치, 낙태금지, 온쇼어링(onshoring) 위주의 공급망 재편, 화석연료와 원자력 옹호 등의 정책 추진을 강조했다. 대선 후 지명된 내각 구성을 보면 플로리다 출신의 소장 충성파와 월가(Wall Street)

출신 기업인이 주축을 이룬다고 해도 과언이 아니다. 이들은 강성 급진적 성향을 보이고 있어 전통적인 공화당 인사들과는 차별화된다.

**[통상관련 고위직 지명자]**

| 내정직책 | 성명 | 전현직 | 비고/성향 |
|---|---|---|---|
| 국무부장관 | Marco Rubio | 플로리다 상원의원 | Tea Party 지도부; 별명 "Little Marco" |
| 재무부장관 | Scott Bessent | 헤지펀드 매니저 | 선거자금 모금, 게이 |
| 상무부장관 | Howard Lutnick | 월가 기업인 | 선거자금 모금, 암호화폐 지지 |
| 에너지부장관 | Chris Wright | 리버티 에너지 회장 | 덴버소재 수압파쇄 회사 |
| USTR | Jamieson Greer | 로버트 라이트하이저 전 USTR 비서실장 | Skadden 로펌 변호사 |
| 백악관 안보보좌관 | Michael Waltz | 전 플로리다 하원의원 | 대중국 및 아프간 강경파 |
| 백악관 무역제조 선임고문 | Peter Navarro | 트럼프 1기 무역자문관 | 대중 강경, 미의회 난입사건 조사 거부로 4개월 구속 |

위 내정자들은 상원의 인준이 필요없는 백악관 직책을 제외하고 모두 상원의 인준을 받았으나, 상원이 인준에 제동을 걸 것을 대비하여 휴회임명(recess appointment)[1] 가능성도 검토한 것으로 알려졌다. 휴회임명은 과거 정권에서도 의회가 인준에 제동을 걸려고 할 때 실행되었던 사례가 있다. 또한 관료제도의 구태의연한 태도가 정책 추진의 효율성을 저해하고 국가경쟁력을 깎아내린다고 주장하며 소위 '심층국가(deep state)'의 척결을 통한 개혁을 추진하겠다고 공언했다. 직업공무원보호법의 부칙(Schedule F)을 활용하여 정무직 공무원 임명을 확대해 관료조직을 장악하겠다는 의지도 피력했다.

---

1  https://en.wikipedia.org/wiki/Recess_appointment

한편, 대통령 선거와 동시에 실시된 의회선거 결과, 공화당이 상하 양원을 모두 장악했다. 상원은 공화당이 53석을 확보하여 4년만에 다수당을 탈환했고, 하원은 근소한 차이로 다수당 지위를 유지했다. 고유의 입법권한과 대통령에 대한 견제권을 가진 미 의회 상하 양원을 공화당이 장악함으로써 트럼프 대통령의 국정 장악력은 한층 강화됐다. 무역과 투자문제를 다루는 상원 재무위(Finance Committee)와 하원 세입위(Ways and Means Committee)의 구성에 유의해야 한다. 특히 상원 재무위는 Mike Crapo(R-ID) 의원이 위원장을 맡고 그간 위원장을 맡아왔던 Ron Wyden(D-OR) 의원이 간사로 활동한다. 하원은 공화당 다수체제가 유지되었음에 비추어 기존 위원회 체제에서 약간의 변화만 겪을 것으로 내다본다. 하원 세입위는 기존대로 Jason Smith(R-MO) 의원이 위원장으로, Richard Neal(D-MA) 의원이 간사로 계속 활동할 예정이다. 하원 세입위 무역소위원회(Subcommittee on Commerce, Manufacturing and Trade)는 Mike Kelly(R-PA) 의원이 위원장으로, Mike Thomson(D-CA) 의원이 간사로 결정됐다.

## 1.2 정책의 연속성과 차별성

트럼프 외교전략의 본질에 대해서는 다양한 의견이 있다. 전재성 동아시아연구원(EAI) 국가안보연구센터 소장(서울대 교수)은 대체로 몇 가지 시각이 혼재한다고 분석했다.[2] 첫째, 트럼프주의를 간헐적으로 나타나는 미국의 일방주의 외교전략으로 해석하는 것이다. 미국은 제2차 세계대전 이후 패권전략을 추진하면서 패권적 기반이 되는 국력이 소진되었을 때 일방주의 전략을 수시로 취해 왔다. 둘째, 시혜적(benevolent) 패권에서 강압적(coercive) 패권으로의 근본적 변화가 발생했다고 보는 시각이다. 셋째, 시혜적 패권이든, 강압적 패권이든 지금까지 취해온 패권주의를 포기한 보통 강대국으로서의 미국의 전략으로 보는 시각이다. 만약 트럼프주의가 패권전략 자체를 포기하는 보통 강대국의 전략이라면, 이는 국제질서에 주는 함의가 매우 크다. 예를 들어, 달러 본위의 기축통화 체제와 핵의 준독점에 의한

---

2  전재성(2025), 트럼프주의 외교 전략과 세계질서의 미래, 한미관계, 동아시아연구원(EAI) 신년기획 특별논평 시리즈.

비확산 체제, 그리고 다자주의적 국제제도 등은 미국을 중심으로 한 패권체제가 가지고 있는 기본 특성인데, 미국이 패권체제를 포기하고 보통 강대국으로서 외교정책을 취한다면 이런 체제가 근본적으로 무너질 것이기 때문이다. 트럼프 2기 행정부의 미국 외교전략이 어떤 성격과 방향성을 가질지 여부는 더 지켜봐야겠지만, 어떤 경우에도 향후 국제질서는 물론, 경제안보와 통상정책에 미치는 함의는 매우 클 것이다.

트럼프 2기 행정부의 외교정책과 통상정책은 트럼프 1기 행정부와 비교하여 일정한 공통점과 차별성이 있을 것으로 본다. 미국우선주의, 대중국 강경책, 관세조치의 적극 활용, 국제기구 및 동맹국 경시 등은 대체로 공통적이고, 강도의 차이는 있지만 연속성이 있다고 할 수 있다. 그러나 미국의 산업 부활, 외국인투자 규제, 수출통제 및 대중국 기술 견제 등을 추진하는 데 있어 1기 행정부와 달리 훨씬 속도감 있고 일관성 있게 추진할 가능성이 높다. 이유는 간단하다. 2016년 대선 때에는 전국적인 지지율이 민주당 후보에 열세를 보였고, 트럼프 1기 행정부 초기에 정책 추진은 물론, 내부 참모들의 통제도 제대로 이루어지지 못한 면이 있었으나 이번에는 한 번의 대통령 경험에 이어 4년을 준비한 정권 수임이고, 충성심에 기반한 강경 친트럼프 캠프인사들로 충원되어 있어 일사불란한 정책 추진이 가능하고 상·하원을 장악한 공화당의 지원을 받을 수 있을 것이기 때문이다.

또한, 바이든 행정부의 정책과 비교하여 일정한 연속성과 차별성이 혼재할 것으로 예상된다. 우선 대중국 강경책은 양당 공통의 초강경 입장이기 때문에 연속성이 유지될 것이다. 바이든 행정부도 트럼프 1기 행정부의 대중국 강경책을 그대로 유지·시행해 왔다. 또한 제조업 부활을 위한 산업정책도 적극적인 국내산업 육성을 통해 경쟁력을 강화한다는 점에서 공통적이라고 볼 수 있다. 보호주의적 통상기조, 공급망 안정성 확보, 수출통제 강화 및 외국인투자 심사 강화 등의 분야도 의회 입법을 통해 정책의 방향성이 결정되기 때문에 일정한 공통점이 있을 것으로 예상된다.

다만, 환경, 에너지 및 기후 정책에 있어서는 바이든 행정부와는 대조적인 정책을 펼 것이다. 제조업 부활 및 국내산업 육성을 추진하면서 감세정책을 통해 기업들에 강한 인센티브를 부여하는 한편, 외국기업에 대한 차별적 조치를 도입할 가능성도 있다. 미국·멕시코·캐나다 무역협정(USMCA)을 비롯한 자유무역협정(FTA)을 재검토하고, 필요하면 전면적 또는 부분적인 수정도 불사할 것이다. 바이든 행정부가 빅테크의 독점 규제 및 인공지능(AI) 규제를 강화하고 데이터의 국외이전 자유화에 소극적 입장을 보인 데 반해, 트럼프 2기 행정부는 중국 견제를 위해 빅테크 기업에게 일정한 유인을 제공하고 데이터의 국외이전 자유화에 보다 적극적인 입장을 취할 가능성도 있다. 마지막으로 동맹국 및 우방국과의 관계에서 바이든 행정부는 연대강화를 강조한 데 반해, 트럼프 2기 행정부는 동맹국 지위와 무관하게 관세정책을 펴고 오히려 우방국의 안보 무임승차 등을 내세워 추가적인 부담을 지우거나 요구를 할 개연성이 있다.

## 2 경제안보 공약 평가

### 2.1 개관

트럼프는 2024년 대선과정에서 외교 및 안보 분야에서 국익을 최우선으로 하는 '미국우선주의'를 추진하면서 자국의 군사적·경제적 자원을 해외로 투입하는 것을 최소화하고 동맹국을 포함하여 외국과는 상호이익에 기반한 거래적 동맹으로 재편하려는 입장을 강조했다. 트럼프의 대선 공약집인 'Agenda 47[3], 공화당 씽크탱크인 헤리티지 재단이 작성한 'Project 2025'[4], 2024년 7월 발표된 공화당의 정강정책(2024 Republican Party Platform)[5] 및 대선 유세기간 중 트럼프 후보가 밝힌 입장 등을 종합하면 트럼프의 정책 방향을 예측할 수 있다. 특히 공화당의 정강정책은 자국 기업에 대한 규제 및 세금 완화, 에너지 비용 감축, 관세 및 무역정책 등 '미국우선주의(America First)' 기조의 경제 의제들로 구성된다. 공화당이 내세우고 있는 정책 공약은 (i) 인플레이션 문제 해소, (ii) 국경 봉쇄, (iii) 최강 경제대

---

3  https://www.donaldjtrump.com/platform
4  https://static.project2025.org/2025_MandateForLeadership_FULL.pdf
5  https://www.presidency.ucsb.edu/documents/2024-republican-party-platform

국 실현, (iv) '아메리칸 드림' 복원, (v) 불공정 무역 대응 및 미국 제조업·농업 일자리 보호, (vi) '힘을 통한 평화(peace through strength)' 구축 등이다. 특히 중국에 대해서는 60% 이상의 고율 관세 부과 및 최혜국대우(MFN, most favored nation) 지위 철회, 동맹·우방국을 포함한 모든 교역상대국의 수입품에 대한 일률적인 10~20% 보편관세(universal tariffs, baseline tariffs) 부과, 상대국 관세수준에 상응한 관세부과를 가능케하는 상호무역법(Trump Reciprocal Trade Act) 제정, 외국기업에 대한 보조금 폐지, 바이든 행정부의 친환경 정책 폐기 및 탄소 기반 에너지 정책 부활을 통한 에너지 비용 절감 등을 공약으로 내세웠다. 트럼프 2기 행정부는 과거 1기 행정부 때보다 더욱 강경한 보호무역주의를 펼칠 것이다. 트럼프 2기 집권 즈음하여 미국의 무역적자 규모가 지속적으로 증가해 2022년에는 9,449억 달러를 기록했다. 미국의 적자국은 1,847억 달러의 흑자를 낸 중국을 비롯하여 멕시코, 베트남, 독일, 아일랜드, 대만, 일본, 한국(445억 달러 흑자) 및 캐나다 순이다. 미·중 무역전쟁 관련, 트럼프 1기 행정부 시절에 부과한 고율의 대중 관세는 바이든 행정부에도 계속 유지되었는데, 트럼프 2기 행정부에서는 무역 재균형(rebalancing)을 슬로건으로 내걸고 보다 포괄적이고 강력한 조치를 취할 것이다.

## 2.2 통상정책 일반

트럼프 2기 행정부는 무역적자 축소 및 미국 내 제조업 활성화를 위해 동맹국 여부를 불문하고 보편관세, 상호관세 등 관세조치를 강력히 시행할 것으로 전망된다. 트럼프 대통령은 대선 유세과정에서 미국 내 제조업 일자리 보호를 위해 품목, 동맹국 여부에 관계없이 전 세계 수입품을 대상으로 10~20%의 보편관세를 부과하겠다고 밝혔으며, 미국과 FTA를 체결한 상대국은 예외가 될 것임을 밝힌 적이 없다. 무역상대국의 미국산 제품에 대한 관세가 미국 관세보다 높은 경우, 미국도 이에 상응하는 수준의 관세를 부과할 수 있도록 하는 상호무역법 제정을 공화당 강령에 명시한 바 있다. 또한 트럼프 대통령은 대미 무역흑자국에 대해 강한 반감을 갖고 있어 미국에 대해 무역수지 흑자를 유지하는 국가를 대상으로 통상압박을 가할 개연성이 크다. 트럼프 1기 행정부부터 중국뿐 아니라 한국, EU, 일본 등 주요 무역상대국에 대한 무역적자를 문제 삼았으며, 이번 대선 유세과정에서 대EU

무역적자를 언급하며 동맹국일지라도 대가를 치를 것이라고 경고한 바 있다. 이런 보편관세 또는 상호관세 부과는 실제로 실행될 가능성도 있지만, 이를 위협하면서 상대국과의 협상을 통해 미국 시장을 보호하고 교역상대국의 시장접근을 확대하려는 전술적 접근에 활용할 개연성도 있다.

트럼프는 강경 관세정책을 옹호한 월가 출신의 스콧 베센트(Scott Bessent)와 하워드 러트닉(Howard Lutnick)을 각각 재무부장관과 상무부장관으로 지명하고 1기 행정부 시절 라이트하이저(Lighthizer) 무역대표(USTR)의 비서실장으로서 대중국 관세조치, USMCA 및 한·미 FTA 개정 등에 간여했던 재미슨 그리어(Jamieson Greer)를 무역대표(USTR)로 지명한 데 이어, 1기 행정부 시절 대중 무역전쟁을 기획한 경제책사 피터 나바로(Peter Navarro)를 백악관 무역·제조업 선임고문으로 내정하여 자신의 관세정책을 실행에 옮길 진용을 갖추었다. 캐나다와 멕시코가 USMCA 체결상대방이라는 점에서 미국의 일방적인 정책목적 달성을 위해서는 기존 무역협정을 무력화하는 조치도 마다하지 않겠다는 입장을 밝힌 점, 관세부과를 이민, 마약 등 비무역외적 목적 달성을 위한 수단으로도 활용할 것이라고 밝힌 점 등이 주목된다. 트럼프 대통령은 대선에서 당선된 이후 BRICS 국가들이 중국 위안화 등 미국 달러화 이외의 화폐로 무역결제 등을 함으로써 미국 달러화의 기축통화 지위를 약화시키는 것을 겨냥하여 이들 국가들이 새로운 BRICS 화폐를 창설하거나 달러화 이외의 화폐를 사용하지 않겠다고 약속하지 않는 경우 이들 국가들로부터 수입되는 상품에 100%의 관세를 부과하겠다고 위협하기도 하였다.

트럼프 대통령이 주장하는 보편관세 또는 중국에 대한 징벌적 관세를 부과하는 법적인 근거에 대하여 논란이 있다. 미국 대통령이 의회의 동의 없이 독단적으로 보편관세 또는 징벌적 관세를 부과할 권한이 있는가에 관한 논란이다. 미국 헌법 제1조 제8항은 관세부과를 포함하여 외국과의 무역(commerce)을 관장할 권한을 연방 의회에 주었다. 그러나 미 의회는 법령의 요건 충족을 전제로 대통령에게 관세부과 권한을 광범위하게 위임하였다. 대체로 1962년 무역확장법 제232조, 1974년 무역법 제301조, 국제긴급경제권한법(IEEPA, International Emergency Economic Powers Act), 1974년 무역법 제122조(무역수지권한) 및 1930년 관세법 제338조 등에 의해 대통령의 관세부과 권한이 정당화될 수 있다는 의견이 다수이다.

대통령의 관세부과 권한에 대한 법적 분쟁이 여러 건 있었으나 미국 사법부는 전통적으로 대통령의 외교 및 관세 권한의 행사에 대한 간섭을 자제해 왔다. 물론 의회가 대통령의 관세부과 권한을 제한하는 새로운 입법을 제정할 수는 있겠지만, 공화당이 장악하는 상원과 하원이 공화당 대통령을 옥죄려 하지는 않을 것이다.

트럼프 2기 행정부가 바이 아메리칸(Buy American) 정책을 확대하고 미국 중심의 공급망 재편을 강화함으로써 바이든 행정부의 프렌드쇼어링과 우방국과의 협조는 약화될 가능성이 있다. 또한 한·미 FTA와 USMCA와 같은 기존 무역협정을 미국에 더욱 유리한 조건으로 재검토하겠다고 밝혔는데, 재협상에 대한 의지가 강한 것으로 관찰된다. 우리나라의 경우, 대미 무역흑자가 증가하고 있어 트럼프 1기 행정부의 사례와 같이 한·미 FTA 개정을 포함한 통상 압박을 가해올 개연성이 농후하다. 특히, 대미 시장 접근 차원에서 USMCA 혜택을 위해 캐나다 및 멕시코에 투자한 우리 기업은 향후 트럼프 대통령의 정책변화를 면밀히 관찰하여야 할 것이다. 한편, 인도·태평양경제프레임워크(IPEF)의 경우, 바이든 행정부와의 차별화를 강조하기 위해 폐지할 가능성도 존재한다. 수출통제도 강화될 것이다. 바이든 행정부 들어서도 트럼프 1기 행정부 때 외국인투자위험심사현대화법(FIRRMA, Foreign Investment Risk Review Modernization Act)과 함께 제정된 수출통제개혁법(ECRA, Export Control Reform Act)에 따라 대중국 첨단 기술 수출통제와 이중용도 품목의 확대 등이 추진되어 왔다. 트럼프 2기 행정부는 미국우선주의, 미국산업의 보호 및 미국 내 공급망 강화라는 대명제 하에 첨단 기술 및 품목의 수출통제 조치를 보다 강화할 것이다. 주로 중국을 대상으로 하고 있지만, 한국과 같은 제3국도 부수적 영향을 받을 개연성을 배제할 수 없다.

이와 함께, 트럼프 1기 행정부에서와 같이 반덤핑·상계관세 등 수입규제의 조사 빈도 및 강도가 높아질 것으로 전망된다. 트럼프 1기 행정부 때 수입규제 신규 조사 개시건수는 연평균 77건이었고 2015년 개정된 무역특혜연장법(TPEA, Trade Preferences Extension Act of 2015)의 '불리한 가용정보(AFA)' 및 '특별시장상황(PMS)' 조항을 적극 활용해 고율의 반덤핑 관세를 부과한 바 있다. 특히 2017~20년간 PMS 긍정판단 총 25건 중 17건이 우리 기업을 대상으로 했다는 점은 특기할 만하다.

## 2.3 대중국 강경기조 강화

트럼프 2기 행정부에서도 '중국 때리기'는 더욱 강력해지고 집중적으로 이루어질 것으로 예상된다. 첨단 기술 및 중요 제조업 분야에서 중국과의 협력을 차단하고, 미국 내 생산 및 공급망 재편을 강화함으로써 중국과의 통상관계 단절 또는 위협이 강화될 것이다. 트럼프 후보는 대선 유세과정에서 모든 중국산 제품에 대해 60% 관세를 부과하겠다고 했고 일부 인터뷰에서는 100%까지 언급하였다. 트럼프는 이러한 고율관세부과를 위해 미국이 1980년 이래 중국에 부여했던 최혜국대우(MFN) 지위를 2001년 중국의 WTO 가입을 계기로 영구화했던 대중국 항구적 정상무역관계(PNTR, Permanent Normal Trade Relations)의 철회 가능성도 언급한 바, 이를 통해 대중국 고율관세 부과 및 중국과의 경제·통상관계 단절을 실행할 가능성이 열려 있다. 또한 중국 기업이 멕시코에서 생산한 자동차에 대해 200% 이상의 관세부과를 경고하는 등 제3국을 통한 중국의 우회수출도 차단한다는 입장을 밝혔다. 또한 2026년 7월로 예정된 미국·멕시코·캐나다 무역협정(USMCA) 재검토 과정을 이용해 멕시코를 통한 중국의 자동차 및 자동차 부품 우회수출과 환적을 차단하기 위한 강력한 보호장치를 마련하겠다는 점을 분명히 했다.

첨단 기술 수출통제, 투자 제한, 강제노동 규제, 중국의 불공정 무역관행 개선, 중국발 공급과잉 대처 등에 대해서는 의회를 중심으로 미국 내 초당적 공감대가 형성되어 있어 입법과 행정명령을 통해 대중국 규제조치는 강화되고 지속될 것이다. 또한 대선 유세기간 중 트럼프의 참모들은 우주, 양자컴퓨팅, 바이오, 정보기술, 전기차, 로봇 등 미국의 안보와 직결된 미래 첨단 산업에 있어 대중국 탈 동조화(decoupling)를 주장해 왔다.

트럼프 1기 행정부에서는 첨단 기술 분야에서의 외국인투자가 국가안보에 대한 위협이 될 수 있다는 인식에 따라 중국 등의 대미 투자를 통한 미국 첨단 기술 탈취를 방지하기 위해 외국인투자위험심사현대화법(FIRRMA)이 제정되고 발효된 바 있다. FIRRMA는 외국인의 대미 투자 신고 의무화, 심사 대상 확대, 외국인투자위원회(CFIUS) 권한 강화 등을 포괄하며 국가안보 개념을 확대 적용하여 기술, 인프라, 개인정보와 관련해 중국을 비롯한 외국 기업의 미국 내 투자에 대한 안보심사를 강화했다. FIRMMA는 수출통제를 강화한 수출통제개혁법(ECRA)과 짝을 이루고 있다. 또한, 트럼프 후보는 중국에 대한 의존도를 축소하고 중국 견제를 강화한다는 입장을 견지하면서 미국 기업들의 대중국 투자를 규제하고 중국의 미국 내 투자를 차단하기 위한 새로운 규정(rules)을 도입하겠다는 주장을 펴왔다. 어젠다 47은 에너지, 기술, 통신, 천연자원, 전략적 국가자산 등 미국 핵심 인프라의 중국 소유를 제한하는 새로운 규제 도입을 강조하고, 미국의 국가·경제안보를 위협하는 중국 보유 자산 매각을 압박하겠다는 공약을 담고 있다. 한편, 프로젝트 2025는 중국 정부가 첨단 기술과 지식재산권 확보, 첨단 기술 이전을 위해 미국 기업·자산을 체계적으로 투자·인수할 것을 지시·지원하고 있다고 주장하며, 중국 국영기업의 미국 정부조달계약 금지, 중국의 첨단 기술에 대한 모든 투자 금지, 미국 연기금의 중국 주식투자 금지 등을 제안했다. 나아가 프로젝트 2025는 중국이 고관세·비관세장벽·환율조작·노동착취·덤핑 등을 통해 미국의 경제안보를 위협한다고 주장하며 대중국 견제를 강화하여 중국으로부터 경제·재정·전략적인 디커플링을 제안했다. 중국도 미국의 투자규제에 대항하는 조치를 강구해 왔는데, 트럼프 대통령의 대중 강경책이 시행되는 경우 중국의 추가 대응조치가 시행될 것이고 그럴 경우, 글로벌 무역, 투자 환경은 더욱 경색될 가능성이 있다.

트럼프 대통령은 인공지능(AI), 암호화폐 등 첨단 기술 분야에서 글로벌 경쟁자인 중국의 위협을 인식하며 이들 분야에서 규제 완화를 추진할 것으로 예상된다. 특히 바이든 행정부의 AI 규제가 혁신을 저해한다고 비판하고, 취임하면 바이든 행정부의 AI 행정명령을 폐지하겠다고 강조해 왔다. 트럼프는 어젠다 47을 통해 2021년 1월 의회 난입 사태 이후 추가 폭력 선동위험을 이유로 자신을 SNS에서 퇴출한 빅테크 기업, 특히 X의 전신인 트위터의 태도를 비판했고, 트럼프 1기 행정부 말기에 구글 및 메타를 상대로 반독점 소송을 진행하는 등 SNS 플랫폼에 대한 불신과 혐오를 표출한 바 있다. 트럼프는 과거 암호화폐에 대한 강력한 규제를 지지했으나, 최근 입장을 완화한 것으로 관찰된다. 공화당 강령은 "민주당의 불법적이고 비미국적인 암호화폐 단속을 중단하고 중앙은행 디지털 화폐 창설에 반대할 것"이라며 "비트코인을 채굴할 권리를 옹호하며, 모든 미국인이 디지털 자산을 스스로 관리하고 정부의 감시와 통제에서 벗어나 자유롭게 거래할 수 있는 권리를 보장할 것"이라고 주장했다.

트럼프 2기 행정부의 대중국 강공 태세에 대해 중국은 다양한 대응 옵션을 구사할 것으로 전망된다. 우선 중국은 상호주의 원칙을 내세우면서 미국에 대한 보복관세 부과나 희토류 등 핵심 원자재의 수출통제를 통해 미국에 대항하는 강경책이나 미국산 농산물 등의 구매를 통해 미국과 타협하는 방안, 또는 이 두 가지 옵션을 결합하여 대응하는 방안 등을 구사할 가능성이 있다. 일부 전문가들은 트럼프 대통령이 1기 행정부 시절에 중국을 대상으로 관세인상을 통한 무역전쟁을 처음 개시했을 때 중국은 준비가 되지 않은 상태로 미국에 대하여 일부 보복관세 조치를 취하기는 했으나 종국적으로 미국 농산물의 대거 수입을 약속하는 등 타협적인 대응을 할 수밖에 없었다. 그러나 바이든 행정부의 전반적인 대중국 견제 조치를 겪으면서 중국은 이제 미국에 반격할 수 있는 다양한 전략적 장치들을 갖추고 있음에 주목한다. 중국은 미국산 농산물에 대한 보복관세뿐만 아니라 미국 정부 정책에 순응하는 미국 기업에 대한 보복, 특히 희토류 등 주요 원자재 및 부품의 수출통제, 중국이 보유하고 있는 미국채의 매각, 위안화 평가절하 등 다양한 조치를 취할 수 있는 수단을 보유하고 있다.

## 2.4 경제·산업 정책

트럼프 대통령은 대선 유세과정에서 미국우선주의와 보호주의를 기반으로 한 경제·산업정책을 추진할 것을 공언했다. 미국 내 제조업 기업을 대상으로 법인세를 기존 21%에서 15%로 인하하는 감세정책을 추진할 것이라고 했다. 세금 인하를 받기 위한 국내 제조 요건은 트럼프 1기 행정부 당시 '세금 감면 및 일자리법(TCJA, Tax Cut and Jobs Act)' 제정으로 폐지된 '국내 생산 소득공제(DPAD, Domestic Production Activities Deduction)'에 규정된 것과 유사할 수 있으나 국내 생산의 정의가 미비하여 기업들에게 불확실성을 유발할 수 있다. 트럼프 대통령은 1기 재임 당시 TCJA를 예산조정절차(budget reconciliation)로 통과시켰다. 예산조정절차는 해당 법안이 장기적으로 재정 목표를 저해하지 않을 것을 요구하기 때문에 상당수 감세 조항은 추후 일몰되도록 설계되었다. 일몰조항과 관련하여 트럼프 당선인은 개인소득세 감면, 보너스 감가상각 등 감세 혜택 유지·확대를 공약으로 내걸었다. TCJA가 2025년 만료됨에 비추어 트럼프는 동 법안의 연장을 추진할 것이다. 그러나 동 법안이 연장되는 경우 향후 10년간 눈덩이처럼 불어나는 미국의 재정적자 확대로 향후 입법과정에서 트럼프의 감세공약이 일부 수정될 가능성도 배제할 수 없다. 부족한 적자를 메우기 위해 인플레이션감축법(IRA), 반도체과학법(CHIPS and Science Act) 등에서 지원하는 각종 보조금 또는 세액공제를 삭감할 수도 있다는 우려가 제기되고 있다.

2024년 공화당 강령을 보면, 미국 자동차 산업의 회복을 위해 중국 자동차의 수입 규제, 바이든 행정부의 전기차 및 기타 의무사항 취소, USMCA 원산지규정 강화 및 고율관세부과 추진, 핵심공급망의 미국 회귀 및 제조업 강대국으로의 부상 등을 명시하고 있다. 다시 말하면, 강력한 보호주의 기조 아래 산업정책과 제조업 부활을 위한 정책을 추진하면서도 바이든 행정부의 보조금 위주의 접근과는 차별화를 시도할 것으로 보인다. 즉, 여러 관세정책을 통해 외국 제품의 미국시장 유입을 차단하고 국내산업을 위한 강한 인센티브를 제공함으로써 제조업의 국내 공급망을 확대해 나간다는 것이다. 트럼프 대통령은 대선 유세기간 중 인플레이션감축법(IRA)에 대해서는 역사상 가장 큰 세금인상이자 녹색사기라고 비난하고 취임 첫날부터 전기차 지원책 및 자동차 관련 각종 환경규제를 철폐하겠다고 언급했다. 그러나 인플레이션감축법(IRA) 수혜를 받는 주는 2024년 대선과 의회 선거를 통해 공화당이 대부분 압승을 한 지역이기 때문에 공화당 의원과 친트럼프 기업의 존속 주장으로 전면 백지화는 어려울 것으로 전망된다. 다만, 공화당 일각에서는 인플레이션감축법(IRA)을 대체하거나 대폭 수정하는 법안을 상원의 필리버스터를 회피하면서도 상원의 과반수만 확보해도 통과되는 소위 예산조정법(budget reconciliation bills)[6]에 포함시켜 채택할 수 있다는 의견이 제시되고 있다. 이 경우, 기존 인플레이션감축법(IRA)의 보조금 또는 세액공제 규정의 일부가 수정될 수 있는 길이 열림으로써 인플레이션감축법(IRA)상의 수혜를 위해 미국에 투자한 외국 투자기업에게 충격을 줄 수 있다는 우려는 상존한다.

반도체의 경우도 예외는 아니다. 트럼프 후보는 반도체과학법(CHIPS and

---

6  연합인포맥스, [시사금융용어] 미 예산 조정절차,
   2021.02.17, https://news.einfomax.co.kr/news/articleView.html?idxno=4132608
   https://bipartisanpolicy.org/explainer/budget-reconciliation-simplified/

Science Act)의 해외기업 보조금에 부정적인 입장을 수차 표명한 바 있다. 대선 유세기간 중 반도체법의 보조금 규정에 대해 "부유한 기업들을 위해 수십억 달러를 지급한 꼴이며, 보조금 대신 고율관세를 부과하면 반도체 기업들이 아무런 대가 없이 공장을 설립하러 (미국으로) 올 것"이라고 주장했다. 반도체과학법은 초당적 지지를 바탕으로 하고 있어 트럼프 임기 중에도 지속될 가능성이 크지만, 보조금 수혜 조건의 추가와 동아시아 생산업체에 대한 지원 규모 축소 우려는 상존한다. 한편, 반도체 및 장비의 대중국 수출통제기조는 유지·강화될 것으로 예상된다. 트럼프 1기 정부에서 바이든 정부를 거치며 중국의 푸젠진화반도체(JHICC), 화웨이, SMIC 등 개별 기업에 대한 수출통제 위주에서 중국에 대한 전반적 수출제한으로 범위가 확장되고, 해외우려기관(FEOC, Foreign Entity of Concern), 가드레일 규정 및 검증된 최종사용자(VEU) 규정이 더욱 강화될 수 있다. 우리 반도체 기업들은 미국시장에서의 변동성과 함께 대중국 투자 리스크에 대해서도 고심해야 하는 이중 위기에 직면할 수 있는 것이다.

## 2.5 기후·에너지·ESG 정책

트럼프 후보는 바이든 행정부의 청정에너지 정책에 반대하고 화석연료 채굴과 사용을 강력하게 지지해 왔다. 트럼프 후보는 2024년 미국 대선의 주요 쟁점이었던 '수압파쇄법(fracking ban act)'에 대해 미국의 에너지 독립과 경제성장을 촉진한다고 주장하며 찬성입장을 견지했다. 미국 내 에너지 공급 확대를 위해 '에너지 비상사태'를 선포하고 새로운 에너지 프로젝트의 진행에 대한 장애물을 제거할 것과 취임 후 12개월 내 에너지 비용을 절반으로 감축시킬 것을 공약하기도 했다. 또한 전기차 의무화 및 전기차 보조금 등 친환경·전기차 정책에 부정적 입장을 표했다. 나아가 화석연료 및 원자력 에너지 생산 확대를 옹호하고 파리기후협정 탈퇴 등을 공언하기도 했다. 트럼프 2기 행정부에서는 화석연료, 자동차 배출가스 규제 및 석유·가스 시추 규제 등의 완화를 추진하고 청정에너지, 전기자동차 관련 규정의 상당한 변화를 도모할 것으로 예상된다. 친환경·에너지 규제의 완화를 추구하고 사회적 형평성 강화보다는 경제성장에 우선순위를 둠으로써 바이든 정부가 추진한 ESG 정책과는 상당한 차별화가 예상된다. 다만, 인플레이션감축법(IRA), 인프라투자·일자리법(IIJA) 등에 따른 청정에너지 촉진 및 환경분야 규제 정책은 의회의 입법에 근거한 것이기 때문에 입법사항을 대통령이 폐기 또는 축소하는 데는 일정한 한계가 있다.

미국의 기후 및 에너지 정책의 전환이 한국에게는 위기와 기회를 동시에 제공할 것이다. 우선 석유, 천연가스의 생산 확대는 한국의 에너지 기업에게는 기회가 될 것이다. 트럼프 2기 행정부는 경제산업 정책의 일환으로 미국 내 화석연료 산업을 지원하여 에너지 자립을 강화하고, 환경 규제를 완화하여 석유와 가스 생산을 확대할 것이다. 당연히 바이든 행정부에서 추진된 인플레이션감축법(IRA)과 같은 친환경 에너지 정책에 대한 우선순위는 낮아질 것으로 전망된다. 이에 따라 청정에너지 및 전기차 업종에서는 보조금 또는 세액공제의 축소 또는 불확실성으로 부정적 영향을 받을 가능성이 높다. 다만, 중국에 비해 경쟁력이 뒤쳐진 재생에너지 산업에 대해서도 육성정책을 펼칠 가능성을 배제할 수 없다. 4차 산업혁명의 주요한 사례 중 하나인 자율주행 기술 육성의 필요성, 인공지능(AI) 시대에 증가하는 전력수요, 그리고 대중국 견제차원에서 진행되는 미국의 커넥티드 자동차 규제 등에 비추어 볼 때, 화석연료에만 치중된 에너지 정책을 고집하는 데는 한계가 있을 것이기 때문이다.

## 2.6 저금리와 약달러

트럼프 1기 행정부는 무역적자 해소를 위해 무역상대국에게 환율과 무역수지 관리를 연계 추진한 바 있다. 트럼프 1기 행정부는 교역상대국이 외환시장에 개입하여 자국산 상품의 수출경쟁력을 인위적으로 높이는 경우 이를 보조금으로 간주하고 상계관세를 부과하는 규정을 2019년 도입하였고, 실제로 베트남산 타이어에 대해 상계관세를 부과한 바 있다. 트럼프 대통령은 2024년 대선 유세기간 중에 무역적자를 줄이고 미국의 제조업 경쟁력 제고와 수출 확대를 위해 약달러 정책을 추진할 것임을 강력하게 시사했다. 이를 위해 외환평형기금을 통한 외환시장 개입, 기준금리 인하를 위한 연준 압박, 외국의 미국 자산 매입에 대한 특별과세, 우리나라를 비롯하여 일본, 중국 등에 통화가치 인상 압박 등의 정책을 병행하여 추진할 가능성이 있다. 그러나 미국의 재정지출 확대와 관세 인상 등에 따른 물가상승, 보호주의에 따른 글로벌 불확실성과 안전자산 선호 등은 달러화 강세를 유발할 수 있다. 또한, 인위적인 환율 개입으로 얻는 이익에 반해서 부작용도 함께 초래될 수 있다. 트럼프 2기 행정부는 고관세 정책, 법인세·개인소득세 감세, 반이민 정책 등 소위 "트럼프플레이션"을 유발할 수 있고 이것이 저금리, 약달러 정책기조와 상충될 소지가 다분하다. 또한 미국의 약달러 정책에 대응해 교역상대국들도 유사한 환율정책을 도입한다면 글로벌 외환시장에 혼란을 초래하게 될 것이다. 무엇보다도 인위적인 약달러 정책은 기축통화로서 달러의 위상을 격하시킬 수 있다. 어떤 경우가 되든 원달러의 변동성이 확대될 우려를 배제할 수 없다.

미국은 1988년 종합무역법과 2015년 교역촉진법에 따라 6개월 단위로 의회에 보고하는 '주요 교역상대국의 거시경제·환율정책 보고서(Macroeconomic and Foreign Exchange Policies of Major Trading Partners of the United States)'를 통해 미국과 교역규모가 큰 상위 20개국의 거시정책 및 환율정책을 평가한다.[7] 바이든 행정부가 2024년 11월 발표한 동 보고서는 우리나라를 포함한 7개국(한국, 중국, 일본, 싱가포르, 대만, 베트남, 독일)을 환율 관찰 대상국으로 지정하였다.[8] 우리나라는 2016년 이후 계속 환율 관찰 대상국에 포함되었다가 2023년 11월과 2024년 6월 대상국에서 빠졌으나 1년만에 다시 관찰 대상국에 포함되었다. 트럼프 2기 행정부 출범 직전에 한국이 환율 관찰 대상국에 다시 포함된 것은 바이든 행정부 기간 중 대폭 증가된 한국의 대미 무역수지 흑자를 비판적으로 바라보는 트럼프 행정부가 원화를 평가절상하도록 압박을 가할 수 있는 소재를 제공한다는 점에서 우려가 없지 않다.

---

7  미 재무부는 (i) 150억 달러 이상의 대미 무역 흑자, (ii) 국내 총생산(GDP)의 3% 이상에 해당하는 경상수지 흑자, (iii) 12개월 중 최소 8개월간 달러를 순매수하고 그 금액이 GDP의 2% 이상이라는 3개의 기준을 놓고, 이 중 3가지 기준에 모두 해당되면 심층분석 대상국(환율조작국)이 되며, 2가지만 해당되면 관찰 대상국이 된다. 우리나라는 앞의 2가지 기준에 해당되어 관찰 대상국 명단에 포함되었다.

8  US Department of the Treasury, Macroeconomic and Foreign Exchange Policies of Major Trading Partners of the United States, November 2024 Report, https://home.treasury.gov/policy-issues/international/macroeconomic-and-foreign-exchange-policies-of-major-trading-partners-of-the-united-states

## ③ 트럼프 2기 행정부의 통상·경제안보 정책

2025년 1월 20일 취임 직후 트럼프 대통령은 바이든 정부가 발령한 80여 개에 이르는 행정명령 취소를 포함한 50여 개의 행정명령과 각서를 발표했다. 동 명령은 경제, 통상, 환경, 물가안정, 에너지, 이민, 정부혁신 등 선거 공약에서 강조했던 대부분의 분야와 거의 일치했다. 특히 바이든 정부의 기후, 환경 및 에너지 분야의 정책을 폐기하거나 재검토할 것을 지시했다. 다만, 중국 등에 대한 고율관세부과 등 파급력이 큰 조치는 일정한 시간을 두고 검토하는 쪽으로 방향을 잡은 것으로 보인다. 트럼프 대통령은 관세, 공급망, 환율, 무역 및 금융, 통화 등 경제통상 이슈를 전반적으로 검토하고, 대외세입청(ERS, External Revenue Service) 설치 등 제도적 장치를 완비한 뒤 포괄적으로 대응해 나간다는 방침을 세운 것으로 관찰된다.

여기서는 트럼프가 발령한 행정명령 및 각서 중 무역, 기후·환경·에너지, 글로벌 최저한세 및 기술분야와 관련된 것들을 분석한다. 취임 첫날 발표한 '미국우선통상정책(America First Trade Policy)' 제하의 각서(Presidential Memorandum)는 2025년 4월 초까지 현황 검토 후 추가조치를 예고하기 있기 때문에 이 각서가 당분간 트럼프 정부의 통상정책의 방향을 가늠하는 데 중요한 지침이 될 것이다.

### 3.1 미국우선통상정책 각서

'미국우선통상정책(America First Trade Policy)' 각서(Presidential Memorandum)[9·10]는 미국의 경제, 산업 및 국가안보 우선순위 강화와 미국 노동자, 제조업자, 농민 및 기업인의 번영 진흥을 위해 (i) 무역적자와 불공정 무역관행 검토, (ii) 중국과의

---

9  미국 대통령이 발령하는 지시사항(directives)은 행정명령(Executive Orders), 포고령(Proclamation), 대통령 각서(presidential memorandum)로 대별되고, 대통령 각서는 대통령 결정(presidential determination), 대통령 확인(presidential finding), 불승인 각서(memorandum of disapproval) 및 권고 각서(hortatory memorandum)로 세분된다. 행정명령은 법에 의거, 연방관보(Federal Register)에 게재되어야 하는 반면, 대통령 각서는 그런 의무가 없는 점 등 미세한 차이를 제외하고는 대체로 유사하다고 평가된다.

10  White House, America First Trade Policy, January 20 2025, https://www.whitehouse.gov/presidential-actions/2025/01/america-first-trade-policy/

## [미국우선통상정책 각서 내용]

### (1) 불공정 무역 관련 조치

| 조항 | 소관/협조 기관 | 명령 내용 |
|---|---|---|
| §2(a) | 상무부장관<br>(협조: 재무부장관, USTR) | • 무역적자의 원인 및 경제·국가안보적 영향과 위험 조사<br>• 무역적자 해소 조치(예: 글로벌 추가 관세 등) 권고 |
| §2(b) | 재무부장관<br>(협조: 상무부장관, 국토안보부장관) | • 대외세입청(External Revenue Service) 설립방안 검토 |
| §2(c) | USTR<br>(협조: 재무부장관, 상무부장관, 백악관 무역제조 담당 선임고문) | • 불공정 무역관행의 검토 및 대응조치(무역법 제337조, 제338조, 제201조, 제301조, 국제긴급경제권한법(IEEPA) 등에 따른 조치 포함) 권고 |
| §2(d) | USTR | • 2026년 7월 USMCA 검토(review) 준비를 위한 USMCA 관련 공개 협의 절차 개시 |
| §2(e) | 재무부장관 | • 주요 무역국의 환율 정책 및 관행 검토·평가 |
| §2(f) | USTR | • 기체결 통상협정 검토 및 필요시 개정안 권고 |
| §2(g) | USTR | • 미국 노동자, 농부, 목장주, 서비스 공급자 및 기타 기업에 대한 수출시장 접근을 확보하기 위한 통상협상 방안 마련 |
| §2(h) | 상무부장관 | • 반덤핑·상계관세 적용 관련 정책 및 규정 검토(초국경보조금, 비용조정, 제휴, 제로잉 포함) |
| §2(i) | 재무부장관, 상무부장관, 국토안보부장관, 백악관 무역제조 담당 선임고문<br>(협조 : USTR) | • 관세 수입 손실(800달러 이하 면세 관련)과 위조품 및 밀수 약물 수입으로 인한 위험평가 및 대응방안 마련 |
| §2(j) | 재무부장관<br>(협조: 상무부장관, USTR) | • 미국 시민·법인에 대한 외국의 차별적·역외 세금 조사 |
| §2(k) | USTR<br>(협조: 백악관 무역제조 담당 선임고문) | • WTO 정부조달협정 포함, 모든 통상협정의 연방 조달에 미치는 영향 검토 및 미국 노동자·제조업체에 유리한 이행 보장 방안 마련 |

## (2) 중국과의 경제·통상 관계

| 조항 | 소관/협조 기관 | 명령 내용 |
|------|----------------|-----------|
| §3(a) | USTR | • 중국의 미·중 1단계 무역협정 준수 여부 검토하여 관세 부과 기타 필요 조치 권고 |
| §3(b) | USTR | • 제301조 대중국 관세 영향 평가보고서 평가 및 필요시 잠재적인 추가 관세 조정 고려(특히 산업 공급망 및 제3국 경유 우회 관련) |
| §3(c) | USTR | • 불합리하거나 차별적이며 미국의 상거래에 부담이나 제한을 가할 수 있는 중국의 기타 행위, 정책 및 관행 조사 및 제301조 조치 등 대응조치 권고 |
| §3(d) | 상무부장관, USTR | • 중국과의 영구적 정상 무역 관계(PNTR) 관련 법안 평가 및 해당 법안 수정 권고 |
| §3(e) | 상무부장관 | • 중국인에게 부여된 미국 지재권의 상태 평가<br>• 중국과의 호혜적·균형적 지재권 대우를 보장하기 위한 권고안 제시 |

## (3) 그 밖의 경제안보 현안

| 조항 | 소관/협조 기관 | 명령 내용 |
|------|----------------|-----------|
| §4(a) | 상무부장관<br>(협조: 국방부장관 기타 관련 기관장) | • 미국 산업 및 제조 기반에 대한 전면적 경제·안보 검토를 실시하여 제232조 조사 개시 필요성 평가 |
| §4(b) | 경제정책 담당 대통령 보좌관<br>(협조: 상무부장관, USTR, 백악관 무역제조담당 선임고문) | • 미국 국가안보에 대한 위협에 대응하기 위해 제232조에 따른 철강·알루미늄에 대한 제외, 면제 및 기타 수입조정 조치의 실효성을 검토·평가하여 그 결과에 기초한 권고안 제시 |
| §4(c) | 국무부장관, 상무부장관<br>(협조: 다른 수출통제기관장) | • 미국 수출통제제도를 검토하여 미국의 기술적 우위 유지, 획득 및 향상 방안과 기존 수출통제의 허점 식별 및 제거 방안 마련<br>• 수출통제 집행 정책 및 업무 관련 권고안 및 통상·국가안보 조치 등 외국의 준수를 장려하는 집행 메커니즘 권고안 마련 |
| §4(d) | 상무부장관 | • 최근 제정된 커넥티드 자동차 관련 규정 검토 및 적절한 조치 권고<br>• 다른 커넥티드 제품에 대한 통제 확대 고려 |

| | | |
|---|---|---|
| §4(e) | 재무부장관<br>(협조: 상무부장관 기타<br>관련 기관장) | • 우려국가에서 국가안보 기술 및 제품에 대한 미국의<br>투자 관련 기존 행정명령의 수정·폐지 또는 대체<br>필요성 검토 및 관련 최종 규칙에 국가안보 위협<br>해결을 위한 충분한 통제 포함 여부를 평가하여<br>아웃바운드 투자 보안 프로그램의 잠재적 수정<br>권고안 마련 |
| §4(f) | 예산관리처장 | • 외국 정부의 재정 지원이나 보조금이 연방 조달<br>프로그램에 미치는 왜곡효과 평가 및 이를 해소하기<br>위한 법령 등의 제안 |
| §4(g) | 상무부장관,<br>국토안보부장관 | • 캐나다, 멕시코, 중국, 기타 국가로부터의 불법 이주와<br>펜타닐 유입 평가 및 이러한 비상사태 해결을 위한<br>통상 및 국가안보 조치 권고 |

출처: 법무법인(유) 광장 뉴스레터, 미국무선통상정책 행정명령의 주요 내용(2025. 1월)

경제·통상관계 및 (iii) 그 밖의 경제안보 강화 등 3개 분야의 행동계획을 담고 있다. 상무부장관, 재무부장관과 무역대표(USTR)는 4월 1일까지 이 각서에서 지시한 사항에 대한 보고서를 대통령에게 제출해야 한다.[11]

위 각서는 (i) 불공정 무역관행 관련 미국의 무역수지 적자의 근본원인 조사와 관세부과 등 대응방안 보고, 대외세입청 신설 검토, 불공정 무역관행 검토, USMCA의 2026년 검토(review) 준비, 미국이 체결한 모든 FTA 검토, 반덤핑 및 상계관세 정책 검토, 미국인에 대한 외국의 차별적 조세정책 검토를 지시하고, (ii) 중국과의 경제·무역관계 분야에서는 중국과의 1단계 무역협정 이행상황 검토와 대중국 추가관세 부과 여부 검토를 지시하고, (iii) 마지막으로 경제안보 분야에서는 미국산업의 경제안보 측면을 검토하고 필요시 1962년 무역확장법 제232조에 따른 조치 건의, 동 조항에 따른 철강 및 알루미늄의 수입규제 예외조치 검토, 제재 및 수출통제제도 강화, 커넥티드 자동차 규정 강화, 미국 내 외국인투자 및 미국인의 해외투자 규제 검토, 캐나다, 멕시코, 중국 및 여타 국가로부터 불법 이주와 펜타닐 유입 평가, 그리고 이런 비상사태 해결을 위한 통상 및 국가안보 조치 권고 등을 포괄적으로 규정하고 있다. 내용을 보면 당초 취임 전 공약사항을 망라한 것

---

11  다만, §4(f)의 예산관리처장의 제안은 4월 30일까지 대통령에게 보고하도록 하고 있다.

# [관세 등 무역조치 발동 근거법]

| 구분 | 발동요건 | 대통령 권한 | 권한/조사 | 실행 사례 |
|---|---|---|---|---|
| 1930년 관세법 제338조 | 미국상업 활동차별 | 관세부과/수입금지 | 대통령 조사 | 70년간 활용 없었음 |
| 1934년 상호관 세법(RTAA) | 상대국 관세 인하조건하 미국관세 인하 | 상호적 관세인하 (무역자유화) | 대통령 | 1930, 40년대 2~3년 기간 연장. GATT 출범 후 사장 |
| 1974년 무역법 제301조 | 불공정 무역관행 | 무역협정상 양허정지/철회/ 제한, 관세/ 수입제한 등 | 대통령, 청원/조사 | 2018-19년 대중국관세 등 |
| 1974년 무역법 수퍼301조, 스페셜301조 | 불공정 무역관행 | 시장접근 제한, 양허정지/철회/제한 | 대통령, 직권/조사 | 2024년 대중국 전기차, 태양광, 철강 고관세부과 |
| 1962년 무역확장법 제232조 | 특정 품목 안보 위협 | 관세/수입물량 조절 | 상무부, 조사 | 2018년 철강/ 알루미늄 관세/쿼터 |
| 1974년 무역법 제122조 | 무역수지, 달러가치 | 관세, 수입쿼터 등 | 대통령 | 15%관세를 150일간 부과 가능 |
| 1974년 무역법 제201조 | 심각한 수입 증가/ 산업 피해 | 관세/수입쿼터 | ITC/ 산업피해 | 철강, 태양광패널 등 수입 급증시 |
| 1974년 무역법 제402조 | 비시장경제국의 인권 탄압 | 비시장경제국의 PNTR 철회 | 대통령 | 22년 러시아 NTR 철회 |
| 국제긴급경제 권한법(IEEPA) | 대통령의 비상사태선언 | 관세, 자산동결 등 광범위한 규제 | 대통령 | 9.11 사태(2001), 불법이민(트럼프 1기), 틱톡 규제(2020) 등 |
| 반덤핑/ 상계관세법 | 덤핑/보조금으로 인한 실질적 피해 | 반덤핑/상계관세 부과 | 대통령 조사 | 수많은 사례 |

출처: CRS(2016), Warren et. Al(2024) 참조하여 작성

으로 보이지만, 2025년 4월초까지 행정부 내의 포괄적인 현황 검토와 필요한 조치가 보고되면 본격적인 관세 또는 비관세적 조치와 함께 대상국에 대한 정치적 압박이 개시될 개연성이 높다고 봐야 한다.

한편, 예상되었던 보편관세, 대중국 추가관세 등 관세부과 조치는 포함되지 않았고, 대신 제2(a)조, 제2(c)조, 제2(e)조, 제2(h)조, 제3(b)조, 제4(a)조, 제4(b)조, 제4(d)조 등을 통해 추후 관세부과 또는 기타 규제조치를 취할 수 있는 근거를 조사하고 대응책을 보고하도록 규정하고 있다. 2025년 4월 초 이런 광범위한 조사가 보고되면 다양한 형태의 대응조치들이 발령될 것으로 예상된다.

## 3.2 고율관세 압박

트럼프 대통령은 '미국우선통상정책'에 추가하여 개별 국가 및 품목에 대한 관세부과를 파상적으로 발표하면서 파란을 일으켰다. 우선 2025년 2월 4일 국제긴급경제권한법(IEEPA)에 따라 불법이민 및 마약성 진통제 펜타닐(Fentanyl)의 유입이 근절된다고 미국이 판단할 때까지 멕시코와 캐나다로부터의 모든 수입품에 25% 관세를 부과하고 (캐나다산 에너지에 대해서는 10%) 중국 수입품에 대해 10% 추가 관세를 부과하는 행정명령에 서명했다. 미국 대통령이 관세부과를 할 수 있는 근거법은 앞의 표와 같이 다양하며, IEEPA에 근거한 관세부과는 사전 조사기간 없이 즉시 이루어진다.

미국의 관세폭탄 위협을 마주한 멕시코와 캐나다는 대외적으로는 보복을 준비한다고 언급했으나 바로 미국의 요구에 협조하겠다고 선언하면서 3월 4일까지 관세부과 유예를 받았다. 25% 관세부과 조치는 예정대로 3월 4일 시행되었는데, 트럼프 대통령은 곧이어 자동차 및 자동차 부품을 비롯하여 미국·멕시코·캐나다 무역협정(USMCA)에 따라 특혜관세 혜택을 받아온 멕시코 및 캐나다산 수입품에 대한 관세부과를 4월 2일로 유예한다고 밝혔다. 이유는 미국, 캐나다와 멕시코 간 자동차를 비롯하여 수많은 품목들의 공급사슬이 너무나 밀접하게 연계되어 있어 관세부과와 보복관세 부과의 도미노가 실행되는 경우 미국 업계는 물론, 소비자들도 심각한 피해를 입을 수 있다는 여론이 들끓었기 때문이다. 그럼에도 불구하고, USMCA의 특혜관세 적용을 받지 못하는 품목들(예를 들어 중국 등 외국에서 캐나다나 멕시코로 수입되어 미국으로 다시 수출되는 품목으로 USMCA 원산지 기준을 충족하지 못하는 품목들)에 대해서는 당초 발표된 대로 3월 4일부로 25% 관세가 부과된 바, 멕시코로부터 미국으로 수입되는 물품의 약 50%, 캐나다로부터 미국으로 수입되는 물품의 약 38%가 4월 2일까지 관세부과 유예를 받는 것으로 알려졌다. 캐나다는 3월 4일 기준 300억불 상당의 미국 수입품에 대해 25%의 보복관세를 부과하고 1,250억불 상당의 미국 수입품에 대해서는 3주 후 보복관세를 부과한다고 발표했으나 미국의 관세부과 추가 연기 발표 이후 자연스럽게 보복관세 부과를 유보하고, 멕시코의 경우 미국에 대한 보복의사만 밝힌 상태에서 미국이 관세부과를 추가로 유예하면서 관망 모드로 들어갔다. 반면, 중국에 대한 추가관세 조치는 그대로 시행되었으며, 중국은 미리 준비해 둔 보복조치[12]를 실행한다고 선언했다. 또한 트럼프 대통령은 3월 4일부터 모든 중국 수입품에 대해 2월 초 시행한 10% 추가 관세부과 조치에 이어 다시 한번 더 10% 추가 관세를 부과하는 조치(10% + 10%)를 시행했고, 중국도 이에 대항하여 미국 농산물 및 축산물 일부에 대해 10~15%의 보복관세 부과를 발표했다.[13] 그러나 중국은 미국이 모든 중국산 제품에 대해 추가관세를 부과하였음에도 불구하고 일부 미국산 품목에서만 보복관세를 부과하는 등 직접 충돌을 자제하고 상대를 자극하지 않으려는 의도를 엿보였다. 양측은 일단 물밑에서 협상을 진행하여 타협점을 찾는 노력을 할 것이라고 관측되었다.

트럼프 대통령은 철강 및 알루미늄 제품에 대해 3월 12일부터 25% 관세를 국가나 품목에 대한 예외 없이 부과하는 포고령에 서명했다. 트럼프 대통령은 1기 행정부 때인 2018년 3월 수입 철강과 알루미늄에 대해 국가안보를 이유로 무역확장법 제232조에 따라 각각 25%, 10%의 관세를 부과하였는데, 이후 트럼프 1기 행정부와 바이든 행정부 시절에 한국을 비롯, 아르헨티나, 브라질, 호주, 캐나다, 멕시코, EU, 영국, 일본, 우크라이나 등 일부 국가들에 대해 관세부과 면제, 수량제한(쿼터, 할당관세) 등 예외를 허용한 바 있다. 그런데, 이번 조치는 그간 이러한 대안적 합의(alternative arrangements)로 인하여 해당국으로부터 수입이 증가하여 이러한 예외가 국가안보(국내 철강 및 알루미늄 공장의 최소 80%의 지속적인 생산능력

---

12  중국은 미국산 석탄·LNG에 대해 15% 추가 관세 부과, 원유·농기계·대배기량 자동차 및 픽업트럭에 대한 10% 추가 관세 부과, 텅스텐 등 금속물질 수출통제, 미국 구글에 대한 반독점법 위반 조사 등의 보복조치를 취하고 미국의 추가관세 조치에 대해 WTO 분쟁해결절차에 회부하였다.

13  중국은 미국산 쇠고기, 돼지고기, 수산물, 과일, 채소 및 유제품에 대해 10% 관세를, 닭고기, 밀, 옥수수 및 면화 등에 대해서는 15%의 보복관세를 추가로 부과한다고 발표했다.

활용 유지) 우려를 해소하는데 효과적이고 장기적인 대안을 제공하지 못했다고 판단하고, 3월 12일자로 기존의 대안적 합의를 모두 폐기하고 모든 국가로부터 수입되는 철강 및 알루미늄, 그리고 그 파생제품에 대해 적용대상 국가에 대한 예외(exemption)나 개별 품목에 대한 제외(exclusion) 없이 25% 관세를 부과하겠다는 것을 내용으로 하고 있다(알루미늄의 경우, 종전 10%의 관세가 25%로 인상되는 효과). 한편, 트럼프 대통령은 호주가 미국의 무역흑자국이므로 호주는 예외로 할 수 있다는 점을 시사했다. 달리 말하면, 국가 면제나 품목 제외가 없다는 각서의 내용에도 불구하고, 철강과 알루미늄에 대한 관세부과는 추후 양국간 협상을 통해 완화될 여지가 있을 수 있다는 것이다. 트럼프 대통령은 철강, 알루미늄에 이어 구리도 국가안보를 위한 고율관세 부과 대상으로 지목하였다. 트럼프 대통령은 2월 서명한 행정명령에서 한 국가(중국)가 세계 구리 제련 능력의 50%와 세계 5대 제련소 중 4개를 장악하고 있는 상황은 미국의 국가안보 및 경제안정에 위협적인 요소라고 지적하고 1962년 무역확장법에 따라 구리, 구리 파생제품 등 모든 관련 품목들의 수입이 미국 국가안보에 미치는 영향을 조사하여 270일 이내 대통령에게 보고하도록 상무부장관에게 지시하였다. 철강, 알루미늄의 경우처럼 구리에 대해서도 이 조사 결과를 바탕으로 고율의 관세부과 가능성이 있다.

트럼프 대통령은 4월 2일부터 유럽연합(EU)으로부터 수입되는 모든 수입품에 대해 25% 관세를 부과하겠다고 밝혔다. 또한 3월 5일 상·하원 합동 연설에서 "EU는 미국을 뜯어먹기 위해 만들어졌다(EU was created to screw the U.S.)"고 주장하면서 방위비 부담을 확대하라는 메시지를 보내는 동시에 미국에 대한 무역흑자 축소를 강하게 주문했다. 이와 별도로 트럼프는 4월 2일부터 자동차, 반도체 및 의약품 등 품목에 대하여 25% 관세를 부과하겠다고 밝혔다.

트럼프 대통령은 또한 상호관세(reciprocal tariff) 부과에 관한 각서에 서명함으로써 그간 밝혀온 상호관세 부과 추진 의사를 실행에 옮겼다. '상호 무역 및 관세(Reciprocal Trade and Tariffs)' 제하의 이 각서는 미국의 지속적인 대규모 상품무역 적자를 축소하고 불공정하고 불균형적인 교역상대국과의 무역관계를 바로 잡고자 하는 것이 미국의 정책임을 선언하면서, 미국이 무역 상대국의 관세 및 비관세 장벽을 관세로 환산하여 그 상대국의 관세상당치만큼 관세를 부과하겠다는 계획을 천명하였다. 이 각서는 비관세장벽으로 불공정·차별적·역외적용 조세(부가가치세 포함), 불공정 관행(보조금, 과도한 규제요건 등 포함), 환율과 임금억제, 그 밖의 불공정 관행 등을 열거하고 있다. 교역 상대국의 관세 및 비관세 수준에 상응하는 정도로 해당 국가의 상품에 관세를 부과하겠다는 이 계획은 GATT/WTO 체제의 근간으로 유지돼 왔던 최혜국대우(MFN) 원칙을 흔드는 것이다. 또한 각국의 국내규제, 보조금, 조세정책, 그리고 자유무역협정 또는 WTO 협정에 자유화를 유보한 규제에 대해 비관세 무역장벽이라고 주장하면서 이를 해소하지 않으면 징벌적 관세를 부과하겠다고 압박할 수 있어 상당한 파장이 있을 것으로 보인다. 트럼프 대통령은 취임 당일 서명한 미국우선통상정책 각서에 따라 무역대표(USTR)와 상무부장관이 각국의 불공정 무역관행 등을 조사하여 4월 초까지 대통령에게 보고서를 제출하면 4월 2일부터 상호관세부과를 시행하겠다고 공언하였다. 상호관세의 시행시기가 늦추어졌지만 향후 상호관세 부과를 둘러싸고 분쟁과 갈등이 첨예화될 가능성이 크다. 한편, 상호관세 부과를 위한 법적 근거에 대해서는 아직 밝혀지지 않았으나 무역법 제301조와 무역확장법 제232조, 국제긴급경제권한법(IEEPA), 1930년 관세법(약칭 스무트-홀리법, Smoot-Hawley Tariff Act) 제338조 등이 거론되고 있다. 이와 함께 거론되고 있는 1934년 상호관세법은 1930년 관세법으로 높아진 관세를 무역 상대국과 상호 인하시켜 무역자유화를 추진하기 위한 법으로서 1947년 GATT가 출범하면서 사실상 사문화된 법이다. 트럼프가 상대국의 관세에 맞게 미국의 관세를 인상하기 위해 이 법을 원용하는 것은 당초 법취지와는 다소 다른 측면이 있다고 하겠다.

2025년 1월 취임 후 3월 초까지 트럼프 대통령이 발표 및 시행한 관세부과 현황을 다음 표로 간단히 정리했다.

트럼프 대통령의 고율관세 부과 정책은 이제 시작에 불과하고 4월 초에 미국우선통상정책 각서에 따른 보고서가 제출되면 후속 관세 조치가 뒤따를 것이다. 관세전쟁의 승자는 없다. 관세부과, 보복관세 부과와 후속 보복은 관세전쟁으로 악화되고 글로벌 공급사슬은 심각한 교란을 겪을 수 있다. 트럼프 대통령의 정책은 미국내 물가인상, 공급망 차질 및 달러 강세로 인해 국내 반발을 불러일으키고, 대외적으로도 반미감정이 고조되고, 제3세계 국가들의 친중국화도 빠르게 진행될

## [트럼프 대통령의 고율관세 부과 현황(2025.3.7. 현재)]

| 발효일<br>(2025년) | 대상국 | 관세율 | 대상품목 | 전망(블룸버그 등) | 보복<br>여부 |
|---|---|---|---|---|---|
| 2.4 | 중국 | 추가 10% | 모든<br>품목 | 트럼프1기 무역전쟁<br>수준으로 인상, 충격관리<br>가능 | 제한적 |
| 3.4 | 중국 | 또 다른<br>추가 10% | 모든<br>품목 | 트럼프 1기 무역전쟁<br>수준의 2배, 중국의<br>대미수출 50% 축소 | 제한적 |
| 3.12 | 모든 국가 | 25% | 철강,<br>알루미늄 | 미국 및 캐나다에 제한적<br>피해 | 공약 |
| 4.2 | 멕시코/<br>캐나다 | 25%<br>(캐나다산<br>에너지<br>10%) | 대부분 | 미국 GDP 1% 감소, 멕시코<br>및 캐나다에 재앙적 피해 | 당초 3.4로<br>유예 후<br>재유예 |
| 4.2 | EU | 25% | 모든<br>품목 | EU의 대미수출의 70%<br>축소, EU GDP 1.5% 감소 | 위협 |
| 4.2 | 모든 국가<br>(사실상<br>주요<br>수출국) | 25% | 자동차,<br>반도체,<br>의약품 | 상세 미정 | 미정 |
| 4.2 | 모든 국가<br>(사실상<br>주요<br>무역흑자국) | 상호관세 | 미정 | 부가세 및 비관세조치를<br>이유로 관세부과시 큰<br>충격 | 미정 |
| 11.22 | 모든 국가<br>(사실상<br>주요수출국) | 미확정 | 구리 | 무역확장법 232조<br>조사결과 후 관세조치<br>예상, 미국, 칠레, 캐나다<br>영향 제한적 | 미정 |
| 12.31 | EU, 영국,<br>캐나다 | 디지털세<br>대상,<br>세율 미정 | 미정 | 무역법 301조 조사 결과<br>후 관세조치 예상<br>상세 미정 | 미정 |

출처: 블룸버그(2025) 자료를 기반으로 저자 편집

가능성이 크다. 오히려 트럼프 대통령이 추진하는 위대한 미국 또는 중국과 경쟁
하여 승리하는 미국의 이미지와는 대척점에 있는 결과를 낳을 수 있다는 우려가

나온다.

그럼에도 불구하고 트럼프 대통령의 고관세 정책을 장기간 견딜 수 있는 나라는 드물다. 결국 미국과 적절한 타협을 해야 한다는 이야기다. 다행히 우리나라에 대한 압박도 목전에 다가왔지만 우리나라는 트럼프 대통령이 지목한 1차 무역규제 대상은 아닌 것으로 보인다. 그러나, 우리나라가 역대 최대 규모의 대미 무역흑자(2024년 557억 달러)를 내고 있는 상황에 비추어 볼 때, 미국은 조만간 압박을 가해 올 것이다. 정부와 기업은 미국의 구체적인 요구에 대비하여 권한대행 체제를 중심으로 강한 컨트롤 타워로 가동하면서 협상 전선을 일원화하고 미국과 주고받을 수 있는 카드를 준비해야 한다. 언론에 과도하게 노출되는 협상카드는 우리의 협상력을 저하시킬 뿐이다. 격변의 시기에 국내정세도 불안정하여 기업들은 각자도생의 길을 걷는 것처럼 보인다. 그럼에도 정부와 긴밀한 조율이 필요하고 다양한 무역규제조치에 대한 컴플라이언스 체제를 구축하는 데 만전을 기해야 한다.

## 3.3 기후 · 환경 · 에너지 정책

트럼프 대통령은 취임사에서 미국의 에너지 비상사태를 선언하고 파리기후협약 탈퇴를 발표했다. 또한 "미국 에너지 해방(Unleashing American Energy)" 제하의 각서(Presidential memorandum)[14]에도 서명한 바, 미국의 이용가능하고 신뢰할 수 있는 에너지와 천연자원을 탐사하고 생산하는 것이 국가이익이고 미국의 번영을 복원시키고, 미국의 경제 및 군사안보를 재건하는 것이라는 목적을 분명히 하였다. 또한 전기자동차 우선구매(EV mandate)를 폐지하고 주별 배출규정 면책권한 및 기타 전기자동차에 부여되는 불공정한 보조금 등의 제거 등을 통해 소비자의 선택을 보장한다고 강조했다. 이 각서는 취지, 정책, 현황 검토, 기존 행정명령 취소, 환경분석의 정확성 우선, 그린뉴딜의 종료 및 미국 국가안보 보호 및 미국의 광물지배력 복원 등 9개 섹션으로 구성되어 있다.

섹션 3은 국내 에너지자원의 확인, 개발 및 사용에 과도한 부담을 지우는 각종

---

14 White House, Unleashing American Energy, Executive Order, January 20, 2025, https://www.whitehouse.gov/presidential-actions/2025/01/unleashing-american-energy/

규정, 조치를 검토하도록 하고, 30일 내에 이러한 검토에서 확인된 부담관련 조치를 정지, 수정 또는 폐지할 것을 규정하고 있다. 섹션 4는 기후변화 저감 및 청정에너지 관련 기발령된 행정명령의 취소 또는 수정을 규정했다. 대상에는 인플레이션감축법(IRA)의 에너지 및 인프라 규정의 이행관련 행정명령 14082호 및 14096호의 취소도 포함된다. 섹션 5는 효율적인 허가를 통해 에너지 지배의 족쇄를 풀고 이를 위해 기존의 규정 및 조치의 재검토를 위한 관계부처 협의를 지시했다. 또한 섹션 6은 환경분석의 정확성을 기하기 위해 각 부처는 관련 법규정에 충실한 규제조치를 도입하고 과도하고 자의적인 평가 또는 규제를 금지하는 한편, 이와 관련된 기존의 행정명령을 취소하고 30일 이내 개선방안을 보고하도록 하였다. 섹션 7은 그린뉴딜정책의 종료를 규정하고 있다. 모든 부서는 인플레이션감축법(IRA)과 인프라투자·일자리법(IIJA)에 따라 할당된 기금(funds)의 무상지원, 대출, 계약 또는 기타 재정지출 절차, 정책 및 프로그램에 대해 검토를 하고, 90일 이내에 상기 검토결과 및 권고사항을 보고하도록 지시하였다. 또한, 상기 보고 결과에 대한 최종 결정이 있기 전에는 어떤 기금의 지출도 중지하도록 규정하고 있다. 섹션 8은 국가안보 보호를 위해 에너지부는 액화천연가스 수출프로젝트의 승인신청에 대한 검토를 조기에 재개토록 하였다. "공공의 이익(public interest)"을 평가할 때 에너지부는 미국과 동맹국 및 우방국에 대한 경제 및 고용효과에 대한 검토를 해야 한다. 마지막으로 섹션 9는 미국의 광물지배력 복원을 규정하고 있다.

위에 소개한 트럼프의 환경 및 에너지 정책관련 행정명령은 크게 5개 분야로 대별할 수 있다. 첫째, 기후정책의 후퇴. 파리기후협약 탈퇴를 포함하여 기후변화관련 바이든 대통령이 발령한 모든 행정명령을 취소하고, 미국 환경청(EPA)으로 하여금 (i) 미국의 청정공기법(CAA, Clean Air Act)하 온실가스 배출의 위기관련 보고의 적법성과 계속 적용 여부에 대한 보고, (ii) 바이든 정부가 시행해 온 탄소의 사회적 비용에 관한 새로운 지침 작성을 지시했다. 둘째, 국가긴급법(National Emergency Act)에 의거 국내 에너지 인프라 및 공급관련 국가비상사태를 선언하고 에너지 개발에 장애요소를 파악, 보고하도록 했다. 셋째, 석유 및 가스 시추를 증진하고 대륙붕에서의 해상풍력발전 허가를 중지했다. 넷째, 바이든 대통령의 전기자동차 우선구매를 취소하고 연방보다 강한 배출규정을 발령할 수 있는 캘리포니아

주의 면책(waiver) 권한을 취소할 것을 예고했다. 마지막으로 연방정부 내 모든 환경정의(environmental justice) 직위를 폐기하고 관련 프로그램과 활동을 취소했다.

후임 정부가 전 정부의 행정명령을 취소하고 새로운 정책방향을 제시하는 것은 관례라고 볼 수 있고 행정명령은 그 자체로 법규정과 같은 시행력은 없지만, 추후 구속력 있는 법규정으로 전개될 것을 예고하고 있어 그 영향력을 과소평가할 수 없다. 특히, 기후, 환경관련 정책의 경우, 미국 연방정부와 주정부 간 갈등도 존재하고, 파리기후협약 등 국제적 합의를 변경하는 것이라는 점에서 추후 많은 법적 분쟁이 야기될 것으로 본다.

## 3.4 조세 및 기술 정책 등

트럼프 대통령은 2025년 1월 20일 취임 당일 OECD의 글로벌 조세 합의를 철회한다는 각서[15]에 서명했다. 이 각서는 바이든 행정부가 미국 기업의 수입에 대한 외국 조세의 역외 관할권을 인정하고 미국인의 이익에 부합하는 조세정책을 시행할 능력을 제한했으며 미국이 동 합의를 준수하지 못할 경우 미국 기업은 보복적인 국제조세체제에 직면하게 되기 때문이라는 취지를 주장하고 있다. 이 각서는 글로벌 조세 합의의 적용가능성, 차별적 역외조세로부터의 보호 등 관련 3개 섹션으로 구성되어 있다. 우선 바이든 정부가 승인한 글로벌 최저한세 합의는 미 의회가 채택하지 않았기 때문에 미국에 대해 적용되지 않는다는 점을 강조하고, 미국과 조세조약을 체결한 국가가 협정을 이행하지 않거나 특정 국가가 미국 기업에 대해 차별적인 조세규정을 가지고 있을 경우 어떤 보호 또는 대응조치를 취할 것인지를 재무부가 검토하여 60일 이내에 대책을 보고하도록 규정하고 있다. 이 각서에서 언급한 'OECD의 글로벌 조세 합의'는 OECD가 주도하는 15개 세원잠식 및 소득이전(Base Erosion and Profit Shifting, BEPS) 대책 중 디지털 경제의 조세 문제에 관한 2개 필라 해결책(Two Pillar Solution) 도입 논의(BEPS 2.0)를 말한다(제9장

---

15 White House, OECD Global Tax Deal, January 20, 2025, https://www.whitehouse.gov/presidential-actions/2025/01/the-organization-for-economic-co-operation-and-development-oecd-global-tax-deal-global-tax-deal/

(디지털규범과 통상규제) 참조). 이번 각서로 OECD의 필라 1과 2는 그대로 진행되지 못하고 상당한 변화가 발생할 것으로 예상되며, 특히 각국에서 시행하는 디지털서비스세(DST)와 필라 2의 소득산입보완규칙(UTPR)은 미국의 제재대상이 될 것으로 보인다. 우리 정부는 물론, 미국과의 국제 거래를 하는 기업들은 향후 60일내 트럼프 대통령에게 보고될 조사 보고서의 내용과 후속 조치들을 모니터링하고 대응해야 한다.

한편, 트럼프 대통령은 '적성국 지배 앱으로부터 보호법(PAFACAA, 약칭 틱톡금지법)'의 집행을 75일간 연기하는 행정명령[16]에 서명했다. 당초 이 법은 틱톡의 모회사인 중국기업 바이트댄스(ByteDance)가 일정기간 틱톡의 미국 내 사업권을 매각하지 못하면 틱톡 서비스를 금지토록 하였으나, 트럼프 대통령은 행정명령을 통해 법무부가 이후 75일간 동 법을 집행치 않도록 지시하고 이 기간 중 틱톡 서비스가 제기하는 국가안보 우려에 대해 검토하고 미국인 1억 7천만 명이 사용하는 이 서비스가 갑자기 중단되는 상황을 피할 수 있도록 향후 조치 방향을 결정하는 기회를 갖겠다고 함으로써 이 서비스가 미국 내에서 계속 사용될 수 있는 길을 열었다.

## 4 트럼프 리스크와 대응

### 4.1 통상 리스크

트럼프 대통령의 재집권과 보다 강력한 미국우선주의 통상정책으로 보호무역 및 일방주의 강화가 현실화되면서 우리 정부 및 산업계에 불똥이 떨어졌다. 트럼프 대통령의 정책우선순위는 미국 경제의 경쟁력 향상과 동시에 부상하는 중국의 견제로 요약할 수 있다. 이 목적을 위해 관세, 무역, 투자, 에너지, 기술, 제재 및 수

---

16 White House, Application of Protecting Americans from Foreign Adversary Controlled Applications Act to TikTok, Executive Order, January 20, 2025, https://www.whitehouse. gov/presidential-actions/2025/01/application-of-protecting-americans-from-foreign-adversary-controlled-applications-act-to-tiktok/

출통제 등 광범위한 수단을 동원하여 동맹이든 우방국이든 적성국이든 개의치 않고 교역상대국을 압박하겠다는 의지를 누차 피력했다. 트럼프 대통령이 1987년 쓴 회고록이자 비즈니스 조언서인 '거래의 기술(The Art of the Deal)[17]'에서 '거래를 할 때에는 일을 추진할 지렛대를 이용해야 한다'고 했다. 트럼프 2기에 꺼내든 지렛대는 관세, 세금, 환율 및 제재 등 4가지로 대별할 수 있다.

우선 관세정책을 보면, 첫째, 불공정한 무역체제를 바로잡기 위해 관세부과가 절실하다는 입장이다. 제2차 세계대전 이후 미국은 무역자유화를 추진하면서 스스로 낮은 관세(제조업 평균관세 약 2.7%)를 유지함으로써 외국 제품의 미국시장 접근을 확대해 온 데 반해, 많은 국가들이 고관세 구조를 유지하고 있는 것은 물론, 비관세장벽도 유지하고 있는 것을 문제삼고 있다. 둘째, 지속적인 미국의 무역적자 확대를 해소하기 위해 관세부과가 불가피하다는 논리다. 셋째, 중국은 미국의 낮은 관세를 무임승차하면서도 국가자본주의를 활용하여 시장접근을 제한하고 보조금 등 불공정한 무역관행을 유지하고 있다는 점이다. 넷째, 주요국의 환율정책과 관행에 대한 검토가 불가피하고, 반덤핑 및 상계관세 관련 미국 내 법의 재검토와 강화가 필요하다는 지적이다. 중국과의 무역관계 관련, 2018~19년간 지속됐던 미·중 간 관세전쟁 와중에 합의한 사항의 이행상황을 점검하고 무역법 제301조에 의한 대중국 관세조치의 영향에 대한 검토를 기반으로 추가 관세부과를 고려할 예정이다. 또한 중국에 대한 항구적 정상 무역관계(PNTR)의 철회도 검토하고 있다.

이와 별도로 경제안보관련, 미국의 산업 및 제조기반에 대한 전면적인 검토를 실시하여 1962년 무역확장법 제232조에 따른 조사개시 필요성을 검토할 예정이다. 우려국가의 대미 투자관련 규정을 재검토하고 기술 유출 방지를 위한 대외 투자 보안프로그램의 강화를 검토하고 있다. 또한 불법 이민, 마약 등 비무역적인 사안, 즉 정치적 목적을 달성하기 위한 수단으로 고관세 위협을 가하겠다고 강조했다. 멕시코와 캐나다가 불법 이민과 마약 문제를 해결하지 않으면 이들 국가로부터 수입되는 모든 물품에 대해 25% 관세를 부과하겠다고 위협하고, 중국산 펜타닐 등 마약류의 미국 유입 근절을 조건으로 도합 20%(10%+10%) 추가관세를 부과

---

17　Donald J. Trump, Tony Schwalz(1987), The Art of the Deal, Random House.

한 것이 대표적이다. 또한, 2025년 1월 말 콜롬비아가 미국 내 불법체류 콜롬비아인을 태운 군용기의 착륙을 불허하자, 콜롬비아 수입품에 대해 25% 관세를 부과하고 1주일 후에는 50%로 상향하며 콜롬비아 고위직의 미국 입국 제한, 국경조치 강화 및 금융제재 등 일련의 조치를 취한다고 발표했다. 이 조치 발표 후 콜롬비아가 전격 양보함으로써 사건은 일단락되었으나, 트럼프 대통령이 동맹국인 콜롬비아를 상대로 무자비한 관세폭탄으로 위협하면서 정치적 목적을 달성하려고 했다는 점에서 시사하는 바가 크다.

관세부과는 물가인상, 인플레이션 유발 및 공급사슬 교란 등 미국 경제에도 피해를 입히게 되지만, 트럼프 대통령의 요구를 장시간 견딜 수 있는 국가가 드물기 때문에 실제 관세부과가 이루어지기 전에 상대국은 굴복할 수밖에 없는 것이 현실이다. 미국이 무역수지, 환율, 불공정 거래 등을 빌미로 보편관세, 상호관세 또는 대중국 고관세 정책을 추진하고, 중국과 EU 등 미국의 주요 교역국들이 보복을 감행할 경우 글로벌 공급사슬에 포함된 한국은 직간접적인 타격을 입을 수밖에 없다. 한국은 미국과 FTA를 체결하여 대부분의 공산품은 상호 무관세가 되었지만, 미국이 한국의 비관세 무역장벽을 해소하기 위해 상호관세를 들고 나오게 되면 문제가 심각해질 수 있다. 상당수의 비관세 무역장벽은 각국이 국내 정책적 목표를 달성하기 위해서, 또는 정치적 민감성으로 인하여 대외개방을 하지 않은 분야이기 때문에 본질적으로 외국에 차별적일 수밖에 없다. 예를 들어, 한·미 FTA의 서비스·투자 분야의 유보 목록상 등재되어 있는 교육, 의료, 법률, 금융 분야에서의 제한사항 등을 미국 측이 비관세장벽이라고 주장할 수 있는 것이다. 이런 분야에 대해 미국 측이 전격적인 개방을 요구해 올 경우 굉장한 혼란에 휩싸일 수도 있다. 또한 미국의 대외 제재 강화와 수출통제 강화, 반덤핑 및 상계관세 등 무역구제조치의 강화는 우리 기업의 대외 교역에 부정적인 영향을 끼칠 수 있다. 한편, 미국이 체결한 모든 무역협정의 이행상황을 점검하여 대응조치를 취할 예정인 바, 경우에 따라서는 한·미 FTA의 개정 등 다양한 요구를 해 올 가능성도 있다.

관세분야 이외에도 통상 리스크가 상존한다. 바로 미국 내 외국 투자에 대해 바이든 행정부 때 입법을 통해 약속받았던 보조금과 세액공제 등 혜택이 무효화되거나 현저히 후퇴할 위험이다. 취임 첫날 발표한 행정명령에는 인플레이션감축법

(IRA)과 인프라투자·일자리법(IIJA)에 규정된 전기차 충전시설 지원기금 등 연방정부의 지출관련 일부 규정의 집행을 보류하고, 정부가 지원하는 보조금, 지원금 및 혜택 등 광범위한 분야에 대한 현황검토를 지시했다. 선거 캠페인 기간 중 수차 반복했던 이 법들의 폐지나 수정에 관한 내용은 없지만, 추후 다양한 방식으로 이미 발효된 법을 수정하거나 폐기할 수 있는 가능성을 완전히 배제할 수는 없다. 대표적으로 거론되는 방식으로 미 의회에서 상하 양원의 단순과반수로 통과시킬 수 있는 긴급예산조정법(budget reconciliation bills)을 활용할 수 있다는 것이다. 물론 이런 절차가 용이한 것은 아니지만, 이미 통과된 법을 수정하기 위해 상원의 필리버스터링을 회피할 수 있는 대안이라는 점에서 주목을 받고 있는 것이다.

트럼프 대통령은 2025년 3월 5일 상·하원 합동연설에서 취임 후 43일간 '미국 우선주의' 정책 추진 경과와 관세정책을 통해 미국 내 막대한 투자 유입, 관세수입 증가, 미국 산업의 보호와 발전, 불법이민 문제 해소, 무역적자 해소 등 성과를 이뤘다고 강조했다. 특히 이 연설에서 한국과 연관된 사항을 언급함으로써 한국 조야를 긴장하게 만들었다. 첫째, "미국이 한국의 방위를 위해 상당한 부담을 하는데도 불구하고 한국의 관세율은 미국의 4배이다."라고 언급한 바, 관세율관련 사항은 사실과 다름에도 불구하고 트럼프가 취임 후 처음으로 미국의 방위비 문제와 한국의 관세를 연계하여 언급했다는 점에서 한국 측은 당혹감을 감추지 못하였다. 둘째, 미국 알래스카의 LNG 가스관 공사사업에 일본과 한국기업의 참여와 투자를 거의 기정사실로 기대하였다. 셋째, 미국에 투자하는 반도체 기업에 보조금을 지급하도록 한 반도체과학법(CHIPS and Science Act)을 폐지하거나 지급 보조금을 감축할 것을 미 의회에 요청하였다. 트럼프의 연설은 구체적으로 확정된 정책 발표가 아니기 때문에 일희일비할 필요는 없다. 다만, 트럼프 2기 행정부가 한국에 기대하거나 요청할 수 있는 분야를 가늠할 수 있다는 점에서 냉정하게 검토할 필요가 있다.

또한 미국은 중국이 제3국을 우회하여 미국시장에 접근하고 있다고 판단하고, 이런 우회로를 차단하기 위한 조치를 취해왔다. 일단 중국 제품의 USMCA 우회수출을 방지하기 위해 USMCA 지역에서 미국으로 수입되는 제품에 대한 원산지 규정을 대폭 강화할 가능성이 높다. 이럴 경우, 멕시코에 투자한 우리 기업들도 강화된 원산지 규정을 충족해야 되는 부담을 떠안을 수밖에 없는 것이다. 또한 USMCA의 원산지 규정보다 완화된 자동차 등 원산지 규정을 가지고 있는 한·미 FTA의 원산지 규정 개정을 요구해 올 개연성도 있다는 점에 유의하여 대책을 마련해야 할 것이다.

위에서 살핀 트럼프 2기 행정부의 통상정책 기조와 리스크에 기초하여 주요 섹터별 잠재적 리스크를 살펴 본다.

(i) **반도체**: 트럼프 대통령은 한국 및 대만 등에서 수입되는 반도체에 대한 관세부과를 공언하고 반도체과학법(CHIPS and Science Act)하에서 약속된 미국 내 반도체 생산공장 및 설비 건설에 대한 보조금 지원의 폐지 또는 축소를 강조했다. 이것은 바이든 행정부하에서 시행됐던 반도체과학법상 정책의 큰 방향 전환을 의미한다. 다만, 반도체 산업의 중요성과 고용에 미칠 영향 등을 감안할 때, 인플레이션감축법(IRA)만큼 리스크가 크지는 않을 것이라는 전문가들의 관측도 있다. 또한 대중 반도체 수출통제를 확대하고 해외우려기관(FEOC) 규제와 가드레일(guardrail) 조항을 강화하는 경우 우리 기업에 대한 피해도 우려된다.

(ii) **전기차·배터리**: 한국 이차전지 기업들은 인플레이션감축법(IRA)의 혜택을 받기 위해 미국 내 배터리 생산설비 구축 및 투자를 진행했고, 이에 따른 보조금 의존도도 급증했다. 2024년 말 현재 우리 이차전지 기업의 대미 투자 규모는 400억 달러를 초과했다. 트럼프 대통령이 대선 유세기간 중 공약한 인플레이션감축법(IRA) 폐기 또는 보조금과 세액공제의 축소가 현실화되면 이 분야의 수익성 악화와 생산비용 증가가 불 보듯 뻔하기 때문에 이에 대비해야 한다. 막대한 시설 투자에 따른 고용효과를 감안할 때 인플레이션감축법(IRA)의 폐기까지는 어렵더라도 일부 세제 혜택의 감소 또는 해외우려기관(FEOC) 규정을 강화하여 중국산 핵심 광물·부품으로 만든 배터리를 탑재한 전기차에 불이익을 증가시킬 수 있다. 나아가 화석연료 사용 확대에 따른 재생에너지 수요 위축에 따라 전기자동차 및 이차전지 판매량 축소와 이에 따른 기존 투자 수익률 저하 우려도 존재한다.

(iii) **자동차**: 한국산 자동차는 미국의 대한국 무역적자의 주요한 원인으로 지목되고 있다. 한·미 FTA에 따른 무관세 수입에 대하여 FTA 폐기를 압박하면서 자동차 조항의 개정을 성사시켰던 트럼프 1기 행정부 당시의 선례가 반복될 가능성을 배제할 수 없다. 트럼프 2기 행정부에서는 보편관세, 상호관세 등의 도입으로 한·미 FTA의 특혜관세 혜택을 무력화시킬 우려도 있다. 또한, 무역확장법 제232조 적용 등을 통해 고율관세를 부과하거나 자발적 수출제한 조치(수출쿼터)를 취하도록 압력을 행사할 가능성도 존재한다.

(iv) **철강·알루미늄·화공**: 철강 부문은 트럼프 1기 행정부에서 무역확장법 제232조 조치를 취했던 분야로서 2기 행정부에서도 동 조치를 계승·강화할 가능성이 크다. 트럼프 대통령은 취임 후 한 달이 안 되어 자신의 1기 행정부 시절에 1962년 무역확장법 제232조에 따라 취한 철강·알루미늄 제품에 대한 관세부과와 관련하여 한국을 비롯한 일부 국가에 허용한 관세면제나 쿼터 등 기존의 예외적인 조치를 2025년 3월 12일부로 모두 종료하고 이날부터는 모든 국가로부터의 철강 수입품에 대해 25% 관세 부과를 복원하겠다고 하고 알루미늄에 대해서도 국가 예외 없이 기존 10%의 관세를 25%로 인상하겠다고 발표했다. 한편, 트럼프 행정부는 이러한 관세인상 조치뿐만 아니라 상황에 따라서는 반덤핑, 상계관세 등 무역구제 조치를 강화할 가능성이 있다. 또한 미국의 대중국 고관세 부과는 현재 세계적으로 과잉공급 상태를 초래하고 있는 중국 제품의 우회수출 또는 덤핑을 자극함으로써 국제시장에서 철강 공급망의 교란이 극대화되고 한국이 그 피해를 볼 우려가 있다.

(v) **기후·ESG·에너지 정책**: 트럼프는 미국의 에너지 생산 증대 및 에너지 자립을 위해 석유 및 가스 등으로 대표되는 전통 화석연료와 원자력 생산에 우선순위를 두겠다고 밝혔다. 또한 파리기후협약 재탈퇴와 함께 기후변화 대응에 소극적인 입장을 표명해 왔다. 이러한 기조의 변화는 글로벌 원유 및 천연가스 공급 증가로 원유와 가스 가격은 하향 안정세를 유지할 수 있고 신규 원유 및 LNG 생산 프로젝트의 승인에 따라 파이프라인과 수출터미널 등 건

설 활성화를 유발할 수도 있을 것이다. 반면, 태양광, 풍력 및 수소 등 한국의 신재생 에너지 기업의 해외 발전 프로젝트가 감소하거나 대미 수출이 위축될 소지도 있다. 기후변화 대응기조 완화로 한국기업의 ESG 관련 부담이 일시적으로 축소될 수도 있다. 이렇게 되면 미국 내 사업하는 한국 기업의 탄소배출량 감축의무 완화, 상장사 대상 기후공시 의무부담 감소, 대미 수출 기업의 RE100 가입의무 부담 완화 등 탈 탄소화에 따른 비용이 경감될 수 있는 것이다.

## 4.2 위기 속 기회요인

트럼프 2기 행정부의 미국우선주의 및 대중국 강경기조가 우리나라에 직·간접적인 피해를 입힐 것이라는 우려가 큰 가운데에서도 기회요인을 살펴볼 필요가 있다. 우선, 보편관세를 모든 국가 및 모든 품목에 대해 부과하기 어렵고, 부과된다고 해도 일정한 사전 조사기간이 있고 대미 무역흑자가 큰 나라가 우선 대상이 되기 때문에 우리가 직격탄을 받을 것이라고 과도한 공포에 휩싸일 필요가 없다. 또한 중국산 제품에 대해 60% 이상의 고관세를 부과하거나 중국의 대미 무역 및 투자를 규제하는 경우 미국시장에서 경쟁하는 우리 제품은 상대적 기회요인도 발생될 수 있는 것이다. 또한 인플레이션감축법(IRA), 반도체과학법(CHIPS and Science Act) 및 인프라투자·일자리법(IIJA) 등에 따른 보조금 수혜가 완전히 폐지되기는 어려울 것이다. 설령 축소된다고 하여도 중국 등 경쟁국가들이 해외우려국가로 분류되어 진입이 규제된 상황임을 감안하면 어려운 여건 속에서도 새로운 활로를 모색할 수 있을 것이다.

트럼프 대통령이 미국우선주의를 강조하고 동맹국이나 우방국을 홀대한다고 해도 미국이 필요로 하는 물자의 공급망 안정과 중국과의 디커플링 정책을 이행하기 위해서는 결국 동맹국 또는 가치를 공유하는 국가의 도움을 받을 수밖에 없다. 즉 소다자 협력 또는 소지역 협력 등의 형태를 띤 협력체가 출현할 가능성이 크고 우리나라도 이러한 협력체 창설과 운영에 적극적으로 참여하여야 한다. 특히 반도체, 배터리, 핵심광물, 전기차, 바이오 및 의약품, AI, 양자컴퓨팅, 조선, 방산 분야의 협력 잠재력이 매우 크다고 하겠다. 한·미 간 방산 분야 공급망 안정성을 위해

2023년 11월 한미 공급안보협정(SOSA, Security of Supply Arrangement)이 체결되었고 국방상호조달협정(RDP, Reciprocal Defense Procurement Agreement)도 체결교섭 중이다. 한화 오션은 미국 해군과 군함의 보수·유지(MRO) 계약을 체결하여 상당한 협력을 유지해 오고 있다. 특히 2024년 11월 트럼프 대통령 당선 후 이루어진 윤석열 대통령과의 통화에서도 언급된 선박건조 분야에서의 협력 가능성은 매우 높다. 미국은 존스법(Jones Act)에 따라 미국 연안해운을 미국에 의해, 미국에서 건조되고, 미국인이 소유하고 운영하는 선박만 허용해 옴으로써, 미국의 조선업 경쟁력은 국제경쟁력을 잃은 지 오래다. 반면, 서방국가 중 한국의 조선과 군함 건조 능력이 가성비 면에서 가장 우수하다는 점은 미국이 우리에게 먼저 협력을 요청해 올 수 있는 분야다.

또한 트럼프 2기 행정부는 화석연료 및 원자력에 우호적인 입장을 취하고 있음에 비추어 이 분야에서 협력을 확대해 나갈 수 있을 것이다. 예를 들어 소형모듈원자로(SMR)[18]의 개발과 운영을 공동으로 추진할 수 있을 것이다. 우리나라의 원자력 발전소 운영 경험과 기술력 수준은 세계 최고인데, 한국형 원자로의 해외 수출도 환경보호는 물론, 에너지 부족을 해결하는 데 매우 유용할 것이다. 이런 점에 비추어 최근 미국 웨스팅하우스와의 특허문제를 둘러싼 분쟁을 한·미 양국 간 원자력 협력의 큰 틀에서 해소한 것은 향후 원자력 분야에서 양국 협력의 중요한 기반을 마련한 것으로 평가된다.

## 4.3 대응방향

트럼프 2기 행정부 하에서 미국 통상정책은 철저한 미국우선주의, 보호주의 및 일방주의를 견지하고, 초당적으로 중국 견제 노선을 강화할 것이므로 우리 정부와 기업의 면밀한 대응이 필요하다. 또한 트럼프 대통령의 '충격과 공포 후의 협상' 형

---

18  SMR은 전기출력 300MWe급 소형원자로를 말하며, 크기가 작아 주요 구조물, 계통, 기기의 모듈단위 공장제작이 가능해야 한다. SMR은 기존의 대형원전에 비해 전기 출력이 작기 때문에 경제성이 문제가 될 수 있다. 이러한 약점을 극복하기 위해서는 원자로를 모듈화하여 공장에서 제작하고 건설 현장에서의 작업을 최소화함으로써 건설 공기를 획기적으로 단축시켜야 하고 운전 유지보수 분야에 투입되는 인력을 최소화해야만 경제성을 높일 수 있다.

태를 검토하여 신축성 있는 대응을 준비해야 한다. 총론적으로 보면 앞선 제11장(정부의 경제안보전략)에서 기술한 바와 같이 경제안보를 위한 포괄적 전략과 정책을 입안하여 집행하고, 필요시 입법을 통해 구속성과 일관성을 확보해야 한다. 2024년 12월 초 계엄발령 사태로 탄핵정국이 지속되고 있어 혼란스럽기는 하지만, 트럼프 2기 행정부의 출범에 즈음하여 권한대행 체제 하에서도 강력한 리더십을 발휘하여 내부 조정력을 강화하는 동시에 다양한 대미 접촉 창구를 확보하고 효과적인 아웃리치 활동을 추진할 수 있도록 시스템을 재편해야 한다. 권한대행 체제가 현상 유지 내지는 방어적인 입장만 취할 경우 우리가 행사할 수 있는 협상력이 저하되고 결국 국가이익은 훼손될 우려가 있는 것이다. 야당과의 협조도 추진해야 한다. 변동성이 강한 시기는 위기와 함께 기회도 주어진다는 점에 유의하여 전반적인 여건과 동향을 폭넓게 관찰해야 한다. 국내문제에 매몰되어 소용돌이치는 국제정세를 따라가지 못하게 되면 국가는 물론, 기업에게도 치명적인 피해를 줄 수도 있다.

먼저 우리가 행사할 수 있는 잠재적인 카드(cards)는 물론, 미국이 행사할 지렛대를 모두 파악하고 우리와 상대의 강점과 약점을 냉정하게 검토해야 한다. 구체적으로는 공급망의 안정성 확보, 대외 의존도 축소 및 다변화 추진, 주요 데이터·기술 및 인프라 보호 등 방어적 전략과 함께 수출통제, 무역 및 투자 규제, 국내산업육성 보조금 지급, 핵심기술 보호 및 유출 방지 등 공세적 정책을 복합적으로 활용해야 한다. 특히 미국 상무부가 상품과 소프트웨어, 기술의 수출을 규제하는 수출통제규정에 따라 미국 안보에 중요한 기술을 선정해 수출통제를 더욱 강화할 예정인데, 이에 따라 중국에 대한 반도체, 양자컴퓨터 등에 대한 직접·간접·재수출 제한 품목이 증가하게 된다면, 우리 기업들이 반사이익을 노릴 수 있다. 또한, 강대국과의 통상협상은 기울어진 운동장이기 때문에 강대국의 강점인 군사 및 안보 분야의 이슈와 연계될 수밖에 없다. 따라서 미국이 요구할 가능성이 있는 국가안보 이슈와 통상 이슈를 잠재적 패키지로 검토하면서 지혜롭게 대응해 나가야 한다.

한편, 트럼프 2기 행정부는 1기 때와 마찬가지로 대중국은 물론, 대미 무역수지 흑자국, 외환시장 개입국가를 대상으로 고관세 또는 보편관세 부과를 강행할 것임에 비추어 이러한 미국의 우려를 경감시킬 수 있는 논리와 명분을 마련하고,

나아가 관세 예외 등 실질적인 대응방안도 모색해야 한다. 관세 예외에는 사전 면제(exemption)와 사후 예외(exclusion)로 대별되는 바, 보편관세 또는 품목별 관세가 부과될 경우 양자 협상을 통해 사전 면제를 추진해야 한다. 2018년 철강 및 알루미늄에 대한 고관세 부과 당시 한국은 관세 대신 쿼터 적용을 선택했다. 당시 합의한 쿼터는 너무 엄격하여 우리 기업들에게 두고두고 족쇄 역할을 해왔다는 점을 교훈으로 삼아야 한다. 보편관세 또는 품목별 관세가 부과된 이후에 추진할 수 있는 차선책으로 사후 예외 규정을 활용할 수 있는 바, 이 경우 미기업의 고용 및 생산과 직결이 되는 요건 등 조건을 충족해야 하므로 대상 품목별로 면밀하게 기술적이고 법적인 검토가 선행되어야 한다.

또한, 인플레이션감축법(IRA)과 반도체과학법(CHIPS and Science Act)상 보조금 혜택의 축소·폐지가 현실화되는 것을 예방하기 위해 적극적인 대미 로비 및 아웃리치 활동을 전개해야 한다. 아웃리치의 대상은 미국의 연방정부와 연방의회는 물론, 주정부와 주의회, 씽크탱크, 기업인 집단, 소비자 집단 등 다양한 이해당사자를 타깃으로 해야 하며 한국 기업의 대미 투자 위축과 그로 인한 미국의 고용시장 및 지역경제에 미칠 부정적 영향을 분석하여 설득해 나가야 한다.

미국의 정책과 입법의 시행착오 동향을 살피는 일도 중요하다. 트럼프 대통령이 취임 후 멕시코, 캐나다 및 중국에 대해 발령한 25% 관세 및 도합 20%(10%+10%) 추가 관세 부과의 근거는 국제긴급경제권한법(IEEPA)인데, 이 법은 대통령에게 광범위한 권한 위임을 하면서도 규정에 모호한 점이 많다. 그러므로 실제 관세부과가 실행되는 경우 법 해석과 관련하여 많은 분쟁이 발생될 소지가 있다. 예를 들어, '국가 비상사태', '비상하고 특별한 위협', '국가안보, 외교 또는 경제' 등 관련 확실한 법적 정의도 없고 과거 사례도 드물기 때문이다. 그러므로 정부와 기업은 트럼프 대통령의 관세 위협이 무소불위가 아니고 상당한 국내법과 시스템에 기속된다는 점을 유의하여 대처해 나갈 필요가 있다.

기업의 비즈니스 여건이 다르기 때문에 일률적인 대책을 마련할 수는 없으므로 각 기업에 특화된 맞춤형 대응방안을 강구해야 한다. EY 세무자문 컨설팅 전문가인 알 폴(Al Paul) 등은 다음과 같은 몇 가지 제언을 하고 있다.[19] 단기적으로는 (i) 추가 비용이 소요되더라도 급격한 관세부과에 대비하여 재고량 확대, (ii) 미국의 고관세 정책의 영향을 덜 받는 곳으로 생산기지 재조정, (iii) 대외 경쟁력 손상이 있더라도 증가된 비용을 소비자에게 전가, (iv) 관세부과액을 축소하기 위해 입체적인 관세평가 기획 수립 및 (v) 무역정책에 영향을 미치고 관세 면제 또는 축소를 위하여 필요한 로비활동과 대외 설득작업 병행 등을 제시한다. 장기적 전략으로 (i) 고객기반을 확장하고 기존 시장에서 관세충격을 감소시키기 위해 새로운 시장 개척, (ii) 유관 기업들과 전략적 연합 또는 연대를 통해 관세충격을 완화하기 위해 자원과 비용을 분담하는 방안 등을 검토해야 한다.

또한 기업들은 트럼프 2기 행정부의 통상정책에 대하여 (i) 어떤 품목 또는 서비스가 규제대상이 되는지, (ii) 자신이 생산하는 제품이 규제정책에 포함되는지 여부, (iii) 관세부과 또는 규제조치의 개시 시점, (iv) 미국 정부 및 의회를 대상으로 한 로비 활동의 방법 등에 대한 검토를 하고, (v) 여타 국가가 어떠한 대응조치 또는 보복조치를 하는지 등에 대한 면밀한 모니터링을 하고, 이런 요소들을 종합적으로 고려하여 포괄적인 평가 및 긴급대응조치에 대한 전략과 대응조직을 가동시켜야 한다. 즉, 법률, 조세, 공급망 및 판매와 운영 등 부서를 통합 가동하여 리스크와 기회를 분석하고 대응조치에 대한 결정을 해야 한다.

---

19  Al Paul et al., Tips for Manufacturers to Prepare for President Trump's Trade Policies, Industry Week, December 12, 2024,
https://www.industryweek.com/leadership/article/55247707/tips-for-manufacturers-to-prepare-for-president-trumps-trade-policies

제2차 세계대전 이후 확립되었던 국제경제·통상질서가 요동치고 있다. 이제 과거의 질서로 회귀할 수 없다. 구조적인 변곡점을 넘어섰기 때문이다. 트럼프 2기 행정부가 들어서면서 미국우선주의가 노골화되고 선충격과 공포 후 거래를 추진하는 트럼프 대통령의 태도는 국제통상질서에 새로운 시대가 도래했음을 절감하게 한다. 앞으로 새로운 모습의 국제경제·통상질서가 형성될 때까지 변동성과 불확실성은 장기간 지속될 것이다. 이런 혼돈의 와중에서 정부든, 기업이든 현재 상황을 정확히 파악하고 앞으로 나아가야 할 방향을 잡는 것은 지난한 일이다. 이 책은 이런 문제의식을 갖고 우리 앞에 전개되고 있는 국제경제·통상 지형을 개괄적으로 그려보고자 하는 목적에서 집필되었다.

처음 집필 구상을 하면서도 거대한 전환의 소용돌이를 제대로 그려낼 수 있을지에 대한 자신이 없었다. 경제안보라는 추상적인 주제를 두고 안보이슈와 경제·통상 문제는 물론, 환경, 노동 및 인권 등 비무역적 요소를 포괄적이고 일목요연하게 기술하는 것은 어려웠기 때문이다. 자료수집과 집필 작업이 1년을 훌쩍 넘은 이유다. 탈고에 당초 계획보다 시간이 많이 소요되면서 미국 대선이 치러지고 1기 행정부에서 미국우선주의를 주창하고 실천했던 도널드 트럼프 전 대통령이 미국의 제47대 대통령으로 재선되었다. 미국우선주의와 일방주의의 강화와 함께 중국 등 상대국의 맞대응 조치로 변동성이 커질 것이다.

이 책은 세계화 및 기술혁신으로 효율성의 극대화를 추구함에 따라 국제분업에 기초한 글로벌 공급망이 촘촘히 형성된 제2차 세계대전 이후의 자유무역주의 시대가 퇴색되면서 경제안보(economic security)가 세계 경제·통상 지형의 핵심개념으로 등장하게 된 과정과 전망을 살펴보았다. 국가안보에 영향을 미치는 경제정책수단은 무역 및 투자 정책 외에도 산업 및 정부조달 정책, 공급망 정책, 환경 및 노동 문제, 디지털 및 첨단 기술 관련 정책을 망라한다. 또한 국제통상질서를 구축해 왔던 다자통상체제와 양자 또는 복수국 간 무역협정의 시대가 쇠락하고 강대국의 국내법이 외부로 적용되고 투사(projection)되는 것이 '새로운 정상상태(New Normal)'가 된 변화를 짚어 보았다.

앞으로 미·중 간 전략 경쟁과 서방과 권위주의 국가 간 대립이라는 지정학의 귀환과 더불어 팬데믹, 디지털 전환, 기후변화 등으로 인한 글로벌 대전환은 가속화될 것이다. 시장경제체제와 국가자본주의의 대립은 격화될 것이며, 글로벌 공급망은 권역화되고, 정부의 경제 개입, 외국인투자 규제 및 보호주의 무역규제 조치의 강화와 함께, 제조업의 리쇼어링(reshoring)과 생산, 투자, 무역 및 기술 분야의 분절화 또는 탈동조화(decoupling)도 지속될 것이다. 또한, 강대국 간 전략적 경쟁은 정치, 안보 및 경제적 단층을 형성하면서 제3국에 대해 편들기를 강요할 것이다. 이와 함께, 시장자유화와 개방에 방점을 두었던 전통적인 통상 어젠다는 환경, 노동, 인권 및 안보 등 통상 외적인 분야로 그 경계가 넓어질 것이다. 한편, 다자주의의 활성화에 대한 목소리도 적지 않지만, 기능마비 상태에 빠진 WTO가 신뢰를 회복하여 규칙기반 통상질서를 이끌어갈 가능성은 없다.

각국은 경제안보를 국가안보의 핵심요소로 간주하고 상응한 전략수립과 조직 및 예산 확대에 집중하고 있다. 무역의 대외의존도가 높은 한국으로서는 미·중 간 전략적 갈등과 자국우선주의 확산이 치명적일 수 있다. 동맹국인 미국과 경제의존도가 높은 중국 사이에 낀 한국은 고도의 전략적 판단을 강요받고 있는 것이다. 미국과 중국이라는 강대국 간의 패권경쟁의 격화는 우리 국가전략의 핵심 과제로 남을 수밖에 없다. 무엇보다도, 미·중 간 디커플링 등 지정학적 리스크 속에서 운신의 폭이 좁은 가운데 무역에 명운을 걸어야 하는 한국이 고수해야 할 것은 자유민주주의와 시장경제의 가치, 그리고 국익우선의 대원칙이다. 그 기반 위에서 포괄적인 경제안보전략을 수립하고 시행해야 한다.

우리의 경제안보는 미국과의 포괄적인 전략동맹에 기반을 두어야 한다. 인플레이션감축법(IRA)이나 반도체과학법(CHIPS and Science Act) 등 미국의 산업정책과 탄소국경조정제도(CBAM) 등 유럽의 환경·산업정책을 기회로 활용하되, 이러한 정책의 변화 가능성에도 대비해야 한다. 국제분업구조에서 취약성과 민감성이 강한 우리나라로서는 공급망의 안정성 담보를 위해 우방국과의 협력을 통한 전략적 다변화를 추진해야 한다. 한편, 우리 경제에 막대한 영향력을 행사하는 중국에 대해서도 고도의 정교한 경제적 정책수단(economic statecraft)을 발휘해야 한다. 생산기지, 시장 및 경쟁자로서의 지위라는 3중의 위치를 점하고 있는 중국과는 상호주의의 원칙에 입각하여 대응하되 전략적 유연성 발휘도 필요하다. 이와 함께, 중국에 대한 지나친 의존에서 벗어나 자원 및 원자재 공급지와 시장의 역할을 할 수 있는 동남아시아, 인도, 중남미 지역 등 글로벌사우스(Global South)와의 연계 강화가 필요하다.

정부는 이러한 전략적 방향 수립을 바탕으로 이를 추진해 나갈 탄탄한 조직과 인력 등 인프라 강화에 힘쓰는 한편, 대외적으로는 중층적 네트워크를 구축해 나가야 한다. 한국은 과거 미국, EU 등과 높은 수준의 FTA 협정을 체결하면서 무역 자유화와 국내 산업의 경쟁력 강화에 선도적 역할을 했음에도 불구하고, 최근 10여 년간의 추진 실적은 초라하기 짝이 없다. 포괄적·점진적 환태평양경제동반자협정(CPTPP) 가입 문제도 더이상 미루어서는 안된다. 또한 대전환 시대에 역내에 확산되는 디지털협정, 에너지, 공급망, 환경, 첨단 기술, 수출통제체제에도 적극적으로 참여하고 국제협력에 필요한 국내 입법을 재정비해야 한다.

무엇보다도 경제안보전략은 국가안보와 경제정책을 종합적으로 조정하고 결정해야 하기 때문에 대통령의 강한 리더십이 필수적이다. 지정학적 갈등이 격화되고 트럼프 2기 행정부 출범으로 변동성이 고조되는 중차대한 시점에 비상계엄 선포에 이은 탄핵정국과 정치권의 극한대립으로 조성된 국내 정치상황은 안타깝기 그지없다. 국가수반인 대통령을 중심으로 국익을 수호하고 증진할 수 있는 국가 시스템이 조속한 시일 내에 정상화되어 대외 신인도를 복구하고 조기에 정국의 안정화를 이루는 것은 시대적 소명이다. 그래야 국가의 앞날과 기업에 드리운 불확실성을 제거하고 대한민국의 미래를 개척해 갈 수 있다.

# 약자 일람표 ●━━━━━━━━━━━━━━━━━━━━━━━━━━━━━━

### A
| | |
|---|---|
| AI | Artificial Intelligence, 인공지능 |
| ACI | Anti-Coercion Instrument, EU 반강압법 |
| AIIB | Asian Infrastructure Investment Bank, 아시아인프라투자은행 |
| AG | Australia Group, 호주그룹(수출통제) |
| AMPC | Advanced Manufacturing Production Credit, 미국 첨단제조생산 세액공제 |
| APEP | Americas Partnership for Economic Prosperity, 경제번영을 위한 미주 파트너십 |

### B
| | |
|---|---|
| BIS | Bureau of Industry and Security, 미국 상무부 산업안보국 |
| BRICS | Brazil, Russia, India, China, South Africa, 브라질, 러시아, 인도, 중국, 남아공의 통칭(협의체) |

### C
| | |
|---|---|
| CBAM | Carbon Border Adjustment Mechanism, EU 탄소국경조정제도 |
| CBPR | Cross-Border Privacy Rules system, APEC 국경간 프라이버시 규칙 시스템 |
| CBP | Customs and Border Protection, 미국 관세국경보호청 |
| CCL | Commerce Control List, 미 상무부 통제품목 |
| CET | Critical and Emerging Technology, 미국 핵심 및 신흥기술 |
| CFIUS | Committee on Foreign Investment in the United States, 미국 외국인투자위원회 |
| COCOM | Coordinating Committee for Multilateral Export Control, 다자간수출통제조정위원회 |
| CPTPP | Comprehensive and Progressive Agreement for Trans-Pacific Partnership, 포괄적·점진적 환태평양경제동반자협정 |
| CRMA | Critical Raw Materials Act, EU 핵심원자재법 |
| CSDDD | Corporate Sustainability Due Diligence Directive, EU 기업지속가능성실사지침 |

## D

| | |
|---|---|
| DDA | Doha Development Agenda, WTO 도하개발어젠더 협상 |
| DDTC | Directorate of Defense Trade Controls, 미 국무부 방위무역통제국 |
| DEPA | Digital Economic Partnership Agreement, 디지털경제동반자협정 |
| DMA | Digital Market Act, EU 디지털시장법 |
| DPA | Defense Production Act of 1950, 미 국방생산법 |
| DPA | Digital Partnership Agreement, 디지털동반자협정 |
| DSA | Digital Service Act EU, 디지털서비스법 |

## E

| | |
|---|---|
| EAR | Export Administration Regulations, 미국 상무부 수출관리규정 |
| ECCN | Export Control Classification Number, 수출통제분류번호 |
| ECRA | Export Control Reform Act of 2018, 미국 수출통제개혁법 |
| EFT | emerging and fundamental technologies, 신흥·기반 기술 |
| ESG | Environmental, Social, and Governance, 환경·사회·거버넌스 경영 |
| ESPR | Eco-design for Sustainable Products Regulation, EU 에코디자인 규정 |
| ETS | Emissions Trading System, 배출권거래제 |

## F

| | |
|---|---|
| FARA | Foreign Agents Registration Act, 미국 외국대리인등록법 |
| FDI | Foreign Direct Investment, 외국인직접투자 |
| FDPR | Foreign Direct Product Rule, 미국 해외직접생산품규칙 |
| FEOC | Foreign Entity of Concern, 해외우려기관 |
| FTA | Free Trade Agreement, 자유무역협정 |
| FINSA | Foreign Investment and National Security Act of 2007, 외국인투자와 국가안보 법 |
| FIRRMA | Foreign Investment Risk Review Modernization Act of 2018, 미국 외국인투자 위험심사현대화법 |
| FSE | Foreign Sanctions Evaders, 외국제재회피자 |
| FSR | Foreign Subsidies Regulation, EU 역외보조금규정 |

## G

GATT General Agreement on Tariffs and Trade, 관세 및 무역에 관한 일반협정

GATS General Agreement on Trade in Services, 서비스 무역에 관한 일반협정

GDPR General Data Protection Regulation, EU 일반개인정보보호규정

GSP Generalized System of Preferences, 일반특혜관세제도

GSSA Global Arrangement on Sustainable Steel and Aluminum, 지속가능한 글로벌 철강.알루미늄 협정

## I

IEEPA International Emergency Economic Powers Act, 미국 국제긴급경제권한법

IIJA Infrastructure Investment and Jobs Act, 미국 인프라투자·일자리법

ILO International Labour Organization, 국제노동기구

IMEC India-Middle East-Europe Economic Corridor, 인도-중동-유럽 경제회랑

IMF International Monetary Fund, 국제통화기금

IPEF Indo-Pacific Economic Framework, 인도·태평양경제프레임워크

IRA Inflation Reduction Act, 미국 인플레이션감축법

IRC Internal Revenue Code, 미국 국세법

ITAR International Traffic in Arms Regulations, 미 국무부 국제무기거래규정

## J

JCPOA Joint Comprehensive Plan of Action, 이란 핵합의

## M

MEAs Multilateral Environment Agreements, 다자간 환경협약

MSP Minerals Security Partnership, 핵심광물안보파트너십

MTCR Missile Technology Control Group, 미사일기술통제체제

## N

NAFTA North American Free Trade Agreement, 북미자유무역협정

NATO North Atlantic Treaty Organization, 북대서양조약기구

NCCDA National Critical Capabilities Defense Act, 미국 국가핵심역량수호법

NDAA    National Defense Authorization Act, 미국 국방수권법

NSIA    National Security and Investment Act, 영국 국가안보·투자법

NSG     Nuclear Suppliers Group, 핵공급그룹

NSTC    National Science and Technology Council, 미국 국가과학기술위원회

NTE     National Trade Estimate Report on Foreign Trade Barriers, 미국 국별무역장
        벽 보고서

NZIA    Net-Zero Industry Act, EU 탄소중립산업법


O

OECD    Organization for Economic Co-operation and Development, 경제협력개발기
        구

OFAC    Office of Foreign Assets Control, 미국 해외자산통제국

OFSI    Office of Financial Sanctions Implementation, 영국 금융제재이행사무소


P

PMS     Particular Market Situation, 특별시장상황

PPMs    Process and Production Methods, 공정 및 생산 방식


R

RCEP    Regional Comprehensive Economic Partnership, 역내포괄적경제동반자협정


S

SDN     Specially Designated Nationals, 미 재무부 OPAC가 지정하는 제재대상자


T

TCTF    Temporary Crisis and Transition Framework, EU 한시적 위기 전환 프레임워크

THAAD   Terminal High Altitude Area Defense, 종말 고고도 지역방어 체제

TPEA    Trade Preferences Extension Act of 2015, 미국 무역특혜확장법

TPP     Trans-Pacific Partnership Agreement, 환태평양경제동반자협정

TTC     Trade and Technology Council, 미·EU 무역기술이사회

TWEA    Trading with the Enemy Act of 1917, 미국 적성국교역법

## U

UFLPA    Uyghur Forced Labor Prevention Act, 미국 위구르강제노동방지법
USMCA    United States-Mexico-Canada Agreement 미국·멕시코·캐나다 무역협정

## V

VEU      Verified End-User, 검증된 최종 사용자

## W

WA       Wassenaar Arrangement, 바세나르 체제(수출통제)
WMD      Weapons of mass destruction, 대량파괴무기
WTO      World Trade Organization, 세계무역기구

# 공저자 소개

**최석영**은 법무법인(유) 광장 고문으로 국제통상팀에서 일하고 있다. 1979년 외무고시로 외교부 입부 이래 직업외교관으로 활동하고 2015년 말 정년퇴임했다. 주제네바 국제기구 대사, 통상교섭본부 FTA 교섭대표, WTO 도하개발어젠더(DDA) 협상 대사, 주미대사관 경제공사 및 APEC 사무총장직을 수행하면서 양자 및 다자 차원의 통상협상을 총괄했다. 퇴임 후 서울대학교 및 연세대학교 국제대학원 객원교수와 외교부 경제통상대사직을 맡았다. 서울대 독문학과를 졸업하고 KDI 국제정책대학원에서 석사학위를 취득했다. 양자 및 다자 통상협상관련 다수의 논문과 저서를 냈다.

**이태호**는 2023년부터 법무법인(유) 광장 고문으로 국제통상팀에서 일하고 있다. 1982년 외무고시로 외교부 입부 이래 직업외교관으로서 양자 및 다자 통상협상과 통상규범에 대한 전문성을 축적하였다. 외교부 제2차관과 주제네바 국제기구 대사를 끝으로 2022년 12월 공직을 마감했다. 이에 앞서 외교부 다자통상국장, FTA 정책국장, 경제외교조정관(APEC 고위대표 겸임), 대통령비서실 통상비서관과 주모로코 대사를 역임하였다. 서울대 경제학과를 졸업하고 미국 조지타운대에서 국제관계학 석사를 취득하였으며, 최근 저서로 '해외투자자를 위한 투자협정 길라잡이'가 있다.

경제안보와 통상리스크

초판발행      2025년 3월 28일

지은이        최석영·이태호
펴낸이        안종만·안상준

편 집         장유나
기획/마케팅    노 현
표지디자인     BEN STORY
제 작         고철민·김원표

펴낸곳        (주) 박영사
             서울특별시 금천구 가산디지털2로 53, 210호(가산동, 한라시그마밸리)
             등록 1959.3.11. 제300-1959-1호(倫)

전 화         02)733-6771
f a x         02)736-4818
e-mail        pys@pybook.co.kr
homepage      www.pybook.co.kr
ISBN          979-11-303-2230-8  93340

copyright©최석영·이태호, 2025, Printed in Korea

* 파본은 구입하신 곳에서 교환해 드립니다. 본서의 무단복제행위를 금합니다.

정 가         27,000원